“中国文化产业十家论集”编委会

中国文化产业十家论集

胡惠林集

云南大学出版社
Yunnan University Press

图书在版编目（CIP）数据

胡惠林集 / 胡惠林著. —昆明：云南大学出版社，2015
（中国文化产业十家论集）
ISBN 978-7-5482-2355-9

Ⅰ. ①胡… Ⅱ. ①胡… Ⅲ. ①文化产业－中国－文集
Ⅳ. ①G124-53

中国版本图书馆CIP数据核字（2015）第146362号

策划编辑：陈　曦
责任编辑：李　红
装帧设计：郑明娟

胡惠林集

中国文化产业十家论集

胡惠林　著

出版发行：云南大学出版社
印　　装：昆明市五华区教育委员会印刷厂
开　　本：787mm × 1092mm　1/16
印　　张：28.75
字　　数：422千
版　　次：2015年7月第1版
印　　次：2015年7月第1次印刷
书　　号：ISBN 978-7-5482-2355-9
定　　价：86.00元

社　　址：昆明市翠湖北路2号云南大学英华园内
邮　　编：650091
电　　话：（0871）65031071　65033244
网　　址：http://www. ynup. com
E-mail：market@ynup. com

作者简介

胡惠林，文学博士，上海交通大学二级教授、博士研究生导师、校学术委员会委员、文科学部委员，国家行政学院、中国海洋大学、中国传媒大学等高校兼职教授，河南、重庆、山西、山东等省市文化建设决策咨询专家，南京艺术学院特聘教授、博士研究生导师，享受国务院政府特殊津贴，主要从事文化产业理论与政策、文化战略与管理、国家文化安全和文化经济学等研究。著有《中国国家文化安全论》《中国文化产业发展战略论》《文化经济学》《文化政策学》《文化产业学》《发展文化产业学——文化产业发展的中国道路研究》《胡惠林论文化产业》等，《中国文化产业评论》（CSSCI）主编，《辞海》第7版文化分科主编。先后主持教育部重大课题、国家社科基金特别委托项目及国家和省部级基金项目多项。

出版前言

我国的文化产业萌芽于20世纪80年代改革开放初期。那时人们刚刚从“十年浩劫”的文化沙漠中走出来，被长期压抑的文化需求在宽松的环境中得到初步释放。随着经济的发展和市场的繁荣，文化市场也逐渐成长起来。与此同时，复制与传播技术在世界范围内突飞猛进地发展起来，为文化产品的大规模生产与消费提供了不可缺少的条件。正是在这样的环境下，文化产业破土而出。而到21世纪初，由于我国加入WTO后对开放国内文化市场的承诺，使文化产业的发展更有了新的挑战与机遇。2000年10月，中国共产党第十五届五中全会通过的《中共中央关于“十五”规划的建议》中，明确提出要“完善文化产业政策，加强文化市场建设与管理，推动文化产业发展”；2001年3月，发展文化产业正式被纳入全国“十五”规划纲要。从此，中国的文化产业走出萌芽期，进入起步期。2003年，随着文化体制改革的大幕开启，催动文化产业进入快速发展期。10多年来，文化产业业态逐步完备，新兴产业业态不断产生，法人单位与从业人员快速增长，文化产业增加值均高于同期GDP年均增长速度。即使曾遭遇2008年全球金融危机的影响，文化产业依然保持快速增长态势。2004年，我国文化产业增加值为3340亿元，至2013年，我国文化产业增加值已经达到21351亿元。今天的文化产业，更随着国家的战略谋划，逐渐广泛、迅速地融入互联网，向着特色化、纵深化和国际化转型升级，不断创新发展。

毋庸置疑，我国文化产业发展的政策驱动作用是相当明显的。但是，在政策驱动的过程中，理论的探索与提升仍然发挥了十分积极的作用。十多年来，一批学者从文化学、文艺学、艺术学、美学、哲学、经济学、法学等不同的学科领域转入对文化产业的理论研究与探索，从文化产业、创意产业、文化创意产业等基本概念的内涵及其差异辨析，文化产业的范围和门类划分，文化产业的统计指标体系确立，到文化产业发展战略、发展规划、文化产业政策制定、文化体制改革，到文化消费、文化市场、文化产业的区域性发展等，结合理论与实践展开了全方位的研究，逐渐形成不同的学术思想、学术观点。还有一些高层管理者，出于工作的需要，站在全局的角度，对一些涉及文化产业发展的全局性问题进行深层次的理论研究，以指导实践。这些理论研究与探讨，有的是对文化产业实践的总结与提升，有的是对文化产业发展的设计与期许，有的切实反映了文化产业的现实状态，也有的与现实还有一段距离。而正是在不断的理论探讨与实践中，我国的文化产业政策逐步地丰富和完善起来，并推动文化产业发展。这些成果无疑都从一个侧面记录下了我国文化产业曾经走过的历程，从中我们可以看到整个国家的文化产业十多年来风风雨雨的发展轨迹。

本丛书收取了十位全国有影响的文化产业理论研究者及学者型的高层管理者十多年来对文化产业的研究成果，虽然不一定全面，但具有代表性。而正如不能说我国的文化产业已经成熟，已经成为支柱性产业，我们的理论研究也同样不能说已经成熟完善，有成熟的研究方法与学科规范，形成自身的学术体系。本丛书希望通过此前一阶段理论成果的集中回顾，使广大读者和相关从业人员能从理论与实践两个角度梳理历史，更好地把握与理解现实，从而更自觉地创造中国文化产业发展的未来。

“中国文化产业十家论集”编委会

2015 年 5 月

前言：文化产业话语空间的中国建构

理论、政策与战略构成了自1998年以来文化产业中国建构的空间，而这空间又包括话语空间和实践空间，文化产业规划成为它最为亮丽的景观。一切围绕文化产业的中国话题和言说，没有一个不是以此为中心的；包括所谓的文化创意产业园区在内的所有关于中国文化产业发展理论与实践，无不是这一基本结构的表现。或者说，正是这一基本结构建构了中国文化产业发展的基本结构形态与秩序，从而形成了近20年来中国文化产业发展的基本路径和基本特征。

中国文化产业话语空间的建构是从20世纪末开始的。亨廷顿“文明冲突论”的提出挑战了世界各大国和大国集团的战略底线。中国改革开放必须有效地解决自我改革动力不足的问题。用开放促改革，成为当时中国战略界的一致主张。“复关”谈判的失败使得加入世界贸易组织（WTO）成为中国融入现代世界体系、克服自身所难以克服的“改革困境”的关键。文化产业问题是在中国“入世”的谈判进程中涉及文化市场准入时被提出来的，这是美国人对中国的挑战，也是美国在同其他国家入世谈判过程中屡试不爽的战略手段。中国是在许多方面都还没有准备好的情况下加入世界贸易组织（WTO）的。文化市场开放对中国来说，是一个比经济领域里的开放更具有根本战略意义的挑战，文化产业是它的核心部位。中国有文化产业，也有文化市场。但是，在意识形态思维下，中国一直忽视了文化产业的发展和文化市场的建设。开放倒逼改革；自古华山一条路，不进则退。于是，“应对挑战”成为在此背景下中国文化产业研究的共同目标和研究思维。正是这一特殊的时代背景和特殊的战略需求，建构了文化产业中国研究的思维取向——对策研究，理论、政策与战略便由此构成它的基本话语空间特征，并且一直影响至今。也由此把中国文化产业学术研究和发展道路与西方区别开来。这一基本特征也构成了我这十多年来文化产业学术研究的主要特征。收录于本书的十多篇论文，集中反映了我所走过的文化产业学术研究之路。

我的文化产业学术研究，大致可分为前、后两个时期，2009 年是它的分期年代。从 1998 年至 2008 年，我大致是以“世纪之交的中国文化发展战略”为核心命题，以文化产业发展为主要对象，以文化产业理论、政策与战略研究为主要内容，把理论研究和对策与战略研究有机地结合起来，形成了一种融理论研究、政策分析和战略构想为一体的研究方法和话语结构，并由此建构一种文化产业学术研究的三维空间。关于《世纪之交的中国文化发展战略》研究、《加入 WTO 后我国文化产业理论与政策》研究和《国家文化安全：经济全球化背景下中国文化产业发展策论》是这一时期的代表作，集中反映了这一时期我的文化产业研究的学术取向。2008 年下半年，在与北京大学、清华大学和复旦大学同行的激烈竞争中，我获得教育部哲学社会科学研究重大课题攻关项目“我国文化产业发展战略研究”（08JZD0034）立项资助，使我有机会作为首席专家能比较系统地对我国文化产业发展一系列重大理论和实践问题展开比较深入系统的研究，从而开启了 2009 年之后的我的文化产业学术研究领域与研究议题的转变。虽然，理论、政策与战略依然构成了主要空间形态，但是，内容已经出现了较大的深入性转变。《我国文化产业战略力量的发展方向》是这一转变的标志。历史为这一转变提供了机会，创造了条件，全球性金融危机提出了全球性问题，也为开创新的研究议题提供了全新的思维视角，重新思考过去仿佛已经思考过的问题。中国文化产业战略力量的发展方向在“后世贸”时代应该有自己全新的“文化产业发展的中国新政”。如果说，入世后的中国文化产业发展完全是处在一种疲于应对的状态的话，那么，金融危机的爆发为中国文化产业发展提供了一个化被动为主动的千载难逢战略机遇。抓住这个战略机遇，适时地调整自己的战略部署，为未来中国文化产业赢得更为广阔、自如的战略发展空间创造条件刻不容缓。此后，我的关于“文化产业正义”“文化产业的公共责任”“文化民权”“国家文化治理”“文化产业数据话语权”“文化产业理性发展的尺度”等等一系列全新的命题与概念便是在这一基础上提出来的，既开始了我个人研究的崭新领域，也开辟了我国文化产业理论、政策与战略研究的新的命题空间。2012年《国家文化治理：文化产业发展的新维度》的发表是我的又一个标志，开始了从国家文化治理、元理论的角度寻找关于中国文化产业发展的合理性。这是比政策与战略更为困难的研究。

据此，我把这前后两个研究时期发表的有代表性论文编成上编，下编是我承担的三个地方（温州、郑州和澳门特别行政区）文化产业发展规划研究，是一种具有实践性的关于中国文化产业话语空间建构的地方实验。这三个地方有一定的代表性。文化产业发展有它的共同规律，但重要的是要能够找到和发现这个地方文化产业发展的特殊性路径。关于学者在文化产业发展规划中的身份和作用我有一个基本认识：规划属于决策范畴，是政府的事，学者的定位是为政府决策提供咨询，是研究，而不是越俎代庖。但在实践中，我发现我们有不少学者在这一点上存在认识上的误区：错把文化产业发展规划当成文化产业发展的“创意策划”，以为出一两个“金点子”就是“创意”，甚至不惜走上前台，替政府操刀。于是，生产出千篇一律的文化产业发展规划。更有甚者，直接把自己当作“策划师”，到地方上到处撒金豆子，指望点土成金。文化产业发展规划当然需要有创造性想象，当然需要创意和策划，文化产业学者也应该贡献自己的智慧。问题是，你所有这一切创意策划的依据是什么？为什么这个地方是要发展这一种文化产业？并且是按照你规划的那个样子发展的呢？规划是不用回答这些问题的，但是规划的内容是以它们为依据的。规划应该是研究的结果，而不是研究本身。可以允许有不好的研究成果，但绝对不应该有缺乏研究基础和建筑在没有研究基础上的规划。在这里，我向大家推荐一本在我看来是每一个做文化产业发展规划的学者都应该认真拜读的书，即美国耶鲁大学政治学和人类学教授詹姆斯·C.斯科特写的《国家的视角：那些试图改善人类状况的项目是如何失败的》。

我不揣浅陋，把自己做过的而且做得很认真的三个文化产业发展规划研究报告收在本书之中，就是希望提供一个分析和批评的文本，一来有学者通过渠道获得了我当年的研究报告，并且在他自己的规划中也采用我的研究方法；二来，正值“十三五”规划又要开始了，我想，我们作为学者还是应该多做些“发展规划研究”，少做些“规划”，把“规划”还给政府去做。关于这一点思考，收入本书的《文化产业可持续发展的关键：可持续协调发展》一文做了比较深入的探讨。如是这样，我相信，建立在学术研究基础上的文化产业发展规划研究，一定能产生许许多多丰硕的成果，并且真正通过我们学者的学术研究，为中国文化产业空间建构创造和提供极为丰富多彩的想象，而中国文化产业发展的理论、政策与战略研究在这样一个充满创造性的想象空间一定会获得不竭的生命动力！

胡惠林

2014 年 10 月金秋于秦淮河畔南京艺术学院专家楼

目录

上 篇

下　篇

上　篇

世纪之交的中国文化发展战略

题　记：

本文首次发表于1998年第10期《学术月刊》，1999年1月《新华文摘》全文转载。这既是我发表在《学术月刊》上的第一篇文章，也是被《新华文摘》转载的第一篇学术论文。

这是受美国哈佛大学教授亨廷顿的“文明的冲突”影响而写下的一篇论文。当时中国的学术界都对亨廷顿的“文明冲突论”予以批评，但我在细读之后却感受到其中极为深刻的战略思想。这一思想反映了美国主流战略界对冷战结束后世界未来走向带有根本性的战略判断。这一判断，将不仅深刻影响美国的国家战略决策，而且也还将深刻影响全球在冷战后战略格局的变动与走向。中国已经开始深入地融入现代世界体系，不可能不受这一战略格局变动的影响。中国如何在这一战略变局中寻求自己的战略主动，将直接影响未来中国发展的战略利益。有鉴于此，我不揣浅陋，没有参与对亨廷顿“文明冲突论”的批评，相反，是以一种积极肯定的态度，思考中国未来的文化发展战略。然而，文章写出来之后，连续投了多家杂志社，均被一纸退稿信打发。一次偶然的机会，在朋友的聚会上遇到上海《学术月刊》的常务副主编夏锦乾先生，席间聊起时下的学术景观，联系本文的遭遇我不禁很有微词。夏先生闻后说：“明天你把大作送给我看看。”如约，第二天下午，我便把打印好的文稿送到夏先生在淮海中路622弄7号上海社科院大院里的办公室。夏先生收下文稿说：“明天下午还是这个时候，你来，我们谈谈。”我如约又去了。在夏先生的办公室里坐下，夏先生递给我他修改过后的文稿说：“大作我们来发。我修改了一下，你看看行不行。”《学术月刊》在学界享有崇高学术地位，拙作又经夏先生修改，我从头至尾很认真地读了一遍，连忙点头说：

"好！好！"大有受宠若惊之感。这就是现在大家看到的这篇文章。文章发表后，1999年元旦后不久，夏先生给我打电话："胡惠林啊，大作被《新华文摘》今年第一期全文转载了！恭喜你啊！"这怎么可能？《新华文摘》在整个学术界的地位除了《中国社会科学》没有能与之比肩的。我将信将疑，但心中激动已是溢于言表，立即骑了自行车到离开我家最近的思南路邮局，把其仅有的4本1999年第1期《新华文摘》全部买下来了，就站在邮局门口寻找《新华文摘》中我的这篇文章。更让我没有想到的是，我这篇文章的标题居然上了这一期的封面，我就此开始了一个全新的学术生涯。这篇文章坚定了我学术研究转向的信心，并且一直坚持到今天。我要特别感谢夏锦乾先生，没有他，我是否还能实现这个转向还真不好说，我在许多地方和场合都提到了这件事，夏先生对我有知遇之恩。写下这篇题记，一来交代一下这篇文章写作的动机，二来把夏先生的事迹记录在此，以表示我的由衷感谢。

1995年9月，中共中央在《关于制定国民经济和社会发展"九五"计划和2010年远景目标的建议说明》中郑重指出："能否搞好精神文明建设，关系我国社会主义事业的兴衰成败，关系我们把一个什么样的中国带入21世纪。"这是一个大国的最高决策者审时度势，站在民族兴衰、事业成败和全球发展的高度来指明本国文化建设在现代化进程中的战略意义。1997年9月，中共十五大报告又进一步明确指出："有中国特色的社会主义文化，是凝聚和激励全国各族人民的重要力量，是综合国力的重要标志"，"全党必须从社会主义事业兴旺发达和民族振兴的高度，充分认识文化建设的重要性和紧迫性。"十五大报告用专门的篇章和较长的篇幅论述文化建设问题，不仅为历次全国代表大会所罕见，而且把文化建设问题纳入今后百年党的基本纲领之中，这对于中华文化的建设与复兴具有重大的现实意义和历史意义，因而它是我们思考世纪之交中国文化发展战略的重要指导思想，是实现中华文化伟大复兴的文化纲领。

一

当代中国文化建设，首先面对的是："国际范围各种精神文化力量的相互激荡和影响，使社会主义精神文明建设遇到严峻的考验。"

1993年夏，美国哈佛大学教授亨廷顿就冷战后世界格局的走向提出了"文明的冲突"的观点。亨廷顿认为，冷战结束后，新的世界冲突的主要根源"不是意识形态的和经济的"，而是"文化上的"，在未来的世纪，"文明的因素将成为人类社会中一切冲突之源"，并断言，"下一次战争，如果有的话，那将是文明之间的战争"。在这篇名为《文明的冲突》（*The Clash of Civilization*）的文章中，亨廷顿不仅将未来的世界文化形态概括为西方、儒家、日本、伊斯兰、印度教、斯拉夫—东正教、拉丁美洲、非洲等主要文明的互动，而且直言不讳地将"儒家文明"视为引起未来文明冲突的主要力量，明确提出西方社会应联络其他文明形态对之加以遏制的全球文化战略。这是对中华文明的挑战，是对中华文化的挑战。

众所周知，亨廷顿并不是一位中国文化专家，但他绝不缺乏中国文化的一般常识。亨廷顿之所以会得出这样的结论，并非是他对历史的无知，而是他看到了拥有五千年悠久历史的中华文明和只有二百多年建国史的美国文明之间的巨大文化落差，看到了无论是福山的"历史终结论"还是布热津斯基的"国家群体冲突论"面对冷战后世界格局所暴露出来的理论缺陷。在亨廷顿看来，意识形态和经济领域内东西方间的冲突谁胜谁负的问题，随着苏联东欧社会主义国家阵营的解体，答案是不言而喻的。但是，一种意识形态和经济形态的解体并不意味着一种文化的终结乃至消亡，尤其是当西方世界欢呼"共产主义大失败"的同时，中国的社会主义却作为世界上经济发展最快的新国家体制而迅速崛起。为什么在经历了"文化大革命"那样深重的灾难之后，中华民族能实现历史性的大转折？为什么经历了苏联解体、东欧剧变，国内政治风波，中国却出现改革发展的繁荣局面？在反思种种原因的同时，亨廷顿不能不看到五千年中华文明本身就是一种巨大的文化力量。正如美国战略学家保罗·肯尼迪所说："人们之所以产生这样的忧虑，关键在于他们认为自身的种族和语言集团在历史上享有特殊地位，在世界文明中具有无与伦比的特点，对世界文明有贡献，因而必须使自己的人口持续增长，进而来保持自己的种族集团。"① 于是，站在"转变中的防卫环境及美国的国家利益"这一霸权主义文化立场上，亨廷顿提出了他的对策：推进西方文明内部，尤其欧洲与北美"子文明"之间的合作，促进与俄、日的合作，抑制儒教，亦即抑制中国。文明和文化的问题成为涉及国家屹立的最大问题。值得指出的是，这不只是亨廷顿个人的"文化战略"。美国的另一位国策专家布热津斯基在他的《失去控制：21 世纪前夕的全球性混乱》中，从另一角度发表了与亨廷顿几乎相同的看法；日本等国家领导人也积极响应。日本前首相桥本就说：如果各个文明不能实施宽容和调整的话，"文明的冲突将是可能的"。"文明的冲突"理论成为西方，特别是美国冷战后国际战略决策的理论向导，成为一种冷战后新的国际文化战略理论。美国实施的对华"知识产权战略"可以看作是这一文化战略理论的具体化。1997 年 7 月 1 日，美国公布了一份题为"全球网贸易框架"的报告，提出"互联网自由贸易区"的新概念。这是一个超越地缘政治和地缘文化的新概念。根据这一新概念，传统的关于自由贸易区的地域性将不复存在。美国将技术的边界视为它新的西部和传播美国精神的新天地。美国率先为互联网自由贸易区确定规则，这是他运用文化手段，实施文化战略，推行国家扩展权力的新形式。由这些事例我们可以进一步认识到，世界范围内各种精神文化力量的激荡与竞争日益成为国际政治斗争的主要形式。

正是在这样的国际文化背景下，世纪之交中国文化战略的制定被迅速地推到了全球各种文化力量相互激荡的国际文化关系的新格局之中。虽然，中国的文化现代化建设是一种根据本国国情和社会主义精神文明建设需要制定

① ［美］保罗·肯尼迪：《未雨绸缪——为 21 世纪作准备》，何力译，新华出版社 1993 年版，第 35 页。

的战略选择，但是，各种西方文化对中国现代化进程的渗透和影响，必然构成对21世纪中国文化发展选择的深刻挑战。因此，世纪之交的中国文化战略制定，不仅关系到国际文化力量对比的调整、新的国际文化关系的重构和国际文化新秩序的建立，而且直接关系到21世纪中国文化的世界地位和中华民族在世界民族之林的形象，也就是“把一个什么样的中国带入21世纪”的重大问题。

二

正是在这新的时代课题前面，中共十五大高瞻远瞩，做出了跨世纪的战略部署，提出了建设有中国特色社会主义文化的远大目标，确立了以邓小平理论这面光辉旗帜为社会主义文化建设的方向和根本原则。今天，摆在我们面前的任务是：在坚持这一方向和根本原则的前提下，建设与中国特色的社会主义市场经济和政治体制相协调的社会主义文化价值体系、文化形态及其文化增长机制，创造一种融民族文化性格和世界精神为一体的中华新文化。

实现文化价值观念转变和思维方式革命，是建设有中国特色的社会主义文化价值体系的核心，也是建制文化战略的基础。回顾历史，重构现代价值体系，始终是中国文化现代化的基本主题之一。在疾风暴雨的阶级斗争包括大规模的战争期间，由两极对抗而积淀的思维方式与价值尺度，曾经是我们在相当长的时间内认识和判断国内外文化形势、决策中国文化战略和处理国际文化关系的价值坐标。其中毛泽东的“新民主主义文化论”，就是中国共产党人在这一时代的杰出创造，它为探寻和解决建设什么样的中国新文化，回答“中国向何处去”的时代课题做出了划时代贡献，为中国革命提供了一种全新的价值观念和思维方式，实现了自“五四”以来中国文化价值体系的革命性转变和重建，历史地成为中国新民主主义革命时期的文化纲领。

但从新民主主义革命到社会主义革命，历史进入新的历史时期，尤其是20世纪80年代下半期以来，世界发生了激烈的变化。冷战的结束标志着以两极对抗为特征的时代结束，和平与发展成为当今世界的主题。世界正在向多极化方向发展。《里约宣言》和《21 世纪议程》等全球性文件的签署，亚太经合会议和第一次亚欧会议的召开，都明示着：世界正逐步通过互补由对立走向对话，由对抗走向合作；西方的科学主义与东方的人文主义，不再仅仅是对立，而更是融合与互补，从而形成了超越地缘界限的新的价值取向。尤其是当欧美各国深受权威主义和个人主义之害后，“第三种价值观”（儒家学说）所显示出来的人与人之间的新关系对“拯救”“衰退”中的欧美文化产生了前所未有的魅力。这种倾向再清晰不过地凸显了和平与发展是当今世界的主流。此外，从当今科学技术迅猛发展的形势看，知识经济时代的到来，改变了人类知识的形态、内容、传播和接受方式，“数字化革命”改变了我们用以记录和传播知识的符号，“数据库”的建立又使得人类知识面临空间的选择和重新构造，全球性互联网络的开通，使得任何文化封闭和阻截日益成为不可能。科学主义与人文主义、计划与市场互向对方生成，为全球多种文化共生和融合创造了前所未有的文化空间，“世界迟早必须在地球上存在的各种伟大文明之间产生某种综合性的文明”正日益成为人们的一种普遍性共识。

邓小平敏锐地洞察并准确地把握住了这一全球发展走向，提出了在马克思主义理论发展史上具有突破性的“市场与计划”兼容理论，用三个“是否有利于”的标准，向传统的以两极对抗为特征的社会价值观中的姓“资”还是姓“社”的核心问题提出了挑战。这就从经济与社会发展的层面上，为中国文化发展的思维革命和价值取向注入了全新的内容。作为这一全新价值观在国际文化关系中的战略体现，1991 年 11 月，江泽民首次提出国与国之间的关系应该受到国家利益而不是意识形态左右的观点①，超越意识形态和价值观念的差异发展国际新关系，建立国家新秩序，成为当代中国处理国际关系的新准则。意识形态可以不同，而文化却可以圆融；“渊源于中华民族五千年文明史，又植根于有中国特色社会主义的实践”，“博采各国文化之长”，“创造更加绚烂多彩的有中国特色的社会主义新文化”这样一种以综合理性为特

① 1991 年 11 月 2 日《人民日报》称：“江泽民接受《华盛顿时报》原主编采访畅谈国际国内大事。”

质的文化价值观，理应成为我们思考世纪之交中国文化发展战略选择的新价值观。只有在这样一种以博大的胸怀包容综合的新价值观的引导下，我们才可能在继承前人又突破陈规的基础上，做出我们的文化贡献，才可能在新的文化世纪到来之前赢得相比较的文化优势。

三

提出和确立以综合理性为21世纪中国文化发展的新价值观，改变了以两极对抗思维为特征的文化定势。它要求21世纪的中国文化战略选择遵循如下思路：变一元的国家文化主体文化为多元并存、多枝同根、多态同源、共生互动的新文化共同体。可以说，社会主义市场经济体制改革目标的提出，邓小平“一国两制”的创造性构想，和江泽民在中共十五大报告中提出的建设有中国特色的社会主义新文化战略，都是向着新文化共同体迈出的坚实步伐。

一个国家、一个民族没有主流文化不行。主流文化体现和引导着一国一民族的文化精神和根本文化方向，规定着一国一民族的文化性质。这是文化的历史生成。21世纪的中国新文化当然不能没有体现国家精神和民族意志的主流文化，不能没有以马列主义、毛泽东思想、邓小平理论为指导，以共产主义崇高理想为信仰的先进而新颖的无产阶级文化。这是以公有制为主体、以工农联盟为基础的政治与经济体制的必然要求，是我们国家和民族的文化之魂。但光有主流文化而没有支流文化也不行。以公有制为主体、多种所有制经济共同发展、实行民族区域自治和两种不同的社会制度，以及由此而产生的多种文化成分及多种文化需求和诉求还依然存在的基本国情下，要求包括香港、澳门甚至统一后的中国台湾的文化都在社会主义的文化旗帜下团结起来，是不现实的。但是，“凡是炎黄子孙，不管穿什么衣服，不管其立场是什么，起码都对中华民族有自豪感”①。他们不能在社会主义的旗帜下团结起

---

① 《邓小平文选》第三卷，人民出版社1993年版，第60页。

来，却可以在祖国统一和爱国主义的旗帜下团结起来，可以在中华文化的旗帜下团结起来。因此，思考21世纪中国文化发展战略，实现中华民族和中华文化的伟大复兴，就不能只有中国内地的社会主义文化这一个向度，而是应当包括港、澳、台在内的统一的中华大文化。在“一国两制”国家形态下，21世纪的中国文化建构，就不仅要有体现国家意志和社会主义精神的文化，而且还应有虽未体现社会主义精神，但却又是统一的中华大文化所必不可少的民族团结、经济发展、社会进步、人民自由的爱国主义文化内容，以及作为这种文化内容生动体现的心理模式、风俗习惯、生活方式、处世态度以及他们上升到理论层次的主义、学说等等，所有这些都可以被看作是对国家主流文化的资源补充和文化结构的合理配置。主流文化影响和主导着社会支流文化的发展，但支流文化对主流文化的“生成”“蓄洪分洪”“抗旱排涝”的综合协调与均衡作用，却是主流文化在发展过程中不可或缺的重要文化力量。尤其是当国家文化生活出现大的震荡和“洪涝灾害”的时候，支流文化的泄洪导流的“安全阀”作用就表现得特别明显。中华民族数千年来历经战乱和纷争而始终坚如磐石，不能不说是得益于统一的中华文化的多元构成。汉、蒙、藏、维、满，秦、晋、楚、鲁、越，既有儒墨，也有释道，多民族文化融合，三教九流各得其所。正是这种各具特色的文化的相容互补、圆融通达、和而不同，才在现实和历史张力的作用下聚合成中华文化的博大精深和灿烂辉煌。

当然，文化有意识形态性，但并非所有的文化形态和文化内容都只属于一种意识形态。过去，我们比较重视国家主流文化的意识形态建设，而忽略了社会支流文化建设的重要性，承载了本应由支流文化负担的文化责任，最终妨碍了主流文化的发展，从而使得“一个领导12亿人口的大党，在思想文化意识形态中变得缺少足够的影响力和主导力”①，这不能不说是一种严重的文化教训。无支流文化，也就无所谓主流文化。“在全社会形成共同理想和精

① 许明：《关键时刻：当代中国亟待解决的27个问题》，今日中国出版社1997年版，第58页。

神支柱”的文化目标下，江泽民在十五大报告中把“一切有利于国家统一、民族团结、经济发展、社会进步的思想道德”，既区别于“共产主义思想道德”，又纳入“共同理想精神和支柱”的重要内容加以“鼓励”，在“提倡共产主义思想道德”的同时，又“把先进性要求和广泛性要求结合起来”。这既反映了中国共产党的第三代领导人在文化建设方面阔大气魄和高屋建瓴的前瞻性，也深刻地揭示了主流文化与支流文化的辩证关系，以及它们各自在整个有中国特色的社会主义文化建设中应有的地位和作用。因此，在综合理性指导下，实现21世纪中国文化生命形态的主、支流文化兼容互补，共生互动，圆融通达，一切有益于、有助于、无害于中华民族和中华新文化生长的各种文化因素，一切爱国主义、民主主义、人道主义、科学的、进步的思想精神和道德观念，等等，都应当是21世纪中国文化形态构成中的题中应有之意，从而在实现中华文化从意识形态对抗向文化形态回归的基础上，建构统一的中华大文化的文化新形态和新秩序。

四

文化资源存量的增长是文化发展真正的独立性标志。一种文化只有当它是可发展的，它才是有生命力的。只有当它增长的成果不仅是可以影响一国一民族的文化性格和精神世界的塑造，而且还给予人类社会的历史进程以巨大的影响，它才是有力量的，也才具有资源和遗产的意义。应该看到，20世纪以来，中国文化发展一直服从于政治和经济的功利需要，文化增长方式一直处于依附性状态，因而文化缺乏与政治、经济协调发展的独立性品格。从20世纪50年代的“文化大跃进”到90年代盛行的“文化大制作、大策划”，从向苏联“一边倒”到走马灯似的演练西方学说，都可以看到文化发展中的依附性品格。其结果便是在这几十年中文化的轰动效应不断，却没有或极少有文化内在资源存量的递进与积累，以致形成泡沫文化的虚假繁荣和文化负值的增长。手段与目的的倒置，使得用以解决当代中国文化的文化资源面临严重短缺的危机。因此，江泽民一再告诫全党：不能牺牲精神文明为代价来换取经济的一时发展。完整的文化资源积累与社会资本增加的统一应当成为21世纪中国文化发展与增长方式的基本思想。中国文化在未来21世纪的发展应当吸取一个多世纪以来中国文化发展的成果与教训，更理智地以自身拥有的文化资源为立足点，以文化的“内源发展”作为自己的根本增长方式和发展道路选择。在改革开放的伟大历史潮流中，走与社会主义政治、经济协调发展的道路，真正使社会主义文化发挥江泽民在十五大上提出的“为经济发展和社会全面进步提供强大的精神动力和智力支持”的重要作用。

随着改革开放的步步深入，当代中国面临一系列亟待解决的问题，迫切需要文化给予真理性回答与指引。这既是挑战，也给21世纪中国文化的发展和文化资源短缺的克服带来了无限希望。21世纪的中国文化必将直面国家与民族在历史进程中的每一个事关民族前途与命运的重大问题，并且把它作为推动自己发展的增长点，从而形成自己的独立性品格。一部人类发展史告诉我们，一切有益于人类的文化遗产——作为文化资源的思想和理论，都是在历史的每一个转折关头，在寻求解决时代难题的过程中形成的，反过来说，也正是这些在实际推动过社会与历史发展的思想、理论，才使得文化内蕴为一种巨大的力量。中国的“毛泽东思想”和“邓小平理论”之所以成为当代中国文化的主要代表，受到世界的重视，就在于他们在中华民族历史发展的关键时刻，实践地解决了时代难题，改变了一个国家和民族的命运，改变了世界历史的进程和东西方文化力量的对比。当今我们面对的是一次前所未有的历史机遇，我们只有把21世纪的中国文化发展同解决当代中国亟待解决的问题结合起来，在社会的全面进步中造就文化的进步，以文化的进步引导、推动社会的进步，建立中国文化发展的良性增长机制，才能使世纪之交的中国文化建设在中国现代化的进程中发挥它应有的作用，为国家和民族的精神创造和实践创造提供崭新、丰富的文化资源和智力支持，从而最终实现中华文化的伟大复兴。

国家文化安全：经济全球化背景下中国文化产业发展策论

题　记：

本文写作于1999年暑假7、8月间。因全身心地投入《文化政策学》① 一书的写作，该书于1999年1月由上海交通大学出版社正式出版的时候，我患上了高血压。此后半年，除了看书、给本科生讲课，我没有写一篇文章，主要任务就是休息。一天，我接到上海社科院文学研究所的一个电话，邀请我参加将于这一年10月下旬举行的一个国际学术研讨会："上海文化产业发展与管理政策国际学术研讨会"。我答应了。后来他们又来电话催，要我先报一个论文题目。我就报了"文化产业发展与国家文化安全"这个题目。接电话人有点惊讶："我们才刚刚开始研究文化产业，你已经在研究文化产业发展与国家文化安全了？"这也许是他们第一次听说"国家文化安全"这个概念。而对我来说，"国家文化安全"这个研究题目是我在1997年开始写作《文化政策学》的时候无意中写下的。当时，我自己也是一惊：怎么突然会想到这个概念？于是赶紧把它写在我的一个笔记本上，留待以后思考研究。当时经济学界已经在关注"经济安全"和"金融安全"，并发表了不少著作。我一边写作《文化政策学》，一边看这些书，包括有一本叫《国家安全》的书，这也是我第一次接触有关国家安全的专门知识。于是，我便渐渐地开始有意关注国家文化安全有关信息，并收集材料。受上海社科院文学研究所的邀请，使我有机会把自己的思考形成文字，再加上已经休息了半年了，精神也好起来了，于是便一口气写了近2万字的论文提交给社科院文学研究所。记得当

① 1999年1月上海交通大学出版社出版。

时起草第一稿的时候，还有一个副标题“再论世纪之交的中国文化发展战略”，思路确实是顺着《世纪之交的中国文化发展战略》来的。后来正式提交论文的时候，我把他改了，以使文章标题更加醒目、简洁。那一次的国际学术会议是由上海社科院文学研究所与上海社科规划办联合举办的。论文在会议上传开后，引起了与会者的热议和反响。又是《学术月刊》的夏锦乾先生。他找到我，说：“你这篇文章写得很好，给我们《学术月刊》发表吧。”《学术月刊》要发表，我当然满口答应，因为当时我还没有把论文投出去。再加上夏先生对我有情在先，我岂能拨他的盛情。但我将论文正式给他的时候，把论文的题目改了，改成现在的题目“国家文化安全：经济全球化背景下中国文化产业发展策论”。用“策论”，是在改题目的时候，不知怎么突然想起了汉代策论家贾谊的《治安策》，一兴奋就把“策论”写上去了。当时是很少有学术论文用“策论”这两个字来点题的。文章发表于2000年《学术月刊》第2期，没料到，同年《新华文摘》第6期又全文转载。文章产生了很大的影响。许多同道好友都称赞有加，要求收入文集和邀请参加论坛的邀请函也收到了不少。我倒是依然对《新华文摘》的又一次全文转载感到有点兴奋。我不能不又一次感谢夏先生。又是他！如果说我现在有点儿“名气”的话，就是因为这篇文章。我并不知道这篇文章的研究成果——“国家文化安全”这一政策性概念被中央决策层采纳。那是2002年，我陪同上海交大的校长谢绳武去中国社科院出席《中国文化产业蓝皮书》的首次新闻发布会，在中国社科院副院长江蓝生的午宴上，中宣部的一位副局长在席间对我们谢校长讲了这件事：胡老师关于国家文化安全的研究成果被中央采纳了。无论是我们校长还是我本人，当然都很高兴。在我的学术经历中，这确实是一篇代表性论文。后来的许多研究选题都是从这里深发开去的。

在这里还不能不提到另外两位重要人物：时任上海市社科规划办副主任的荣跃民研究员和时任中共中央委员、中国作家协会党组书记、曾任中共上海市委宣传部部长的金炳华教授。荣跃民鼓励我就“国家文化安全研究”申报国家社科基金项目，金炳华鼓励我就这一问题进行全面、系统的研究。我照二位的意见办，申报2003年国家社科基金项目并以“开放条件下的中国国家文化安全问题研究”为题，获得立项；结项成果获评国家社科基金“优秀”成果等级。成果以“中国国家安全论”为题由上海人民出版社2005年出版，金炳华同志专门作序。2006年获上海市优秀学术研究成果著作类二等奖。所有这一切，都是由这篇文章而来。

全球化作为当今世界发展的一个趋势，正深刻地影响着整个人类社会的历史进程和文明进程，也给文化产业的发展带来了前所未有的问题。

“冷战”的结束，“文明冲突”理论的提出，新的世界霸权主义的出现，后现代主义对一切“中心”和“权威”的消解，经济日益向文化渗透，文化日益成为一种重要的国家力量介入国际政治和经济生活，使得全球化不仅深刻地影响着世界各国的经济政策和经济运动，而且还深刻地影响着世界各国的文化政策、文化运动和文化产业发展走向，影响着国际文化秩序的变动和文化力量格局的重组。由于全球化带来了资本的自由流动和信息的自由交流，全球性资源的再分配拉动和刺激了规模空前的文化商品流动和文化形态对撞，传统意义上的文化形成和承传在全球化的语境下正越来越失去固定的空间，国家和民族文化边界正在被消解，国家文化主权受到严重的威胁和挑战，这就使得全球化最终将不仅是经济战略问题，而且也是文化战略问题，还是文化产业发展战略问题。对本国民族文化产业及其利益的保护已经成为当今世界各国的一个共同主题。由于全球化过程的经济实质和文化实质是在西方发达资本主义国家集团主导下进行的，因此，面对以美国为代表的西方强势文化利用其资本、技术和市场优势对其他弱势文化的渗透、控制和强行“市场准入”，尤其是美国提出“领导全球”的“新世纪国家安全战略”，提出“以美国的价值观为价值观”等一系列文化“新干涉主义”的战略理论后，民族国家文化及其产业（主要是东方国家和广大第三世界国家）如何在全球化的背景下生存和选择符合本民族根本文化利益的发展道路，成为民族国家文化和文化产业发展的一个突出问题。作为经济全球化的一个直接后果，“文化全球化”不仅成为资本掠夺的一种新的当代形态，而且直接威胁着各民族文化产业的生存与发展。包括文化产业安全在内的国家文化安全，在全球化的浪潮中，被历史地和现实地推到了主权国家面前。

文化生存是民族生存的前提和条件。文化的生存状态不仅积淀着一个民族和国家过去的全部文化创造与文明成果，而且还蕴含着它走向未来的一切可持续发展的文化基因，是它存在和发展的全部价值与合理性之所在。因此，一旦这种文化遭遇生命的威胁和侵略，则必然要给民族和国家的存在价值和存在意义以及它的全部合法性带来深刻的文化危机和民族危机，从而也就构成了国家文化安全的全部内容和意义。法国作家都德的短篇小说《最后的一课》的历史深刻性，就在于它美学地揭示了文化的存在和遭遇到被剥夺的威胁对于民族与国家存在的全部价值和意义，唤起人们关于祖国和民族的文化安全意识及其他和民族存亡与国家存亡、安危相关的全部生命体验。如果说，作为一个命题或概念，在这之前国家文化安全还尚未被提出并构成国家文化产业发展的一个重要内容的话，那么，在今天，面对全球化，特别是在这一过程中出现的“文化帝国主义”，对中国文化产业发展构成的现实威胁，则不能不引起我们认真思考中国的国家文化安全。

一、树立以国家利益为核心利益的国家文化安全观

国家文化安全，是一个有着丰富内涵和广阔外延的政策过程系统。完整地建立这样的系统，需要有许多的政策选择和战略考虑。坚持有所为有所不为的原则，确定以国家利益为最高利益的文化发展战略，则应是我们在全球化背景下的首要选择。

全球化主要是以美国为首的西方发达资本主义国家引导和推动的，在“平等竞争”的口号下实行有利于发达资本主义国家的国际贸易战略，实际上是在全球强制推行以美国为首的西方大国集团所制定的国际经济法则和规则。战后，以美国为首的西方集团，为了维护自己的既得利益，成立了国际

经济组织，制定了国际经济法规和规则。由于其在战后国际经济活动中的主导性地位，这些法规和规则至今仍是世界各国进行经济贸易往来的基本依据。这些法规和规则虽然也包含和反映了战后国际社会普通要求共同进步与经济发展的利益需要，但是，所有这些法规和规则又无不是以西方发达资本主义国家的经济发展目标和社会条件为依据的，主要是基于它们共同的世界利益需要和价值判断而制定的，是以整个西方文化为背景的，有的甚至是在冷战时期为适应冷战的需要而制定的。因此，这些法规和规则，不仅反映和体现了西方发达资本主义国家集团的物质价值观和全球利益需要，而且也深刻地反映和体现了他们的文化价值观与根本文化利益。对经济、文化都还比较落后的国家而言，执行这些法规和规则，就意味着对国家主权某种程度的过渡，这必然对本国的民族文化经济利益造成很大冲击，从而导致国家文化主权和决策权的牺牲。

中国属于发展中国家，还处在社会主义初级阶段，经济文化都还很不发达。再加上中国在冷战时期并没有真正融入国际经济文化生活，更不用谈参加国际性乃至全球性经济法规和规则的制定。改革开放20年来，虽然中国已经拉近了同世界经济文化发展的距离，但是，由于社会主义市场经济体制也才刚刚开始建立，离成熟发展还有相当的距离，不少领域，尤其是在文化经济和文化产业领域，还处在转型过程当中，而要希望发展得更快一点，就需要从国际市场获取发展所必需的资金和技术，这是目前中国经济文化和文化产业发展的一个“瓶颈”。无论是在“复关”还是在现在的中国加入WTO的谈判中，以美国为首的西方利益集团之所以对中国漫天要价，要中国承受超过一个发展中国家所能承受的权利和义务，一个险恶的用心，就是要你以主权换发展，以牺牲本国的根本利益来换取有限“待遇”，并以此要挟中国，最终从战略上控制中国和摧毁中国，从而达到其“不战而胜”的目的。全球化是把“双刃剑”，“文化全球化”是把更为锋利的“双刃剑”，它在给你带来有限机会的同时，也给你设下了无限的陷阱。这在许多发展中国家是有教训的。因此，在中国文化产业发展的一些根本战略问题上，条件不具备或尚不成熟的事情不能做，该把住的“闸门”不能松。要坚持从国情和民族文化传统出发制定独立自主的国家文化产业发展战略，不可因追求“全球化”而放弃自己的民族个性，或者为加入WTO而人为地改变与中国文化国情相适应的文化经济制度和管理体制。在中国，文化产业还是一个刚刚起步的文化领域和经济领域，无论从产业发育还是制度的建立，都还处在一个幼稚的阶段，一切都还很脆弱，都还不成熟。在这样一个新兴的大有前途的领域，如果我们不能从民族的根本利益和国家文化产业发展的长远利益出发，不能把文化产业的各个方面发展成为一个弘扬中华民族优秀文化传统和民族价值观的产业系统，而仅仅为了某些暂时的利益需要，让各种形式的“泰坦尼克号”在中国文化市场登陆，那么，我们失去的将不仅仅是多少万票房，而是中国文化产业赖以发展的全部文化基础、国家的文化产业主权与对中国人民根本文化利益的真正维护和拥有。因此，我们必须坚持有所为有所不为的原则，在以国家利益为最高利益的前提下，审慎参与“全球化”，审慎选择文化产业参与的领域。

国家利益是国家全部战略的核心，它是一个国家维护和创造本国大多数居民共同生存和发展所必需的各种因素的综合，是一个主权国家的生存与发展全部需求和意志的集中体现。“只要世界在政治上还是由国家构成的，那么，国际政治中实际上最后的利益就只能是国家利益”。冷战时期，中国曾奉行以意识形态和社会制度为标准处理国际关系的国家战略和国家利益观，虽然，在今后的国际关系处理中，意识形态在中国的国家利益构成中仍然会占有相当的比重，但是，过分强调意识形态在整个国家战略利益中的分量，甚至片面地把意识形态问题看成是国家的唯一利益之所在，其危害性和造成的后果在中国社会主义发展史上是有教训的。因此，冷战结束后，邓小平就提出“考虑国与国之间的关系主要应该从国家自身的战略利益出发，而不去计较社会制度和意识形态的差别”的新思路；1991年江泽民提出了“国与国之间的关系应该受到国家利益而不是意识形态左右”的中国处理国际关系新原则，都把“国家利益”问题提到了国家战略的高度。这是一种在冷战后，中国在关于国家利益和意识形态关系问题上的根本思维方式和政策范式的转变，体现和反映的是一种符合中国最广大人民利益的根本利益观。当然，在国家关系问题上淡化意识形态并不等于说意识形态利益不重要了，这涉及国家根本利益包括国家价值利益的意识形态问题。例如，民主和人权，在今天的中国仍然是影响国家关系的一个尺度。在一个问题上淡化意识形态，而在另一个问题上又重视意识形态，有进有退，有所为有所不为，政治上是如此，国家文化产业发展也是如此，而转变的标准就是看它是否符合中国的国家利益。然而，一个时期以来，中国之所以在文化产业发展战略选择与布局问题上，在文化市场管理权限和职能分配问题上，在文化投资主体多元化和市场准入等一系列产业政策问题上，发生中央和地方、地方与地方、部门与地方、部门与部门、国家和集体、政府与个人的冲突，除了体制转型所带来的矛盾外，一个重要的原因，就是缺乏以国家利益为最高利益的文化意识，没有确立和形成以国家利益为最高利益的社会舆论，这才导致出现了为了局部的、小团体的、个人的利益而置国家的根本文化利益于不顾的局面。盗版、贩黄、法人文化走私，甚至在对外文化贸易活动中，为维护自己一时的利益互相打压，哄抬价格，让外人坐收渔利，并最终为境外尤其是西方利益集团和文化力量所利用和控制，从而导致国家文化利益遭受重大损失。正是这种被动局面给中国文化产业的发展带来了严重的威胁，有的甚至已经严重影响了国家文化产业在某个领域的生存，造成了民族文化产业发展严重的文化安全问题。

我们说，国家利益进而国家文化利益并不仅仅是一个国际关系和国际文化关系的概念，而且也是一个重要的国内政治和文化概念。公民对诸如国家利益和民族利益的信仰，是国家政治系统和文化系统生存与发展的基本条件，正是这种基本条件的存在，我们关于国家文化和文化产业安全的理解才是完整的。因此，在参与全球化的过程中，不能把经济全球化片面地理解为可以不顾国家利益的完全的经济自由化或产业发展自由化。市场经济的最高原则仍然是国家利益。世界上没有哪一个跨国公司在追求利润最大化的同时会损害它所在国家的根本利益的。这是一种文化认同使然。美国金融家索罗斯就明确宣称：全球化就是全球资本主义化。美国是一个在国际舞台上讲“国家利益”讲得最多的国家，为了维护所谓“美国的国家利益”，它甚至可以把它的西部边界推进到世界任何一个地方，不管是政治的、经济的、军事的，还是文化的。“没有文化方面的考虑，对外政策就不可能是有效的”，这是美国的国家战略，同时也是美国推动文化全球化的国家文化战略。这是一个可以“借鉴”和“引进”并参与“全球化”的战略。为了维护中国的国家利益、中国的国家文化利益，中国文化产业发展也应当确定选择的战略。只有确立了这样的战略前提，中国的文化产业安全才是有保障的。

二、建立国家文化安全预警系统

由于文化本身已经成为国家利益构成中的一个重要组成部分，文化综合国力日渐成为国家间利益均衡的一个重要参数和力量，对文化进而整个文化产业、文化市场进行开发、控制、垄断和利用，文化“渗透”和“反渗透”“入侵”和“反入侵”，正成为全球化背景下国家间利益争夺的重要内容。如何有效地维护和保障本国民族文化传统与文化产业的生存和发展，防止国家文化被侵蚀和殖民化，同时又不妨碍扩大对外文化贸易，从国际资本、技术和文化市场上获得中国文化产业发展所需要的资金、技术和市场份额，也就成为全球化背景下中国文化产业发展的重要课题，构成了中国国家文化安全的一个重要内容。建立积极的国家文化安全预警系统，实行文化市场与文化产业的适度准入原则，我认为应当成为中国在这一问题上又一重要的战略选择。

经济上的支配性力量衍生出文化权势，进而演变成文化上的霸权主义和强权政治。这是全球化的一个特点。当这种支配性力量随着资本和技术的全球性流动而进入一个主权国家的主导性经济领域的时候，由此而衍生出的文化权势、文化占领欲也会随之以各种经济的和文化的形式对这个国家的文化市场进行渗透，并使之成为一种潜在的干涉性力量。这种力量一旦为了实现国家霸权主义和强权政治的需要，就会迅速转变为一种现实的力量，由手段变成目的。20 世纪 90 年代美国政府几次利用知识产权问题挥舞贸易报复大棒向中国政府施压，一个重要的企图就是把知识产权问题政治化，并以此为借口实现其文化商品和文化产业强行进入中国文化市场，打压中国刚刚起步的文化产业的目的。同时，由于文化有着政治和经济所无法代替的改造人的精神面貌、塑造人的灵魂世界的力量，因此，当一种文化经济力量及其产品形态深刻地体现了这种经济力量的产生与形成所承载的价值观念和伦理理想的时候，这种力量及其产品形态就会成为一种文化力量的象征性存在，而成为其主体用来输出文化观念、价值主张和伦理道德的战略武器，从而不仅在经济上控制，而且从文化上、从精神层面上实现对一个主权国家的完全占领。而这正是美国借助于全球化，利用它发达的文化工业和传媒业所要实现的以美国价值为主导的“文化全球化”。这对于任何一个民族国家的文化主权和文化存在来说，都是一种现实的威胁，从而也就现实地构成了更深层次的国家文化安全问题。

正是由于全球化，进而“文化全球化”在产业形态和精神形态各个层面上构成了对一个主权国家文化存在和发展的现实威胁，因此，世界上许多国家和国家集团，甚至包括西方发达国家集团内部也为了各自国家的民族文化利益，纷纷采取文化保护主义政策和建立防范机制。法国为抵制和限制美国文化娱乐产品在法国销售、传播，保护法国文化产业，规定法国的电视和广播节目至少有百分之四十的时间要使用法语，硬性规定其全国 4500 家影院所放映的影片中，好莱坞影片最多只能占四分之一。加拿大于 1995 年将美国“乡村音乐电视台”逐出加拿大后，为保护本国的期刊业，又在今年（1999 年）开始实施 C－55 号法案。该法案规定，加拿大企业不得在加拿大发行的外国期刊上做广告，否则将被处高额罚款，通过切断美国期刊在加的财源，将其置于死地，从而达到保护本国文化产业的目的。法国、加拿大乃至整个欧盟尚且能够看到文化是一个“涉及我们的特性、价值和差异的至关重要的问题”，并且为了保护自己文化产业而通过立法制定文化保护的政策系统，更何况像中国这样一个在文化上与西方主流国家之间存在着巨大差异的国家，难道可以在文化上不设防吗？然而，问题恰恰是，在一种急于实现经济上和文化上“脱贫致富”，实现“现代化”参与“全球化”的美丽愿望下，和对冷战意识形态所导致的不良文化生态状况的反拨，把西方的成功看作是中国实现现代化的唯一参照，文化识别和鉴别系统的弱化，导致文化心理戒备被解除。国家文化产业和民族文化意识的空前淡化，直接导致发生当下中国文化产业发展所面临的危机。新殖民主义文化倾向对上游产业的结构性影响，已经对中国文化产业的民族化构成了严重的威胁。早在 1983 年，邓小平就已针对这种文化威胁所可能造成的危害提出了“属于文化领域的东西，一定要用马克思主义对它的思想内容和表现方式进行分析、鉴别和批判”，告诫大家“如果我们不及时注意和采取措施加以制止，而任其自由泛滥”，“后果就可能非常严重”，这“关系到党和国家的命运和前途”。结合他后来提出的要防止“左”和警惕“右”的主张，实际上是邓小平在提出建设有中国特色的社会主义的同时，也提出了关于思想文化领域里的国家文化安全问题及其防范的识别系统和预警系统的建立问题。可惜邓小平这一卓越的战略思考和思想资源没有得到应有的重视和运用。

东南亚金融危机的爆发给人们的一个深刻教训就是，缺乏健全的安全防范机制和预警系统是导致危机发生的一个重要因素。经济安全是如此，文化安全也是如此。面对带有明显新殖民主义特征，以西方文化为主导的“文化全球化”的挑战，以及我们已经和正在付出的文化代价，如果中国在文化产业发展方面还不能建立起一个积极的、健全的国家文化安全预警系统，那么，一些发展中国家的民族文化产业在全球化的浪潮下，实际上是在美国文化产品的打压下被淹没的悲剧，就有可能在中国重演。不久前，著名电影导演陈凯歌在成都举行的一次电影会议上，不无绝望地指出：“内地电影现在面临生死存亡关头。我不知道十年二十年后，内地还有没有自己的电影。”面对目前内地每年引进的 10 部美国电影就占据 60% 的中国内地电影市场这种局势，“我们没有丝毫的抗衡力量，甚至连一道篱笆都没有”。联系到美国微软公司在中国实施的“让中国人盗版上瘾”继而又追究中国人侵权的法律责任，从而打压中国的信息产业的罪恶计划和中国的音像制品业遭遇屡打不绝的盗版而面临严峻的生存危机，陈凯歌语出惊人，但绝非危言耸听，而是道出了中国文化产业发展所面临的文化安全问题已经达到的程度，以及中国的文化事业家迫切希望能构筑这样“一道篱笆”来防范“野狗”入侵的强烈愿望。

建立国家文化安全预警系统，就是要在对中国文化产业基本国情广泛调查分析的基础上，建立起全球化背景下中国文化产业发展的安全“红线”。尤其是它的早期报警系统。通过对国际文化市场文化商品的流动趋势及其以各种渠道影响和进入我国文化市场所可能对我国文化产业、文化市场发展构成的威胁，特别是可能引发对我国文化产业发展造成灾难性后果的不良趋势的分析，能够及时而准确地做出预告性和警示性反应，启动相应的国家机制，运用法律的、行政的、市场的和经济的及其他文化安全管理手段，对那些可能危及中国国家文化安全和文化产业发展的文化因素与文化力量进行鉴定和识别。符合中国国家文化利益和有助于中国文化产业发展的，表示认同，给予支持；对不符合甚至严重侵害和违背中国国家文化利益，对民族文化产业发展构成严重威胁的，则坚决予以拒绝，并给予打击和破坏，从而把可能对中国文化及其产业发展造成生存与发展危机的因素和力量，牢牢控制在安全警戒的红线之下。微软在中国阴谋的成功，对中国是个深刻的教训。音像制品在中国的走私，为什么在中国政府的不断打击下会越打越泛滥，这很值得我们深思。这就需要在国家文化发展战略的层面上，构筑起国家文化安全管理系统和预警中心，组织专门机构和人员，负责对可能危及国家文化安全的方面，进行深入细致的观察、分析和研究。任何一种形式的文化安全危机的爆发，都经由孕育、发展到扩大的过程。通过对这个过程的监测，就可以为日常的文化监管指明目标和监管切入点。因此，建立科学的早期预警与监测模型、完备的预警制度和应急方案，就是要把国家文化安全作为国家安全的一项重要内容纳入法制化轨道，从而通过建立完整、高效的国家文化安全体制，完善的文化商品进口管理制度和文化产业发展与文化市场运作监督机制，建立文化产业投资安全风险评估、风险管理的技术体系，以及文化生态环境的监测系统与标准，以确保把在参与“全球化”过程中可能对中国文化和中国文化产业发展构成的危险与危害降低到一个可容纳的量的限度内，最大限度地保护民族文化产业发展所需要的良好的生态环境。全球化是对能力不足或没有规范管理和缺乏预警机制的政府的威胁，中国政府应当对此给予足够的重视，因为对于像中国这样一个发展中的大国来说，一旦国家文化安全受到威胁而导致主权受损、产业受害，就不是简单调整文化政策所能解决的。因此，中国政府必须始终掌握保证国家文化安全和产业发展的主动权，建立国家文化安全预警系统则是一项重要的保障。全球化是又一次全面的国际大分工，作为它的一个结果和在文化领域的反映，“文化全球化”是一次深刻的全球性文化资源的再分配和全球性文化市场与文化产业的重组，全球文化形态和文化产业形态都将因此发生革命性变化。对这一发展趋势的把握程度和参与性程度，不仅在很大程度上决定了一个国家在未来世界文化市场体系和国际文化贸易中所占的地位、具有的分量，而且还决定了一个国家在文化全球化过程中究竟握有多大的主动权，从而最大限度地维护国家文化安全。由于跨国文化金融资本和商品的全球性流动在某种程度上也确实存在着超国家能力和具有弱化国家文化主权的特征。因此，对于一个主权国家来说，参与全球化，确实意味着国家文化权力、主权和利益的某种让渡，而一个国家究竟能在多大程度上开放文化市场，把原来属于自己的那一部分权力和权利让出来，则完全取决于对全球化和市场经济在本国实现程度的战略性把握和规定。在当今世界上，任何一个国家企图通过不参与国际经济文化活动、不参与全球化进程而获得自身的完全发展是不可能的。闭关自守，不可能使一个国家经济和文化真正强大，也不可能拥有一个国家真正的文化安全，尤其像中国这样一个经济、文化都还比较落后，都还需要国际资本、技术和市场来壮大自己，需要用世界先进文明来推动自己文化及其产业发展的国家，置身于全球化之外，显然不是中国应有的文化态度和发展战略选择。在这方面，历史的教训是深刻的。

建立国家文化安全预警系统，并不是要搞文化关门主义，而是要从国家和民族的根本文化利益出发，本着有所为有所不为的原则，根据中国文化产业发展的需要，实行文化市场和文化产业的适度准入。在政府牢牢掌握国家文化主权的前提下，有选择、有步骤、积极、适度地引进国际文化金融资本和输入文化商品，以满足中国文化产业发展和结构调整以及日益增长的人民文化消费的需要，通过建立健全的文化法律体系，根据关贸总协定及WTO有关文化投资自由化的原则，从中国文化产业发展需要的实际出发，适当放开文化产业和文化市场经营权，使各种国际文化金融资本和跨国文化集团，在中国境内、在中国宪法和法律规定的范围内，从事文化产业的合法经营。这样，既可以引进国外文化产业经营方面先进的管理技术，同时又可以通过引进竞争机制，推动中国文化体制改革和加快中国文化产业现代化步伐。在这个过程中，可以放开的，就不要管得太死；可以让渡的一部分文化权利，也应当以一种平等的文化视野、开阔的文化胸襟和自信的文化控制力，建立起“双赢”机制。当然，适度准入不仅是一个空间概念，同时也是一个时间原则。适度准入，一定要同循序渐进相结合，即所谓“成熟一个，发展一个”，不搞一刀切。适度准入原则是一个重大的国家文化产业发展战略和政策选择问题，其具体的运作机制、程序和标准又是什么，还需要许多专门的研究。然而，作为一个有机整体，有所为有所不为，则必然导出适度准入政策和机制，这是建立积极的国家文化安全系统和文化产业发展战略所不可或缺的。

三、以公共的力量构筑国家文化安全体系

全球化给主权国家文化及其产业形态带来的生存与发展的威胁，在维护国家利益的普遍要求高涨的过程中，是很容易激发民族主义情绪的，尤其是当西方发达国家集团及其跨国公司，或是以其为主导性力量的国际组织，作为一种异己的超国家力量对主权国家文化进行干预和渗透，对文化产业发展挤压和对文化决策权进行控制，以及对主权国家文化主权进行居高临下的制

约，从而使得主权国家对本国文化市场调控无力，对文化主权的行使陷入困境的时候，民族主义作为一种极具动员力量的意识形态，确实是可以成为某种文化政治力量而对国家文化发展进行战略选择，对国家文化安全的政策取向产生和发挥很大影响和作用的。在一定的环境和条件下，民族主义确实是维护和保障国家文化安全的重要政策选择和抵制外来文化入侵的重要力量。然而，民族主义是把双刃剑，它可以是一种强大的爱国主义力量和文化意识形态，但狭隘的民族主义也会把一个国家引向灾难。在经济全球化已经成为一种世界趋势的情形下，任何一个国家企图从狭隘的民族主义出发，关起门来发展自己的文化是不可能的。这并不仅仅因为高科技所带来的现代传播手段已经可以把世界上任何一种文化传播到世界最偏远的角落，并且对那些古老的、民族的传统文化的繁衍产生深刻的影响，从而使得任何文化封闭日益成为不可能，而且同时也更为重要的是，信息高速公路和网络技术的飞速发展，正在从根本上改变人类社会生产力的构成和创造财富的手段。“谁掌握了信息，控制了网络，谁就将拥有整个世界”，托夫勒的预言，正在深刻地转变为一种国际权力转移的现实力量和存在。信息握有能力的高下，正越来越成为衡量现代国家社会发展水平的重要尺度。文化无论从精神的层面还是从产业形态的层面，都将最集中地反映出一个国家一个民族对信息的获取、反应和控制的能力及其所达到的深度和广度。倘若不能在一个较高的层面上，即与现代高新技术发展同步的层面上推进文化及其产业化的发展，要想在真正的意义上实现维护国家文化安全的目的是很困难的。军事战略上的制胜原理告诉我们，保存自己的最好办法是消灭敌人。因此，在“文化全球化”的背景下，要在根本上达到维护中国国家文化安全的目的，而又不造成对当代中国国家文化生存与发展的伤害，就必须进行文化产业政策方面的战略性调整，在实行文化产业及市场适度准入原则的同时，推进文化产业的民营化战略，主动出击国际文化市场，开展全面的国际文化贸易，积极参与世界文化市场竞争，从而在“积极的民族主义”引导下，把对国家文化安全的维护纳入一种广阔的、充满活力和竞争的文化产业体系中，在积极的文化进击中获得国家文化安全的积极防御。

文化产业是反映现代社会文明进步程度的一种文化生存形态，它不仅是一个国家一切原创性精神产品生产、流通、消费物质化、规模化、市场化、现代化的重要手段和载体，而且也是现代社会物质财富创造的重要来源，是现代国民经济的支柱产业。在美国，仅1993年以文化产业为核心的版权业产值就达2386亿美元，占GDP的3.7%；德国贝塔斯曼集团1997—1998年度营业额为257亿马克，其中图书出版及俱乐部的营业额达73亿马克；艺术品经营业在英国拥有170亿英镑的产业规模，与汽车工业并驾齐驱，英国旅游业收入的27%来自艺术。然而，和发达国家相比，中国的文化产业还很弱小，在国民经济中还属于没有得到充分开发的产业。以1996年为例，文化艺术业增加值为211.8亿元人民币，在第三产业增加值中所占比例仅为1.04%，在GDP中所占的比例就更小了。中国是一个文化资源大国，五千多年文明史所积累下来的丰厚的文化资源，使中国具备在世界范围内发展文化产业的独特优势。但是，在过去很长一段时间里，我们忽视其是一种宝贵的社会经济资源，而仅仅是在民族优秀文化艺术遗产的保护与继承的层面上，以办事业的方式对其进行开发和利用，这就使得今天的中国仍处在既是一个文化资源的大国又是一个文化产业的小国的状况。这不仅与中国所具有的文化资源条件极不相称，而且也正是由于这种文化产业的小国地位，才在当今文化生存与发展的许多方面，无论是价值理念、学术话语，还是产业形态，都受到了来自美国文化为首的西方文化产业大国的“文化帝国主义”和“文化霸权主义”的全面入侵。西方文化以产业形态对中国的殖民化，构成了现实的中国国家文化安全问题。落后是要挨打的，在全球化环境下，这不仅仅是指政治、经济、军事和科技上的意义，而且也是文化上的，尤其是集中体现了现代经济和科学技术相结合的文化产业，更是如此。文化产业的发达程度，直接反映了一个国家文化创造与文化传播的现代化程度。没有一个和强大的经济增长与政治稳定相适应的文化产业体系，要想获得精神文化对经济和政治的智力支持是不可能的。因此，要从根本上摆脱在文化产业方面被动挨打的艰难处境，就必须从整个国家战略的高度，实行国家产业政策的战略性调整，制定国家文化产业战略，在构筑经济文化一体化的国民财富创造新体制中，构建中国的文化产业体系，并进而形成足以抗衡西方文化及其商品形态大举入侵中国市场的力量，达到维护国家文化安全的目的。这就需要我们的政策思想和政策理念来一个大的更新，要突破仅仅把文化看作是意识形态领域阶级斗争重要阵地的消极的文化防御观（这种观念至今仍然是制约中国文化产业发展的严重障碍），丰富对“文化是综合国力的重要标志”的新鲜认识，要把对文化产业政策的战略性调整看作是具体完成和实现这种“重要标志”的重要举措，从而使文化不仅成为中国下个世纪经济发展的一个新的增长点，而且也是维护国家安全的新的防卫体系和防卫力量。

文化产业是一个以精神产品的生产、交换和消费为主要特征的产业系统，是一个涵盖包括文化艺术业、新闻出版业、广播电视业、电影业、音像制品业、娱乐业、版权业和演出业在内的庞大体系。实施国家文化产业战略，在这样一个庞大而又复杂的体系中构筑国家文化安全的万里长城，仅有国办文化产业这一股力量是不够的，尤其是面临中国加入WTO后在文化产业的市场准入方面将要承担的巨大市场压力及其对中国民族文化产业构成的严重威胁和冲击，单凭政府的力量无法解决长期困扰中国文化产业发展所需的资金、技术、人力、管理不足的问题，因此，要真正在推进现代化进程中做到中国文化生存和发展的长治久安及其必不可少的良性生态环境，就必须借助于民营的力量，制定和实施文化产业民营化的发展战略。把过去曾经在长时期里一直认为只有国家才能承担的责任和提供的服务转移给社会的民营力量去完成，从而通过“藏宝于民”的文化策略，通过完善以文化投资主体多元化为核心的文化产业政策体系，以及相应的文化投资体制改革，构筑国家文化安全的“民兵方阵”。这里，一个关键的问题就是，在国内文化市场准入方面，要允许非文化系统的法人主体——财团、企业集团、基金会等，经营包括报业、图书出版业、电视业等在内的文化核心产业。虽然，在文化娱乐业，艺术品经营业、书报刊零售业、音像制品业和演出业等不小的产业范围已经实行了不同程度的民营准入，但在文化产业的核心部位，却仍然有待进一步放开，也正是在这些领域，国家面临的挑战和压力也是最大，这从世界上一些跨国的文化集团纷纷在北京设立其办事机构和投资公司这一举措上可以见出。无论是华纳兄弟公司、索尼公司、贝塔斯曼，还是默多克的新闻集团，它们都不是单纯为文化交流而来的。充满无穷魅力和商机的庞大的中国市场，是全球最后一块有待开垦的处女地，谁都想在这里占有一席之地。实施文化产业民营化战略，并不是要实行文化产业私有化，而是要在文化核心产业实行投资主体多元化、社会化和公共化。以公共的文化力量来构筑国家文化安全体系。毫无疑问，在这个过程中，国家当然要始终保持对文化的控制权力。民营化并不意味着可以取代国家文化垄断，并不意味着可以将纯粹的商业利益追求置于社会与文化效益之上。在中国，国有文化企业在整个文化产业中当然依然占据主导地位，是维护国家文化安全的主力军。“在政府发挥的传统性作用之外，民营文化产业在促进文化艺术发展中的作用”是世界文化产业发展共同面对的课题，中共十五大关于非公有制经济在社会主义初级阶段中国经济制度构成中的地位和作用的政策性阐述，理应成为我们认识实施文化产业民营化战略的一个重要向度和理论依据。

四、加快国家文化外贸体制改革

一个国家的文化安全系数不仅和这个国家的文化产业化程度密切相关，而且也和这个国家文化商品的国际贸易化程度有着必然的联系。当一个国家的文化产业发展不能提供丰富的文化产品和服务满足本国人民的文化消费需求，而这种需求又必须是得到满足的时候，这个国家文化商品的进出口贸易就会出现逆差。逆差越大，对本国文化产业的发展打压就越大，国家文化安全系数就越低；逆差越小，对本国文化产业的国际打压就越小，而国家文化安全系数就越高。这不仅是因为由于这种贸易逆差会造成本国大量文化外汇流失，给国家的文化产业发展带来制约性影响，而且还由于这种逆差所造成的外来文化商品大量挤占本国文化市场后，会给一个国家原有的文化传统、价值观念、审美情趣和信仰取向带来严重的冲击，恶化这个国家的文化生态环境，这是一种远比一个国家文化外汇流失严重得多的文化生存威胁。正因为文化商品的国际贸易有着为一般商品的国际贸易所不具有的文化力量，对一个国家构成致命的文化威胁。所以美国贸易代表在进行贸易谈判时，特别是在涉及有关文化产品输出的知识产权谈判时态度相当强硬，要价很高，几乎是寸土不让，其中一个重要的因素，就是要在“贸易自由化”的掩盖下，实施对他国的文化渗透和文化占领战略，推行美国的文化和价值观，从而达到不战而胜的目的。同时，也正是由于文化商品的国际贸易在构成一个国家文化安全方面有着一般商品所不具有的特殊性，因此，无论是美、加关于《北美自由贸易协定》，还是欧、美在关于知识产权问题的乌拉圭谈判中，加拿大和法国等欧盟成员国都不主张将文化商品的国际贸易纳入美国的“贸易自由化”框架中。但同时又在与美国的贸易战中，不断拓展国际文化市场，传播自己的文化和价值观念，在获得极大的外汇收入的同时，扩大本国文化在国际范围的生存与发展空间，从而在积极参与国际文化市场竞争中，维护国家文化安全。然而，长期以来为意识形态所囿，中国在对外文化交往中一直没有看到开展文化商品的国际贸易在维护国家文化安全方面的积极作用，忽视了文化商品的国际贸易所可能造成和带来的巨大商机。1998 年，我国在高达 300 亿元以上的图书销售额中，出口额才 2000 万元人民币，仅仅占有世界总份额中的 0.2%，而美、法、德等国都是我国的数倍甚至上万倍。1992 年以来，中国购进俄国版权为世界第一，而向俄输出版权几乎为零。如此巨大的文化贸易逆差，又怎样确保国家的文化安全呢？他山之石，可以攻玉。因此，中国应当积极参与国际文化市场竞争，不仅要引进来，而且要“打出去”，不仅要大力出口一般商品，更要大力出口文化商品，要改革现有对外文化贸易管理体制，放宽文化外贸政策，推进国际文化贸易战略。在国际文化贸易中，也要遵循有所为有所不为的原则。“进”即引进要有所为，要把好意识形态关；“出”即输出要有所不为，要淡化意识形态，突出文化形态，大力传播五千年中华文明的辉煌成果，实行无力而治、寓意识形态于文化形态之中的策略；在加快文化外贸体制改革的基础上，组建和发展中国自己的大型文化集团和跨国公司。国家文化竞争力和安全保障能力，说到底取决于国家文化产业的国际竞争能力，国家文化安全体系要靠强大的文化力量来支撑。在全球化时代，只有以更加积极的态度走向世界，充分利用国际文化市场的有利资源，中国才能充分发挥一个发展中国家文化资源丰厚的优势，也才能在提高国际竞争力的同时，增加全球化背景下国家文化安全的系数，否则，国家文化安全的维护与保障也还是要落空的。

五、全面推进国家文化创新能力建设

全球化所导致的世界范围的经济和文化竞争领域的不断前移，使得创新意识和创新能力日益成为一个国家能否在这场世界竞争中掌握主动权的关键性因素，也成为一个国家综合国力和国际竞争力的关键性因素。尤其是当美国在实施文化霸权主义的同时实施知识霸权主义，通过对知识的垄断，特别是利用其在网络技术方面的优势，将其创新的网络标准推广为全球标准，通过因特网向世界全方位、全时空、全天候地倾销其价值标准、意识形态和社会文化，迫使相对落后的发展中国家在创新能力方面形成对它的依赖，并借助于此而进一步侵蚀、消解一个国家和民族创新能力的时候，创新能力安全便构成了国家文化安全全部内容的核心。因此，提高全民族的文化创新能力，全面推进中国国家文化创新能力系统的建设，完善国家知识产权保护体系，就自然成为中国在构筑和规划 21 世纪文化发展战略和国家文化安全战略的必然选择。

文化乃国脉之所系，是一个国家、一个民族全部智慧与文明的集中体现，是维系一个国家和民族的精神纽带。文化兴，则国家兴；文化衰，则国家衰。兴衰之间，全在创新与否。创新是民族进步的灵魂。没有创新能力的民族，必然是一个愚昧和落后的民族，而愚昧和落后是不可能使一个民族屹立于世界民族之林的。因此，中国国家主席江泽民明确提出："我们必须把增强民族创新能力提到关系中华民族兴衰存亡的高度来认识。"创新能力安全，就是这样一个直接关系到国家和中华民族文化兴衰存亡的关键性国家文化安全指标、国家文化安全的核心概念。全面推进国家文化创新能力系统建设，是构筑这样的文化安全体系的根本保证。理论储备不足，文化创新能力不强，是制约中国文化发展，从内部构成中国国家文化安全问题的一个主要因素，而且也正是这样的不足和不强，成为"文化帝国主义"在全球化背景下对华实施文化"入侵"和文化"殖民化"的一个重要而且是危险的接口。在中国的对外文化贸易过程中，在国际版权贸易方面，之所以会出现如前所述的巨大的贸易逆差，一个重要的原因，就是这些年来，我们确实鲜有称得上是"创新"并引起世界关注的理论成果和艺术作品问世，一个最鲜明的对照就是亨廷顿的"文明的冲突"理论的提出，而中国的思想理论界却没有对冷战结束后世界格局的变化表现出和达到一个大国应有的理论思维高度。相反，这些年大量引进的各种西方文化、学说、思潮和大片，又影响和制约了中国文化界的原创能力的焕发。"自80年代开始的文艺新潮，被称为创新的部分，几乎全是对西方现代主义及后现代主义种种形式、手法的袭用，从意识流、朦胧诗、泛性论表现，叙述主体的介入，无不如此。文艺批评的话题，从存在主义、接受美学、后结构主义、女权主义、后殖民主义，一直到这里所说的全球化全是西方话语，在这方面，中国最好的批评家也只是复述西方话语而已。"这就使我们在文化创新的源头，出现了一种能力转移，本来的文化创造变成对西方文化话语系统和价值观念的主动复制和传播。言必称现代主义和后现代主义，已经成为中国文化界的一种新的思想僵化和文化僵化。正是这种新的思想僵化和文化僵化，造成了当下中国文化原创能力的深层弱化，使中国文化的现代化失去了文化原创的应有动力，也才导致和构成了"文化殖民主义"现象在中国的现实存在。这种现实存在所构成的文化威胁，普遍地存在于从观念形态到产业形态的各个文化层面。在这样一种文化生态状况下所产生的一切文化产品——精神的、物化的——又怎样能在国际文化市场拥有竞争力和市场份额？又怎样能满足国人日益增长的文化消费需求而使他们自觉抵制“西方大片”的文化诱惑？又怎样在国人精神生活的深处形成强大的文化凝聚力，从根本上构筑起国家文化安全的万里长城？这是一种足以使一个国家和民族垮掉的文化危机。堡垒是最容易从内部被攻破的，国家文化安全的大坝是最容易从人的思想和灵魂深处被松动与摧毁的。

因此，要全面构筑国家文化安全体系，推进国家文化创新能力建设，就必须首先着眼于思想观念的转变、更新和理论的创造，克服对于西方现代文化的能力依赖，立足于中华民族5000年文明所承传下来的丰富的思想文化资源，在总结近百年来中华学人创造的全部文化成果的基础上，融合世界一切优秀的文明成果，以独立之精神、自由之思想，创造属于当代中华文化的新概念和新理论、新艺术，建立新国学，全面寻回对中华民族文化创新能力的自信！只有在理论的意义上获得关于思想、观念和理论与艺术创作系统的全部的创新能力的拥有，才能为21世纪的中国文化发展战略、为中华文化的全面创新能力提供从思维方式、概念系统到理论形态的全面支持，也才能从文化产业的原创源头，为中国文化和文化产业的发展提供激情和灵感，提供中国文化发展所需要的文化净化力、文化同化力和文化抵御力，一个中华民族进步和生生不息所需要的精神家园，以卓越的、无可替代的文化艺术产品，参与文化全球化竞争。语言是思维的物质外壳。一个只会运用别人构造的话语系统来进行思维，而不能创造自己独立的概念系统和艺术感觉系统去进行对文化的发现和创造的民族，是永远不可能实现对他者文化的创造性超越的，更何况在全球化的背景下，面对来自西方文化霸权主义的全面渗透和挑战，我们难道反而可以在文化原创的源头放松对自己文化创新能力的建设？因此，只有在文化原创的源头获得能力创新的全面建设，才能为中国文化产业的发展提供全面的资源支持，为中国文化重现“轴心时代”和重振汉唐雄风提供本原意义上的安全保障。

作为构筑国家文化安全的一种根本性战略选择，国家文化创新能力系统建设，是一个全民族的国家文化建设工程，它以对个人文化创新能力的关注为核心，以对群体文化创新能力的提高为宗旨，聚焦于国家整体创新能力体系的建立与完善。因此，要从根本上全面实现对文化创新能力的提高，克服对西方文化的能力依赖，就必须在中国的思想文化界、学术界和艺术界，积极倡导“独立之精神，自由之思想”的文化创新的理想境界，健全和完善知识产权保护体系，广开言路，在宪法和法律所赋予的言论自由的范围内，鼓励人们在文化领域进行大胆的科学探索，尊重一切严肃的原创成果，建立严格的对侵犯言论自由和知识产权的惩罚措施，维护公民在精神文化原创领域的合法权益，撤销各种违反文化民主、文化平等和超国民待遇的文化政策和文化法规，加大国家对文化创新能力系统建设的政策投入，制定政府为主实现国家文化创新能力系统建设而必须的面向全球文化竞争的文化政策和产业政策，建立各级政府，特别是意识形态管理部门和文化学术界之间，公共部门和文化人、学者个人之间的伙伴关系，以共同推进国家文化创新能力系统建设所必需的思想、观念和理论的探索创新。在这个过程中，政府既是国家文化政策和发展战略的制定者，同时也是国家文化创新能力系统建设的组织者和合作者。当然，国家文化创新能力系统的建设不仅强调文化成果的原创性，而且同样关注文化原创成果的传播与扩散，关注它的产业化。只有这样，面向 21 世纪的中国文化在全球化的背景下不仅可以获得它独立自主的全新发展，而且也只有在这样的发展中，才能获得中国国家文化安全的全面保障。

论文化产业结构的战略性调整与制度创新

题　记：

本文是我承担的上海市社科规划课题“加入 WTO 后中国文化产业发展的当代责任”中的第二部分，发表于 2003 年第 4 期《思想战线》，《新华文摘》2003 年第 8 期全文转载，是我国第一篇研究文化产业结构战略性调整的文章，被许多研究者反复引用。

文化产业是现代社会构成的重要组织形态和存在方式之一，它以自己的内容和方式，整合与反映着社会构成的文化变动以及在其背后所蕴含的权利与利益关系，正是这种关系，奠定了文化产业结构形成和变动的政治经济学基础。因此，文化产业结构并不是现存的若干文化行业的简单组合，而是现存一切文化关系的制度性反映与总和。它既反映了一定生产力水平和制度条件下文化商品的市场化程度，同时也反映了在这种背景条件下人们文化消费需求的主体差异，以及由这种差异所反映出来的主体社会身份、享有文化权力的程度和文化关系的差异。由于文化产业的存在形态与文化消费主体的消费行为之间存在着某种结构上的对应关系，而这种关系又反映着不同主体间经济与文化关系，以及由这种关系决定的不同的社会关系，因而文化产业结构是人的社会关系的延伸。由于政府拥有对社会资源进行权威性分配的权力，文化产业结构作为一种资源的存在方式，又是过去历史分配的结果，因此，任何形态的文化产业结构，都是过去时代制度权威的一种权力安排的产物。这就使得文化产业结构超越了一般产业结构的意义，而具有政治经济学和制度经济学的意义。正是这种意义，使得文化产业结构的战略性调整在当代中国经济结构的战略性调整和体制改革中具有特殊内容与意义。

当代中国文化产业的制度结构，是从计划经济体制下政府文化行政管理模式中演变而来的，所谓演出业、文化娱乐业、新闻出版业、广播电影电视业这样的一种文化产业结构成分的划分，实际上是我国政府根据文化的意识形态在产业形态上的不同表现方式所做的一种划分，反映的是对我国政府文化行政管理权限分工的一种行业范围的表述，带有明显的中国文化行政的特点。尽管这种划分并非完全没有产业经济学的行业分类依据，但是，无论是《服务贸易总协定》中涉及有关文化产业的行业分类，还是美国 1998 年颁布的《北美行业分类系统》中关于文化产业的分类，都和我国现行的文化产业分类之间存在着很大的差异。这里固然涉及对文化产业行业分类执行标准的区别，但是，像中国这样分别有几个政府机构分管文化产业，在国际社会也是不多见的。因此，中国文化产业结构具有明显的中国文化行政管理制度色彩，反映的是政府从意识形态管理需要出发，对文化产业进行资源配置的一种权力安排与部署。进行文化产业结构的战略性调整，实际上首先就应是对一种文化权利结构的调整。由于政府拥有对社会文化资源进行权威性分配的权力，这种调整同时又意味着是对原有的文化权利结构在文化资源权威性下的分配、调整与重组。我们不能在整个国家的制度之外去理解和把握中国文化产业结构的形成史，因为正是这个制度体系赋予了中国文化产业的生命形态，因此，只有通过对中国文化产业制度和管理的结构性依赖关系的历史分析才能有个准确的把握。所以，文化产业结构的战略性调整，在中国就必然要涉及文化体制的改革，必然要涉及文化体制改革到位所要求的文化行政体制改革，必然要涉及对于文化权力的变动以及由此而来涉及的文化利益的重新分配。因为，只有这种调整，才能克服和解决由行政条块分割的管理模式而导致的行业壁垒，文化产业机构才能满足经济结构的战略性调整所带来的改革成果和改革成本的转移，也才能从根本上克服我国文化体制改革与经济体制改革，经济结构的战略性调整与文化产业结构的战略性调整之间所存在的非对称结构性矛盾，实现中国在入世后整体协调发展的目的。因此，这种关于文化权力的重新配置，是要在制度经济的层面上，实现对于文化生产力的制度性解放，从而在根本上克服长期以来一直困扰我国文化产业发展的条块分割、行业壁垒的弊端，真正实行放松管制和市场准入，而这恰恰是当前中国文化产业结构的战略性调整在制度方面遭遇到的最大障碍和挑战，所谓广电与电信关于宽带接入之争，中信国安与湖南广电关于有线并购之争，实质上就是关于文化产业势力范围的维权之争。因此，在文化产业结构的战略性调整中，关于制度结构的调整，就成为必须跨过去的一道坎。不跨过去，既无法建立一个实施中国入世承诺的制度保障系统，也无法实现入世的目的，文化产业结构其他方面的调整也就成为一句空话。

制度是决定长期经济绩效的基本因素。由于不同的制度安排会导致和产生不同的理性经济反映和不同的经济绩效，因此，关于制度创新的路径选择就具有特别重要的意义。同时，任何制度的安排和选择总是主体关于总成本收益进行权衡的结果，总是倾向于用相对收益较高的制度安排和制度结构来取代原来的制度选择，以取得最大的制度净效益。制度创新的路径选择的主要目的，就是要最大限度地能够直接或间接地促进经济系统的绩效增长。而我国文化产业存在的低水平供求关系与非对称性结构性矛盾，产业经营单位众多但产业组织的集约化程度不高，正是由于制度创新滞后而导致制度运行的高成本和低效益。因此，在经济结构的战略性调整这样一个整体性的经济转型的背景下，文化产业结构的战略性调整必须克服对原有体制的路径依赖，不能仅仅停留在一般意义上的机构合并的层面上，所谓“影视合流”“撤二建一”“资源整合、资源重组”等等，而是要从国家创新体系建设以及国家文化产业创新体系建设的高度出发，对中国文化体制改革的方向和整体定位在入世后的背景下进行新的路径选择，从有利于建立完整的市场体系和公平竞争的机制，有利于提供更为有效的文化经济组织出发，最大限度地降低绩效损失，重构中国文化产业结构的制度体系。只有这样，文化产业结构的战略性调整才会适应、满足和接受经济结构的战略性调整所带来的成本和成果转移的要求，才会有效地推进文化体制改革，也才会与文化产业应有的经济绩效之间构成正相关关系，从而通过文化产业制度创新拓展文化产业的发展空间，形成文化产业结构的战略性调整与经济结构的战略性调整的互动效应，拉动社会对文化产品和文化服务的有效需求，把经济体制改革的巨大成果转变为文化产业发展和经济绩效增长的强大动力，消解经济和文化两种不同形态体制改革之间的制度鸿沟，以及由于改革成本转移而可能带来的边际报酬的递减。

文化产业结构战略性调整的制度层面，必然涉及文化产业的所有制结构的调整。长期以来，由于偏重于文化的意识形态职能，因此，在文化产业领域实行国家专营一直是我国文化产业所有制结构的制度特征。改革开放后，这种局面有所改变，但并未从根本上得到有效解决。“解决经济发展的结构性矛盾和体制性障碍”，就是要使文化产业成为当代中国经济发展的一个重要组成部分、整个中国产业结构的组成部分。通过大力发展文化产业，提高文化产业在整个经济结构中的比重，带动对传统产业结构的改造。这里面涉及机器制造业、信息业和一般服务业，通过对文化产业对其相关产业的整体需求来改造传统文化产业，实现人力资源、资本和技术结构的变动和流向，因此，这就需要改革一系列与之不相适应的体制，实现体制和制度创新，消除妨碍经济体制改革和文化体制改革的制度性障碍。

文化产业结构的战略性调整，必然包括关于文化产业生产力的结构调整。生产力才是影响文化产业发展的决定性因素。制度结构调整是为了解放文化产业的生产力，但不能代替文化产业生产力结构的调整。制度结构的调整，只是消除了文化产业发展的体制障碍、制约文化产业发展的结构性矛盾。只有通过文化产业的生产力结构进而产业形态的调整，产业结构的优化升级才能获得有效地克服和解决。制度创新不会自然导致文化产业绩效的增长，有效的制度创新只有在文化产业生产力结构同步的创新性变革下才能获得文化产业的绩效证章，也只有在技术等要素资源不发生重大变化的情况下，才能导致文化产业的绩效增长。在这里，科学技术作为要素对于文化产业的快速增长有特殊的意义。我国的文化产业诞生于计划经济之中，初始路径的制度选择，导致我国文化产业发展的路径依赖，即只是把文化看作是一种意识形态，而没有把它看作是能够创造和带来巨大财富的生产力形态，因此，不论在关于产业形态的划分，还是在关于产业发展规模的投入上，都严重滞后于国际文化产业发展的实际。文化产业本来就是现代科技的文化产物，是高科技与高文化的结晶。然而，长期路径依赖的束缚，导致了我国传统文化产业结构比重过大，产业结构布局不合理，结构性矛盾相当突出。仅据有关方面的不完全统计来看，截至1999年年底，文化部所属文化产业机构33.07万个，文化娱乐业机构有17.47万个，从业人员90.3万人，其他文化经营机构9.7万个，23万人，而全国的出版社只有500余家，报纸2038种，期刊8187种，电台电视台3000余座。如果说，在原有体制下的文化产业生产力结构是与“事业”的要求相适应，或者说也曾满足了在原有体制和文化生产力状况下人民群众文化消费需求的话，那么，当中国已经开始全面推进社会主义市场经济时，文化产业已经成为人类社会一种新的财富创造形态，已经成为一些西方发达国家扩大对外贸易的主导型产业和社会发展的支柱产业，信息技术和网络手段更为深入地用于文化产品的开发与传播，人类社会已经进入所谓“第二媒体时代”，文化产业数字化趋势正在迅速地改变和重塑文化产业的存在形态，数字电视、数码电影、数字娱乐、数字出版等等，正在改变着人们的文化消费习惯与方式，原有的文化产业边界正在被消解，因特网正在把世界文化联系在一起的时候，我国文化产业发展的结构性矛盾就不仅与我国市场经济体制改革之间存在着较大的鸿沟，而且显然与国际文化产业优化升级的发展趋势形成鲜明的对立与冲突。因此，要形成我国文化产业的国际竞争力，就必须从根本上调整我国文化产业的生产力结构，通过对文化产业结构全面的优化升级，来实现文化产业结构的战略性调整。

文化产业发展要在经济结构的战略性调整中承接解决制约我国经济发展的结构性矛盾的责任，不仅要接受它作为改革深化的成本转移，而且也要接受它作为改革成果的放大效应。也就是说，当我们把我国经济结构的战略性调整看作是先进生产力的发展要求在当代中国经济生活中的全面贯彻和必然体现时，作为本来就是高科技与高文化联姻的产物的文化产业，就更应该在克服自身的结构性矛盾中主动地在现代高新技术的平台上实现与先进生产力发展要求的对接，尤其是在与信息产业的结合上，通过对文化产业的数字化，全面实现文化产业生产力结构战略性调整，并以此为基础，推进国家文化产业战略。因此，只有把制度结构与生产力结构的调整统一起来，才能真正从根本上解决制约我国文化产业发展的结构性矛盾。近几年来，我国相继成立了各个行业的文化产业集团，但是，由于这种组建基本上都是在现有体制内进行的，只是在形式上成立了一个新的机构，在本质上并没有实现制度结构的战略性调整，也就是说，并没有通过调整制度结构的构成成分，实现制度创新，仍然停留在体制内循环的层面上，因此，不仅很难接应经济结构的战略性调整所带来的改革成本的转移，而且也无法使文化产业的生产力获得预期中的解放。制度结构的调整倘若不能上升到战略的层面，不能与经济结构的战略性调整形成互动效应，不能推动文化生产力结构的解放，那么，这样的集团组建作为一种存在，并不具有制度创新的意义，体制性障碍依然存在，预期的改革效果和乘数效应当然也就无法实现。条块分割与行业壁垒，不仅没有得到解决，反而在新的利益集团下得到了强化。现阶段有些文化产业集团公司与政府文化行政当局的矛盾就是一种典型的表现。在今天，由于美国推出的“北美行业分类系统”关于“信息产业”的分类，已经打破了传统意义上的文化产业的分界，特别强调在信息化平台上的文化产业融合，这种融合在文化产业结构构成的生产力方面带来的革命性变化，将在根本上改变传统文化产业的存在方式和结构形态。世界上一些全球性的文化产业集团正在寻求从“规模优势”向“范围优势”的转化，深刻地反映着这种发展趋势。人们已经看到，文化产业集团的强大并不一定是量上的规模特别大，而是体现在它在相关产业范围中占有内容和推广的优势。因此，对于数字化的技术优势的争夺，将成为全球文化产业发展和文化产业结构的战略性调整的焦点，而所有这些深刻的变化，都预示着一个全新的文化产业生产力空前扩张时代的到来。面对这样一种不可逆转的全球发展趋向，中国文化产业发展只有重新建立关于文化产业生产力解放的全新内容，才能实现我国文化产业结构的战略性调整，承担起在经济结构的战略性调整中的重大责任。

文化产业结构的战略性调整，由于是在中国加入世贸组织的背景下展开的，这就使得中国文化产业结构的战略性调整被赋予了国际性的内容。在很长的一个时期内，中国文化产业是疏离现代世界市场体系的，因此，中国的文化产业虽然弱小，但在冷战时期却成为世界文化秩序和文化格局均衡中的一支重要力量。随着中国的文化市场按照中国政府入世承诺的时间表对外开放，中国的文化市场同时也就具有世界市场的意义，成为世界文化市场的一个重要组成部分。国际文化产业集团进入中国，参与中国文化产业的市场化和现代化进程，它们所带来的绝不仅仅是资金和技术对于中国文化产业的改造，尽管这种改造可以加快中国文化产业结构调整的现代化进程，减轻中国文化产业结构的战略性调整所需的巨大资金压力，而是它们对中国文化产业结构调整从理念到制度形态的整体性影响，不仅打破了中国文化产业结构的原生态，而且也使得中国文化产业结构的战略性调整具有参与国际文化产业竞争的性质。由于文化产业已经成为现代国家利益构成中的重要组成部分，成为国际间利益均衡的一个重要变数和力量，因此，围绕着对文化产业、文化市场的准入与反准入，不仅成为国家间利益争夺的重要内容，而且影响和决定着全球文化秩序的走向与国际文化力量格局的重组。中国要在入世后的世界文化格局中重新确定自己作为国际文化力量的重要一极，就必须把对中国文化产业的战略性调整与重组纳入到国际文化产业结构的战略性调整中去。自20世纪90年代起，美国和欧盟已经基本解除了通讯业、传媒业和信息产业之间的行业壁垒，完成了以传媒手段汇流的第一次革命，消除制约文化产业发展的结构性矛盾后，目前正在进行针对内容产业的第二次文化产业结构的战略性调整与重组。既然文化市场的保护能力已经受到信息技术的全面挑战，那么迅速提高对数字化进程的快速反应能力，打破传统的文化产业的分工方式，以争取夺得在国际文化竞争中的领先地位，也就自然成为当下许多国家，尤其是西方国家文化产业结构调整的战略选择，从而在根本上重新调整文化产业，特别是媒体产业的全球分配结构，以便获得更大的利益。因此，中国文化产业结构的战略性调整的路径选择与目标定位，就不能只有国内市场这一个向度，同时还必须有对于国际文化产业结构变动趋势的观照，要把中国文化产业结构的战略性调整置于经济全球化的宏大背景下。失去国际市场和全球化趋势这样一个向度，完全可能使中国文化产业结构的战略性调整失去它的战略性内涵和要求。缺乏宏大的视野不可能实现对于自我的超越。因此，中国文化产业结构的战略性调整，应当在多元多重结构的路径选择和制度变迁中实现。

论中国文化产业“走出去”战略①

题　记：

本文是我承担的上海市社科规划课题“加入WTO后中国文化产业发展的当代责任”中的第三部分，发表于2004年第3期《思想战线》，被认为是我国第一篇研究文化产业“走出去战略”的文章，被许多研究者反复引用。

文化产业作为当代人类社会新的财富创造形态及其所产生的巨大的乘数效应，正日益引起国际社会的普遍关注，成为世界各国竞相争抢的战略高地，开始对世界格局产生前所未有的战略性影响，新的国际文化秩序的建立和文化力量格局的重组，正沿着文化产业这条中轴线展开，因而也就自然成为中国加入世界贸易组织后必须迅速调整自己文化战略的一项重大内容。中央在《“十五”规划建议》中提出，要进一步对外开放，发展外向型经济，必须“实施‘走出去’的战略，努力在利用国内外两种资源、两个市场方面有新的突破”。这就为中国文化产业在入世后的战略调整提供了一种全新的发展思路：“走出去”，不仅经济要走出去，文化也要走出去。必须在全球化的背景下、在中国入世的背景下，重新考虑中国文化产业的发展道路和发展模式。

改革开放以来，为能尽快地消除我国文化建设与世界文明进程之间的差距，同时也为改革开放提供智力支持，我国引进了大量国外优秀学术成果和先进技术，对推动我国思想解放、观念变革、理论创新和文化现代化程度的提高起到了重要的推动作用。尤其在文化产业领域，现代先进技术和文化产业理念的引进，不仅极大地丰富了我们对文化的理解，而且在产业形态上迅

① 本节曾以“论中国文化产业发展‘走出去’战略”为题，发表于2004年第3期《思想战线》。

速地建立起粗具规模的文化产业体系，并且在消化吸收引进先进技术的过程中迅速地实现文化产品，特别是文化电子产品的规模化生产，进入世界市场与国外产品同台竞争。然而，在这个过程中也带来了巨大的文化贸易逆差，仅据国家版权局2001年不完全统计，我国版权贸易的输入输出比为10∶1，在文化电子产品贸易中，由于缺乏自主知识产权，我国至今尚未拥有自己的核心标准和主打产品，2002年4月我国出口欧盟的DVD产品受阻于海关就是一个典型案例。而在一些西方主要国家中，以版权贸易为核心的国际文化贸易，已经成为支柱产业。国际贸易结构的重大变动，不仅在改变着国际贸易内容结构，而且也在改变着国际文化结构原有的力量平衡，以“文化帝国主义”为特征的文化霸权正借助于在文化产业领域里的强势地位迅速地瓜分世界文化市场，这不仅使中国文化产业的当代发展面临着一个空间问题，而且如不迅速改变这种状况，入世后的中国文化产业就将处在一个严重的文化贸易入超和文化市场的不平等竞争状态之中。在这里，是引进来还是走出去，实际上都涉及关于文化商品交换中的国际平等和国际民主问题，这不只是一般的所谓话语权，而是国际间文化商品交流与流通的互动性平衡程度。文化信息的不对称，必然导致文化交流的不对称，而交流的不对称所形成的文化市场的不平衡，其结果势必使处于弱势交换中的主体丧失市场的主动权。这种主动权的丧失，必然影响到一个国家在国际关系中的权重。因此，“走出去”就不仅仅是经济发展战略，而且也是文化发展战略。适时地在中国的经济发展中实施从“引进来”向“走出去”的战略转变的同时，制定和实施文化与文化产业的“走出去”战略，实行“引进来”与“走出去”并举的改革开放新格局，也就应该成为今后中国文化产业发展的一个长期的战略安排。“走出去”并不只是对当前国际文化产业发展趋势一个简单分析的结果，而是由我国国家发展的整体利益、全球经济和文化发展规律所决定的。

不确定性在人类社会进入21世纪后已经获得了新的形式和范围，这种新的形式和范围，已经成为当下人们存在的全球环境。如何在这样一种新的形式与范围中实现文化的有效传播，或文化的有效增长，仅靠国内市场的能力是非常有限的，因此，在融入现代世界体系的过程中，实施“走出去”的战略，就不仅可以参与新的世界文化秩序的重建，而且也是更重要的，在这个过程中，可以获得文化增长所必不可少的来自需求的动力。文化产业是经济结构调整和拉动内需的重要力量，但文化产业发展本身也需要拉动。文化产业发展不仅要有内需的拉动，而且也要有外需的拉动。用世界市场来刺激国内市场，用外需来拉动内需，用外需来推动内需的增长，用外需来影响国内市场的国际竞争，从而使引进来更好地成为走出去的能力支持。这已经成为一些国家文化产业发展战略的重要选择。对于任何一个国家来说，再大的国内市场相比较于世界市场而言，都是小市场。而一个国家的文化产业的真正发展如果把眼光仅仅局限于国内市场，缺乏一个世界的眼光和没有一个世界市场的支撑，它的全面和可持续发展是不可能的。美国的电影业之所以能成为美国文化的一种象征，成为美国出口创汇的支柱产业之一，并且能够形成一个完整的文化产业系统，就在于全球文化市场的需求支持。这种支持不仅极大地推动了美国电影产业及其相关文化产业的发展，形成了一个庞大的文化产业系统，而且为美国的全球利益赢得了巨大的空间。好莱坞在今天已经不只是一种美国文化产业存在的同义语，实际上它已经成为一种权力、一种文化霸权的存在。因为美国的电影业已经不是一种一般大众文化的存在形式，一定程度上它已经成为美国国家力量的一个重要组成部分，成为美国与他国在文化市场准入方面讨价还价的砝码，并且日益在国际的政治、经济、文化生活中扮演重要角色。中国的文化产业之所以至今还没有在世界市场形成有效的竞争力，一个重要的原因就是缺乏世界市场观念，没有世界受众意识，盲目地陶醉于国内市场的庞大，结果不仅使内容的生产缺乏原创的想象力，而且使国内的文化消费资源在国际文化产品面前大量流失。有限的国内市场当然无法满足各种市场主体无限扩张的需要，文化市场的恶性竞争，不仅使我国文化产业的发展无法形成有效的伦理原则，以及对于拉动内需、促进经济增长和经济结构的战略性调整应有的张力，而且也使国家为规范市场付出了过高的管理成本。因此，实现文化的引进来向走出去的战略转变，就不仅是一般意义上的应对 WTO 挑战的被动举措，而是自觉提高自身文化原创能力和生存空间的主动选择，因而也是推进我国文化产业结构的战略性调整的迫切要求。

然而，由于长期以来我们在对外文化交往过程中，比较重视政府间的文化交流，很少或基本不从市场角度去考虑中国文化产品走向世界市场的问题，因此，文化外贸不仅在我国的外贸体制的总体结构中比重很小，而且中国文化产品在国际上的扩散很大程度上还是停留在文化的自然经济阶段，主要还是属于文化资源消耗性产品，如杂技、京剧等，影响往往局限于外交场合，并未进入世界主流文化市场。在涉外文化商贸领域制度性壁垒太多。过多地强调了意识形态在对外文化交流中的重要性，不仅使文化外贸权过度地集中于中央，地方缺乏应有的文化外贸自主权，而且也没有建立起有效的国际文化外贸体系和确立国家文化外贸战略。没有培育出能够“走出去”参与国际竞争的文化产业群和大型跨国文化企业。没有一批有能力进行跨国文化生产和经营的文化大企业，我们就不能全方位地利用中国入世后国内外两种资源和两种市场，中国的文化产业就不能充分利用世界贸易组织的规则在全球范围内合理地配置资源，并且使我们的文化产品在全球市场上获得应该具有的竞争力，当然也就无法根据我国经济发展和文化产业发展的战略需要，主动参与国际文化分工和国际文化利益格局的重建，从而在世界文化多样性与文化产业全球化的过程中获得更多和更大的战略利益。因此，要“走出去”就必须建设一批有能力参与国际竞争的跨国公司。要加快对现有我国文化外贸企业的改制，使企业真正成为享有独立法人资格的市场主体。所以，这就需要我们把实施“走出去”的战略与文化产业结构的战略性调整结合起来，把文化产业“走出去”的战略与经济发展“走出去”的战略结合起来，在实施文化产业经济结构的战略性调整的同时，调整我国文化外贸的产品结构和产业结构，应充分利用经济领域走出去已经积累起来的市场和经验，实现文化与经济的有机联动，不要停留在一般意义的文化交流和国际贸易概念上，要树立国际文化贸易的观念。

实施“走出去”的文化产业发展战略，必须根据入世后我国对外开放的整体战略需求重建我国文化外贸的政策系统和法律体系，改革我国的文化外贸体制，建立新的国家文化外贸制度，大力鼓励文化产品出口，充分利用WTO提供的全球文化市场的平台，积极参与国际文化贸易竞争。充分借鉴我国外贸体制改革取得的成功经验和已经实施的灵活、宽松、自由的外贸政策，放宽文化产品出口的审批权，简化出口手续；制定国家长远的对外文化贸易战略，尤其是在版权贸易和电影的进出口方面，应该进一步放宽政策、放松管制和下放相应的权限，鼓励国有的、民营的、国家的、地方的文化力量，按照国际惯例，开拓国际间的文化代理和中介服务，实施文化外贸新机制。积极开展与世界跨国媒体集团的合作，利用它们的先进技术、有效的管理经验、雄厚的资金实力和全球性的市场系统和网络系统，开拓国际文化市场，以全新的外贸体制参与国际文化竞争。要淡化文化外贸中的意识形态，寓意识形态于传播中华民族优秀传统文化之中；不要特别地输出我们的价值观，而是要寓我们的价值观于世界各国，特别是西方发达国家可接受的形式之中，制定适应新的世界文化格局变动后对文化传播提出的新要求。按照法制统一、非歧视性、公开透明的原则，规范政府行为，为文化企业创造更加公平、透明和可预见的市场环境，建立支持各类文化企业开拓国际市场的促进体系，有力地实施“走出去”的战略。

一个国家的文化发展应该以发挥自己的比较优势为战略目标，要扬长避短。中国的文化产业要走出去，就应当按照这个原则来选择属于我们自己的优势文化产业文化产品，只有这样，企业才可能在国际市场上具有竞争力，“要素禀赋”的结构也会随着文化经济的发展不断提升，最终达到能够赶上发达国家的目标。而从目前我国文化产业发展的实际状况来看，丰富的民族文化遗产和传统文化资源，仍然是中国文化产业的比较优势所在。无论是“中国京剧欧洲行”、昆曲被联合国列入“人类口头文化遗产”名录，还是《卧虎藏龙》获奥斯卡奖项，其所吸引世界目光的地方正在于它的民族文化的独特性和不可取代性，同时也正是这样一种比较优势对于人类文化价值的普遍意义，因此，对这些资源的开发利用，也就自然被纳入一些西方国家文化产业战略的视野，美国的《花木兰》就是最典型的例子。不仅如此，从近10年来中国的国际图书贸易和版权贸易的类型结构的分析来看，属于中国传统文化内容的，占据了主导地位。如果中国的文化产业在产业和产品的选择上不是立足于自己文化的比较优势，而是定位于一般意义上的赶超，那么，我们不仅不能在世界文化市场形成竞争力，而且很可能丧失我们全部的市场基础。欲速则不达，其结果必将更加拉大与发达国家的差距。战略意义上的文化赶超，只有建立在充分发挥自己的文化比较优势上，才有实现的可能。

论文化体制改革[①]

文化体制改革是一场有别于经济体制改革的全新的国家制度改革。改革的重点是理顺文化事业与文化产业的关系，转变政府文化管理职能，建立新的国家文化管理体制，其核心是转变党管理意识形态的执政方式，从根本上提高党的文化执政能力。

改革的深度和广度决定了文化体制改革的难度。由于长期以来文化在我国的国家政治社会生活中占有特殊的地位，以及人们对文化的特殊理解，因此，文化体制改革首先遇到的障碍就是关于文化体制改革的目的性限定和改革的路径选择，也就是说为什么要改革文化体制？我国文化体制改革的性质是什么？往哪里改？改革后的中国文化体制是一个什么样的制度形态？如果说，在经济体制改革和在建立社会主义市场经济过程中，我们曾经遭遇到关于姓资和姓社的理论障碍尚且还能够跨越的话，那么，文化体制改革将涉及我国的整个上层建筑架构，事关国家文化制度的重建。因此，由此而产生的矛盾和障碍将会比经济体制改革曾经遭遇到的要更加复杂和艰巨。面对如此艰巨复杂的文化体制改革，我们所面对的恰恰是关于文化体制改革的理论准备不足，难以给文化体制改革实践提供全面的智力支持。在原有的关于经济体制改革的理论已经远远不能满足文化体制改革的需要的情况下，这就需要我们对此进行认真的研究和思考。

① 本文首次全文发表于《中国文化产业评论》第2卷（上海人民出版社2004年版）。

一、文化体制改革需要改革理论的创新，为文化体制改革提供合法性依据和政策选择的合理性基础

文化体制是一个国家关于文化与政治、经济关系的制度性体现和反映，集中体现了一个国家执政主体关于这三者关系的理论主张，以及在这种理论主张下建立起来的国家文化体制和政策系统。因此，要寻求文化体制改革在理论上的创新，首先必须对文化与政治、经济的关系有一个新的认识，建立新的关于三者之间关系的理论系统。

文化是政治、经济的反映，同时又反作用于政治和经济。这是我们关于文化和政治经济关系的经典性理解，至今依然是我们认识三者关系的一个出发点。但是，这一经典表述是以“作为观念形态的文化”为前提的，其中没有讨论有关文化的事业和产业问题，也没有讨论关于文化的体制和机制问题。这就使得当前我国正在推进的文化体制改革所涉及的对象和范围，远远超越了“作为观念形态的文化”这一理论限定，从而使得我们关于文化与政治、经济关系的当代性把握，进入了一个缺乏足够的理论支撑和引导的文化区间。文化体制改革的理论指导问题也就变得十分紧迫。

从现阶段我国推进的文化体制改革的内容来看，它广泛涉及文化生产、文化流通、文化组织、文化结构、文化分配、文化权利等各个方面。既包括对文化事业和文化产业的区分，又包括对原有文化利益格局的调整；既包括对在计划经济体制下形成的制度性障碍的破除，又包括对原有文化经济格局的结构性调整与重组。公益性文化事业和经营性文化产业的提法，在我国文化建设与发展的整体性战略思路上，建立起了一个新的关于文化社会存在形态的政策性架构标准。这个标准不仅一般的涉及对原有的关于文化和政治经济关系的形态性解构，而且还涉及对文化广泛的社会功能的判断与调整。因为就这一划分的定位和取向来看，公益性和经营性在一定程度上与营利性和非营利性存在着对位性关系，市场取向是这一划分的价值标准。然而，由于文化体制本身又是政府关于文化管理意志的制度性体现，涉及政府对于社会

文化资源的权威性分配的政治架构，因此，关于文化事业和产业的划分明显地表现出国家文化管理意志和管理政策的制度性重大转型。由于这一制度性重大转移的背后还广泛地涉及原有国家文化权力的转移和公民文化权利的实现，即各种社会力量更多地参与社会文化事务成为可能，从而使文化的多样性和文化主体的多元化共存，使得文化在很大程度上、在一个更高的层面上回归了它的原生态。也就是说，文化成为一个与政治和经济具有同样地位的主体。如果说这样一个标准还是关于我国文化体制改革的第一层次划分，主要的还是属于政治层面的话，那么，如何在这样一个基础上对文化产业经营进行第二次划分，就会涉及诸如市场准入、国民待遇等有关文化经济政策与法律的层面，涉及对文化行业划分标准，以及对文化行业的市场规范。在这里，一般性地套用原有的经典性原理，已经难以解释正在发生着的文化变革的实践。

文化是综合国力的重要标志，本身就是社会构成的一个重要组成部分，是与政治文明、物质文明并列，并有着同等重要性的社会精神文明的存在方式和表现形态，因而，同样是推动社会前进的动力。文化的创造性是人类进步的源泉，而文化是由创造性来界定的。没有文化，也就没有人类社会包括政治和经济的一切发展。恰如联合国教科文组织在《文化政策促进发展行动计划》中所指出的那样：“发展可以最终以文化概念来定义，文化的繁荣是发展的最高目标。”因此，推进文化体制改革和最终实现文化体制改革目标，已经不仅仅是文化体制改革自身范围里的事了，而是关系到整个社会的发展模式和发展形态的重大的社会变革。在这样一个全新的社会与国家发展的改革背景下，中国的文化体制改革就必须建立起关于文化与政治、经济关系的全新理论，在新的发展了的时代背景下，给出我们关于文化与政治和经济的全新理解，并且以这种理解和在由这种理解所建立起来的理论的基础上，全面指导、规划和推进我国的文化体制的总体改革，只有这样我们才能把文化体制改革建立在一个新的合理性的基础之上，并且以此为一个新的出发点来制定和实施文化发展战略。

要寻求文化体制改革在改革理论上的重大突破，就必须建立新的社会主义文化建设与文化管理理论，为国家文化制度创新提供合法性依据。在相当长的一个时期里，关于意识形态领域里的阶级斗争理论，是我国文化管理的基本理论。国家文化管理的功能和职能设计，很大程度上就是建立在这一管理理论基础上的。用意识形态理论规定文化管理的主要任务和职能，曾经是我国文化管理的一个特点。但是，意识形态理论只能包括而不能代替文化管理理论，同样意识形态管理也不能代替文化管理。无论是文化建设形态还是文化发展道路；无论是公共文化管理还是文化产业管理，我国文化管理理论都面临着一个全面创新的任务。如果不能在关于国家文化管理目的、政府文化管理职能、公共文化管理和文化产业管理之间建立起科学边界，在文化建设与文化发展道路等根本理论问题上取得文化管理理论的突破，不能为我国全面的文化体制改革和制度创新建立全新的合法性依据，文化体制改革会因此而很难达到预期的目的。

迄今为止，我国关于改革的理论成果主要是建立在经济体制改革的经验基础上的，实践经验的有限性决定了改革理论作为普遍真理的局限性。不能把经济体制改革形成的个别经验，当作现成的普遍性真理而不加区分地套用到文化体制改革中，也不能把只是适用于国外不同社会制度和文化背景下的关于文化制度的体制和机制作为“普世性”标准，不加区分地套用到我国的文化体制改革中来。例如：投资是要讲究回报率的，这是投资理论的起码要求，从事公益性文化事业有没有投资回报率问题，如果没有，那么出资人的利益如何保障，如果有，那么公益性文化事业就有可能成为经营性文化产业，二者又和现阶段关于文化体制改革的目标以及关于文化事业和文化产业的划分相矛盾；显然关于投资主体多元化理论不能解决文化体制改革中的所有有关产权明晰的难题。同样，现代企业制度关于法人治理理论运用于文化体制改革当中是否也有一个恰当性问题，因为就现阶段来看，我国还将实行事业单位企业管理的文化体制。在这样一个体制内，又怎样按照现代企业制度关于法人治理结构的理论要求，来实现有效的经营权和管理权相分离的产权关系管理？在文化事业那一部分，又如何按照所有制理论来确认它的所有制性质。种种问题表明已有的现成的经验和结论已经不足以为我国文化体制改革和制度创新提供所需要的反省与合理性支撑。尤其是在前期关于文化体制改革过程中失误的教训要多于成功的经验，现存的文化发展还存在着严重的区域发展不平衡的尖锐矛盾的情况下，当前的文化体制改革一定要从中国文化事业和文化产业发展的实际需要出发，在关注与世界文化发展的整体性发展趋势相协调的同时，特别要对文化体制改革可能对我国社会整体发展带来的新的体制性障碍和形成新的结构性矛盾给予充分的注意和研究，提前预案。因为，在我国，文化体制问题不只是文化本身的问题，他还涉及我国的政治体制改革和经济体制改革等一系列问题，涉及原有文化权力结构的战略性调整和文化权力的再分配。国家究竟能在多大程度上还文权于民，其所引发的矛盾与冲突是相当复杂的。

改革的目的，是要最大限度地解放文化生产力，缩小城乡文化差别和东西部文化发展不平衡差距。文化体制改革应当为克服和消除西部地区的文化贫困创造新的条件，而不是加剧这种文化贫困的发展，而文化体制改革综合试点的结果，由于缺乏对经济欠发达地区文化发展状况和改革承受能力的分析与评估，在此基础上推进的全面文化体制改革，则有可能进一步扩大区域文化发展不平衡的差距，甚至导致严重的文化不稳定，进而导致社会不稳定。对于有限文化资源，特别是文化政策资源和文化市场资源的争夺，很有可能引发新一轮地方保护主义和部门利益的恶性竞争。非综合试点单位的文化体制改革方案和措施超过甚至突破了中央的一些改革思路就是一个明显的例子。这几年在文化体制改革中建立起来的国有文化产业集团，不仅仍然享有行政级别，而且在行政级别上与地方政府文化行政主管部门同级。在一个地方形成两个文化权力中心，政府文化行政主管部门实际上处于对国有文化产业集团管理无能的状况。一个重要的原因，就是在我国的意识形态管理与文化管理理论上，还没有从根本上科学地解决“政府从办文化向管文化的转变”这一我国国家文化管理理论的重大命题。因此，文化体制改革不仅应超越经济体制改革理论的一般经验和路径选择，尤其重要的是积极探寻符合文化体制运动规律，同时又反映中国文化制度发展特点的改革理论和改革政策。涉及文化产业领域里的改革，要超越单纯的经济观念和经济方法，又要克服与消除意识形态管理和文化管理的二元对立，要防止把文化体制改革与转变党管意识形态的执政方式割裂开来、对立起来的倾向，建立具有中国特色社会主义市场经济条件下文化运动本身固有特点的理论。避免把文化体制改革等同于经济体制改革，用经济体制改革的理论和经验套用到文化体制改革的倾向。尤其要谨防出现这一轮改革的成果成为下一次改革对象这样循环改革的怪圈。要比较在市场经济条件下东西南北的文化发展差异，比较历史和现实发展逻辑的规律，比较在全球化背景下中国文化的历史方位，统筹兼顾东西部文化发展，统筹兼顾农村和城市文化发展，不断缩小这两个方面存在的明显的文化发展差距，理应成为这次文化体制改革的重要任务。

我国文化体制中的深层次问题是在长期的历史过程中积累起来的，这其中有的是由于“左”的理论和政策形成的制度性偏差，有的是制度本身发展到一定历史阶段所提出来的自我发展的必然性要求以及与这种要求不相适应的制度性力量决定的，并不是什么都是“左”的因素造成的。要看到历史本身是有局限性的。即便是我们今天认为是非常成功的改革，从历史的发展观来看也还会有它的局限性。局限性也是历史发展的规律。这种局限性又是非等到事物的矛盾性的充分展开而不会被发现。一味地把什么都归结为“左”的结果，容易使我们在选择新的制度创新和理论创新时走向新的极端。只有把问题放到制度发展运动本身的情势下来分析当前中国正在进行的文化体制改革，以及这个改革本身所遇到的难点主要是由制度本身的局限性决定的，而制度选择本身的局限性又反映出我们关于这一制度理解上的与时俱进的必要性，这样，在设计新的文化体制改革路径选择的时候，我们就可以有一个比较理性的判断，克服各种各样的路径依赖。要创造出新的理论体系和制度体系，只有首先解决创造主体在思维方式和理论模式上的路径依赖，才是可能的。正如只有首先解决了体制性障碍，才能实现对结构性矛盾的有效克服一样。只有获得了新的关于文化制度的理论创新，才有可能取得实践上成功的可能，在建立新的国家文化制度的同时，构建全新的国家文化产业结构和文化力量格局。因此，文化体制改革，改什么？怎么改？政府职能转变，是哪些职能转变？政府职能转变与原有文化制度结构改革关系究竟会出现哪些新的变化？政府职能转变后的文化体制是什么样的？文化体制改革从办文化向管文化转变，那么政府管文化的体制是否也有一个体制改革的问题？市场取向是否是文化体制改革的唯一取向？文化体制改革究竟是经济制度的还是文化制度的？是经济性的还是文化性的？改革后的文化产业还能够在多大程度上体现公共性？文化体制改革后政府的文化责任是什么？目前思路下进行新的文化体制改革，能否从根本上解决我国文化发展和建设中的结构性矛盾和体制性障碍？文化体制改革，不只是要实现政府从办文化向管文化的职能转变这一项任务，而且应当包括政府如何管文化的改革，如文化审查制度、市场准入制度、行业管理制度（多头管理与分割管理）等等，包括怎样向公共文化管理转变？就我国当前文化管理体制和制度结构的实际效果而言，关于国家文化管理制度的改革才是最关键的改革。如果不能对那些严重妨碍我国文化生产力的最大解放的制度性障碍进行创造性改革，那么，现在所正在进行的改革只能是一种属于表面性的改革，改革的一个结果很可能是政府所应当承担的文化公共性削弱了，把原来由政府承担的那一部分文化职能也推向市场，其结果是政府公共文化职能的丧失。另外，由于改革并未涉及文化管理的制度层面，原有的制度功能继续运转，那么，改革的成果也可能在这样的制度下被消解。关于国家文化制度理论、文化法制理论和文化政策理论的创新具有特别重要的意义。

任何一种模式的国家文化制度都和一个国家的法律制度作用和文化管理的完备性程度相关。当前，文化法制的不健全和文化政策制定的随意性，是造成我国文化制度性缺陷的重要因素。能否在国家文化管理体制上建立起有效的文化法制制度和体系，是决定我国改革后的文化制度能否最大限度地解放生产力的关键。能否建立起科学规范的文化司法程序，这将直接决定我国文化立法和文化决策的科学化和民主化。文化体制改革是一次全面涉及我国政治、经济和社会各方利益关系的全面改革。它不仅对内将要改变原有的文化利益格局，调整各种文化利益关系，对外还会涉及中国加入世界贸易组织在开放文化市场方面的各项承诺的兑现，建立起一种新的涉外文化体制和机制。从这个意义上说，文化体制改革在维护国家文化主权方面，在实现国家文化制度重建的同时，需要建立新的国家文化安全体系。完备的文化法制体系和完备的文化法律机制，是国家文化安全体系的科学建立必不可少的条件。转变政府文化管理职能，既是我国文化体制改革的重点，也是重建我国文化法制体系、实现文化上的依法治国和建构国家文化安全新的保重系统的重要制度性改革，在这样一个使国家文化安全和国家文化制度重建的问题上，一刻都不能没有它在法律上的合法性。而当前急需关注的由于文化立法和文化政策的理论缺席，将直接导致文化体制改革过程中的国家立法机关的缺席。在这里，国家立法机关如何在文化体制改革中发挥国家权力机关的法律作用，完善文化体制改革过程中应有的法律程序，也就成为一个不容忽视的问题，直接关系到文化体制改革结果的合法性。国家机关的缺席，将直接威胁到改革成果的全部合法性。因此，关于文化体制改革和文化制度建设所涉及的一系列法律问题，都必须给出文化法学理论的解答。如果不能在根本的文化法制理论和文化政策理论上有一个大的建设，那么，不仅是我们关于文化建设大的宏观战略选择难以进入实践的层面，而且有关文化体制改革的制度设计，如跨地区、跨行业和跨媒体经营就很难真正在改革中得到有效的实现，地方保护主义和行业壁垒就很难得到真正的克服，相反，随着中国加入世界贸易组织后保护期的过去，真正跨地区、跨行业和跨媒体经营的市场主体很可能是外资或其他社会资本，以及其他社会资本的进入又由于市场准入制度管制而难以获得平等的国民待遇。文化体制改革的预期由于制度性障碍而无法实现。理论决定制度，制度决定体制，体制决定发展模式。先进文化需要有法制的促进与保护。只有建立在法制的牢固基础上的改革，改革的全部成果才能有效地成为推动文化发展的动力。因此，能否在文化体制改革过程中为文化体制改革建立起有效的法律保障和支持系统，建立起必要的文化法制程序和机制，在某种程度上不仅决定了改革本身的全部合法性，而且也将直接决定文化体制总体改革的成败。所有这些都有待于在思想路线、理论路线和制度建构路线上梳理清楚，建立起系统的有说服力的理论原则和理论系统，进而在这个基础上建立一个科学完善的政策与制度系统，从而作为制定文化体制改革总体方案的依据，否则不仅改革缺乏可实现的深度目标，而且也会使改革失去它应有的解放和创新的意义。尤其涉及事关重大改革政策的变动的规定，既要坚持在根本问题上的原则性，也要讲究客观实际的可实践性和与时俱进的先进性；既要有鲜明的指导性，同时也要有重要概念上的规范性，避免由于出现对于政策理解上的模糊和法制上的缺陷而导致实践上的走样。一个法制国家制度的建立的合法性标志，就是在于它健全的国家法制程序。任何法制程序的缺席，都将威胁到所有制度建立的合法性。执政党应该通过司法程序把党的意志转变成国家意志，只有这样，整个社会建立在一个严肃的法制基础上，改革的成果也才能获得法律的有效保护。

二、转变党管意识形态的执政方式，为全面推进国家文化制度建设创造新的政治文明架构

党管意识形态是我国的根本文化制度，而且也是必须长期坚持的原则。问题是在社会主义市场经济条件下，面对发展了的形势和对象，党怎么管意识形态，管什么样的意识形态和管哪些意识形态。过去管意识形态就是抓阶级斗争，抓意识形态领域里的阶级斗争。今天抓什么？今天当然还有意识形态问题，一定程度上也还存在着意识形态领域里的阶级斗争，但是显然不是今天意识形态领域里的主要内容和主要方面。在社会主义市场经济条件下，不仅意识形态的内容发生了很大的结构上的变化，而且它的生成条件和传播环境、手段、机制、载体等都已发生了很大的变化。当文化产业已经客观地成为意识形态的重要存在形态和传播路径的时候，党管意识形态与发展文化

产业和文化事业之间的关系是什么？党管意识形态与思想理论建设的关系是什么？与落实公民文化权利有什么关系？这些重大理论问题都没有弄清楚。我们当然要坚持马克思主义在意识形态领域里的指导地位不动摇。但是，当意识形态已经发生了事实上的巨大变化的时候，如果我们不能在这样带有根本性的重大理论问题上与时俱进，发展有中国特色的党管意识形态的国家文化管理理论，那么，我们就很有可能因为缺乏新的发展了的马克思主义的意识形态管理理论而使我们的文化体制改革陷入困境。也就是说，当前我国正在推进的文化体制改革的性质是什么？只有把这个问题弄清楚了，文化体制改革才能有一个明确而清晰的目的，解决我国文化发展中的体制性障碍，克服和消除文化发展中的结构性矛盾，也才可能达到预期的目的。

党管意识形态执政方式的转变是由党的历史方位的历史性变化提出来的要求。十六大对中国共产党历史方位的变化有一个非常明确的概括："我们党已经从领导全国人民为夺取全国政权而奋斗的党，成为领导人民掌握全国政权并长期执政的党；已经从受到外部封锁和实行计划经济条件下领导国家建设的党，成为对外开放和发展社会主义市场经济条件下领导国家建设的党。"如果说，前一个概括表明了党的历史角色转变的话，那么，后一个概括则集中表明了在不同的历史条件下党所肩负的不同的历史任务所发生的执政内容的转变。而正是执政内容的变化，深刻地揭示了党的历史方位的变化的具体性。这种具体形式是由新的发展了的时代提出来的要求所决定的，包含着深刻的历史必然性，因此，也就必然提出执政党必须按照执政的规律转变执政理念和执政方式的历史要求。转变党管意识形态的执政方式只是党的这种历史方位变化所提出来的整体性历史要求在意识形态领域里的合乎规律的一种反应，是中国共产党内在的执政规律的要求，并不是某种强加于党的某种外在于党的力量。

在我国，共产党是执政党，政府是它合法的执政机构系统和制度体现。党的意志直接通过政府行为来实现对文化的绝对统治。无论是国家的文化制度还是政府的文化体制，无不反映中国共产党对文化的理解、要求和理想，因此，无论是政府办文化还是管文化，都是党的执政方式的体现，或者说，是党的文化执政方式的具体化。文化体制改革要转变政府职能，本质上是中国共产党根据发展变化了的国内外形势转变党管意识形态的执政方式，党管文化的体制和机制，是要在新的社会主义先进文化的基础上，重建党管意识形态的制度形态和制度系统。因此，通过文化体制改革，实现党政分开、政企分开、管办分离。政府要从对文化的微观管理向宏观管理转变，并不是要把原来由政府办文化的职能转变到由党去直接办文化，并不是要把分开和分离后的那一部分办文化的职能归到党委里面去，而是要实现在社会主义市场经济条件下的社会文化资源的崭新的配置方式，进而在这样一个全新的基础上，实现和体现党管意识形态的执政意志和文化宗旨，提高党管意识形态的执政能力和执政效率。要实现从党管意识形态向党重在抓主流意识形态建设的战略性转变。通过主流意识形态理论的创造性建设，来影响舆论导向，来塑造文化形象。如果不能把党关于整个国家文化管理理论转移到重在主流意识形态的建设与创新方面来，那么，我们的意识形态管理理论和管理思维就很难摆脱在以阶级斗争为纲时期所形成的文化管理模式和工作思路及由此而出现的制度依赖，失去改革的路径选择的创新可能。因此，文化体制改革的一个重要问题，是如何理顺党、政在文化领域里的工作关系。在思想文化领域里，党的中心工作应该是抓主流意识形态的理论建设和理论创新，通过理论创新来带动文化创新，通过理论创新来主导制度创新，通过理论创新来提高执政能力和执政艺术。具体的文化事务由政府去管。通过政府依法行政建立起国家的公共文化管理制度。党管方针政策，党的文化意志应当通过法律程序贯彻到政府行为之中。在这个过程中，党应该有足够的文化理论能力为国家关于文化发展与管理的方针政策提供全部的合理性依据和合法性基础。只有这样，党管意识形态的文化原则在我国的文化制度中既可以得到有效的贯彻落实，同时又可以使政府有足量的空间依法行政。因此，能否建立起对意识形态管理理念的全新认识，将自接决定我们在这次改革中的政策创新程度和制度创新程度。我们要防止出现这次改革的成果成为下一轮改革的对象这样一种在文化体制改革中的“黄宗羲定律”。

执政方式的选择与形成是由一定时期的执政任务、目标、执政指导思想和执政环境决定的。当一定时期的执政任务和目标完成之后，执政环境发生了很大的变化，并且确定了新的执政目标和执政任务之后，满足新的执政目标和执政任务的执政方式的适应性问题也就随之提了出来。因此，党管理意识形态执政方式的转变并不是外在于执政党执政目标的某种异己力量，而是执政党执政事业自身发展需求提出来的自我变革的一种能力提升的需要。当原有的执政方式已经不能适应和无法满足执政党的执政能力提高的时候，转变党的执政方式就具有决定党的新的执政目标和执政任务能否实现，党的执政地位能否在党的历史方位重新确定之后获得新的生长机制的战略意义。

意识形态和意识形态管理是一个动态的过程系统。存在决定意识，同时意识又反作用于存在，由此而推动着人类社会的不断进步。因此，当社会存在已经发生了根本性的变化，人们的意识形态已经发生了深刻的革命的时候，意识形态管理能否适应和满足意识形态发展的需要，已经不再是意识形态本身的问题了。由于意识对于存在的反作用，意识形态的理论建设对于社会发展具有直接的指导作用，因为，当意识形态管理不能为意识形态革命提供新的制度环境，意识形态创造不能为发展着的存在提供新的精神导引和理想模式的理论的时候，意识形态就成为社会发展的障碍。因此，党管意识形态执政方式的转变，在其终极意义上是关系到能否保证党的长期执政的大问题。

三、调整配置文化资源的传统机制，改革与文化生产力发展要求不相适应的文化生产关系，解放文化生产力

文化体制是文化生产关系的制度反映，反映了社会与国家、公民与政府之间在文化利益分配和文化权利上的一种关系。这种关系，在新中国成立初期我国文化生产力还较弱的时候，政府充分发挥社会主义集中力量办大事的优势，迅速地建立起了新型的文化生产关系。这种文化生产关系是同我国实

行的计划经济体制相一致的，是我国经济生产关系的文化反映，同时也正是这种文化生产关系的确立，极大地解放了社会的文化生产力，从而使得我国的文化生产力在一个较短的时间里获得了较大的发展。但是，这种文化生产关系由于长期以来没有随着文化生产力发展的需要而与时俱进，特别是在党的十四大确立的建立社会主义市场经济体制的改革目标之后，文化体制改革严重地滞后于经济体制改革，从而使得原来先进的文化生产关系发生了历史性的转变，落后的文化生产关系已经与发展着的先进的文化生产力的发展要求不相适应。市场经济和计划经济反映的是两种有着很大区别的社会生产关系，两种完全不同的资源配置方式。计划经济强调政府在资源配置方面的主导性作用，市场经济突出的是市场在资源配置方面的基础性作用。资源配置的力量和主体的不同，反映了占有资源的社会生产关系的不同。因此，当我国开始进入全面建设社会主义市场经济体制发展阶段的时候，现存的文化生产关系就不能反映和满足先进的文化生产力发展所提出来的对于重建文化生产关系的要求。文化生产关系已经成为先进的文化生产力发展的体制性障碍和结构性矛盾。当不改革现存的文化生产关系，即文化体制，便不能促进先进文化生产力的发展的时候，文化体制改革也就必然成为主要矛盾的主要方面。因此，文化体制改革，就是要改革与先进的社会文化生产力不相适应的那一部分落后的文化生产关系。由于文化生产关系在现代中国主要体现在文化制度、文化体制和对文化资源再分配的权力结构上，因此，文化体制改革，也就是要改革与社会主义市场经济不相适应的文化制度、文化体制和对文化资源再分配的权力结构。一个重要的标准，就是以构建和谐社会为目标，以切实维护和保障公民文化权利为核心，重建我国文化制度，全面推进国家文化制度建设。这是十六大启动新一轮文化体制改革的重大国家文化战略的目标。我们应当在这样一个层面上来思考问题，来认识这次文化体制改革的制度创新价值，来建立我们的思维方式。因为这里的变动，必然要触动我们的既得利益。要让利，要还利于民，把本来就是人民的文化权利还给人民。政府长时期把办文化的权力掌握、控制和垄断在自己手里，这是历史形成的历史，也曾经发挥过积极作用，但是，与共产党的宗旨背道而驰，现在是要还历史的本来面目。历史是人民创造的。毛泽东讲，从来就没有地主文化，只有农民文化，地主文化也是农民创造的。所以，在这里，所谓转变政府职能，从办文化向管文化转变，要害不在于政府还要不要办文化，政府当然还要办文化，否则公益性文化谁办？甚至一些事关国家文化安全的经营性文化产业政府也可以办。但是，政府不是像过去那样把一切都包办下来办文化，尤其是市场经营性那一部分。除了事关国家文化安全的那一部分文化政府必须牢牢控制在自己手里之外（这也是国际惯例），其他部分都应该由社会去办。还文权于社会，还文权于公民。在这里当然有一个公平与效率问题，不是兼顾公平，而是要特别坚持公平。当许多普通的公民还没有全部进入角色的时候，维护和保障公民的合法文化权利的一个重要问题就是要防止出现新的垄断，尤其是寡头垄断。要防止出现像经济体制改革领域里出现的问题那样，改革的成果变成少数人碗里的快餐；要防止在政府退出的那一部分领域里的公民文化权利真空化，从而使国家关于改革的初衷和目的付诸东流，因此在推动改革的同时，还要建立起监督改革的预警机制，确保改革的成果能够为最广大人民所享有。因此，改革与先进的文化生产力不相适应的文化生产关系，也就是要改革与先进的文化生产力发展所提出来的社会与国家、公民与政府在文化资源配置、文化利益分配和文化权力分配的关系，进而通过这一关系的改变，最大限度地解放文化生产力，克服文化生产力的发展与人民群众日益增长的精神文化需求不相适应之间的矛盾。

党政企不分，是长期以来形成的我国文化领导体制的突出弊端。这种弊端的形成反映出我们对党的领导，尤其是党的一元化领导理解认识和执行上的重大偏差。对此，邓小平曾在中共十一届三中全会前的中央工作会议上指出："加强党的领导，变成了党去包办一切，干预一切；实行一元化领导变成了党政不分，以党代政。"这就提出了执政党的执政方式问题。执政党，并不等于党去包揽属于政府行政范围里的事。因此，要解决在文化领域里党政不分、以党代政、党企不分、政企不分的弊端就必须对我国文化体制里的党和国家领导体制进行根本性的改革。这种改革的目的，不是要否定党对文化事业的领导，而是要转变党管意识形态的执政方式，把长期以来由于对社会主义文化建设规律的把握不深而出现的在国家文化事业管理领导体制上党的文化执政权利还给政府，恢复企业作为市场主体的权力地位，把应该属于企业办文化的那一部分权力还给企业和市场，发挥市场在资源配置中的基础性作用，理顺党、政府和企业三者之间的文化权利关系：党管方针政策，通过司法程序把党的意志变成政府行为，通过政府行为体现党的主张和党的文化执政宗旨；政府依法行政，依法管理一切文化事业；企业在法律和法规允许的范围里合法经营。因此，文化体制改革的目的是要从根本上使我们党对文化的领导更加符合市场经济条件下社会主义文化建设的规律，提高党的文化执政能力，而不是相反。那种以为文化体制改革可以弱化党对意识形态的领导的想法是错误的。

曾经在很长一段的时间里，我们比较突出地强调和关注文化的意识形态问题。文化当然有意识形态问题，但是，文化又不全是意识形态问题。文化还有许多并不属于我们所讲的意识形态问题，而且我们所讲的意识形态主要强调的是政治方面。其实，即便是讲意识形态也并不只有政治方面的问题。但是，恰恰就是在这个问题上，文化的意识形态问题成为束缚我国文化生产力发展的一种巨大的观念力量和思想力量，成为一种妨碍先进的文化生产力发展的意识形态。在我们讨论文化体制改革和大力发展文化事业和文化产业的时候，为什么大家几乎是一致性地提出要转变观念，其实就是要解放文化生产力，就是因为我们都看到了，思想观念的落后已经成为一种在社会主义市场经济条件下发展文化事业和文化产业的阻碍力，一种在我们的意识深处长期以来困扰我们文化事业发展的力量。在某种程度上，恰恰是这种力量严重地束缚了文化生产力，并且形成了长期以来一直没有解决的落后的文化生产力与人民群众日益增长的精神文化需求之间的不相适应的矛盾。因此，在这里，关于文化的意识形态问题上的观念变革和思想解放就具有文化生产力的意义。这个文化生产力不是哪个单位、哪个人的文化生产力，而是我们这个国家，是全民族的、全体人民的整体的文化生产力。只有文化生产力解放了，蕴藏在人民群众中的积极的文化创造力才能爆发出来，我们的文化产业发展也才有活水源头，我们才有可能产生所谓的创意产业，发展内容产业。文化的内容是人的文化创造的结晶和产物。文化生产力不解放，每个人的创造力就不能得到最大程度的发挥，就没有内容。没有内容产品的大量提供，日益增长的人民群众的精神文化需求就无法得到满足。

四、全面落实和实现公民文化权利，提高与先进的政党性质相符合的党的文化执政能力

在社会主义市场经济的条件下，党怎样领导文化建设，怎样管理意识形态？这就对党的执政能力提出了新的要求。党的十六大提出我们党的宗旨是执政为民。胡锦涛同志在2003年的“七一”讲话中进一步提出权为民所用、情为民所系、心为民所想的要求。执政为民不仅是对党的建设的要求，而且也是对在社会主义市场经济条件下党的文化执政宗旨的要求。在一个很长的时间里，我们党一直是在计划经济条件下的文化执政。无论是党的文化执政理论还是党的文化执政能力都是与计划经济体制相适应的，特别是由于我国的社会主义计划经济体制的建立和形成又与我国所处的世界形势与国际地位有着直接的因果关系，战后冷战格局的形成直接影响和决定了中国在社会主义建立之初的文化建设路线的选择与文化制度的选择。因此，对在意识形态领域里阶级斗争的强调、文化方针政策的选择，有它无法回避的历史的必然要求，由此造成的党的文化执政能力比较局限于意识形态领域里的阶级斗争，也就自然成为党的文化执政能力结构的主要方面，同时也正是由于对意识形态领域里阶级斗争的过分强调，形成了我国国家办文化的单一的文化建设体制。这种单一性的国家办文化体制，实际上反映了作为执政党的中国共产党在社会主义文化建设领域里的文化执政能力的单一性。如果说，这种文化执政能力的单一性的形成有它的历史合理性的话，那么，随着社会主义市场经

济体制的建立，这种历史合理性已经失去了它的全部合法性基础。社会主义市场经济体制的建立，改变了原有的文化体制的经济基础，经济基础与上层建筑之间的基础性关系，必然要求文化体制朝着与市场经济体制相适应的方向改革。以国有经济为主体多种所有制并存不仅是我国现在和将来的主要经济制度形态，而且也将是我国文化建设制度的主要特征。如何适应和满足社会主义市场经济条件下多种力量共同办文化的要求，自然对党的文化执政能力提出了全新的历史性战略要求。也就是说，党的文化执政能力建设要从过去单一的文化执政能力向多元的综合性的文化执政能力转变，并且通过这种能力的战略性转变全面提高党的文化执政能力，以适应与先进的政党性质相符合。“三个代表”是对党的先进性的一个创造性概括，集中体现了中国共产党的政党性质。因此，当先进文化生产力的发展要求、先进文化发展的前进方向都集中反映在最广大人民的最根本的文化利益上这一巨大的历史的必然要求的时候，把党的执政为民全面落实到切实保障公民的文化权益和文化权利上来，也就成为全面提高党的文化执政能力的核心。这应当是这次文化体制改革的一个本质目的之所在。

市场准入是一个国家开放度的标志，同时也可看作是一个国家公民文化权利实现的程度性指标。在我国现在的条件下，在文化领域里实行市场准入，就意味着政府要把自己长期拥有的那一部分文化权利和文化利益让出来，还给社会，还给公民，让公民真正享有办文化的权利，真正成为国家文化的主人。建设有中国特色的社会主义文化，实现中华文化的伟大复兴的文化责任，不只是政府有责任，国有文化企业有责任，党的宣传文化部门有责任，每个公民都有这样一种文化责任。要把这种文化责任转变成每个公民的意识，是公民意识的一个重要组成部分。负责任不只是国家要负责任，公民都有这样一份责任。天下兴亡，匹夫有责。在今天，中国的文化兴旺，公民有责。只有把这种责任转变成每个公民的自觉的文化责任，使每个公民都承担着这样一份使命，激发他们的全部文化冲动，才可能使他们把自己的文化利益和国家的文化利益紧紧地联系在一起，把国家的文化利益看作是自己的文化利益，一旦当他们看到国家文化利益的损失将直接威胁到他们个人的文化利益的全部存在的时候，捍卫国家文化利益就成为他们全部文化行为的巨大动力。从某种程度上看，公民的文化权利越大，他们的责任就越大；公民的文化权利越小，他们的文化责任就越小，而国家的文化责任就越大。因此，文化体制改革，必须让每一个公民看到他们的文化利益之所在，不能把文化体制改革仅仅看作是党和政府的事，是宣传文化部门的事情。这次文化体制改革是新中国成立以来最大的一次文化权利的变动和文化利益的调整与重新分配。文化体制改革的路径选择和制度创新在任何时候都不能忽视公民文化权利与公民文化利益的存在。在新的历史条件下，建构全新的以“国民文化经济共同体”为特征的我国新的文化经济格局和文化建设制度，也许正是这次文化体制改革的一个战略目标。这个目标与我们党的先进性和我们党的宗旨是一致的，是与和谐社会建设目标相一致的。因此，提高党的文化执政能力，并不是某种外在于党的执政能力建设和发展的需求之外的力量作用的结果，而是党的文化思想、文化执政能力发展与时俱进的必然结果。在当代中国，国家的开放性程度和党的执政能力之间存在着力的同构关系，因为越是开放意味着可能面对的环境和形势越是复杂多样，环境和形势的越是复杂多样，越是要求执政党驾驭全局能力和处理复杂问题能力结构的丰富多样性。因此，改革不合理的文化体制，实行政府的文化职能的历史性转变，建构全新的国家文化制度，对党的文化执政能力的要求不是低了，而是更高了。如何才能完成这次提高，将是对我们党的执政能力的一次重大考验。

扩大公民有序政治参与是社会各阶层通过这一平台将本阶层的意志充分表达和相互交流的现实要求，它有利于形成社会各阶层相互合作的政治理念并促进政治活动的健康有序发展。要普遍地建立起公民对宪法的信仰，建立起宪法和法律在公民中的权威，就必须首先实现主权在民的思想，切实维护和保障公民的文化权利与文化权益，享有宪法所规定的各项文化权利和文化自由。

文化体制改革最关键的是改革整个文化制度。要推进国家文化制度改革，使之能够适应社会主义市场经济体制的建立所需要和相适应的文化体制。这里既有形而上的基础和上层建筑之间的关系，更为重要的是在实践的层面上以文化产业为核心的相当大的一部分文化是与经济发生着直接联系的，或者说是经济形态的存在方式。由于这一部分的绝大多数已经是以市场的方式获取自己的生存方式和价值体现，是现代财富的增长的重要来源，因此，不同的经济成分以及由此带来的不同所有制成分进入文化产业，共同参与文化市场竞争，自然成为与社会主义市场经济相适应的文化发展的客观要求。在计划经济时代，与此相适应的是，我国在经济领域实行的也是国家办文化的一元化体制。文化体制改革要实现政府文化职能转变，实现从办文化向管文化转变，把原来由政府办文化的那一部分职能和权利，转给社会来办，那就必然导致多种所有制办文化的社会需求的出现和增长，这是一个符合逻辑发展的结果。我们不能规定哪些社会资本可以进入文化领域，哪些不能进入文化领域，因为这不符合国民待遇原则，只有那些涉及国家文化安全的关键文化领域才被禁止任何社会资本进入，因为这也是国际惯例。

区域文化产业战略与空间布局原则[①]

题　记：

本文原是参加云南大学文化产业研究所举办的文化产业国际论坛时写的。之后应时任《云南大学学报》主编的施惟达教授之邀，发表于2005年第5期《云南大学学报》。

经济全球化以及新的国际分工使得文化产业的空间布局运动和区域发展呈现出新的发展趋势。文化产业空间布局的不平衡运动规律在新的形势下形成和表现出了新的特点。研究文化产业空间发展规律对于科学制定文化产业战略规划以及它和社会发展的关系具有特别重要的意义。

一、区域文化经济存在的历史性与文化产业发展的当代性矛盾

区域文化经济是区域经济和区域文化综合发展的一个结果，它是历史运动的产物。它既反映了一个地区文明发展的水平，同时也反映了一个地区资源和要素的物质性状况以及人们对这种资源和要素的精神的把握情况。资源和要素的不完全流动是人们选择一定的地理条件生存的客观规定，资源和要素的丰俭程度是人们选择生存空间的依据。因此，从人类运动的一般规律来说，人们总是自觉地向着资源和要素丰富的地区运动，并且随着资源和要素丰俭程度的不断递减而递减。这就自然形成了不同区域经济发展的差异，区域文化经济差异是区域经济差异的反应，区域经济落后的地区不可能有先进

---

① 本文首次发表于2005年第5期《云南大学学报》。

的区域文化经济。区域经济的先进性程度一般来说是决定了区域文化经济的先进性程度的。历史上，扬州曾是一个东方大港和国际贸易中心，优越的地理位置给它带来了区域经济发展的先进性，也使它的区域文化经济处于全国领先地位。然而，随着现代铁路业的崛起和运河经济作用的下降，原有的资源优势和要素又发生了变动，扬州作为贸易中心地位的式微使得扬州作为全国文化经济中心的地位被边缘化了。在这里，对于区域文化经济而言，倘若资源的某一要素在这一区域是相对丰富的，那么，另一区域这一资源要素必定是相对稀缺的，丰富的区域形成文化经济中心，而另一区域只有当这种资源要素发生变化之后才有可能发生变化。如果这种资源要素的配置状况没有发生变化，那么，一般来说由此形成的区域经济文化格局也不会发生变化。而文化产业空间布局往往就是以此为依据的。上海之所以会成为我国现代文化产业的策源地，这是与上海作为我国现代工业的崛起相一致的。要素的不完全流动性是区域经济产生的重要因素，也是区域文化经济产生的重要因素。

文化生产要素的不完全流动性包括两层含义：一方面是指文化生产要素不是都能够流动的，其中有些能够流动，如劳动力、资本、技术等，有些则是不能流动的，如土壤、地形地貌、水文、气候、海拔高度等自然条件。而恰恰是后者决定了前者流动的条件，同时也就决定了前者流向的选择和集中的程度。在我国之所以会出现城市发展、人口密度和经济布局呈现出由东往西梯度递减的规律，就是这些自然条件的不可流动性所提供的人类可生存条件的结果。文化产业的空间布局正是在这样的力的作用下展开自己的生命运动的。另一方面是指能够流动的文化生产要素其流动性是有限的，是不完全自由的。这种流动约束来自许多方面，例如国家文化主权、国家文化安全的需要驱使政府对文化生产要素流动做出管制规定，限制资本进入某些文化产业的核心领域。文化利益动机是要素流动的内在原因，资本追求利润和绝对的垄断，文化劳动力向往高收入和高知名度，文化市场法则约束着这些要素的自然流动，违背这些法则，文化生产要素流动自然停止。文化产业空间布局也随之呈现出自己的张弛运动。

空间成本因素是构成区域文化经济存在和发展的又一重要客观条件。空间不仅有距离，而且空间还会有阻隔和障碍。距离的长短和障碍的大小直接关系到文化经济成长发展的成本。距离成本限制了自然要素禀赋优势的发挥和空间聚集文化经济实现的程度，使文化经济活动局限于一定的空间范围内。这就是为什么文化产业的空间布局总是比较集中于沿海大城市、比较集中于交通比较发达地区、比较集中于平原地带的原因。即便是在已经拥有先进的卫星传输系统和发达的互联网的今天，偏远地区文化经济的发展仍然不能和城市文化经济发展的现代化相比。而正是这种空间成本因素的规定，使得文化产业空间布局的运动不得不以若干个大城市为中心展开，并形成相应的文化产业带。

文化经济活动是不完全可分的。这是区域文化经济客观存在的第三个条件。文化经济活动的不可分是由文化产业的规模经济和聚集经济的特点所决定的。单个文化企业生产规模在一定限度内增大，一般来说可以收到节省单位文化产品成本和提高效率的好处，这是文化企业的规模经济；如果几个文化企业集中于一个地点能够互为因果，形成产业关联，不仅可以为各个文化企业带来成本节约等经济利益，而且还能为各个企业带来新的文化产品创新的利益预期，推动产品和产业结构创新。例如现代创意产业园区，就是这种聚集经济。规模经济和聚集经济使得各生产要素和文化经济单位集中在一个特定的空间，这就规定了现代文化产业空间布局主要是以城市为中心的运动和发展规律，并以此形成了区域文化经济和文化产业发展的差异性。

文化产业空间运动的一个最显著的特点就是它的现代性指向。这种现代性指向集中表现在它内在的随着科学技术的发展而不断地实现自己的发展的本质要求上。这种要求一方面反映了社会发展过程中人的现代性要求，即不断地追求文明发展的最新表现方式和存在方式；另一方面，作为社会经济的一种重要的组成部分和存在形态，它总是不断地承接着经济发展和经济结构调整过程中所体现出来的增长方式转变要求而提出来的产业结构转移的任务。因此，衡量一个地区文化经济发展的现代性程度的一个重要指标，就是看它的文化产业布局在内容上的先进性、完整性和在结构上的合理性程度。文化产业是否是一个地区经济发展支柱产业关键就是要看它在整个区域经济结构中的比重和贡献值。文化产业布局的空间运动主要表现在三种形态上：数量扩张、结构转换和产业升级。这三种形态同时也是区域文化经济发展的三个主要方面。数量扩张是指区域文化经济各个产业的文化生产规模在原有基础上的扩大，例如，20世纪80年代我国出现的出版社扩张运动，即一个总社裂变出若干个具有独立法人地位的文化经济实体。结构转换是指各文化产业文化生产规模伴随着文化生产要素在各产业之间的转移，出现某些产业相对增长较快、某些产业增长相对较慢甚至出现增长停滞的结构变动的现象。例如，电视产业的发展给电影产业发展带来的影响和冲击就是一个典型的例子。这种结构转换当它表现为文化产业的所有制结构转移的时候，由于由此而发生的原有文化资源配置结构的变动和利益格局的变动有时会出现增长主体转移的现象，这种转移非等到这种力量出现新的平衡，否则结构转换不会结束。产业升级是指通过技术改造和技术创新使传统文化产业向现代文化产业转变的文化产业变革，通过改变增长方式提高产业的核心竞争力，如电视产业数字化。

区域文化经济现代性的存在方式是多样的。文化产业布局及其机构不仅最能反映区域文化经济发展的实质，而且文化产业布局中的产业结构比集中体现了该区域文化经济的发展方向。区域文化经济发展的现代性与文化产业空间布局的先进性与合理性之间存在着一种力的同构关系，然而，只有当这种关系反映出它在国家层面上的整体性才是有意义的，因为任何区域文化经济的现代性总是国家文化经济现代性在一个特定空间的局部反映。离开国家文化产业布局的整体性，区域文化产业布局及其文化经济的现代性是不可能的。我们不能仅仅从文化企业的区位指向来把握文化产业布局的现代性和科学性。因为各个文化企业总是以追求利润的最大化为决策目标，很难实现区域乃至国家整体效益的最优，某种程度上的资源掠夺式的文化产业发展，甚至会导致对区域文化经济发展的破坏，因此，必须从国家战略的宏观层面和区域整体利益考虑区域间合理的文化分工和产业布局。而要做到这一点，就必须根据不同文化产业的功能，结合本地文化经济和社会发展的整体可能进行文化产业布局的可行性安排。根据我国国家统计局关于文化产业分类指标体系的划分，文化产业分为核心文化产业、外围文化产业和相关文化产业三大类。核心文化产业处于主导地位，是决定一个国家和地区分工体系中地位和作用的部门，是整个区域文化经济发展的核心，但并非所有的区域文化经济都是由相同的核心产业主导的，不同的区域有不同的核心文化产业。例如，在我国有不少地区就是以文化旅游产业作为区域文化经济发展的主导产业的。外围文化产业和相关文化产业则由于不同区域的资源禀赋和历史发展的差异，其在区域文化经济整体发展中的作用和与核心文化产业的关系也是不一样的。外围文化产业和相关文化产业在多大程度上能够与核心文化产业之间形成产业关联，则取决于原有产业结构之间已有的和潜在的关联实现程度。由于核心文化产业在区域文化经济发展中具有主导性作用，决定着区域文化经济的发展方向、速度、性质和规模，其选择合理与否不仅关系到和新文化产业本身的发展，而且决定着整个区域文化经济发展和产业结构的合理化。因此，文化产业布局的空间运动，实质上是通过区域核心文化产业的确立，围绕核心文化产业的发展需要实现文化资源的合理、优化和充分配置，最大限度地发展关联产业，从而形成区域文化经济的有机整体。

二、文化产业空间布局的一般规律与区域文化产业规划的任务

文化产业布局和其他任何产业的布局一样，它的运动和发展也是有规律的。不同的产业有不同的产业特性，不同的产业特性又规定了这一产业区别于其他产业的不同运动特点，正是这些特点反映了不同产业运动内在联系的要求。当这些要求反映在产业布局的空间运动时，它就是该产业布局的规律。由于不同产业部门对布局的条件和要求不同，因而不同地区适宜发展的产业部门也是不一样的，同一产业部门布局在不同地区也会产生不同的经济效果。

因此，在进行产业布局时，必须全面、深入地分析影响产业布局的各种条件，因地制宜地安排各产业部门，使布局合理化，取得最佳的经济效益、社会效益和生态效益。

文化产业是一种特殊的产业形态，具有政治的、经济的、社会的、意识形态的和文化的等多重属性，有着自己完全不同于纯粹产业经济学意义上的部门产业的发生和发展规律，因而文化产业空间布局的规律同其他产业部门相比有着显著的个性。这种个性运动的一个最明显的规律就是他的依附性。文化产业布局不能像有的产业那样可以远离人口聚居区，凭空形成一个产业部门或类型。这是由文化产业所提供的社会文化消费品主要是为了满足人们的精神消费需求的特殊性决定的，人口聚居地区也往往是文化产业布局的集聚区。文化产业的空间运动无论是文化生产还是文化服务，他都必须直接面对消费者，面对市场。从一个地区的文化产业部门的形成来看，它首先是社会文化需求的产物。由于城市是人口聚居最集中的空间存在，因此，庞大的市民社会和消费群体以及城市同时又是现代工业文明的人类文化学体现，因此两个方面的条件直接催生了现代文化产业只能首先在这样的一种空间形态里出现。即便是在农业社会，人类社会早期的文化经济形态，尤其是那些我们称之为“前文化产业”形态的文化生产和服务部门的形成和出现，也只能在“集镇”或“集市”这样的一种新的人口聚居的空间形态出现之后，才能在农村人口最为集中的空间形态中出现，因为这些空间形态也往往是一定历史时期和发展阶段社会生产力水平最为集中的表现。这也就是为什么在现阶段文化产业布局主要集中在几个大城市或大城市群的主要原因。这是由于大城市或大城市群往往是一个地区的政治、经济和文化中心，这些要素恰恰满足了文化产业多重属性的要求，与文化产业多重属性之间天然地存在着一种同构关系。因此，文化产业布局一般来说就是沿着城市形态的发展而发展的，城市功能定位不同，不论是在量上还是在质上，都会在文化产业的布局运动中反映出来。我国的城市功能和定位表现为三种形态：首都、直辖市、省会城市。首都是全国的政治和文化中心，对于文化产业的特殊关切和文化体制安排，使得首都集中了我国数量最多、规模最大、体系最完整的文化产业布局。省会城市是一个地区的政治、经济和文化中心，因此也是全省文化产业布局最为集中的空间存在。直辖市是介于二者之间的一种城市形态，就城市的功能定位来说它直属中央政府领导，没有省会城市与省里的隶属关系，有着省会城市所没有的自主权，因此在文化产业空间布局上有着相当大的自主性。同时由于直辖市往往是一个国家的经济中心，因此庞大的经济基础、城市人口规模和对外交往的便利，使得它在文化产业布局的发展过程中有着一般城市所没有的便利性，上海就是一个最显著的典型。上海是我国除北京之外文化产业最为集中的区域，这和上海的现代城市发展有关。上海文化产业布局可以说是随着上海整个城市功能的不断发展、完善、调整而发展、完善和调整的。在20世纪的前半个世纪中，上海是中国的文化产业中心，随着北京作为新中国首都地位的确立，在完善首都作为我国文化中心城市功能的运动过程中，文化产业空间布局同步呈现出向北迁移的运动，其中商务印书馆的北迁就是一个最典型的例子。这样的文化产业空间布局运动不仅在上海和北京之间存在，在我国的省会城市运动中也同样存在，这是由文化产业空间运动的特殊性决定的。离开了城市运动和城市发展，文化产业布局的空间运动就失去了它的整体性依托。

文化产业空间布局运动的第二个规律性现象就是趋集中性。农业社会与工业社会的一个最大的社会形态的区别，就是前者的分散性和后者的集中性。文化产业是依托于大城市和现代工业发展起来的产业形态，由于现代社会运动的城市化趋势，因此，以往分散的文化产业布局不断地朝着大城市和超大城市集中。这种集中，一方面有人为出于某种考虑的因素，通过行政力量把原来分散的文化产业集中起来的安排，既便于加强管理，也便于集中有限的资源，做大做强；另一方面市场取向使得集中可以产生更大的经济效益，同时也还可以与其他产业形成关联以获取最大的边际效应。这种集中与社会生产力的集中成正比例关系。由于文化产业是高文化与高技术相结合的产物，高技术作为现代生产力水平所达到的现代化程度的反映只有在现代科学技术力量高度集中的地方才能产生，因此这种生产力发展水平的运动水平规律性决定了文化产业布局的现代选择。现代文化产业空间布局不可能在生产力水平低下的区域获得自己发展的合理性与合规律性。当然这种集中是相对的，一个国家的文化产业不可能全部集中到一个地区或一个大城市，但是不同的城市或区域完全可以而且应当有完全不同的文化产业布局，从而在文化产业的空间形态上呈现出特色鲜明、布局和谐、各种文化资源有机整合的状态。

遵循文化产业布局规律的要求，人为影响文化产业布局的主体行为就形成了文化产业规划及其政策，它的目的就是要通过区域文化产业的合理布局实现空间经济的效益目标和公平目标的有机统一，最大限度地克服文化产业布局过程中的盲目性和趋同性，以及由这种盲目性和趋同性所造成的重复建设、资源浪费与恶性竞争。在经济结构的战略性调整中实现文化产业结构的战略性调整，其中就包含着对文化产业布局的重新安排。在这里，所谓公平目标就是要克服在文化产业布局中反映出来的对于文化产业的垄断，使文化产业空间布局能够同区域文化产业发展中合理的文化利益关切一致起来。

文化产业布局的任务主要有以下几个方面：

第一，促使区域文化产业与文化企业趋集中化运动，实现文化生产力的集约化发展。

文化产业的集中聚集，一是有助于形成文化产业的综合竞争力与核心竞争力，实现对各种文化资源的优化配置与有效利用；二是有利于利用市场信息，形成对各种文化资源的吸纳能力和辐射能力，提高创意能力，节约文化资源的流通成本；三是有利于文化能力向社会能力的转化，在消化吸收现代高新技术的同时，也以产业集群实现的方式改造社会扩大在生产中的方式和途径，进而达到为社会发展提供智力支持和文化生态环境的目的。从文化能力运动的历史轨迹来看，所谓“历史文化名城”往往都是文化生产能力、文化扩散能力和社会建构能力最强的空间存在。现在世界上所谓的“国际大都市”也往往是文化产业最为集中的地方和文化影响力最为强劲的地方，因此，为了实现文化产业布局空间集聚的文化效益和经济效益，从政策主体来说，就必须首先选择历史文化条件优越和经济发达地区作为文化产业布局的集聚区，形成新的增长能级，在这里原有的历史文化条件具有特别重要的意义；其次，根据不同集聚点不同核心文化产业的产业性质，确定并培育不同文化产业集聚区的产业经济功能和文化传输功能，以利于不同功能区之间的分工和协作，从而形成各种文化资源合理配置的最佳产业结构；再次，构建大、中、小规模不等的产业集中体系，实现不同规模文化产业和企业之间的优势互补，形成良性的文化产业发展的生态群落。

第二，促进区域文化产业和文化企业的合理分散，实现文化空间经济的均衡发展。

文化产业的集中只有在一个适当的量度内才是有价值的，超过了一定的极限，产业生存空间过于狭窄，必然引发并导致恶性的市场竞争，由此造成投资环境的破坏必然导致文化资本的外流，进而最终导致整个产业发展的停滞和衰败。因此，除了市场的自发调节外，文化政策主体必须通过相应的干预手段，使得文化产业布局的空间运动朝着有利于文化产业良性发展的方向运行。在我国，文化产业布局的战略思维，应当是：在实现对原有区域文化产业结构战略性调整以达到布局合理化的同时，一个特别重要的任务就是推动中部和西部文化产业的发展，尤其是西部落后地区文化产业的布局，在实现效率目标的同时实现文化产业布局的空间公平。

第三，深入探讨区域文化产业结构的个性发展规律与特点。

文化产业空间布局与产业特点是紧密结合的，只有对我国文化产业发展概况有一个清晰的认识，才能对区域文化产业空间布局有恰当定位。一个国家或地区如果产业部门组合得当，产业地域组合科学、合理，那么，它将推动国民经济和文化建设健康、快速、有序地发展。文化产业结构不是诸多文化部门的简单相加，而是文化部门或地域的组合与质态的反映。因此，其结构功能可能是乘数效应或除数效应。区域文化产业结构都是具体的，各有自己的个性与特点，它与区域的资源条件和文化环境紧密结合，与区域发展阶段相一致。因此，在共性的产业结构发展规律的作用下，必须深入探讨区域与文化产业结构的个性发展规律与特点，这也是区域文化产业空间布局的重要任务。文化产业的基本细胞是文化企业，即企业是市场的主体。企业依据生产技术联系、经济联系以及性质的相同性而组合为文化产业部门，由众多的文化产业部门组合而成为文化产业结构。诸文化产业部门都要落实在一定区域范围内，在区域范围内诸文化产业部门与经济事物有机地组合则形成文化产业的空间结构。文化产业部门结构与文化产业空间结构是整个文化产业结构不可分割的两个方面，人类的文化经济活动最终要落实在产业部门和具体区域上。因此，只有对区域文化产业结构的个性发展规律和特点有一个比较科学的把握，才能科学地实现文化产业的合理布局。

三、文化产业布局的制约因素克服与区域文化产业战略选择

规划作为社会经济未来发展的空间投影，是对未来空间资源的一种配置，同时也是对现有空间资源配置的一种再认识。规划应该深刻反映社会经济的要求，尤其是发展中的要求，因此，规划一定是超前的。规划还应该反映人们对事物发展规律认识局限性的反思，因此，规划具有某种意义上的批判性和否定性。这是一种积极的否定和批判。规划理念的发展是依托产业的发展过程自然形成的，在原来没有产业的情况下，很难对产业的空间布局考虑周到，也很难预见到今后的变化，所以规划是在不断地运动变化中的。

（一）文化产业布局的制约因素克服

规划具有战略的性质。它既是在原有的基础上对文化产业资源空间配置状况的调整和重新安排，同时又是根据发展了的实际对文化产业发展战略的一种新的考虑，因此文化产业规划具有“继往开来”的双重属性。这一特点从两个维度上规定了影响文化产业规划的制约因素：一个就是历史形成的空间布局的局限性，另一个就是对未来发展认识的真理性程度。

1. 历史形成的文化产业空间布局的局限性

（1）文化体制的制约

一定的文化产业空间布局本质上都是一定社会历史条件下文化体制的结果，它包括文化意识形态管理体制、文化经济管理体制和文化行政管理体制等方面。文化意识形态管理体制涉及关于文化产业与意识形态关系的认识，事关国家文化安全的核心利益，因此，文化产业空间布局结构的开放性程度，是反映一个国家文化市场准入程度的。文化经济管理体制是关于以何种文化经济制度来建设和管理文化产业，是计划经济，还是市场经济？不同的国家经济制度下的文化产业空间布局是不一样的。前者是政府主导，后者是市场主导，两种不同的主导原则必然导致不同的文化产业布局的结果。文化行政管理体制事关政府文化行政权力的范围和权力作用的大小程度。在现阶段，我国文化产业布局的一个最大特点就是文化行政分割，这是构成现阶段我国文化产业空间布局运动的最大障碍。

（2）国民经济发展基础的制约

文化产业是现代国民经济发展的产物。文化产业布局不仅是文化生产能力空间运动的结果，而且也是国民经济发展水平和发展程度的结果。一般来说，现代文化产业只有在现代工业比较发达的区域才有资本支持的可能。文化产业就其技术本质而言，属于高新技术，它不仅需要有专门的文化人才，而且还需要专门的技术人才和专门的科学技术能力，包括文化产业技术装备能力。没有这两个方面的准备，就不可能有现代文化产业的诞生。但是，这还不是最主要的，从产业运动的角度来说，最后决定一个地区文化产业发展水平和空间布局能力的，是一个地区能够在多大程度上为发展文化产业提供文化产业发展所需要的足够的资本能力。文化产业是一个能够产生大量利润同时又是一个需要足够资本支持的产业门类。没有充足的文化金融资本的支持，很难形成文化产业的现代空间安排。同样，没有一个比较完整的文化产业空间布局体系，也很难使文化产业在区域经济发展中发挥举足轻重的作用。而要发展和形成一个能在区域国民经济发展中发挥举足轻重的作用的文化产业体系，没有一个完整的文化产业投融资体系是不可能的，二者只有依赖于区域国民经济发展能够在多大程度上为区域文化产业发展提供文化产业空间布局所需要的投资品。现阶段，我国文化产业空间布局的结构，实际上就是历史上文化产业空间投资分布状况的一个结果。发展文化产业需要国民经济增长的积累。之所以说文化产业是综合国力发展的标志，就是因为文化产业发展与国民经济发展之间有着内在的资本支持的关系。尤其是当一个地区或国家还没有形成比较完备和比较发达的国民经济与社会发展体系之前，要在有限的资本总量中拿出相当的资本去发展文化产业，这在决策上是很困难的。对于像中国这样一个长期实行计划经济体制的国家来说就更是如此。

（3）文化要素禀赋的制约

文化要素禀赋在这里是一个历史性的概念，是指一个地区文化产业空间布局规划现有的文化产业基础和条件。包括它已有的文化产业结构所具有的产业关联程度、文化产业体系构成的现代性程度，它的文化市场的成熟程度，它的文化区位优势，它的整个社会对于发展文化产业的集体认知程度和它的文化消费传统等等。这是文化产业发展所需要的特殊的要素准备。这些要素的形成有一个漫长的历史过程。上海之所以在我国整个文化产业体系中会形成一个比较完整的现代文化产业结构，它和上海所处的特殊的区位以及近代以来整个上海城市发展的现代文化、现代文化技术和现代文化消费的同步发展，并形成了一系列文化产业发展所必不可少的要素有着直接的关系。当这些要素成为一个地区社会发展的一个重要组成部分和文化资源积累的重要体现的时候，它的文化产业空间布局能力的展开显然要比缺乏这些要素的地区具有更大的现实可能性。在这里，文化要素禀赋直接制约着一个地区文化产业布局和规划过程中的文化产业发展领域的选择。不能离开一个地区现有文化要素禀赋的现实条件去选择和规划文化产业布局的选择对象。在2005—2010年的杭州市文化产业发展规划中，杭州把发展动漫产业作为自己文化产业发展的支柱产业，而不是把电影业作为杭州文化产业空间布局的核心投资领域，就是基于对杭州文化要素禀赋的科学分析做出的选择。其中，依托于中国美术学院的原创能力是一个最重要的依据之一。

2. 规划主体对未来发展认识的真理性程度

这是一个属于文化产业发展主观领域里的问题，更多的是体现和反映规划主体的智慧和能力。如果说历史作为一种客观性局限是无法选择的，那么，当下主体对未来发展认识的真理性程度将不仅直接决定文化产业空间布局规划的绩效，而且它所形成的历史局限性也将作为文化要素禀赋，长期影响着这个地区文化产业发展的未来命运。

对未来发展认识的真理性程度主要表现和反映在以下几个方面：

（1）视野的广阔度

这是指对整个国家乃至整个世界发展大趋势的熟悉和了解程度。文化产业空间布局规划本质上是一种战略性规划，而战略性规划是要能够反映事物的发展趋势的。这个发展趋势不是局部性的，而是整体性的。文化产业布局究其个别性来说，它是局部性的，但是为什么我国在20世纪和21世纪世纪之交的时候提出要大力发展文化产业，并且把发展文化产业放到整个国家的国民经济和社会发展的整体性规划中去，就是因为文化产业的特殊的产业属性和产业功能在现代国民经济和社会发展中有着为其他产业所无法替代的作用，尤其是在世界范围内，它已经成为国家力量形态的崭新表现方式和较量领域，因此，是否发展文化产业已经不仅仅是现代文化建设的需要，而且是培育和形成新的国家力量的战略需求。这就在发展文化产业和国家整体利益需求之间建立起了一种逻辑关系：文化产业的发展将影响国家战略利益的全局。这就是一种视野的广阔度。没有这样的一种广阔度，就不可能有一个战略性的规划和选择。能否有一个这样的规划，反映了一个国家和地区的规划主体的大局观。我国文化产业空间布局长期以来始终缺乏这样一个总体性的战略性规划，一个重要的原因就是，没有建立起这样一个世界性参照系，无法选择自己在世界文化产业发展格局中的战略定位和在本国国民经济和社会发展中的战略定位。

（2）观念的先进度

所谓观念的先进度，是指文化产业规划主体对于文化产业认识的程度。在这里，既包括对文化的理解，对文化和意识形态关系的理解，也包括关于文化产业与文化建设关系的理解，以及文化产业发展和人的主体性建设的理解等等。我国在相当长的一个时期之所以没有把文化产业发展放到国家战略层面上进行规划，一个重要的原因就是对于文化的理解比较局限在意识形态功能这一个层面上，对文化表现形态的丰富性和实现方式与途径的丰富性缺乏科学完整的认识，从而使得这样的局限性在今天仍然还在不同程度上束缚着人们的思想。我国文化产业空间布局不平衡的发展状况，一方面是历史运动的结果，另一方面也是现实思想观念在文化产业发展问题上先进性程度的差异。文化体制问题很大程度上就是一个观念的先进性程度问题。不能在一个较大的层面上思考文化产业与本地区国民经济和社会发展的关系，比较局限于本地区和本系统、本范围的既得利益，是当前我国文化产业规划中反映出来的最突出的问题，也是妨碍文化体制改革深入突破的最大障碍。视野的广阔度只有转变成观念的先进度才能形成文化产业规划的指导思想。思想观念不能获得更加开放自由的空间，视野的广阔度也有可能导致更加褊狭的地方保护主义和部门保护主义。因此，能否实现“开来”关键取决于规划主体的观念能够在多大程度上具有开放的战略前瞻性。所谓“高屋建瓴”，是要能够在长远的战略过程中实现自己的根本利益。

（3）理念的创新度

文化产业无论从内容还是从技术上来说，本质上都是创新的。文化产业规划既然指向未来，那么在规划理念上就应该充分反映和体现文化产业这一本质性要求。从市场经济的角度来说，文化产业是竞争性的，而要能够在竞争中获得胜利，那就必须有产品优势。品牌不仅是关于质量，而且首先是它的创造性程度。只有创新的东西才是具有竞争力的东西。所谓差异性战略就是创新性战略。要素禀赋的不一样、历史和现实决定了各地区文化发展的差异和文化产业发展的差异。文化产业规划理念的创新度，就是规划主体在规划文化产业发展未来的时候，在多大程度上既立足于现有条件又超越于现有局限。这里有两个比较：一个是纵向比较，一个是横向比较。纵向比较既要看到自身条件的优劣，同时又要对历史发展趋势有充分把握，能见人所未见；横向比较既要看到其他地区和领域文化产业发展的现代性程度，同时又要看到文化产业在本地区整个国民经济和社会发展中所处的位置及其发展空间需求。规划就其战略性意义来说，它是要在克服文化产业发展不平衡的过程中建构起有利于自己战略利益的新的不平衡。所谓文化产业规划理念的创新度就是能否在规划中为建构这种新的战略不平衡提供一个意义蓝本。而现阶段我国区域文化产业规划中一个最突出的问题，恰恰就是雷同过多，创新不够，可以说是千人一面。

（4）追求的科学度

规划是对一种目标的追求，既是对现存文化产业结构的调整，同时也是对未来文化产业空间资源配置的一种安排，这种安排和追求体现了规划主体的一种理想精神。但是并非所有的追求目标都能够如愿以偿。这除了一些不可控的因素之外，一个重要的原因就是目标追求的科学度，也就是合理性与合规律性。所谓合理性就是理想目标的追求是否建立在一个可行的现实基础上。脱离现有的条件和实际，片面地追求“做大做强”，利用行政手段进行文化产业结构重组与兼并，结果不仅不能达到如期的目的，实现追求的愿望，相反，还会造成新的体制性障碍和结构性矛盾，影响文化生产力的综合扩张和增长机制的形成。文化产业结构的运动和空间形态的转移有它自身发展的规律。文化产业空间布局应该是一定区域内文化产业扩张所需要的各种要素合乎逻辑发展的结果。这里面不仅一般地反映着文化产业发展所需要的各文化产业间的产业关联度，而且还要有整个国民经济体系中各个产业之间的关联度。例如创意产业。从现有的创意产业成长比较成熟的地区来看，它们都有一个共同的特点，就是都是通过注入艺术产业的元素——主要是艺术设计——对已经被淘汰的工业建筑或城市建筑功能的再造，以产业集群的方式形成新的产业布局。就上海、杭州等地创意产业形成和空间布局的过程来看，它的发生和崛起都不是文化产业规划的结果，而是艺术创作与艺术设计所拥有的内在的、能够通过为其他产业提供文化附加值而改变原有对象功能使其产生新的价值这一规律的运动产物。它既需要有发现美的眼光和拥有这种眼光的人才，也要有这种潜在的美的事物的存在，二者缺一不可。而不具备这种美的存在关系的地区要把创意产业作为文化产业空间布局的规划对象，在理想目标的实现上就会存在许多难以逾越的障碍。这就是同样是发展主题公园，为什么有的地区成功了，有的地区失败了的原因。因此，要获得文化产业规划的自由空间就必须遵循事物发展的规律，把理想目标的追求建构在科学与合理的基础上，离开这个基础，任何文化产业规划都是不会成功的。

（二）区域文化产业布局战略选择

我国文化产业发展正处于产业结构战略性调整和发展阶段，具有明显的转型期特点。文化产业准入的逐步开放，多种资本和多种所有制的进入，使得在未来几十年中，我国文化产业结构与布局将发生前所未有的巨大变化，区域文化产业和文化经济将呈现出整体性混合推进的态势。前市场形态、市场形态与后市场形态将同期存在、同步发展。公有的、非公有的、中外合资的、外商独资的、混合所有制的，这五种经济形态将在同步改变中国文化产业结构的同时，也对中国文化产业的空间布局产生深刻的影响。政府主导和市场主导的矛盾运动，将深刻影响中国文化产业布局的发展走向。这是在今后相当长时期里我国文化产业革命所呈现出的一个基本特点。在这个过程中，我国既要赶世界第五、六次产业革命的机遇，大力发展现代服务业，又要打第二、三、四次产业革命的基础，为文化产业的现代发展提供丰富的资源准备，在一些地区甚至还要补第一次产业革命的课，完成资本的原始积累和文化发展的现代转型。我国文化产业发展多元化和混合型的具体特征，决定了我国文化产业发展只能采用混合型的产业发展模式，走混合型产业变革道路。只有认清这一点，才能制定正确的区域文化产业发展战略。文化产业作为一种新兴产业经济类型和文化建设形式，将深刻地影响国家的发展道路和发展模式。大力推进文化产业的快速发展，已经成为提高我国区域综合竞争力、调整产业结构、参与世界产业经济功能主动分工与优先发展的关键战略所在。

我国文化产业资源客观上存在着时间与空间上“双梯度”与“双倾斜”的现象，即北方与西部的传统文化资源丰富，南部与东部的现代文化资源丰富，并呈现为以黄河流域为轴心的横向轴线从西到东逐渐倾斜，以长江中下游为轴心的纵向轴线从南到北倾斜。同时又存在着政府主导和市场主导“互相反制”的倾向。这一特点既决定了我国区域文化产业布局的空间特性的矛盾运动，也决定了现阶段我国区域文化产业布局战略选择趋向。由于在现阶段政府拥有对社会资源权威性再分配的权力，文化企业作为市场主体的产业布局考虑更多的还要受制于政府宏观产业政策的约束，因此，一般所讲的区域文化产业布局战略就是指政府主导下的文化产业发展在一定地域空间上的分布与组合。区域文化产业布局战略选择也就是指政府关于发展区域文化产业的战略意图与战略安排。从这样一个基本前提出发，我国区域文化产业布局战略选择主要可以有以下几种价值取向：

1. 空间布局重组与结构性调整相结合战略

文化产业布局在任何时候都包含两个方面的内容：一个就是文化产业布局与区域国民经济发展进程中原有产业体系的关系；另一个就是文化产业布局与原有文化产业资源分配的力量分布的关系。由于在相当长的一个时期内，我国文化产业体系并没有被纳入国民经济统计指标体系，文化产业布局基本上是根据文化及意识形态建设的需要按照行政区划来布局的，因此，呈现出条块分割、党政主导、与国民经济体系相分离的分布格局。

建设有中国特色社会主义市场经济体制改革目标的确定，和把文化产业纳入国民经济和社会发展整体规划，以及建立文化产业国家统计指标体系的提出，使得文化产业不仅日益成为国民经济和社会发展的重要组成部分，而且成为国家转变经济增长方式和实现经济结构的战略性调整的重要领域与产业形态，已经成为国家和区域发展新的经济增长点。在这种战略背景下选择区域文化产业发展战略，就必须充分考虑到文化产业布局与区域产业布局和区域经济运动的关系，把区域文化产业布局纳入到区域国民经济整体发展战略中去，在接应经济体制改革发展成果转移的同时，建立起文化产业发展所需要的资源准备和产业关联，克服由于缺乏与区域其他产业体系的内在关联而导致的文化产业布局与发展有效资源配置不足的矛盾，丰富文化产业布局在资源转移过程中所需要的文化投资品的供应链。只有建立起与国民经济其他产业体系的充分的产业关联，才能在接应经济体制改革成果转移的同时，为经济结构的战略性调整提供广阔的空间，进而在空间布局的过程中改变原有的战略力量格局，实现文化产业空间布局的重组与扩张。

大力发展文化产业和深化文化体制改革这一战略目标的提出，以及国家在文化产业准入领域里一系列政策的颁布，不仅是我国国家文化管理制度的一次重要变革，同时也是对原有国家文化产业结构的重大的战略性调整。是国家基于对整个国家的发展目标以及这个目标与文化产业发展中政府主导和市场主导关系的崭新认识后做出的战略抉择。因此，选择区域文化产业布局战略就必须和国家这一大战略相吻合，在实现区域文化产业布局重大战略安排的同时，推进和实现文化产业结构的战略性调整。特别是关于体现在这个结构中的文化产业主体结构的变动及其比例安排。不能把文化产业主体结构安排的空间变动疏离于整个区域文化产业布局的战略选择之外。从已有的区域文化产业主体结构的变动所带来的区域文化产业布局战略选择的成果来看，正是由于有了宋城集团和横店集团这两大非公有制文化产业主体所带来的文化产业结构变动效应，才使得整个浙江文化产业区域发展格局呈现出战略溢出效应和仿真效应，成为推动文化体制改革的典范性案例。这两个案例的成功之处，就是同时在空间布局和结构调整两个方面推动和拉动了区域文化产业战略选择的发展走向。

2. 战略产业主导与相关产业辅助相协调战略

各地区文化资源禀赋上的差异是影响一个地区文化产业和文化企业可能的获利空间的重要因素，进而制约着文化产业和文化企业的地区选择，因此，区域文化资源比较优势决定了文化产业布局的利益机制。虽然这个因素在中国由于受到了行政区划的约束和部门的限制而难以在计划经济体制下的区域文化竞争中充分地展现出来，但是，从本地区文化资源的比较优势出发，选择能够充分发挥本地区文化资源比较优势的战略产业主导战略取向，并以此带动相关文化产业的关联配套组合，则应该是区域文化产业布局又一个战略取向。根据比较优势理论，我们知道，各个区域生产要素禀赋比率是不一样的，不同的商品需要不同的生产要素的搭配比例。如果一个地区拥有某种比较充裕的生产要素，在假定需求不变的情况下，该要素的价格必然比较便宜，该地区就能够便宜地生产利用大量这类廉价要素的产品，从而在该产品生产上拥有比较成本优势，所以，各地区都按本地区生产要素的丰裕和稀缺进行区域分工，从而使生产要素得到最有效的利用。在这里，我们可以把一个地区的区位优势和已有的文化产业体系的完备性程度都看作是一个地区的比较优势的构成因素。问题是能否说拥有了这些优势在区域文化产业竞争格局中就一定能够获得市场预期呢？不一定。从一些地区文化产业发展的历史进程来看，只有那些在全部文化产业的市场竞争中能够带动相关文化产业同步发展，共同形成良性的文化生产、文化消费和文化流通互动的主导产业，才能最终形成比较竞争优势，一旦这种主导产业缺位，所有其他相关产业由于缺乏“领头羊”产业，而使这个地区整体文化产业丢失竞争力。上海曾经是我国电影、出版、唱片、演出和娱乐等现代文化产业的策源地和中心，但是，在21世纪头几年上海总体文化产业竞争力的下降，不能不说是与上海缺乏战略主导产业有着密切的联系。所谓战略主导产业就是能够在一个较长的时间内主导本地区文化产业的发展格局和行业分布，在区域文化产业竞争中具有明显的竞争优势和领袖地位，较长时期地影响该文化产业在全国的发展走向和力量格局变动的文化产业。战略主导产业是一个地区文化产业核心竞争力的标志，能否形成和拥有战略主导产业将直接决定一个地区或国家文化产业发展的综合竞争力和“文化领导权”。战略主导产业实际上也是对文化战略资源的主控。没有战略主导产业的区域文化产业是没有竞争力的文化产业，而没有竞争力的文化产业是没有前途的，最终将会被其他具有战略竞争力的区域文化产业所取代。因此，战略主导产业战略是当前和今后相当长的一段时间内我国区域文化产业布局的一个相当重要的战略取向。

实施区域文化产业布局的战略产业主导战略，并不等于说非战略主导产业在区域文化产业布局当中是不重要的。战略主导产业的实施需要有一个良好的文化生态环境和文化生态群落的营养，需要有相关文化产业的配套和辅助。单一兵种不可能取得大战略的胜利。多兵种联合作战和互相配合，往往是战略成功的法宝，也是区域文化产业竞争战略的法宝。因此，要具有长远的文化产业布局的战略优势，就必须把这两个方面有机地结合起来。既能够满足不同文化消费对文化产品的不同需求，同时又能够为战略文化产业主导提供市场发展的战略空间。必须看到，不同区域的文化资源禀赋是不一样的，不同地区应当选择不同的战略主导产业。现代传媒产业属于文化产业的核心部位，但是，并非所有地区都适合于发展现代传媒产业并把它作为战略主导产业的。不同的文化资源禀赋应当有不同的战略主导产业的安排，只有这样，我国整个文化产业布局和竞争格局才是既是竞争的，又是互补的。各自都具有其他地区所不可替代的战略优势，中国文化产业发展战略才能够在国际文化产业发展格局中成为重要的变动力量。

3. 非均衡发展与区域一体化相兼容战略

一个地区的文化产业发展，由于市场的选择和产业政策的运动等不同的力的作用，它在任何时候都是非均衡的。这是区域经济运动的一个基本规律。计划经济时代我国区域文化经济布局的一个最大特点，就是平均使用力量，结果造成了各地都有相对独立的文化产业体系，但整体实力都不强。这样布局的好处是原来的经济文化比较落后的地区，能在一个较短的时间里建立起了初步的文化产业体系，改变了原来的区域文化产业布局差距过大的现状。而这样布局的局限性也非常突出，就是在国际上没有形成国家文化产业的综合竞争力，在国内没有形成统一的文化大市场。在一个具体的文化行政区划内，特色文化产业的优势缺乏，相同的文化产业结构与布局，形成了不同地区之间和同一区域内不同文化产业部门之间没有增长的竞争。建设社会主义市场经济体制是要从根本上建立起通过竞争促进发展的新的国民经济和社会发展机制，在优先培育核心竞争力的过程中，推进综合竞争力的整体性实现。这就需要在选择区域文化产业战略导向时，遵循市场在资源配置中的基础性作用的规律，实行区域文化产业发展的非均衡发展战略，实现文化产业的跨越式发展。它包括两个方面的内容，优先发展文化产业基础较好、体系较为完备的地区，通过制定倾斜性产业政策，把产业政策和地区政策有效地结合起来，集中力量培育和引导文化产业核心区域的形成，以形成明显的“扩散效应”；从产业门类来说，重点发展优势文化产业，追求效率和效益的最大化，在某一两个文化产业门类实现中心突破，以尽快形成文化产业的核心竞争力和“极化效应”。

但是，非均衡战略选择在长远的利益上必须和区域文化产业一体化战略相兼容。区域文化产业非均衡战略是一个“适度”的概念。也就是说，选择非均衡战略的目的不是要无限制地扩大差距，而是在利益适度的差距内尽快地形成两个效应：“扩散效应”和“极化效应”。只有把“非均衡战略”运用在一个适当的量度之内，它才能最大限度地满足和实现战略主体的价值追求。这一方面是由于原有的文化资源禀赋的差距已经造成了客观的文化分配不公平，另一方面已有的文化产业属性所形成的市场扩张能力和壁垒，又使得不同的文化产业门类之间造成了主观的生存空间。既要实施区域文化产业非均衡发展战略，又要不造成新的文化分配不公，就必须把非均衡发展战略和区域文化产业一体化战略有机地结合起来。这里包括两个向度：一个是对内，一个是对外。所谓区域文化产业一体化战略是内、外两个方面的一体化。

区域是一个多层次的概念。从全球角度来说，区域往往指的是一种地缘政治经济的关系性概念，例如东北亚、东南亚等等；从全国的角度来看，是指某种地理空间联系，例如长江三角洲、珠江三角洲、环渤海湾；第三个层次就是指一个具体的行政区划。我们在这里所指的区域一体化，主要指国内存在着地理空间联系的不同行政区划之间的经济文化合作的紧密型状态（在某些特殊的地区也包含他的国际区域合作），和一个行政区划内各地区、各部门、各产业之间的一体化。这就是通常所说的文化产业的跨地区、跨行业、跨媒体经营。在现阶段，区域文化产业战略选择，必然包括文化体制改革的内容，并且是在改革的精神指导下选择文化产业发展战略。因此，区域文化产业布局战略选择，就必须克服条块分割所造成的文化产业布局权力分布过细、资源配置不公、产业效率低下、政府管理成本过高的弊端，使整个区域文化产业系统无障碍运转起来。实行文化产业区域一体化战略，不仅是不同地区间的文化产业战略合作，而且也是同一地区不同文化产业部门和门类之间的战略合作，以最大限度地消除各种形式的壁垒，和以最大限度地建构完整、有机的文化产业关联，降低区域文化产业运行成本，提高区域文化产业战略规划效益，这应该成为区域文化产业战略规划选择的一个重要价值取向。总之，区域文化产业非均衡发展与区域文化产业一体化相兼容战略，就是要能够做到，既要重点发挥文化产业核心区域的作用，形成“扩散效应”，又要实现区域文化资源的有机整合，缩小各种形式和类型的文化差距，各地区、各部门、各行业之间优势互补、协调发展。

4. 增长极建构与分阶段布局相呼应战略

文化产业增长不可能以相同强度和速度在每个地区同时发生，而是首先集中出现在某一点或某几点上，通过在点上的能量集聚，然后再通过他们的吸引力和扩散力，在不断扩张自身规模的同时向外扩散，进而对整个区域文化产业发展产生不同程度的最终影响。从文化产业发展的历程来看，在一国或一区域的文化产业增长过程中，由于某些主导部门或者有创新能力的文化企业在特定区域或城市聚集，往往迅速形成一些技术和资本高度集中、经济增长迅速并且有显著经济效益的经济发展中心，由于这些中心具有生产、贸易、金融、信息决策以及运输等多种功能，并能够产生吸引和辐射作用，促进自身并带动其他部门和地区的增长，因而成为一个国家或地区新的文化和经济增长点，这个增长点在产业经济发展理论中也被称为增长极。这种增长极的形成具有强烈的主观色彩，或者说在某种程度上它就是政府积极干预区域文化产业布局，通过强有力的政府计划和公共财政支持主动建立的结果。

在我国的一些省市创建的文化产业园区或文化产业创意园区就属于这一类。但是增长极的布局是一个建构过程，它需要许多其他的因素相呼应。它需要有主导产业和推进型企业，要有适当的文化生态环境，包括有利于增长及发展的地理位置、交通条件、地区资源及其空间组合、经济结构和经济活动、技术发展水平以及国家的区域产业政策等等。如果增长极重的主导产业和推进性文化企业属于技术先进的现代化大型文化工业，而周边地区又缺乏与之相适应的资源、环境和条件，那么，增长极通过产业关联效应和空间扩散效应所形成的乘数效应就难以在区域内实现，并有可能形成增长极恶化，甚至还可能会引起增长极的文化产业增长和所在的地区相脱离，使增长极变成独立于周边地区的“孤岛”，难以对周围地区产生应有的扩散效应，从而造成文化产业空间布局上的二元文化经济结构。同时，他还需要一个高效畅通的区际增长传递机制，克服增长极在发展过程中可能出现的净溢出效应负值增大，导致区域文化产业发展不平衡进一步扩大的矛盾，这就必须使增长极战略布局达到一定的起始规模，有一个空间延展战略与之相适应，这就是区域文化产业空间分阶段布局战略。

从区域文化经济发展的空间过程来看，文化产业的发展，总是首先集中在少数条件较好的地区发展，呈点状分布。这种产业点，就是区域增长极。但是，仅有一两个增长极并不能确保区域文化产业战略发展的长远利益，区域文化战略利益的实现是一个不断增长和变化的过程，正是在这个不断运动变化过程中，才有可能形成比较科学和完善的区域文化产业体系以及由此形成的区域文化产业的核心竞争力和综合竞争力。因此，从区域文化产业发展的战略利益的时间展开来看，区域文化产业布局战略作为战略主体的战略意图的实现，在空间上并不是一次性完成的，而是多次完成的，并且在完成的过程中不断地进行战略性调整的过程，这就决定了区域文化产业战略布局展开具有阶段性发展规律，体现在增长极的建构上，就是：一个地区要形成一个布局合理、规划科学的现代文化产业体系，和整体性的文化产业综合竞争实力，就必须建立若干个增长极，并且使这些增长极之间建立起合理的、呈网状结构的战略关联，通过这种网状结构的文化产业系统的建设，来最终形成一个地区科学、完整、合理的区域文化产业布局，而这一战略目标只有分阶段、分步骤才能完成。因此，区域文化产业布局中的增长极建构的战略选择只有与分阶段布局相呼应才能获得预期的战略成果。

文化产业布局战略具有为一般的产业布局所没有的特殊规律，因此，区域文化产业战略选择不能一般地套用产业布局的现成理论，而是应该借鉴产业布局理论中的积极成果，从产业布局理论中汲取智慧，选择和形成适合于本地区文化产业发展国情的区域文化产业布局战略，并且在这个过程中总结出属于文化产业空间布局运动自身特点所需要的文化产业布局理论作为我们战略选择的依据。从区域文化发展战略的基本理论看，区域与区域之间必然构成一种战略竞争关系，而胜出者必然是占据相对文化中心地位的重要区域。在经济实力获得增强的情况下，以此为依托，采取主动的文化发展战略，形成区域文化中心的绝对支配地位，就能形成文化引力和同质化的效应。因此，在区域文化产业战略选择当中，有针对性地选择发展特色文化产业，就不仅具有加大区域文化经济整合的意义，而且具有提高国家整体文化产业竞争力的文化战略意义。

我国文化产业战略力量的发展方向①

题　记：

本文系我所承担的教育部哲学社会科学研究重大课题攻关项目“我国文化产业发展战略研究”系列研究成果之一，提出了“建构传统、现代和新兴三位一体、三者并举的文化产业创新体系和发展模式”理论，此后关于我国文化产业“三分法”理论被广泛引用。

由美国次贷危机导致的国际金融危机在严重影响世界经济、深刻改变全球经济战略格局的同时，也在深刻地改变着全球文化战略竞争格局。国家文化战略力量同时也在这样的大历史条件下开始了新一轮的大分化、大改组和重新集结。作为经济和文化高度结合的载体和国家文化战略力量的重要形态与存在方式，文化产业在这场空前的金融危机中，遭遇到了深重打击。出口萎缩、内需不足，面对内外部环境突然发生深刻变动的情况，中国文化产业该如何重新选择和确定自己战略力量的发展方向，成为当前和今后中国文化产业发展新的战略性命题。

一个国家文化战略力量的发展方向是一个国家战略利益在文化发展领域里的深刻反映。它既是一个国家根本战略需求的表现，同时在很大程度上也是应对国家战略危机的产物。应对国家战略危机和满足国家战略需求是形成和构成文化产业战略力量发展方向的两大重要因素，同时也是影响一个国家文化战略力量的发展方向变动的两大因素。美国好莱坞的电影业在20世纪30年代世界经济危机中的异军突起和80年代亚洲金融危机中韩国动漫产业的超

① 本文发表于《学术月刊》2009年第8期。

常发挥，都是给今天以深刻启示和借鉴的历史案例。罗斯福新政至今仍为历史学家所称道，并且是执政者经常温习的功课。

危机是人类社会发展的重要动力之一，同时也是人类社会进步最重要的自我修复机制。一方面，危机是人类社会在发展进程中各种问题和矛盾积累到一定程度激化的结果，当不通过或借助于危机形态便不能有效地解决人类社会发展的新的动力时，危机便爆发了。另一方面，正是由于危机的发生，使得人类社会有了自检的机会。在这个过程中，当人类社会不通过自我诊治方式医治自己躯体中的疾病便不能获得进一步发展进化的时候，实施制度新政，开展科学技术革命，改组社会生产力，便成为人类社会的伟大选择。近百年来的技术长波运动和制度创新与百年来的人类社会所发生的整体性危机曲线运动所表现出来的正相关关系，充分地揭示了这一危机与人类社会运动发展的内在规律。没有危机，也就没有人类社会的进步和今天的一切。

危机的发生与克服必然导致一个国家战略力量的此消彼长和战略力量发展方向的转变。不仅不同的国家遭遇到的危机是不一样的，即便是相同的国家在不同的历史发展阶段面临的危机也是不一样的。因此，危机的发生与克服是影响现代社会国家战略力量运动最重要的动力机制。

中国的改革开放是在中国面临国内外空前危机的背景下，为寻求中国社会主义发展新的出路而发生的，是新中国成立后中国共产党实施的最伟大的制度新政。中国文化产业是在中国改革开放面临整体性战略危机的情况下被作为国家战略力量而成为世纪之交中国新政的主要内容的。中国加入世界贸易组织既是这一危机的集中体现，同时也为中国改革开放伟大事业克服遭遇的“困境”创造了战略机遇。它使得中国确立的建立社会主义市场经济体制的改革目标，第一次以积极主动参与经济全球化的方式重组国家战略力量和发展方向。“大力发展文化产业”便第一次作为国家战略力量，参与到对在经济结构的战略性调整过程中所遭遇到的结构性矛盾和体制性障碍的危机克服与解决当中去了，从而开启了中国社会主义发展历史上最为波澜壮阔的伟大时代——文化产业新政时代。这是中国社会主义文化战略力量一次最伟大的结构性调整和发展方向的崭新确立。

国家战略需求决定了国家文化战略力量的发展方向。由于文化产业已经成为当今国际社会国家战略竞争的重要力量形态，当不发展文化产业便不能有效地使文化产业发展满足国家的战略需求，适应国际战略竞争格局急剧和深度变化对文化产业发展提出更高战略要求的时候，调整国家文化战略力量和发展方向，重组国家文化产业战略力量格局便成为国际社会不约而同的战略选择。发达国家，特别是美国在金融危机下选择倒闭传统大型文化企业集团，有的甚至是“百年老店”的同时，选择积极发展数字报业系统和数字出版系统，大力发展数字文化产业便成为在金融危机下美国文化产业力量的重新集结与发展方向的战略选择。

技术创新和制度创新是国际社会用以克服与战胜危机的首选战略。然而，由于制度在所有的创新可能中拥有能否实现的约束性力量，当不能改变生产关系便不能解放生产力的时候，改变与生产力发展要求不相适应的生产关系便成为一切改革与创新的关键。中国文化产业是在许多方面都还没有准备好的情况下被作为国家文化战略力量参与国家改革和全球文化市场竞争的。战略力量组织的仓促性决定了这一战略力量结构与发展方向的不完全适应性，通过文化体制改革来进一步完善这一战略力量构成及其发展方向的科学性，便成为中国文化战略力量发展方向的重要路径选择。中国加入世界贸易组织近 10 年来的文化产业发展及其在中国经济结构战略性调整中所发挥的作用，以及在重建中国文化战略力量的发展方向所做出的不可替代的贡献，为我们今天正确判断和把握国际金融危机、实施文化产业新政提供了理性和经验。

国际金融危机的发生在给中国文化产业发展带来巨大“发展困境”的同时，也给中国文化产业作为国家文化战略力量和发展方向的调整提供了战略机遇。它使得我们可以有时间抓住和利用这一“战略间歇”对中国文化产业战略力量构成及其发展方向的不完全适应性做出深度的战略性调整，从而最大限度地使中国文化产业的战略力量结构与发展方向能够满足和适应危机过去之后的全球文化战略竞争。因此，制度创新在中国文化产业发展中具有比技术创新更加重要的根本性，解决和克服制约中国文化产业战略力量发展的最根本的文化产业制度体系，实施金融危机下的中国文化产业新政，应当成为调整中国文化战略力量发展方向的核心内容。

一、建构传统、现代和新兴三位一体、三者并举的文化产业创新体系和发展模式

与欧洲等发达国家用几百年时间实现了从传统社会转变为现代社会进而进入后现代社会不同，当代中国的发展问题，既有从传统社会转变为现代社会的问题，又有从农业社会转变为工业社会的问题，还有从计划经济转变为市场经济、计划经济与市场经济相互兼容的问题，更有社会从封闭走向开放的问题。中国改革开放和社会发展所面临的是前所未有的、西方发达国家所未曾经历和遭遇过的大汇聚、大冲撞、大融合，传统的、现代的、后现代的这三个不同时代的使命和任务同时集中压缩到了一个时空之中，恰如杂技《时空之旅》所表现的那样：既有可能实现相互协调、相互包容、择优综合的目标，又有可能存在相互冲突、相互排斥、相互否定的关系。这就是当代中国社会在融入现代世界体系、参与经济全球化进程之后所产生和形成的“时空压缩”的双重效应。正是这种“时空压缩”的双重效应构成了中国文化产业发展的全部“特色”，左右着我国文化产业发展的基本形式，成为影响我国当前和未来文化产业发展走向的重要因素和条件。一方面，在这一“时空压缩”条件的作用下，中国的文化产业发展同时在三个方面展开，并且试图在不长的时间里完成西方发达国家200～300年才能实现的历史任务，实践正在表明中国在文化产业领域里取得了长足的进步；但是，另一方面，中国要在一个比西方发达国家短得多的时间里（20～30年）达到和实现西方发达国家文化产业发展目标，在国际文化市场上拥有与中国作为一个文化大国相称的文化市场份额，把西方发达国家在200～300年文化产业发展中不断出现的、不断解决的矛盾和问题集中到20年乃至30年的时间里来解决（我

们已经确定了时间表），这就使得中国文化产业发展所面临的问题和困难变得异常复杂和艰巨，甚至在某种程度上成为不可能。“时空压缩”这样一个中国文化产业发展的生存特征，使得我们在思考金融危机下中国文化产业战略力量的组织以及发展方向选择的时候，不能不面对这样所谓的“当下性”，并且从这样一个角度来分析中国文化产业战略力量构成的现实国情，思考和选择中国特色文化产业的发展方向与发展模式。

中国文化产业是一个历史性的概念。它不仅有着与西方发达国家不一样的成长历程，而且有着与西方发达国家文化产业不一样的形态结构。中国文化产业战略力量必然同时包含历史性和当代性两个维度。而历史性又包括古代、近现代和当代三个不同的历史发展阶段。今天中国的文化产业构造体系就是由这三个方面构成的。因此，建设和发展中国特色文化产业，建构中国文化产业战略力量不能脱离这一基本文化国情。

传统文化产业、现代文化产业与新兴文化产业三位一体并存是现阶段和今后相当长的时期内我国文化产业发展的基本国情，也是我国文化产业战略力量构成的基本结构形态。占人口三分之二的广大的农村，不仅是我国非物质文化遗产最主要的空间存在形态，而且是我国以农耕文化为主要内容形态、以手工业为主要生产特征的传统文化产业的主要空间存在形态。口头及非物质文化遗产的产业化不仅成为我国现阶段文化产业的主要形态之一，而且还是文化产业满足人们精神文化消费需求多样性的最重要的来源，是体现中华民族共有精神家园和民族文化认同的最主要的载体。河南省宝丰县的马街书会、辽宁的二人转，以及中国覆盖面最为广泛、市场基础最为雄厚、产业能力特别巨大、生产和消费人群特别广泛的中国书画业，各种民间演出业和手工艺业，构成了当前中国传统文化产业最典型、最富有市场活力的生命形态。这是最集中体现“中国特色”和“文化战略力量”的文化产业形态。中国文化产业战略力量和发展方向成功实现不能脱离这个最基本、也是最具有中国特色的基本文化产业国情。中国大众的主体是农民，在相当长的历史时期内，中国作为农民大国的基本状况不会改变，即便当中国人口增长的总量达到15

亿最高值的时候，农民仍占三分之二以上，这就决定了中国文化产业发展的战略力量构成战略性空间形态特征和消费主体构成特征。一个时期以来，我们大力推动文化产业“走出去”战略，把占领国际文化市场，积极参与国际文化产业的战略竞争作为推动文化产业发展、提高国家文化竞争力、维护国家文化安全的主要发展方向，这无疑是一项构建中国文化产业战略力量必须坚定不移的方针。但是，仅有文化产业的“走出去”战略是不够的，拉动文化内需，大力培育和发展中国国内文化市场，是与中国文化产业战略力量发展同时应该坚持的又一项重要的战略方针。中国最大的内需市场就是拥有八九亿人口的广大农村。数以亿计的农民提高了文化消费能力，全世界最大的文化市场活跃起来了，它就能成为我国文化产业持续又快又好发展的坚强支撑。然而，要激活这个巨大的文化市场，就必须生产与中国农村和农民的实际生活相适应的适销对路的文化产品，而不是相反。中共中央十七届三中全会通过的《中共中央关于推进农村改革发展若干重大问题的决定》，抓住了开创中国特色社会主义新局面的关键——农村改革问题。而农村改革问题说到底，就是惠及农民的利益问题。农民利益不仅是政治利益和经济利益问题，也是文化利益问题。文化利益问题最集中的就是农民的基本文化权益的维护、落实与实现，而这种维护、落实和实现不是从中国农民的基本文化生态状况之外去维护、落实和实现，而是必须从中国农民基本文化生态状况之中去维护、落实和实现。这就是对集中体现了中国农民智慧精华的、以传统手工业为主要生产方式的传统文化产业形态的尊重。

在中国的四大发明中，其中有两项在今天看来就属于人类文化产业发展史上最重大的伟大发明：造纸术和印刷术。这两项发明不仅为纸质传媒与文化产业的生命形态奠定了历史性的工具与表达载体基础，而且更重要的是，它开创了人类历史上第一个极其重要的文化产业时代：以印刷传媒为核心的纸质文化产业时代。造纸和印刷术的发明，使得此前与此后的一切文化与艺术的表达形式的完形与传播、传承与扩张、成熟与规模成为可能。现今一切文化产业形态在某种意义上来说，都是在此基础上发展起来的。虽然，今天的人类社会已经迈入了电子信息时代，但是，它的基本表达形态和表达方式——读、写并没有发生质的变化。变化的指示由原来的纸张、书本换成了电脑显示屏和键盘。因此，从这个意义上来说，由造纸术和印刷术所形成与建构的文化产业集中代表了以农耕文明为基础的传统文化产业的全部合理性及其对于现代文化产业生成来说不可替代的生态文明基础。正如马克思所揭示的那样：火药、罗盘、印刷术，是预兆资产阶级社会到来的三项伟大发明。火药把骑士阶层炸得粉碎，罗盘打开了世界市场并建立了殖民地，“而印刷术却变成新教的工具，并且一般地说来变成科学复兴的手段，变成创造精神发展的必要前提的最强大的推动力。”① 然而，恰恰是在这个根本性问题上，文化产业的现代发展在历史的前行过程中造成了对这一“最强的推动力”的最大的破坏。文化生态链和文化种群基因的断裂，使得传统中国文化产业发展成为不可能，而对世界文化消费者有着无穷魅力的恰恰是中国传统文化产品的内容含量。这不仅从中国图书出版和版权交易的品种以及数量结构中可以看出，而且从中国影视作品的选材中也可以得到印证。尽管它们在内容上并不在一个可比较的量级层面上，但却共同揭示了一个真实的存在：在构成我国国家文化战略力量的结构中，传统文化产业始终是一个独具中国文化战略力量特色的重要组成部分。

现代文化产业是以工业文明为基础，以大规模机械复制为主要生产方式的文化产业形态，包括现代出版业、广播电视业、电影业、唱片业、报刊业等等，集中体现了工业文明的成果。这一部分构成了现阶段我国文化产业的所谓“核心层”，占据着明显的主导地位，符合文化产业发展在工业文明阶段的所有特征，将长期成为我国文化产业发展最主要的内容和力量形态，并且制约着我国文化产业战略力量的构成和文化体制改革的命题。然而，当代中国现代文化产业发展所面临的发展“困境”是：由于全球性工业危机的来临，世界已经进入后工业化时代，能源危机、环境污染以及美国次贷危机引

① 《马克思恩格斯全集》第3卷，人民出版社1975年版，第321页。

发的全球金融海啸所导致的全球经济危机的突现、新的国际战略力量的重组和新的国际机制的形成，中国已经不可能有一场传统意义上的“工业革命”，建立传统意义上的工业化。世界范围内正在兴起的新工业革命，使中国的现代化目标定位与路径选择的外部环境已经发生了根本性的变化，继续把中国的现代化建设目标及其实现局限于传统的工业化进程，客观上已经成为不可能，否则，中国的发展将严重陷入“现代化陷阱”，造成国民经济和社会发展极大的危机和风险。现代文化产业包括由此而建立起来的一系列制度和发展模式是工业革命的产物，是以工业革命建立起来的价值观念为基础的，因此，当现代文化产业赖以建立的工业革命体系已经并且正在遭遇到由它自身所带来的发展危机的解构，并且在推进新工业革命的时候，继续沿着原有的在工业革命基础上建立起来的文化产业发展道路与发展模式，建立起具有同国际文化产业进行战略竞争的战略竞争能力，显然已经成为不可能。这就需要我们在深刻地认识和高度关注正在发生的工业危机的来临和新工业革命兴起的同时，重新思考中国文化产业战略力量的集结及其发展方向选择。否则，中国的文化产业发展之路将只能永远步西方文化产业的后尘，难以形成自己战略力量发展构成的独特形态和品格。

中国在肩负着完成工业化和城市化的历史任务的同时，又面临着信息化发展的现实要求，这就规定了中国文化产业发展道路和战略力量重组的“双重使命”：既要建构完备的以工业文明为基础的现代文化产业体系，又要迎接信息化发展所带来的后工业化的挑战，大力发展以数字技术为核心手段、以新媒体为主要载体的新兴文化产业形态。虚拟文化经济和实体文化经济的体系性建构同时成为当代中国文化产业发展和文化产业建设的现实命题。正是这样的现实构成了当前中国文化产业发展的矛盾的丰富性。同时，也正是由于缺乏对这样一种矛盾丰富性的科学认识，并且在对这种矛盾丰富性的科学认识上选择和确立自己的文化产业发展道路和发展模式，导致了文化产业发展在我国还刚刚起步的时候，便出现了“创意产业”“文化创意产业”“创意文化产业”等各种各样新提法和新实验。其实，任何一种涉及产业政策和发展战略的新提法和新选择，都有其特定的时代内容和所要解决的具体的发展问题。脱离一定的发展阶段和发展实际，不加区分、不加选择地发展任何一种形态的文化产业，往往容易造成自身发展“特色”的丧失和比较优势的丢失。中国在21世纪上半叶所要解放和发展的生产力，不能仅仅复制“机械文明”那样水准的文化生产力，更不应该重复旧文化发展方式下那种资本、技术排挤劳动的道路，而应把文化产业升级、核心技术创新和全民族文化创新活力之解放提升到信息化带动工业化和生态文明的水准和境界，把在资本、技术和劳动更好结合基础上的文化创造活力的解放提升到能够在我们这样十几亿人口大国实现文化大发展、大繁荣的应有水准和境界。因此，中国特色文化产业的发展之路不能脱离它的基本文化国情。当前中国所面临的基本文化国情是传统的、现代的和新兴的（即所谓“后现代的”）同时并存，都拥有它的合理性与合法性，对于任何一个方面的偏废，都有可能造成中国文化产业发展的巨大损失。弘扬中华文化，建设中华民族共有精神家园，运用高新技术创新文化生产方式，培育新的文化业态，是担待中国文化产业战略力量的发展方向。在这样一种背景之下，中国特色文化产业发展道路，应当实行传统的、现代的和新兴的三位一体、三者并举的发展方针，根据不同地区的不同条件和发展文化产业的要素资源禀赋，采取不同的发展方针，选择不同的发展战略发展区域性特色文化产业。只有这样，中国文化产业发展的战略力量调整和发展方向选择才可能在金融危机情势下避免不加区别地发展任何一种形态的文化产业这样一种弊端。

二、以“文化产业城市层级分工体系”重建中国文化产业制度建构的理论形态和政策取向，创建我国新文化产业制度

突破行政区划限制，遵循市场经济规律，引导生产要素跨区域合理流动，优化国土格局。这是党的十七大提出来的一个非常重要的发展战略思想，强调通过这种流动实现区域的协调发展。这一重要战略思想不仅是针对经济发

展战略问题的，同样也是我们研究中国文化产业战略力量发展方向的重要指导思想。长期以来，我国文化产业发展实行的是垂直管理的文化产业制度体系，这一高度集权的文化产业管理体制对迅速建立社会主义文化生产体系发挥了重要的历史作用，但是，随着社会主义制度的基本建立和建设中国特色社会主义市场经济发展目标的提出，这一高度集权的文化产业制度体系所带来的对于进一步解放社会文化生产力的国家战略需求来说明显得不相适应，因此，在我国探索成立一批计划单列市的同时，也对这样的垂直文化产业管理制度做了制度性微调：计划单列市在经济上享有副省级行政权的同时，在文化上也相应地享有副省级文化产业制度设置权，其中最显著的就是出版社的设置。在我国，对于出版社设置的管理是最集权化的管理，最集中体现了我国文化产业制度设计的特点。是否拥有出版社，不只是拥有稀缺的文化资源，而且还特别标志着拥有某种文化权利和权力。因此，对于出版资源空间配置的微调，实际上也表明了决策层对于我国垂直文化产业管理制度是否还继续适用于我国文化产业发展与国家战略需求相适应的战略思考。如何重建我国文化产业制度体系，通过计划单列市的形式探索新文化产业制度从垂直体系向扁平化转变，具有特别重要的文化产业制度创新意义。

城市对于文化产业组织机构而言，只是文化商品生产与交易行为的活动空间，而不是某种权力的象征与标志，尽管城市具有这种特性。例如在美国，作为首都的华盛顿并不就是美国的文化产业中心，而在英国的伦敦和法国的巴黎则就是这两个国家的文化产业中心城市。城市在这里只是产业集聚的空间形态，哪里最有利于文化产业集聚，哪里就可以发展成为一个地区乃至一个国家的文化产业中心城市，由于城市是一个地区文化产业发展的集聚区，集中代表和反映了一个地区文化产业发展的现代化程度，因此，在实施我国区域发展战略，建设国家区域发展功能区的时候，通过构建城市群来重构本地区的竞争力量和竞争形态，已经成为中国大地上最令人注目的竞争这样一个大战略态势下，我们就不能不在思考和研究我国文化产业战略力量结构的科学构造与协调发展的时候，确立以城市层级体系来建构中国文化产业制度创新体系的新的思想维度。

城市的层级体系以及由此而形成的等级规模是城市生命发展的一个自然结果，是历史选择与社会分工的产物，并且在历史与社会发展的不断分工过程中呈现出此消彼长的运动特性。历史上扬州与开封都曾经是我国乃至世界性的大都市和文化中心城市，但今天不是。在现阶段，从文化产业发展与分工的角度来看，我国的城市规模发展及其规模分布的等级——规模规则，规定和制约了城市层级体系间的文化产业等级规模发展，即并不是任何一种城市都能够按照自己的意图和目标任意选择与发展任何一种文化产业，并形成和发展任何一种等级形态规模的文化产业的。报业、出版业、电影业、电视业、唱片业等等，都只有在特级和一级中心城市——在我国主要表现为省会城市——的形成与发展中才有可能。这不仅是因为一级中心城市往往是一个地区的文化行政中心，集中了该行政管辖范围内最核心的文化产业资源，使得由这样一种文化生产力所形成的文化生产能力的形成成为可能，而且也还因为在这样一个中心城市内往往集中了该文化行政区域内可供支配收入最高的人群，即它天然地构成了文化产业出现和文化产品生产所需要的文化消费群体，以及由这种群体所构成的文化消费能力。这是一个一级文化中心城市的形成所不可缺少的两个起决定性作用的因素。一切关于文化资源与文化财富的再分配、再配置和再分工的政策规则都从这里发出，而其他等级的城市——在我国主要表现为地（市）、县（市）——则由于在制度安排上缺乏这样一些权利而不能发展相关文化产业。因此，在既定的文化权力空间格局没有被打破之前，第二等级的“文化产业城市”要发展成为第一等级的文化产业中心城市是不可能的。文化城市行政的等级差异导致了文化产业城市体向文化产业的城市层级化体系演化，即不同种类、不同规模的城市形成明确的行政性文化产业分工，即首都、直辖市、省会城市、地级市和县级市，从而出现“高等级”文化产业城市与“低等级”文化产业城市的文化产业城市层级体系。一般来说，高等级文化产业城市不仅能够从事低等级文化产业城市所从事的一切文化产业活动，而且还能从事其他更多文化产业活动。根据现阶段我国文化制度安排，除了省、市（直辖市）外，只有计划单列市才能拥有出版权——某些经过批准的专业出版社也可以在非计划单列市如苏州市以及扬州市的广陵书局等，即便是省会城市也不拥有。出版集中了这个省的核心文化产业资源，不仅是这个省的文化行政中枢，也是这个省的文化产业心脏。

然而，由于不同等级规模的城市及其文化产业发展需求是不一样的，希望成为更高一个等级的文化产业城市始终是处于相对较低等级城市文化产业发展的冲动与动力。正是这种希望改变现状的冲动性需求，构成了绝大多数城市（在我国主要是省会城市）文化产业发展战略的主要内容，形成了对现行文化产业城市层级体系的挑战——其中最主要和最集中的是对“省”这一超城市形态的文化产业权力的挑战，造成了文化产业发展的现代中国运动。当现行体制下既定的文化产业等级规模无法得到有效突破的时候，寻求新的发展路径和发展新的文化产业形态，在新文化产业形态形成过程中主动地占领战略性空间，从而在这个过程中以新文化产业形态的战略性改变原有的文化产业等级——规模规则和文化产业城市层级体系，便成为新一轮文化产业城市层级运动与形成的战略性动因。长沙近几年来在娱乐业、动漫业、图书流通业以及电视产业领域里之所以能够在全国文化产业竞争格局中占有令人瞩目的地位，一个重要的原因就是对原有的文化权利分配机制的不满以及由此而形成的对文化资源配置机制的挑战，这同时也是各地持续出现的兴办动漫基地、大力发展动漫产业热一个重要原因。因为在现有的文化行政管理的文化产业架构内，这是一个非传统的文化产业领域。新等级文化产业城市层级体系便在这个过程中演变和形成。由于次一等级文化产业城市的作为对现行文化产业城市层级体系的挑战，必然同时构成对区域整体性文化市场潜力的解构，造成区域文化产业发展空间的非均衡性，使得该文化区域范围内文化产业发展的最大化成为不可能，这就需要从城市发展的等级——规模原则出发，从一个新的发展阶段和角度来思考区域或流域文化产业发展的空间形态及其功能结构。

今天，当我们在思考和研究中国文化产业战略力量战略性调整和重新确立发展方向的时候，我们所面临的实际上包括了两大问题：一个就是行政区划所形成的区域权力中心和国民经济实体；另一个就是在这一行政区划制度下所形成的文化行政架构下的文化产业等级城市层级体系：直辖市、省会城市、计划单列市、省辖市（地级市或县级市）。由于不同文化行政架构下的文化产业等级层级体系的内部构造及其相互关系是不一样的，其中最关键的就是相互隶属关系问题。行政省一般来说都拥有比较完整的文化产业等级层级体系，而直辖市则没有。因此，这就使得区域文化产业协调发展战略的主体间性是非对称性的：不是城市对应于城市，而是城市对应于非城市形态的“省”的这样一种非对称市场关系。在一个行政省辖范围内的等级城市体系，一般来说是受制于“省”这样一个地区最高权力中心的，“省”作为一个文化行政权力机构拥有对本省范围内文化产业等级城市文化产业资源再配置的权利，因此，如何以及能够在多大程度上超越“省”权力中心而与非省的同在一个区域内的直辖市建立文化产业关系，就成为一个问题。在这里，“省”这一行政概念具有特别重要的意义，因为现在造成我国区域文化产业协调发展和跨地区文化产业战略发展的最大障碍就是“省”作为区域文化权力中心的存在，而不仅仅是区域行政。“省”的存在不仅构成了与直辖市两种不同文化空间形态与存在方式的冲突，而且构成了与其所在地——省会城市的文化权利和文化权力的冲突。与此同时，由于在一个区域范围内往往会历史地形成一个乃至几个文化中心城市，这个区域文化中心城市历史的拥有对这一地区的文化影响力和文化辐射力，形成以这个中心城市为中心的区域等级文化层级体系与结构。因此，要实现我国文化产业协调发展，即必须突破“省级”文化行政框架这一战略力量的结构形态，行政“省”不再作为区域文化产业发展的战略主体，把原有的属于“省属”的文化产业市场主体还原于“市”，解除“省属”文化产业战略主体与“省”之间的文化行政隶属关系，从而使文化产业市场主体能够获得像实体经济的市场主体一样，自主选择以某一城市为“驻地”来发展自己的文化事业，创新对不同等级城市间发展文化产业的制度性限制，也就是说，如果某文化产业集团认为一个非省会城市的城市更适合于自己的战略力量发展，那么，它就完全可以把自己的“集团总部”移师到一个非省会城市。发挥市场在文化产业资源配置中的基础性作用，克服原有的按照文化行政区划配置文化资源的行政设计，从而在这个基础上，充分调动和发挥在本地区范围内每一个城市发展文化产业的积极性，形成一个错落有致、优势互补、分工恰当、有机竞争和协调发展的新文化产业战略力量发展格局。这样，不仅不同层级关系上的文化产业城市可以根据各自的战略利益建立跨地区间的城市文化产业联盟及其共同体，而且还可以在此基础上以跨城市文化产业联盟为战略投资主体，参与和实施更为广泛领域里的文化产业战略投资，如文化产业走出去战略，从而使原本比较僵化的文化产业行政体系，因城市文化产业层级体系的建立而获得全新的市场生命活力。我国文化产业城市布局与城市发展极不平衡，文化资源分布的巨大差异是造成我国文化产业生产力体系和文化产业分工体系非均衡发展的基本国情。不加区分地要求处在不同层级上的城市都去大力发展文化产业，不仅脱离我国文化资源状况构造体系特征和文化分工的实际，而且还会造成对有限文化资源的极大破坏。低水平的重复建设和无序竞争，不仅是区域经济发展问题，而且也是区域文化产业发展问题。实现经济结构的战略性调整和转变经济增长与经济发展方式并不是只有文化产业这“华山一条路”，而且也并不只有大力发展“核心文化产业”这一条路。建立以大区域文化中心城市为核心，以区域中心城市为骨架，以中小城市为战略空间的大区域文化产业集群功能发展机制，就是要克服现阶段我国行政区划管理体制对于发展文化产业所构成的体制性障碍，通过将不同行政区划内的文化产业城市实行按照区域功能发展的战略调整，形成按区域功能化的要求而不是按照行政管辖权力结构布局的新文化产业分工体系，实现文化产业再生产类型的科学转变与合理布局。

因此，以文化产业层级体系的空间形态重建我们关于文化产业链建构的思维形态和理论模式，从而实现在文化产业区域发展问题上的“产业链误区”的突破，以“文化产业发展城市层级分工体系”为概念建构关于文化产业链的新思维，克服与超越在区域文化产业的产业链营造过程中的“小而全”的思维定势，创建全新的既实现文化产业发展资源的优化配置，又使得区域文化产业发展各得其所的制度模式，真正把文化产业的发展模式从我们现行的体制束缚中解放出来，而又不造成对文化生产力的伤害，应当成为金融危机下我国文化产业新政的核心战略。

三、建立以大区域文化产业集群功能发展为主要特征的发展机制，优化文化产业管制制度，促进区域文化产业协调发展体制机制建设，创建无障碍流通、全流域开放的文化市场体系

推动区域新发展模式与格局，建设功能发展区是今后相当长时期内我国国民经济和社会发展的一个基本战略思路，也是我国在新的历史发展条件下建立国家新分工体系的重要战略举措。明确不同功能区国民经济和社会发展的定位与方向，促进形成经济增长、社会进步与资源环境协调发展的新格局，将长期影响我国经济结构的战略性调整和转变经济发展方式的的价值取向。区域尤其是大区域作为经济共同体将在这个过程中极大地突破现行以省、市行政区划为制度安排的经济发展和经济交往模式，区域与区域的竞争将成为不同经济体之间最主要的竞争形态。但是，这种竞争将不再是同质竞争，而是不同功能区之间优势互补、比较优势之间的竞争。全国共同市场与区域大市场的形成将极大地改变我国现行的资源配置方式，各种形态的资本流将重新界定原有的区域概念。文化产业无论是作为经济形态还是作为文化形态，作为一种全新的资本形态，文化产业作为一种新的生产资源形态和资本力量由于在经济结构的战略性调整和转变经济发展方式中具有不可替代的作用，都将使区域文化产业竞争不再是单一主体之间的竞争，而是区域对区域的竞争。因此，在建设我国区域发展战略，建设国家区域发展功能区的时候，通过构建城市群来重构本地区的竞争力量和竞争形态，已经成为中国大地上最

令人注目的竞争。在这样的一个大战略态势下，建立以大区域文化产业集群功能发展为主要特征的发展机制应当成为金融危机下中国文化产业新政的又一重要内容。

文化产业是以精神生产为主要内容的产业，是满足人们精神文化多样化消费需求的最主要的形式和渠道。高度创造性的精神生产是影响和规定文化产业能够在多大程度上满足人们精神文化消费需求多样性的关键指标，而如何实现这样一种高度创造性精神生产活动，取决于人们能够在多大程度上享有宪法精神下的表达自由和沟通自由。一切文化产业都是表达自由的工具和载体。文化产业的发达性程度与表达自由的实现性程度存在着正相关关系。核心是公民的文化权利关系。表达自由是公民的权利，文化产业是这种权利实现与表达的工具和途径。表达自由的核心是言论自由，出版自由和新闻自由是言论自由最主要的权利实现方式和载体。而出版与新闻作为产业形态同处于文化产业的核心部位，因此，任何关于出版与新闻业的准入限制和规定，都是对表达自由限制的权力延伸。对于表达自由的控制在多大的程度上是合法的，是表达自由本身内容的重要组成部分，涉及关于表达自由的基本法学原理。没有表达的自由和沟通的自由，不可能有成熟与发达的现代文化产业。然而不受管制的表达自由是不存在的。区别只是管制对于人们的自由表达的限制性程度。无原则的要求对文化产业的市场准入和表达自由放松管制，不仅在国际上没有先例，而且也是不负责任的。因此，问题并不在要不要文化管制，而在于怎样的文化管制才是科学的和发展文化产业必不可少的。虽然不同的国家以及在不同的人群中有着完全不同的理解，以及由这种理解所建立起来的标准，但是，从世界绝大多数国家的文化管制制度设计来看，在巨大的差别背后，却有着一条共同的原则，那就是国家文化安全。无论是新闻检查制度，还是电影分级制度，抑或新近颁布的关于网络游戏的分级管理，都是维护和确保未成年人的精神心理健康和安全，捍卫这个国家最基本的价值观和生活方式是其最基本、最主要的核心内容。这里有两个最基本的维度：未成年人涉及一个国家和民族的未来兴衰存亡，生活方式和价值观涉及一个国家和民族的文化认同。这是世界上绝大多数的国家文化检查制度和文化产业管制的共同准则，具有人类社会繁衍发展最基本的公共准则。只要不违法和不触及这两条底线，表达自由拥有广泛的空间和制度保障。中国文化管制制度的改革与建设，当然要从中国实际出发，当然要有中国特色。那么，当前中国的文化实际是什么呢？中国特色是什么呢？那就是共同的民族精神。这在2008年四川汶川大地震这一空前的民族灾难面前，中国人，尤其是中国年轻一代的表现完全出乎人们意料之外。互联网作为这一代最善于表达自己意见的工具，前所未有地承担起了凝聚全民族精神力量的重任。表达自由以它从未有过的空间得到了最充分的实现；不仅如此，当奥运火炬传递遭遇到不应有的阻挠的时候，同样是80后的新一代，还是用互联网最充分地表达了自己捍卫国家和民族尊严的自由心声。这不仅展示了中国人在现代社会应有的成熟，而且也使政府监管部门充分的自信和对文化管制内容与安排的全新评估。2008年10月17日中国政府颁布《外国常驻新闻机构和外国记者采访条例》（国务院第47号令），“将《北京奥运会及其筹备期间外国记者在华采访规定》（国务院令第477号）的主要原则和精神以长效的法规固定下来”①，放宽对外国媒体在华采访的限制。新闻管制是最严格的文化管制制度。在某种程度上说，没有比新闻管制更严格的管制制度了。奥运会帮助我们找到了自信，帮助我们建立起了新的更加自信的新闻管制理念，从而使我们可以建立起优化文化管制制度的新思想、新理论，为中国文化产业的繁荣发展创建一个独具中国特色的新文化管制体制，为营造无障碍流通的、全流域开放的文化市场体系提供制度性保障开辟了更加宽广的道路。

现在中国文化产业发展所遭遇的战略困境还不仅是国家层面上进一步放松管制和优化文化管制制度，而且在某种程度上来说是由垄断的利益集团对文化市场的有意分割，从而形成一种不是政府管制的新管制形态：集团管制。仅以江苏省图书流通体制改革为例。文化体制改革之前，靠近上海的苏州、

① 《外交部举行记者会，就〈外国常驻新闻机构和外国记者采访条例〉作出说明》，《人民日报》2008年10月18日。

无锡等城市的新华书店可以根据本地图书消费市场的需要，从上海的出版社直接采购进它所需要的图书品种和数量。这一级城市的新华书店拥有自主“采编权”，而在实行了新华书店发行集团之后，所有这一类城市新华书店的自主权就被集团收上去了，苏州、无锡的新华书店需要采购某种图书必须报省发行集团，然后由省集团通过“物流配送系统”来完成，否则要受到处罚。我们说文化行政区划造成了文化市场流通的制度性障碍和壁垒尚有某种程度上的历史合理性，然而，以市场经济的名义所形成的对统一的文化大市场的切割，远甚于计划经济模式下的统分统配。这样一种所谓产业集中和优化资源配置，完全取消了文化产业城市等级层级体系，把原来大中小不同等级——规模、梯次分权的文化产业城市层级体系，建构成通过行政权力对文化市场资源再配置的以“省级”集团单一的、集权的文化产业体系，而且还不是城市的。这种状况构成了当前制约我国文化产业大发展、大繁荣所必需的无障碍流通的文化市场体系的要求，从而使得文化体制改革的成果被消融和转移给局部的改革利益获得者。越来越多的权力收回到“新的政府”手里，市场调节的力量被以改革的名义而弱化，文化行政的力量则通过组建文化产业集团而越来越强大。政府对文化产业领域里管制趋势由文化产业集团得到了进一步的加强而非削弱，从而无论在文化产权的重新界定、市场经济框架的完善，还是文化行政权力的约束与规范方面，因文化产业集团对本省属范围内的文化市场的“寡头垄断”而使得前一轮文化体制改革的积极成果成为中国文化产业进一步发展所遭遇到的新命题，同时也成为我国区域文化产业协调发展必须面临的战略性困境。表达的自由和沟通的自由由于缺乏必要的和宽松的市场空间，由于“集团性障碍”而成为不可能。因此，要使我国文化产业发展在金融危机后真正进入一个良性的文化生态系统和生态环境，就必须对现阶段这种“集团性障碍”所形成的战略性力量进行深度和重大的改革，还权于地方。这几年我国电影业繁荣发展以及取得的成绩，与整个电影产业的深度改革和体制与机制创新密切相关，与重建中国电影产业的战略力量主体密切相关。只要符合国家有关规定，任何投资主体都拥有投资拍摄电影的自主权。放松管制，不等于不要管制，而是要积极借鉴国际社会文化管制的多种经验，充分结合中国文化国情，以优化管制的新文化管制理论来建构中国特色的文化管制制度。

行政区划所形成的地方保护主义和行政壁垒，是当前严重制约我国文化产业发展战略力量重组的制度性障碍，也是严重阻碍我国实现文化产业战略协调发展根本性制度的原因。然而，问题的要害并不在于行政区划本身的制度设计，而在于这种制度设计与文化产业发展所需要的制度安排之间的关系。这是因为，我们不能设想取消行政区划，这不仅不可能而且危害很大。那么，我们怎样既不能不要行政区划，又能够使得文化产业在现行行政区划制度条件下得到它所需要的合规律性发展的必要机制，从而为文化产业的全流域发展创建一个无障碍流通的文化市场体系？制定国家统一的文化产业政策，地方不再独立制定文化产业政策，以促进文化产业发展所需要的全流域无障碍流通的全国文化市场合作机制的形成，这应该成为我国文化产业战略力量发展的一个重要的改革取向。我国地方政府有独立制定产业政策的职权，这与很多发达市场经济国家的产业政策形成机制不同。在地方无序竞争无法在短期内根除的情况下，地方政府就可能选择相似的产业战略，造成产业发展重复建设、产业结构趋同，进而恶化区域竞争，加剧市场分割和地方保护。因此，要最终实现我国文化产业发展所需要的统一的全国大市场的形成，就必须制定全国统一的文化产业发展政策，使产业转移和产业升级协调进行。

与此同时，改善文化产业结构，完善文化产业区域分工体系，建立区域功能为主要内容的文化产业差别发展指数。长期以来，在实际的政府工作中形成了“以 GDP 论英雄”的价值偏向。在为纠正过去的“以阶级斗争为纲”的条件下，实现我国工作重心的战略性转移，“以 GDP 论英雄”帮助我们迅速获得了经济的高速发展和国民财富的积累。然而，随着经济社会的飞速发展和各种新问题、新矛盾的凸显，尤其是当我们付出了巨大的文化资源和文化环境代价的时候，文化产业发展的评价指标体系就必须导向新的科学发展观和价值观。超越我们已有的关于文化产业管制制度的历史性认识以及由这种认识所形成的历史性局限，把关于文化产业的制度管制从现行的制度体系架构中解放出来，解除对文化产业市场主体的“省级”管理和“省级”垄断，尤其是对原有的“国资”文化企业管辖权利的下放。建立国有文化资产“大国有出资人”的新概念，超越局限于原有政府文化行政管理体制下的文化资产国有出资人的制度性束缚，把在文化领域里的“国有资产出资人”的界定从传统体制中解放出来，从而使新的建立在合理分工体系上的而不是建立在行政区划基础上的我国文化产业新制度体系的创建成为可能。建立以城市为空间形态而不是以政府行政架构为隶属关系的文化产业新制度安排与文化市场体系，让文化产业脱离现在的国民经济评价指标体系，克服由于国民经济评价指标体系所形成的“政绩观”，以及在这种观念下形成的束缚文化产业“跨境共同体”形成的体制性障碍，使利润的创造成为文化产业的市场主体在法律规范和道德自律下合法性与合理性的自觉追求，实现国民财富的创造性增长，并且在这个过程中，通过健全的税收杠杆实现国民文化财富的再分配，实现文化要素市场的无障碍自由流动。而政府文化行政主管部门则把文化产业发展所需要的无障碍流通和全流域开放的文化市场体系的建立所需要的政策和规章工作做好。根据我国客观存在的不同区域文化产业功能差别的特点，建立文化产业差别发展指数，以及在同一功能区内不同文化产业城市等级间的层级差别评估指标体系，引导处在不同层级上的文化产业城市根据自己的要素禀赋和比较优势走差异化文化产业发展道路，克服现阶段严重困扰我国文化产业发展的类似“百城大战动漫产业”这种千军万马都闯独木桥的“市场发展困境”。让市场的力量而不是仅仅是政府的力量推动以文化产业城市等级规模层级为基础的中国特色的文化产业分工体系，进而在这个基础上实现在不同梯级上的无障碍流通和全流域开放。只有这样，中国文化产业战略力量重组与新发展道路才可能使中国文化产业发展实现目标的最大化。

四、大力发展社会文化产业，实行国家文化产业与社会文化产业发展并举战略

以政府的力量大力推进我国文化产业的发展，通过建立国家文化产业体系来建构加入世界贸易体系后的中国文化产业战略力量形态，是中国文化产业第一阶段发展战略的显著特点。毫无疑问，没有这第一推动力，便没有今天中国文化产业发展的战略格局。然而，制度性依赖，也给我国文化产业战略力量的科学发展与可持续发展造成了严重的“发展战略困境”。“地方政府对市场的过度干预和企业对政府的不良博弈”①，社会文化产业战略力量发育不足，使得“国家文化产业”在应对金融危机和转变经济增长方式与发展方式中承担了超限战略负担，制约了国家文化产业战略力量主体在提升国家文化软实力、维护国家文化安全中的重大战略责任。因此，必须重组中国文化产业战略力量的主体结构，大力发展社会文化产业，实行国家文化产业与社会文化产业发展并举战略。

（一）转变文化产业战略发展观念，重建国家与社会文化产业战略发展关系，为我国文化产业战略力量的协调发展提供保障

文化产业就其本质来说属于非公共物品领域，市场配置和成熟与发达的社会文化产业应该是其最主要的特征之一。然而，长期的计划经济主导下的我国国有文化产业集中度过高直接导致了我国社会文化产业发展、发育不足。国有文化产业的高集中度所形成的文化产业制度的刚性结构，不仅构成了政府对文化产业组织的垂直领导，而且由于在现有的体制机制下文化产业组织所创造的经济效应和社会效应又直接成为政府有效政绩的体现，因此，这就使得文化产业的发展不只是文化产业组织的市场和企业主体行为，而是政府

---

① 张晓明、胡惠林、章建刚：《2008 年：中国文化产业发展报告》，社会科学文献出版社 2008 年版。

间竞争行为和竞争内容的实现方式。于是，在文化产业发展核心部位——集中在出版业和广播电视业——有效的社会文化产业发展不足便成为我国文化产业战略力量协调发展的最大结构性障碍。

我国已经发展起来的文化产业联盟，主要集中在社会集中度相对较高的文化产业部门，如会展业、演出业等，在这些领域较少存在产业发展和市场准入的刚性竞争和地方壁垒。虽然诸如“演出联盟”最初也是由地方文化行政演出管理部门组织起来的，但是，由于演出产业的社会化程度很高，开放度大，市场流通性好，政府与社会文化产业组织间存在有利益同构的相关性，这就使得区域和跨区域演出联盟在协调区域演出产业发展与演出市场繁荣方面发挥了积极作用。从这个意义上说，区域文化产业发展战略的可协调程度与区域社会文化产业发展的成熟性程度相关：社会文化产业力量发展的成熟度越高，区域文化产业发展可协调性越高，反之则反。新闻出版业之所以区域间可协调程度低，一个重要的原因就是这些文化产业部门的过度行政垄断所导致的文化产业战略力量构成的社会化程度低。国有文化产业的高集中度和社会文化产业的低集中度，直接影响和导致在这些文化产业领域战略力量发展的可协调度。而恰恰是这些领域的文化产业所提供的文化产品具有很大程度上的准公共性。因此，在坚持政府必须有效地为社会提供公共物品的同时，还必须同时认识到，随着经济社会的发展，政府不可能提供所有的公共物品。由于信息不对称、财力有限等原因，政府不可能满足人们多层次、多样化的公共需求，而市场又存在提供排他性技术的非公共物品的功能，当这类公共物品的边际效益大于其边际成本的时候，市场就存在自愿供给公共物品的动力。这种动力来源就需要建立一种新的、以多维复合机制为主要特征的来源机制，以补偿政府有效供给的不足，从而使政府、市场、国家文化产业与社会文化产业在文化产品中形成战略伙伴关系，并且在这个过程中逐步地弱化区域间在文化产业核心层面上存在的过度刚性的组织结构，增强产业组织之间的市场弹性。因此，必须转变文化产业战略力量构成的发展观念，建立国家文化产业与社会文化产业的新型与合理发展关系，通过社会文化产业组织发展和职能发挥，促进政府转变文化产业管理方式，通过重构国家文化产业与社会文化产业互动发展的比例关系，提高文化产业发展战略间的可协调度，从而实现我国文化产业协调发展的战略目标。

在这里，我们必须克服与超越在文化产业组织属性问题上的“公”与“非公”的二元对立。尽管“非公”概念的提出对于我国文化产业的市场化发展具有重大意义，但是，由于这一政策性概念无法包括“非公”概念之外的其他文化产业资本形态在我国整体文化产业制度建构中的实际存在，并且在实际运作中经常构成“公”与“非公”的二元对抗性和对“非公”的政策性歧视，因此，提出“社会文化产业”这一概念并使之与“国家文化产业”相对应，用“社会文化产业”来取代由“非公资本”与造成的“民营文化产业”等概念，不仅可以消除“公”与“非公”在我国文化产业发展中的二元对立，切实反映我国文化产业多元发展的实际，规范政策范畴，而且有利于国家文化产业整体发展战略建构，以“国家”和“社会”两大范畴来统筹我国文化产业的制度建设与理论政策。

（二）创新改革理念，让渡产业空间，大力发展社会文化产业，实现从文化体制改革的转企改制向转制改制的战略性转变，提高区域文化产业发展的可协调度

空间的有限性是文化产业发展的重要特征之一。这种空间的有限性是指在一定的产业结构的市场主体构成的饱和度。没有一个产业的空间是可以无限扩张的。在有限的产业空间结构中如何实现主体结构的最优化，对于最大限度地实现有限空间效益的最大化具有特别重要的意义。在现有的文化产业空间构成的主体比例中，国有文化产业资本几乎占据了核心文化产业的绝大部分，社会文化资本占有率很低，有的领域，社会文化产业资本甚至处在零占有率。这不仅使得国有文化产业面临着市场的高风险性，而且由于产业空间狭小，刚性的文化产业空间结构缺乏应有的弹性系数，这就使得区域文化产业发展战略在核心文化产业中协调发展几乎不可能，从而使得区域文化产

业协调发展缺乏应有的社会自治能力。因此，要实现我国区域文化产业协调发展，尤其是核心文化产业的协调发展，需要适度让渡产业空间，培育和大力发展在这一领域里的社会文化产业，进而通过造就新的文化市场主体，消除现有文化产业空间的刚性化程度，来培育国家文化产业协调发展的战略机制，提高区域文化产业战略发展的可协调度。

转企改制是近几年来我国文化体制改革的核心内容之一，但是，由于这一改革措施没有从根本上改变文化产业发展单一的国家战略主体结构，原有的体制性障碍与结构性矛盾依然是阻碍我国文化产业发展最主要的战略性矛盾。集中在一点，就是文化产业发展的新制度性建构没有获得应有的战略性突破。近几年来，我国电影产业发展获得了很大的成功。从2003年到2005年，面对加入WTO后我国电影市场对外开放所出现的“狼来了”的生存困境，国家密集出台了国产电影改革与发展的一系列政策措施，包括提高电影创作质量、推进国有电影制片单位转企改制、鼓励民间资本参与拍摄影片、积极推进院线制改革、理顺电影管理体制、加大电影合拍力度等，极大地激发了中国电影的活力，其中最为显著的就是电影生产面向社会资本开放，从而形成了国家与社会资本共同推进我国电影产业发展的战略格局。特别是商业大片对世界电影市场的开拓，极大地改变了我国电影产业发展的市场格局。在这里，以华谊兄弟传媒股份有限公司为代表的民间资本所形成的社会文化产业力量发挥了不可替代的作用。没有以华谊兄弟传媒股份有限公司为代表的民间资本所形成的社会文化产业力量积极参与，中国的电影产业在今天可能是另外一种景象。2006年，招商银行首开先河，为华谊兄弟拍摄《集结号》放贷5000万元；2009年3月，中国工商银行北京分行又向华谊兄弟放贷1.2亿元人民币，以支持这家公司2009年至2010年4部电影的拍摄与发行。银行的放贷行为不仅是对华谊兄弟信用的肯定，而且更重要的是向我们传达了这样一个坚定的信息：没有社会力量的主力参与就没有中国文化产业发展的战略性崛起。中国要培育具有国际战略投资能力的文化产业战略投资主体，培育一批像华谊兄弟这样的“中国报业”和“中国出版”的社会主力战略，就必须在“报业”和“出版业”这两个战略主战场引进社会资本的战略投资主体，彻底改变在“报业”和“出版业”这两个制度层面上的单一的投资主体结构；就必须直接建立银行业与文化产业的直接融资体系，而不是由政府代替文化产业投资主体去和银行签署战略合作协议，借助于金融机构的投融资优势，解决文化产业战略发展的融资瓶颈。只有这样，中国才能培育起像美国新闻集团那样的报业集团、像培根那样的国际出版集团和像迪斯尼那样的综合性娱乐产业集团。仅仅是转企改制，国家文化产业无法承担起如此重大的战略使命。没有“盛大网络”的率先破题，中国的网络游戏产业很可能还要在国际网络文化产业发展中走更长的路。因此，要从根本上解放文化生产力，为我国文化产业战略力量协调发展提供一种可支持的制度性建制，就必须实现从转企改制向转制改制的战略转变，实现从国家文化产业战略向国家文化产业与社会文化产业并举的发展战略转变，大力发展社会文化产业，重构在文化体制改革和文化产业发展问题上的制度性设计，只有这样，我国文化产业协调发展战略才可能在战略机制上实现战略性突破与创新，重组文化产业战略发展力量也才是可能的。

（三）改革社会资本进入文化产业准入制度，实行适度宽松的文化产业准入和分类管理

设置文化产业准入制度是国际通例，我国当然也不例外。在尚未建立和形成有效文化产业管理制度之前，适度从紧的文化产业准入制度对于政权稳定和新文化制度建构是必要的。这在国际社会也是一个通例。但是，在实现和基本完成了新的文化制度主体性建构之后，实行适度从宽的文化产业准入制度，以解放文化生产力，繁荣文化市场，通过让渡产业空间将原本属于市场和社会的那一部分产业空间还原给市场与社会，进而调整国家与社会之间的文化紧张关系，释放政府办文化所承担的无限责任与压力，则是一个成熟的国家和政府文化执政能力高度科学化的标志。改革开放30年来，我国在文化领域内的改革开放已经经历了一个从文化流通领域内的开放逐步地向文化

生产领域开放的历史过程，非公资本进入文化产业已经成为我国一项重要的文化产业政策，对于促进我国文化产业从国家文化产业向社会文化产业发展转型，国家文化产业与社会文化产业协调、互动发展发挥了积极的作用。由于已有的文化产业的非公资本准入已经不能完全适应和满足我国文化产业发展飞速发展的形势需要，因此，当不进一步改革社会资本进入文化产业准入制度便不能有效地克服当前我国文化产业发展活力不够、动能不足的一系列体制性障碍和结构性矛盾的时候，改革社会资本进入文化产业准入制度，实行宽松的文化产业准入，就成为我国文化产业协调发展与文化产业战略力量重组的一项重要制度创新。其中最主要的就是在现阶段放松在报业和出版产业领域里的准入制度，允许已经存在并且已经在我国出版产业中发挥着重要的补充作用的各类工作室以各种产业组织方式合法进入出版业，创建以多种股份制形式为内容的新型报社和出版社，明确其作为出版主体的市场地位，通过培育一大批新型出版社并以此为基础发展社会出版业，进而鼓励通过市场机制，在宪法和法律规定的框架内各种文化资本形态相互间的参股和兼并，以市场经济的方式探索一条全新的跨行业、跨地区、跨所有制的新型出版主体，为进一步实现我国文化产业协调发展在文化产业核心层的突破创建制度性经验。当然，在这一制度性创新过程中必须要有一套科学的分类管理机制，如制定和颁布国家《出版法》和《新闻法》，建立新的准入标准，在降低准入门槛、简化登记程序的同时，也要建立有效的准入秩序，实行“出版登记”和“工商登记”的“双轨制”；建立相关的行业协会，实行行业自律，通过行业组织的自律机制推进文化产业组织间的合作发展，通过发展社会出版产业的方式破解制约我国社会文化产业协调发展在文化产业核心层领域里的体制性障碍，推进我国文化产业战略力量协调发展和整体制度创新。

论文化产业的公共责任[①]

文化产业正在深刻地改变着我们的生活，改变着我们所赖以生存与发展的社会生态环境和文化生态环境。文化产业作为新的财富创造和增长形态正在被人们所充分认识，尤其是在金融危机下文化产业被认为具有“反经济周期性规律”的特点而能“逆势上扬”的语境下，大力发展文化产业获得了前所未有的战略性支持；但是，作为公共领域的延伸，文化产业的公共责任似乎在 GDP 中被忽视了。2009 年 3 月广东妇联开展“净化网络，护卫孩子——万名母亲网络护卫行动”，11 万多名妇女网上签名，参加“万名母亲护卫”，以及 2009 年上半年中国政府连续开展的对文化市场清理整顿专项行动[②]，反映出公民和国家对同一问题的正义诉求：文化产业的公共责任。

一

文化产业的公共责任是由文化作为公共领域的公共属性以及文化产业所生产和提供的文化产品的功能性属性规定的。文化产业是人类精神文化创造的重要表达方式与载体，然而，文化产业，尤其是核心文化产业[③]却是以文化产品作为其存在方式与表现形态的。没有文化产品也就没有文化产业。文化产业及其所生产的文化产品是人类参与生产的物品中，除粮食之外的唯一

---

① 本文以“论文化产业的公共责任”为题发表于 2009 年《社会科学》，《新华文摘》2010 年全文转载。

② 2009 年 4 月 12 日至 5 月中旬，全国“扫黄打非”工作小组办公室开展清缴整治低俗音像制品专项行动，全国先后共有贵州音像教材出版社等 16 家出版社出版复制低俗音像制品单位被点名处罚，有的被吊销音像制品出版许可证。

③ 以中国国家统计局关于文化及相关产业分类指标体系为范围。

的生存必需品。它既是人类艺术与精神把握世界的方式，同时也是艺术和精神阐释自我、表达自我和解放自我的方式，是人的存在方式。正因为有了这种方式，人类社会才得以运用这一文明形态——相对于科学技术——在不断地克服自我、超越自我中发展演化。没有文化产品的创造性生产，人类社会也就没有艺术和精神的把握世界的方式，也就没有人类社会在遭遇到经济危机的时候能够获得精神慰藉的空间。而没有这种原创产品的规模化生产也就无法使得人类成为在精神领域里的共同体。正是在这个意义上，文化产品成为人类社会共有的、须臾不可缺少的精神食粮，而文化产业正是生产和提供这一精神食粮的工作母机。物质产品消费和精神产品消费构成了人类社会两大最基本的必需消费。在现代社会生活中，文化产品就像粮食和空气与水一样，是人们须臾所不可离开的物品。特别是在处在危机中的人们需要得到某种精神上的调节的时候，文化产品带给人们心灵上的慰藉和满足是其他任何物质食品都是无法满足的，而这也正是我们今天给予文化产业发展以高度评价的重要原因。

人们知道，当某一种物品一旦成为人们日常生活的必需品的时候，不管这是一种什么样的物品，这种物品便被赋予了一种责任，一种对所有人以及由这样一些人所共同构成的社会的存在与发展的责任，这就是公共责任。

一切为了人，属人生产的物品都有它的公共责任。只要这种物品是提供给人们消费的，无论这种消费是物质消费还是精神消费，它都必须是有益于、有助于人的生存、发展，并且是健康地生存与发展的。因此，凡是有害于人类社会这一整体性消费需求的物品都将在被禁止之列，而不论这一物品是物质性的还是精神性的，卫生检疫和文化检疫在这里没有本质的区别。无论是作为公民还是作为社会组织，都必须自觉地承担这一责任。由于这一责任不是针对某个人，而是针对整个公共社会的，因此我们就把这一责任称之为“公共责任”。通过制度性设计与强制性行政手段来确保这一原则的实施，就是政府提供的“公共产品”。这就是为什么既要对一切危害人类健康、有害于人类社会生存与发展的物质产品的生产和销售进行管制，也要对一切危害人类精神健康、有害于人类社会生存发展的精神产品的生产和销售进行管制的重要原因。这就是为什么人们可以在物质产品消费上要求无论是私人物品生产者和提供商，还是公共物品生产者和提供商，都必须确保产品的消费安全的重要原因（三鹿奶粉事件以及其他食品安全事件均是如此）；这也就是为什么人们在精神产品消费上同样要求无论是私人物品生产者和提供商，还是公共物品生产者和提供商，都必须确保文化产品消费安全的重要原因。如果说，在文化领域里，公共文化物品属于公共文化产品，而公共文化产品主要是由政府来提供，属于公益性文化事业，那么，经营性文化产业所提供的主要是私人文化物品。私人文化物品属于非公共文化产品，而非公共文化产品则主要由文化企业通过市场来提供，这在中国被界定为“经营性文化产业”。由于无论是公共文化物品还是私人文化物品，都必须承担在满足人们物质与精神消费的同时都必须确保人们的消费安全，这就自然生成了这两种不同性质的物品的共有的公共责任，这是由文化的公共性决定的。文化的生产可以表现为公共生产和非公共生产，但是，文化的公共性决定了无论是哪一种生产都应当是这种公共性的自然体现。因此，文化产业的公共责任不是外在于文化产业的某种力量形态或者强加于文化产业的意识形态，而是由文化内生于文化产业本体的规定，生成于文化产品作为人类生存的必需品的质的规定之中。

二

作为人类社会生存的必需品，由于文化产品所建构起来的精神营养体系直接影响到它的消费对象的主体精神建构和文化认同与否，因此，必然衍生和导致它的第二属性的自然生成：安全性——文化的安全性。这是由文化产品所具有的公共性所决定的。在我国现有的关于文化产业一般界定和理解中，文化产业是由“经营性”来界定的。“经营性”是文化产业的市场身份，而不是它的“公共身份”，因此，文化产业属于“私人性”而非“公共性”范畴。文化产业的“公共性”属性，并不是体现在它的行业的一般产业经济学分类上，而是体现在作为一个整体它所提供给社会的文化消费品的内容成分上，以及消费者对文化消费品所应当提供的公共价值的诉求上。正如消费者对所有的食品消费需求一样，安全性需求是除了生存性需求之外所有需求中最核心的需求，因为安全问题会直接影响生存需求的实现与实现程度。由于文化产品的安全性是由生产该产品的文化生产系统决定的，因此，提供和维护公共文化安全也就自然构成了文化产业公共责任的又一项重要内容。

维护人的文化安全的需求，尤其是未成年人的精神和心理健康安全的需求，是最普遍的文化安全需求，也是最具普世价值的文化安全需求。现在世界上所有关于电影分级、网络分级的制度安排，对于色情网站的打击与控制，首先就是从未成年人的身心健康安全着眼的。未成年人的成长质量对于所有的国家和民族来说都是最直接关系到这个国家和民族的未来发展的战略生命线。在中国的广大农村，生活在其中的广大农民，他们虽然没有现代社会所有关于公共文化安全的理念和意识形态尺度，但是，他们有最基本的用以判断是否涉及对下一代精神心理健康安全的本土尺度，那就是：让孩子“学好”还是“学坏”。这是中国农民诞生于农耕文明社会所建立起来的关于公共文化安全最基本的底线表达。在这里，关于“学好”还是“学坏”的拷问，直接关乎一个孩子，进而一个家庭，乃至一个家族的前途与命运。只要触及“好”与“坏”这最后一条底线，维护未成年人的精神心理健康安全需求便立即成为他们本能的文化抵抗。这也就是为什么那些严重侵犯未成年人权益的各种色情网站、淫秽音像制品和所谓人体表演艺术会一再在农村遭到文化抵制的根本原因。2007 年，美国联邦通讯委员会就以美国哥伦比亚电影公司等 36 家电影公司违规放映联邦通讯委员会所规定的影片进行行政处罚，其中一个主要的原因就是这 36 家公司在涉及未成年人的心理精神健康安全问题上，违反了联邦政府有关法律规定。从这个意义上说，公共文化安全与意识形态无关。最大限度地维护未成年人最基本的精神心理健康卫生与安全，是所有国家和民族都必须首先提供的最大的民族与国家的公共产品。正是这种根本的安全需求内在地规定了所有文化产品的生产者和提供商的公共责任与社会义务。国家通过制度设计与制度安排来规范不同文化产业的内容生产、内容提供与内容消费行为，就是以制度性安排的方式规定了文化产业所必须要承担的公共责任。这是由文化产业作为文化内容的载体形态这一本质属性规定的。网络游戏产业是近几年来我国发展的最快的一种文化产业形态，然而，它也是造成我国现阶段公共文化安全问题最严重的领域。网吧经营业是网络游戏产业最主要的市场形态，据调查显示，我国90%以上的青少年网瘾患者经常出入网吧，是网吧最主要的消费者。“我国青少年网络成瘾是全世界最严重的，网络成瘾直接影响到社会和谐。”① 调查已经显示：当前我国青少年网络犯罪呈增长趋势。1999 年我国立案侦查的网络犯罪案件为400 余起，2000 年增至2700 余起，2001 年为4500 余起，2002 年为6600 余起。青少年网络犯罪已经成为严重的社会问题。② 而在我们的一些关于金融危机下文化产业“逆势上扬”的统计中，这恰恰成为最具有“反经济周期增长”的典型例证。更不能容忍的是，“一些正规出版社竟成‘制黄’帮凶”③。殊不知，在这背后，国家、民族、社会、家庭承担着怎样的安全风险。我们不能以牺牲整整一代人为代价来换取文化产业的GDP 增长。“谁来救救我!”这是百度贴吧里一个孩子的呼救。④ 在今天中国，还有比维护这样的公民和民族的根本利益更大的公共责任吗?

公共文化安全必然衍生国家文化安全。当公民把自己的某一部分权力让渡给集体并且组建国家的时候，国家文化安全的实现程度在某种程度上规定了公共文化安全的实现程度不能认为一个国家文化安全处在危机中的国家它的公共文化会是安全的。在这里，法国小说家都德的《最后一课》为我们提供了一个极为经典历史文本：普鲁士占领军剥夺了一个法兰西小镇小学教授

① 《挣脱“网瘾”，拯救“童心”》，《新华每日电讯》2009 年6 月1 日。

② 《网游给青少年带来的伤害最大》，《光明日报》2009 年5 月19 日。

③ 江西文化音像出版社、汕头海洋音像出版社、贵州音像教材出版社、陕西文化音像出版社等，见《新华每日电讯》2009 年5 月26 日。

④ 《挣脱“网瘾”，拯救“童心”》，《新华每日电讯》2009 年6 月1 日。

法语的权利，不只是法兰西国家文化主权的丧失，而且也是对包括这一小镇居民在内的所有法兰西公民文化权利的剥夺。一个国家一天没有粮食就会引发社会恐慌，同样一个国家如果一天没有精神食粮，也会引发国家和社会秩序的全面崩塌。这就使得文化产业具有国家文化安全的意义。在是否提供安全的文化产品问题上，每一个文化产品的生产商和提供商实际上都在以市场经济的方式承担着提供国家文化安全与否的角色和责任。某种程度上说，他们所担当的国家文化安全的使命与责任的程度，直接影响和规定了国家文化安全的实现方式与实现时间。问题是这并没有被大多数文化产业发展战略的决策者和实践者认识到。对于衡量与判断文化产业的社会贡献度，GDP 几乎成为唯一的指标。文化产业的文化属性被淹没在所有关于文化产业的经济原则当中。在今天，所有关于文化产业在金融危机下“逆势上扬”的各种报道无一不是用具体的 GDP 数字来表达。“提升国家文化软实力”的国家战略追求被消融在经济的“硬指标”当中。巨大的文化产业认知偏差背后潜伏着巨大的精神食粮安全危机。而所有这一切，很可能是以国家文化软实力的巨大文化安全为代价获得的。因此，我们必须认识到文化产业作为文化产品生产和流通系统的战略品属性，必须认识到文化产业的文化属性。这就是文化产业作为一种国家文化软实力的重要实现方式，它的巨大的国家文化战略安全的缔造力量。如果仅仅把文化产业看成是经济领域里的一个产业部门，就不可避免地片面强调文化产业的产业功能，从而损害了文化产业的文化功能的发挥。

精神力量的存在是人类得以战胜一切困难的最后力量，这是人类之所以是人类唯一的自我确证的存在。而人类社会在发展到民族国家的历史阶段的时候，国家间的力量构成除了物质力量，进而发展成一个国家的国防力量之外，另一个能够改变国家间力量对比关系的就是文化。当文化产业发展到现代已经成为一个国家文化力量发展水平的重要标志的时候，文化产业及其文化产品就具有一种战略价值和战略意义，成为一种战略品。一个国家不仅要有足够的物质力量——军事实力保卫其疆土安全，而且还要有足够的精神力量——文化实力保障其文化精神领土的神圣性。文化尤其是通过文化产品形态输入的文化天然拥有一种改变人们精神世界和文化行为，进而改变现存的一切文化关系和文化秩序的能力。这就使得文化及其产业形态具有战略的属性。战略就是改变与维护现状的力量系统和力量形态。当文化的这种能够改变还是维护现状的能力以文化产业的具体形态呈现出来的时候，文化产业便成为一种重要的战略品。这也就是为什么无论是在冷战时期，还是在国际战略竞争中，进而在寻求克服经济危机的时候，文化产业都始终是国家文化较量的重要战略工具的重要原因。文化产业是提供提升国家文化力量的竞争能力的最重要的战略手段。对一个大国而言，它不仅要大力发展文化产业，实施“文化走出去战略”，而且还要把文化产品的进口控制在一个与国家文化战略力量相平衡的范围内。

文化产业是文化产品生产与流通的过程系统和制度体系，是文化存在的最重要的生命形态。在今天，没有文化产业的现代生命形态就没有文化的存在和发展。由于文化产业的现代生命形态是通过文化产品生动地表现出来的，因此，从这个意义上说，文化产品的价值实现对文化产业来说具有终极性。提供价值系统和内容系统是文化产业的核心，虽然文化产业也创造巨大的货币价值，是现代经济发展与经济竞争的重要领域，但是通过和借助于文化产业的全球性扩张在获得巨大的货币财富的同时，推行和输出价值观体系却始终是世界文化产业大国的国家文化战略。对文化产业市场准入的限制和对市场准入制度的挑战，都不只是经济行为，更重要的是，它是文化政治行为，是以市场经济的名义实施文化外交与文化扩张的国家行为。因此，一个国家能够在多大程度上拥有在国际事务中的话语权和影响力，除了它的政治和经济影响力之外，一个最重要的实现方式就是它的文化产业在国际文化贸易活动中实现国际文化贸易顺差的程度。一个拥有巨大的国际文化贸易顺差的国家一定是在国际事务中拥有最大话语权的国家，也是最具国家文化竞争力和影响力的国家。一个国际文化贸易严重逆差的国家不可能拥有巨大的国家文化力量。这种文化力量不是通过本国文化消费量来衡量的，而是由国际文化消费量来衡量的。这种文化提供不只是一般意义上的大众文化消费提供，而是关于精英文化消费的提供。这种文化消费品的提供包括思想、理论、概念等等所有有关人类与世界问题和现象的解释。大众文化与精英文化两个方面共同构成了国家文化力量的战略要素。不管文化产品的生产者与提供者是否愿意，在客观上所提供的都是文化安全、文化产品安全和文化主权功能。

文化产业是文化建设与发展的重要载体和表达形态。在今天，没有文化产业的具体形态就没有人类文化的创新与传承。特别是由于作为当今人类社会精神文明发展最主要的生产力形态，当不发展文化产业便不能有效地推进人类文明发展进步的时候，发展文化产业就成为人类社会文明进步最重要的自我选择。因此，能否和能在多大程度上推进人类社会的文明进步和文明发展就成为文明赋予文化产业的一个重大使命。正是这一使命规定了文化产业自它诞生的那一刻起的公共责任。印刷术的发明催生了图书出版业，使得人类社会的精神文明跨时空传播成为可能，人类社会精神文明交往开始了文明发展的“全球同此凉热”的时代；近代科学技术的发展诞生了电影业，使得人类社会文明发展的图像和影像的生产、记录和保存成为可能，不仅使得后来的人类社会可以通过活动影像系统了解和看到前人类社会的生活方式，而且，也是在今天，更为重要的是它为苦难中的人们提供了一种让心灵和精神得到重新发现的愉悦和慰藉。而录音技术的发明以及由此诞生的现代唱片业，则推进了人类声音文明史的发展，使得人类对于人自身天籁般的声音系统的发展不断地超越人自身的文明局限。与此同时，为了使得这一切都能够符合人类社会的文明进步和发展，书包检查制度、电影分级制度等等一系列文化管理制度也同时诞生了。虽然这些制度的诞生无不经历了不断完善的历史过程，有的时候，甚至还给人类社会的文明进步与发展带来灾难，但是，所有一切文明发展的灾难，并不能消除文化产业在它的历史发展过程中所承担的推进人类文明的使命和责任，如果不是这样，就没有人类社会不断探索新的文化生产力以及新的文化业态的必要。人类社会的文明递进就是在这个历史进程中演化过来的。

三

文化产业的公共责任不是一个凝固不化的抽象概念，而是随着人类社会的不断发展而不断增值的活态系统。由于文化产业主要是以文化产品的存在方式作为它主要生命形态的，创新、传承和表达文化是它的最主要的功能和职能。因此，一旦当这种文化功能表现为一个国家和民族文化身份与文化认同的生态存在的时候，它就演变和发展成为一种人类社会的权力方式与权利形态，在现代国家权利构成中，成为国家主权的重要象征和重要内容。这就使得文化产业及其所生产和提供的文化物品具有文化主权功能。在现代国际文化体系中，文化产品和文化产业的市场准入制度，就是这一文化主权功能的集中体现。主权在民，主权丧失，民亦丧失。维护文化主权，就是维护一个国家最大的公民利益，而这种利益就是在文化上确认“我是谁”的根本文化认同。人之间当然需要不断的文化和文明交流，这是人类社会的生命活力之所在。但是，在今天，尊重人类社会的文明多样性和多元文化共存，是国际社会的基本共识，遵循和恪守这一原则，是联合国宪章所规定的共同行为规范，而所有这一切，都是建立在对国家文化主权的确认基础上的。这就构成了一个普世性的文化产业的公共责任。然而，也正因为文化产业具有文化创新、文化传承、文化认同和文化表达的功能，因此，对一个国家文化产业发展制度和发展原则的冲击与解构，进而颠覆这个国家的文化产业秩序，也就成为现代国际文化战略竞争中一些文化大国实施的重大战略。这就进一步深化了文化产业公共责任的现代内容。因此，正是在这个意义上，关于文化产业领域里的电影分级制度，实际上就成为集中体现文化产业的这种公共责任的文化主权设计与制度安排。无论是作为文化产品的内容提供商，还是作为文化产品的内容服务商，承担起这样的公共责任应当是文化产业人的自觉行为和行业规范。尤其是在文化产业遭遇到发展困境的时候，绝不能以牺牲文化产业的公共责任和让渡文化主权来换取文化产业的一时发展。

在文化产业公共责任的构成中有两种基本形态，一种是普世性的，一种是非普世性的，即公共责任的差异性。所谓“普世性的”，即适合于和适应于不同文化背景、不同国家意识形态的公共责任，例如，对未成年人的精神心理健康的维护，就属于这一类，最集中反映这一普世性公共责任的就是世界大多数国家所实行的电影分级制度。电影分级制度的产生和设置会有许多种原因，但是，毫无疑问的是，首先是对未成年人的精神心理健康安全权利的维护。对于任何一个国家和民族来说，维护未成年人的精神心理健康安全就是维护这个国家和民族的未来和文明进步的希望。所谓“非普世性的”，即公共责任的差异性，是指不同文化传统和国家意识形态背景下的公共责任，是指在一个主权国家范围之内的、一个国家和民族所选择的社会制度和意识形态在文化产业作为文化意见的表达工具和价值实现主要手段中，应当得到维护，因为它涉及一个国家的核心利益。虽然，在这个问题上，不同的国家和国家集团由于各自不同的国家利益和意识形态会有分歧，甚至是很大的分歧，但是，就国家文化产业来说，对这个国家核心利益的维护就是一个不容置疑的公共责任，例如，我国的台湾和西藏问题涉及国家主权这一国家核心利益不容挑战，这是中国文化产业与生俱来的公共责任。正如美国的文化产业系统不能挑战美国对阿拉斯加主权一样。这就构成了文化产业公共责任普世性与差异性的冲突，构成了文化产业公共责任的实现方式的不同内容与不同空间。如何处理这种矛盾和冲突，美国的经验值得重视。例如，关于淫秽色情物品的处理和管制。在美国比较典型的办法就是，首先由社区做出鉴定，确认那些令人厌恶的材料为淫秽色情物品，公开宣布那些色情材料及其行销机构视为侵害公共利益的东西，法院然后就可以禁止行销这种材料。如果这些行销继续进行，有关推销人员就会立刻接受简易诉讼程序的裁判。在这样的法律程序中，社区一方往往会占上风，被告极少受到法律保护。进一步说，社区只要证据充分，而不只是一种怀疑，就能够证实色情材料的存在。各法院都同意这种控制方案，理由是维护安定、秩序以及社区声誉方面州的利益要比个人的所谓权力更重要。① 在这里，“公共利益”具有特别重要的意义。而所谓文化产业的公共责任便诞生于这种“公共利益”之中。尽管这种“公共利益”也还只是“州的利益”，甚至这种局部的“州的利益”很可能并不完全与美国的“第一修正案”相一致，但是，并不妨碍法院根据“州的”“公共利益”“同意这种控制方案”。这就是文化产业公共责任构成中“差异性”公共责任。由此可见，文化产业发展既不能为了公共责任的“普世性”而忽视文化产业公共责任构成中的“差异性”，同时也不能强调文化产业公共责任的“差异性”而拒绝它的“普世性”要求，而是应当在实践的基础上，不断地在文化产业公共责任的“差异性”中提炼和融入“普世性”原则与精神，在公共责任的“普世性”当中贯彻“差异性”原则。

四

文化产业具有建构与解构社会的功能。印刷术在欧洲的使用直接导致了资本主义精神和新教伦理在欧洲的传播，最终导致了资产阶级在欧洲的崛起。印刷术以及由印刷术的普遍使用所导致的欧洲图书出版业的革命，不仅解构了建筑在政教合一的中世纪社会文化秩序，而且建构了欧洲的以资产阶级为主导的资本主义社会新秩序。没有印刷术在欧洲的使用以及图书出版业在欧洲革命的成功，就没有欧洲的宗教革命和近代欧洲的资产阶级革命，也就没有今天欧洲的文化秩序和社会秩序。然而，文化产业这种解构与建构功能，首先是对一种文化权利秩序的解构以及对于建立一种以实现文化公平与正义新秩序的诉求。任何一种现代文化产业形态的诞生之初，大众性往往是它的主要特点，是大众对于精英文化统治秩序及其社会文化权利结构的否定，同时也是对自己应当拥有的公平的文化权利的正当诉求。出版业是如此，电影业是如此，即便是今天以互联网为主要载体的网络游戏产业也是如此。从这

① ［美］伦纳德·D. 杜博夫：《艺术法概要》，周林译，中国社会科学出版社1995年版，第180页。

个意义上说，一部人类文化产业发展史就是大众文化不断追求公平与正义的发展史，就是不断维护自己的正当文化权益与权利的公共文化秩序建构史。只要当这种文化权利与权益所建构起来的文化秩序已经不能再满足自己不断增长的精神文化需求的时候，通过新的文化产业发展来重建文化秩序便成为文化产业发展不绝的历史原动力。因此，能够在多大程度上实现公民的文化权益和权利，并且能以这种权利和权益为基础建构公平的社会文化秩序，就自然成为文化产业公共责任的又一重要内容。如何提供一个社会的进步与发展所需要的和谐的社会文化秩序就成为文化产业发展应有的公共责任。

公民、社会和国家构成了文化产业公共责任的三维空间。文化产业是文化权利和权力实现方式的象征与空间形态，因此，如何在这一三维空间中体现文化权利的公正性与公平性，就成为文化产业公共责任构成中的一项重要内容，和关于文化产业公共责任的重大命题，即文化产业的公平与正义。

权利和权力关系是最重要的公平与正义的实现方式和秩序建构关系。人人生而就是“文化人”，这不仅是因为人本身就是“文化”的产物，而且文化因人而获得生命。因此，从这个意义上说，文化之于人，就像空气和水之于人一样，是人人应当自由享受的权利。文化权利的缺失，必然导致文化的公平与正义问题。文化不公平必然意味着有些人的文化权利被剥夺。在今天，当文化产业已经成为文化生命形态的重要存在方式，当不发展文化产业人便不能有效地促进自己生命形态的演化与发展的时候，发展文化产业便成为人的全面发展的重要权利与实现形式，成为建构公共文化秩序和实现社会公平与正义的生命形式。要体现与反映公平和正义，是实现和体现文化公平与文化正义的载体和制度。公民不仅享有政府提供公共文化的权利和享有基本文化消费的权利，而且也有文化生产和参与文化分配的权利。在现代社会，公民在某种程度上来说，是一切文化生产和文化创作的主体。因此，能否和在多大程度上拥有这种文化生产和文化表达的权利，集中体现了一个社会文化公平与正义实现的程度。

文化产业是人们表达和传播自己各种言论体系的工具与载体系统。这是规定了文化产业具有公共性属性的重要特征。人们能够在多大程度上自由地使用这一工具系统，直接关系到人们的表达自由程度。文化产业是以精神生产为主要内容的产业，是满足人们精神文化多样化消费需求的最主要的形式和渠道。高度创造性的精神生产是影响和规定文化产业能够在多大程度上满足人们精神文化消费需求多样性的关键指标，而如何能够实现这样一种高度创造性精神生产活动的实现，取决于人们能够在多大程度上享有宪法精神下的表达自由和沟通自由。一切文化产业都是表达自由的工具和载体。文化产业的发达性程度与表达自由的实现性程度存在着正相关关系，核心是公民的文化权利关系。表达自由是公民的权利，文化产业是这种权利实现和表达的工具与途径。因此，任何关于文化产业的准入限制和规定，都是对表达自由限制的权力延伸。对于表达自由的控制在多大程度上是合法的，是表达自由本身内容的重要组成部分，涉及关于表达自由的基本法学原理。没有表达的自由和沟通的自由，不可能有成熟与发达的现代文化产业，然而不受管制的表达自由是不存在的。区别只是管制对于人们的自由表达的限制性程度。无原则的要求对文化产业的市场准入和表达自由放松管制，不仅在国际上没有先例，而且也是不负责任的。从这个意义上说，无论是文化产业的准入制度和审查制度的建构，还是放松管制，都应当是社会公平与正义在文化产业中的反映，进而与文化产业的公平与正义产生密切的关系。当这样一种反映和关系体现与表现为一个国家的文化主权的时候，围绕着文化产业的市场准入与管制的价值标准和制度设计，也就自然关系到文化产业的国际公平与正义和国际文化秩序建构的公共责任。这也就是为什么围绕着文化产业市场准入会成为国际地缘政治博弈的重要内容的重要原因。

因此，问题并不在于要不要文化管制，而在于怎样的文化管制才是科学的和发展文化产业所必不可少的。虽然不同的国家以及在不同的人群中有着完全不同的理解以及由这种理解所建立起来的标准，但是，从世界绝大多数国家的文化管制制度设计来看，在巨大的差别背后，却有着一条共同的原则，那就是：公共文化秩序。无论是新闻检查制度，还是电影分级制度，抑或新近颁布的关于网络游戏的分级管理，维护和确保未成年人的精神心理健康和安全，捍卫这个国家最基本的价值观和生活方式，进而维护和确保一定的价值观基础上的社会稳定是其最基本与最主要的核心内容。这里有两个最基本的维度：未成年人涉及一个国家和民族的未来兴衰存亡，生活方式和价值观涉及一个国家和民族的文化认同。这是维护最基本的公共文化秩序的根本基础，也是世界上绝大多数国家文化检查制度和文化产业管制的共同准则，具有人类社会繁衍发展最基本的公共准则。只要不违法、不触及这两条底线，表达自由以及文化产业的市场准入拥有广泛的空间和制度保障。这就建构起了一个社会基本的文化秩序：公民、社会和国家在文化产业的制度安排中分享不同文化权利的时候，也承担了各自不同的公共文化责任。尽管公民也有维护国家文化安全的责任，但是，毫无疑问，维护国家文化安全则是政府应当承担的主要责任和提供的主要公共文化产品。因此，在这里，在公平中所体现的权利和责任是有区别的，正是这种区别，构成了在文化产业发展过程中公民、社会和国家间的分工体系，并且由这种体系来建构一个国家和社会的文化秩序与文化产业公平和正义的制度表达。维护国家文化安全和公共文化秩序是国家发展文化产业承担的责任，当这一部分责任还不能通过完全放开市场由公民以及公民经济组织承担的时候，政府就必须承担维护国家文化安全和公民文化安全的全部责任。同样，当公民及社会组织不断要求国家在文化产业领域里放松管制的时候，国家也有理由提出所有的公民和社会组织对国家、公民和社会文化发展“负责任”——公共责任的要求。

在当代中国，文化产业发展一度只是政府的事。单一的文化产业投资主体，不仅造成了我国文化产业的发展困境，而且也使得公民合法的文化权利没有得到应有的实现方式和表达自由应有的空间形态及其制度保障。文化公平无法实现，文化正义无法得到伸张，造成了一定时期内公民、社会与国家文化关系与文化秩序的紧张状态。国有文化产业所建构起来的刚性的国家与社会文化秩序，使得公民文化权利的自由实现和表达丧失了它应有的弹性机制。扭曲了的文化产业制度形态和秩序结构不符合中国的国家文化利益，也不符合中国国家法律关于公平和正义的宪法精神。中共中央关于非公资本进入文化产业的决定，以及国家新闻出版署2009年对“出版工作室”合法性的确认，不只是一般意义上的文化产业准入制度变革，它所贯彻和体现的就是这样一种文化领域里的公平与正义。一个社会与国家的文化秩序是由公民的基本文化权益的实现程度建构的。当文化产业成为公民基本文化权益的主要实现方式和载体的时候，有效地建构社会和国家文化秩序就成为文化产业不可或缺的公共责任。这就是文化产业的公平与正义。

文化民权：国家文化软实力建构的战略性基础与价值取向①

国家文化软实力是一个国家在国际文化战略竞争中所拥有的文化力量形态，是一个国家相对于他国而言的一种竞争形态和竞争力量，是一种只有在国际战略竞争形态的比较存在中才有意义的国家竞争力。

国家文化软实力的理论是最近才提出来并被广泛接受的。但是，国家文化软实力作为一种文化历史却早已存在。西域文化成就对我国汉代的影响，中国的大唐文化对周边国家特别是日本的影响；近代以来的全盘西化，新中国成立以后的“一边倒”，都可以看到文化软实力在中国的历史境遇。当“提高国家文化软实力”成为当前和今后我国文化建设与发展的一项国家战略的时候，如何才能实现这一伟大战略目标，什么才是提高我国国家文化软实力的战略基础，自然成为当今中国文化发展与国家文化安全的重大课题。

一

一切历史都是当代史。从历史运动的轨迹去寻找和确立当今中国国家文化软实力建构的现实维度，应该是我们思考如何“提高国家文化软实力”的一个重要取向。

整整一个20世纪，如果从一个国家的文化对中国的影响而言，苏联和美国无疑是两个最具影响力的国家。从“十月革命的一声炮响给我们送来了马克思列宁主义”，到创建“苏维埃”政权，实行“一边倒”的国家外交政策；

---

① 本文发表于《探索与争鸣》2010年第10期。

从高尔基的《母亲》《我的童年》到《卓娅和苏拉的故事》和《钢铁是怎样炼成的》；从普列汉诺夫到“别、车、杜”的美学、文艺学理论；从《联共布党史》到“列宁装”，作为伟大列宁故乡的苏维埃和俄罗斯文化对中国20世纪的影响是全方位的。从国家制度到日常生活，从思想理论形态到青春偶像，这样一种文化影响力不可谓不大，有的甚至在今天仍然是一代人挥之不去的文化情怀，对苏联早期音乐的念念不忘（电视连续剧《金婚》中关于20世纪50年代中国年轻人的精神生活的描述，就为我们提供了这样一种案例），以致《莫斯科郊外的晚上》《红棉花儿开》《喀秋莎》至今都是苏联红星合唱团来华演出的经典保留节目。苏联式的计划经济模式和文化管理模式至今都还在我国的经济生活和国家文化生活中留有深深的印记，给今天中国带来改革的深度和难度。更不用说从柴可夫斯基、普希金到托尔斯泰的文学艺术作品对我们灵魂深处的影响了。

虽然，进入20世纪80年代后，在不同的历史发展阶段，我们可以看到不同国家的文化对于重新打开国门睁开眼睛看世界的时候，是怎样给我们带来了深刻的文化影响。然而，就整体性文化影响来说，能够与苏联和俄罗斯相比较的莫过于美国。

从现代化发展道路的国家制度安排——民主；到哲学社会科学理论的重现选择——作用于国家精英人群，进而影响国家现代化进程和路径选择；以好莱坞电影和美国篮球赛为代表的娱乐文化，同时影响精英和大众两个层面；以麦当劳、星巴克为主要代表餐饮文化，同时影响青年大众的生活方式。也就是说，美国文化软实力是以一个由制度文化、思想理论文化、大众娱乐文化和生活方式文化四个方面共同构成的一个文化生态系统影响着20世纪80年代以来的中国现代化进程的。包括我们现在正在深入研究的国家文化软实力理论，也是在吸收和借鉴了美国外交理论家约瑟夫·奈的“软实力”理论的基础上消化吸收之后提出来的。

无论是苏联还是美国，他们的文化之所以对进入20世纪以来的中国能够产生如此大的影响，其中一个最重要的原因是中国人对于重建自己生活方式的一种根本性价值需求。正是这种需求，导致了先进的中国人从制度文化、思想文化、学理文化和娱乐文化开始了世纪性的全新寻求和全球寻求。正是在这个过程中，苏联和美国先后成为中国效仿的对象。苏联是中国实现“共产主义”的榜样，美国是中国实现现代化的样板。无论是“共产主义”还是“现代化”，对于近代以来落后的中国人来说，都是一种“富裕生活”存在的象征，一种被向往的生活，而所谓苏联和美国的“文化软实力”正是在这个意义上才现实地在中国得到了全面展现。因此，一切所谓制度创新、思想理论创新等都是一种历史表象，在这历史表象的背后，是一个国家和民族努力重建自己生活方式和生存方式的终极关怀和始终不渝的伟大追求。因此，我们不能被这历史的表象所遮蔽。我们应当保持和拥有一种透过表象把握本质的认识能力，特别是当一个近代以来落后的泱泱大国开始重新站立起来的时候，当它看到了曾经是它以文化的辉煌走在世界前列的时候，经济的发展和经济实力的增强使它又一次看到了文化作为一种力量的存在对于一个和平崛起的国家的全部战略意义和战略价值。因此，要实现和完成“提高国家文化软实力”这一伟大而崇高的战略目标，我们必须把立足点建立在以普通民众生活为基础的“国家文化形象的完整塑造”上。

国家文化软实力首先体现在他国的国民对其整体生活状态和生活方式整体性的感觉上。这是一种审美判断。没有对一个国家民众生活文化形象的整体性认同、追求与模仿，无所谓国家文化软实力。如果说，一个国家的硬实力是通过一个国家强大的国防力量集中体现出来的，那么，一个国家的文化软实力，就是通过它的国民的整体性生活状态和生活方式所达到的自由与文明程度体现出来的。而衡量这一程度的标准集中到一点，那就是全体人民和全民族每个人的自由全面的发展。每个人自由全面地发展是一种每个人的创造能力得到充分发挥、表达和实现的一种文明状态。它包含着民众对现有生活的审美态度、深刻理解、阐释和认同，因此，从这个意义上来说，它首先表现为一种精神的自由状态。一切物质性的生活都是这种洋溢于外的精神状态的表达和叙述。一个国家的文化软实力很大程度上表现为国民的精神状态、生活的满意度、意志品格和内在凝聚力。这一切主要来自于民众对社会和新价值体系的认同。而生活方式恰恰是最集中地表现对新价值体系认同的活的载体。不能设想一个涣散的民族会拥有国家文化软实力。因此，作为一个拥有13亿人口、56个民族的大国，要实现中华文化的伟大复兴，没有一个能够凝聚全民族的核心价值体系是不可想象的，因为唯有共同的文化认同才可能凝聚起中华文化伟大复兴所需要的伟大的文化创造力量，而也只有这种力量才能从根本上建构起国家的文化软实力。正是这样的国家文化软实力才是国家文化安全的基础。这就是以每个人的自由全面发展为核心内容的普通民众的普遍性生活。

二

在“软实力”的竞争中，社会制度、思想体系、意识形态、大众娱乐和生活方式之间的竞争构成了“国家文化软实力”竞争最主要的方面。那么有关提升我国国家文化软实力的路径选择，我们是否也可以从中借鉴到为我们所用的文明成果呢？我以为是这样的。也就是说，中国国家文化软实力的构成和战略选择取向也可以是这四个维度。从制度层面、思想理论层面、大众娱乐文化层面和日常生活方式这四个方面，建构和提升我国国家文化软实力。美国所有的文化形态都是“美国精神”的具体表现和感性存在，它不是某种外加上去的东西，而是美国人基于自己的文化价值观所建立起来的人与社会、国家与世界的一种系统方式。

国家文化软实力应当是这个国家普通民众日常生活方式合乎逻辑的一种体现，是这种生活方式的集中与提炼，而不是与这种逻辑没有关系甚或是互相对立的。所谓幸福指数就是建立在这个基础上，并以此为标准的。缺乏幸福指数的生活和生活方式，不是对象，不可能建立起对他者的吸引力和影响力，当然也就无所谓一个国家的文化软实力。那些表面上看来是一种所谓“茶楼酒肆里的戏曲清唱，街头巷尾中的秧歌表演”，在中国恰恰是国家文化软实力养成的文化土壤和精神基因，是幸福指数的生动表达。它们不仅“与那些耗资巨大的革命历史题材的影片”一样具有不可替代的影响力和吸引力，而且那些“家喻户晓的电视连续剧”倘若不是和民众关于生命的终极关怀和生命存在的价值有着紧密的联系，又何以能产生“家喻户晓”的社会影响力呢？那些所谓“家喻户晓”的形态不正是“茶楼酒肆”和“街头巷尾”的“吸引力”和“影响力”具体的生态样式吗？在中国，倘若国家文化软实力是一种与老百姓的这种日常生活没有关系的国家存在，是没有意义的，那么所谓社会主义核心价值观又怎样成为全体老百姓的自觉行为呢？社会主义核心价值观倘若不能体现于、落实于人们的日常生活与行为方式，那么这种社会主义核心价值观的价值又在哪里呢？社会主义核心价值观只有成为民众的自觉行为方式和融会于人民的日常生活方式的价值选择与表达，它才能成为一种力量，成为提高国家文化软实力所需要的凝聚力量。美国文化倘若离开了麦当劳、可口可乐、星巴克和好莱坞、迪斯尼，只剩下美国的国家意识形态，美国的国家文化软实力又怎样具有影响力呢？美国维护自己国家安全中的两个非常重要的指标，一个就是美国的价值观，另一个就是维护美国的生活方式。这是被纳入《美国国家安全战略》的，是美国关于国家文化安全的两个最重要的指标。在美国人看来，价值观和生活方式具有战略性，美国的国家文化安全和国家文化软实力就是建筑在这个基础上的。因此，对美国生活方式的世界推广也就自然成为美国实施国家文化软实力战略的重要内容，从而把美国的价值观深深地交融于对美国生活方式的赞美之中来吸引全世界注意力，以某种乌托邦的形式建构美国国家文化软实力，进而在这个过程中实现美国的国家文化安全。我们为什么可以对中国老百姓赖以存在的生活方式掉以轻心，甚至把它和我们正要建设的国家文化软实力对立起来呢？

在现代公共政策过程中，公众议程是最重要的议程之一，是反映民声、体现民意的最重要的途径和渠道，同时也是实现民众文化权利最主要的制度建构。当今世界已经进入公共外交时代。[①] 重视公共文化外交在国际交往和国家文化战略博弈过程中的重要作用已经日益成为西方大国在构筑国家软实力中的一项极其重要的内容之一。有意识地通过民间的涉外活动提升国家形象的做法越来越成为现代国际社会的普遍选择。在现阶段，当中国的普通民众还不可能通过走出国门展示他们对现存生活方式的价值认同的时候，“原生态”的表达就是最好的“公共文化外交”。而这种“原生态”恰恰就是表现在“茶楼酒肆”和“街头巷尾”这样一些中国式的公共文化空间中。这几年来我们文化建设的一个最大失误就是对“茶楼酒肆”和“街头巷尾”的忽视。正是由于我们的疏忽，那些地方成了我们必须用心加以建设的主要内容。我想这应该是建设覆盖全社会的公共文化服务体系的最重要的内容之一。建设覆盖全社会的公共文化服务体系，当然要有硬件的保障，但是倘若不能与享有均等的文化权利相一致，尤其是确保基本的精神卫生安全和健康的文化权利，而是任凭各种恶俗的文化侵蚀民众生活的健康机体，仅有硬件是构不成体现民众幸福的文化指数的。当然也就谈不上形成国家文化软实力。因为这样的生活方式没有吸引力，不值得他者仿效。

三

国家文化软实力的形成，是全民族文化创造活力所实现的程度的集中表现。一个国家和民族的文化创造活力所达到的高度和程度，直接规定和影响了一个国家文化软实力内在质量构成的影响力和渗透力程度。没有全民族的文化创造活力，就不可能有一个国家的文化软实力。在这里，能否和能在多大程度上激活全民族的文化创造活力，直接规定和影响了国家文化软实力形成和提高的可能性，这就要集中到“激发全民族文化创造活力”上来。能否和能在多大程度上“激发全民族的创造活力”，直接关系到“建设社会主义

① 赵启正：《中国进入了公共外交时代》，《社会科学报》2010年8月5日。

核心价值体系，增强社会主义意识形态的吸引力和凝聚力”这一中国文化建设伟大任务的实现程度。要实现这一伟大的历史任务，只有全民族文化创造活力的充分激发才是可能的。

中共十七大在论及“提高国家文化软实力”的时候，设置了一个极其重要的前提，那就是“激发全民族文化创造活力”，并且落实在“使人民基本文化权益得到更好保障，使社会文化生活更加丰富多彩，使人民精神风貌更加昂扬向上”，一切以人民的根本文化利益为旨归。没有全民族文化创造活力的充分激发，哪来国家文化软实力提高的源头活水？这恰恰是主权在民精神的高度体现。在这里，中共十七大报告实际上提出了一个重要命题：文化民权。

文化民权是建构和提高国家文化软实力最重要的战略基础。民众的文化创造活力是一种最根本的文化生产力，也是文化民权最重要的价值体现，只有这种文化生产力最大限度地解放，民众的文化创造活力才能获得空前的释放。这就需要我们在文化制度创新过程中引进“生态文明”的新观念，树立“文化生态文明”新文化发展观和新文化建设制度观。民众文化创造活力的充分激发只有在一个有助于这种创造活力激发的文化生态环境中才是可能的。而这种生态环境在当下中国就是在宪法框架下的言论自由、出版自由和表达自由的环境。这是建构国家文化软实力的战略性基础。生活方式，包括物质生活方式和精神生活方式的选择，是最基本的民众文化权利。既然民众选择了国家这种自我管理形态和机制，并且是以让渡自己的某些权利来实现这种管理，那么，在宪法框架下实现包括言论自由、出版自由和表达自由的一系列生活方式，就应该成为民众基本的也是最重要的生活方式，而人们的一切关于生活的再生产和每个人的文化创造活力就是建立在这个基础上的。没有宪法框架下的言论自由、出版自由和表达自由，不可能有每个人的文化创造性活力。同样，不是以宪法为约束的言论自由、出版自由和表达自由，也不能认为是每个人的文化创造活力的充分激活。无政府主义构不成文化软实力。这在当今世界的国家生活中是有现成的例子的（例如海地）。因此，这就需要我们建立起以文化民权为价值取向的国家文化软实力观，并以此作为我们实现国家文化安全的保障。没有全体民众文化创造活力的充分激发，就没有国家文化软实力。国家文化软实力是全体民众共同创造的生活方式和精神家园的自然体现，而不是单一的国家文化机器的产物。在这里，“保障人民基本文化权益”，“让人民共享文化发展成果”具有特别重要的意义。激发全民族文化创造活力，最根本的就是要创造一种让每个人心情舒畅、生动活泼的充满激情、友善和信任的文化生态环境，使每个人的才华、智慧和创造的冲动都能够得到充分的实现。没有人民基本文化权益的充分保障，就不可能有全民族文化创造活力的真正激发那样一种提高我们的国家文化软实力所需要的文化生态环境。因此，民众文化创造力的充分激发应当是文化民权充分实现的结果。

作为一个国家文化软实力的形象性体现，我们当然不能没有国家大剧院，不能没有高大辉煌的城市剧院，但是仅仅有这些是远远不够的。我们必须要有能够体现和反映我们这个国家全部精神创造能力和水平的文化艺术作品，能够让世界体验到今天中国的文化给予人类进步的伟大贡献，并且由衷地接受这种贡献，就像他们接受孔子和中华文化的古老艺术那样接受我们中华民族今天的全部创造，而所有这一切，都只有在充分激活全民族的文化创造性活力时才是可能的，只有全体人民的基本文化权益的充分实现才是可能的。没有全体人民基本文化权益的充分实现和全民族创造活力的充分激活，所谓提高国家文化软实力也就成了无源之水和无本之木。

主流文化不是“去民众化”的文化，相反，主流文化只有在融入普通民众的文化生活和精神生活中、只有在普通民众的参与中它才是有生命的。电影《集结号》之所以取得巨大的成功，特别是获得了广大观众和社会舆论的好评，一个最重要的原因就是以小人物的命运表现了一个重大的主旋律题材。这样的主流文化是与民众相呼吸的主流文化，是与民众的感情生活相呼应的主流文化，只有这样的主流文化所形成和产生的力量，才能构成我们这个国家所需要的文化软实力。这种文化软实力来自和形成于民众对崇高与伟大的认同。只有认同才会产生力量，只有认同的力量才属于国家文化软实力的核心力量。提高国家文化软实力，就是要提高这样的文化核心力量。从这个意义上说，主流文化不等于主流意识形态，而是反映历史发展趋势的文化形态，反映民意主流的文化形态。意识形态凝聚力是由意识形态内在魅力系统形成的，是国家文化软实力的核心要素和内容。当这种系统历史地表现于我们的文学艺术创作的时候，它打动人心、给予人的灵魂的精神震撼是任何纯粹的意识形态说教所无法替代的。一部好的文学艺术作品和一部优秀的学术著作，不仅是文化生产力，而且也应该成为社会主义意识形态的吸引力。这种形态包含着对文化民权的尊重和认同。

四

中国需要建设中国思维的主体性，失去了这个主体性，思维被美国化或者欧洲化，中国很难成为一个真正的大国，尤其是一个可持续发展的大国，当然也就无所谓拥有国家文化软实力。思维的主体性建构及其成熟性程度，是衡量一个大国是否真正拥有国家文化软实力的重要标志。在这里，在学习西方的过程中，超越西方的文化经验确立中国自己的思维方式和思想体系就具有特别重要的价值与意义。因为，正是这种思维的主体性才是确定存在的主体性的唯一标准。而正是这样的标准，才能够把你和别人相区别，你才能具有存在的价值，否则，你的存在就变得没有意义，只是别人存在的一种延伸和方式而已。中国国家文化软实力的建设与提高以及伟大目标的实现，一个最具战略性意义的任务，就是要建设这样的文化主体性。由于这种文化的主体性只有建筑在思维的主体性上才能完成一项革命，因此，完成这项革命是实现文化主体性建设的根本性前提。同时，还由于这种思维的主体性具有建构人的心理结构的重要意义，而心理结构和思维方式又是一个民族区别于另一个民族的显著标志，一切文化的生存都是它的外在表现形态，因此，建设中国思维的主体性，不只是要实现中国精英阶层思维主体性建构，更为重要和更为关键的是整个国家和民族、民众思维的主体性建构，因为只有这样的主体性建构，才能够完成和实现在国家战略竞争层面上的文化软实力的提高。一个国家必须要有一套自己的价值观作为支撑经济社会持续发展的基础，如果仅仅只是把外国的东西拿来，而没有自己的价值标准，那么，要想保持社会文化稳定健康地发展和提高国家文化软实力是很难的。

国家文化软实力是国家发展过程中的战略竞争能力，它是与其他国家的文化战略竞争过程中相比较而存在的一种能力。这种能力是通过这个国家和它的人民的整体性力量表现出来的，而不仅仅是它的文化代表性人物，尽管没有这样的文化代表性人物无以集中体现这个国家文化软实力所达到的一个高度，但重建“民众”在建构国家文化软实力中的不可替代的作用和确立“文化民权”在这当中的战略基础性地位，应当成为提高中国国家文化软实力的基础。

文化产业正义：文化产业发展的历史地理学问题[①]

——关于文化产业发展新战略理论的思考

文化产业正在改变中国。文化产业发展不仅和政治、经济、文化发生了一系列的矛盾和冲突，而且也和人们社会生活的其他方面产生和发生了一系列矛盾和冲突，如文化产业发展和历史地理的矛盾与冲突，这就提出了一个问题：当我们大力发展文化产业，实现文化产业正义的时候，如何同时能够实现其他各个领域和各个方面的正义？这是一个深刻而重大的理论研究的命题，需要做许多非常深刻的研究，本文仅从文化产业发展的历史地理学问题这一角度，试图就此做一个初步的探讨，并以此提出关于文化产业发展新战略理论的思考。

所谓文化产业发展的历史地理学问题，是指文化产业发展与历史地理之间出现的某种矛盾和冲突所形成的紧张关系而构成的历史地理发展困境。这一命题至少同时包括三个纬度，即文化产业发展与历史的关系、文化产业发展与地理的关系以及文化产业与历史地理的关系，广泛涉及文化产业发展对自然与社会环境的改造、文化产业发展对自然与社会发展序列的改变、文化产业发展对自然与社会景观话语的重构、文化产业发展对自然与社会资源力量的解构等等。

一、文化产业：建构还是解构历史？

任何一种形态的文化产业的诞生不仅只有在一定的时间里才有可能，而

---

① 本文首次发表于《上海交通大学学报》2009 年第 5 期。

且也只有在一定时间与空间才能得到发展。文化产业在一定的时间与空间里诞生，不仅改变了一个具体的地理空间的内部和外部社会生活结构，缔造了一种新的社会生活方式与结构，而且也在这个过程中使得在时间中建构的历史，无论是内容还是历史形态，都发生了变化。

文化产业发展与历史的关系至少有三个方面：第一，文化产业发展与过去历史的关系；第二，文化产业发展与创造历史的关系；第三，文化产业发展的历史态度——对待历史的关系。

文化产业无论是形式还是内容都是历史的产物。文化产业作为一种有机生命形态，它既是技术发展史的一个结果，同时也是人的精神发展史的一个结果，而且还是人的表达史的一个结果。作为技术发展史，它是一种生产力形态，是一般意义上的生产力形态向文化生产领域延伸和扩散，在形成文化生产力形态过程中，完成了生产力形态的历史丰富性，从而使生产力构成中最核心的要素得到解放了的形式；作为人的精神发展史的一个结果，不同历史条件下不同的文化产业形态不但清楚地记载了在不同历史条件下人的精神发展的面貌和形式，而且还记载了这种精神发展所达到的历史形式的高度，印刷出版业及其与资本主义精神在欧洲的形成与传播的关系，就是一个最典型的精神发展历史学案例。一定形态的文化产业的形成和出现，是一定历史阶段人的精神发展史的一个标志。从这个意义上来说，任何文化产业史都是人的精神发展史，因为任何一种文化产业形态的出现和诞生，都是一次重大的表达革命与表达解放，而表达在本质上就是人对世界的理解和意见的公开性陈述，表达在本质上也是自由的。但是，自人类发展进入阶级社会以来，本质意义上的表达自由都是不存在的。这一方面是因为任何一种意义上的统治集团为了维护它所代表的那个阶级和阶层的利益，它必须要主导舆论乃至控制舆论，这就使得表达自由成为不可能；另一方面，统治着物质生产的阶级一般来说也都统治着精神生产，也就是说统治着表达的工具和载体，因此，除非制度设计，在文化生产力形态不变的条件下，表达自由的机制（载体）不变。因此，被统治阶级一般来说在精神发展史上是无所谓“表达自由”

的。每一次文化生产力的解放和文化产业新的载体形态的出现，都是一次表达自由的获得与解放。本雅明正是在这个意义上发现了文化产业对于实现艺术民主的价值和意义。① 这一历史学性质，在互联网出现并发展成为全新的文化产业形态的时候，表达自由的历史被改写了。人的表达自由权因为互联网的出现而进入一个新时代，就像“文化工业”刚刚诞生的时候那样。一部文化产业发展史就是一部人的文明发展史、文明社会发展史。没有文化产业的历史发展形态，就没有今天人类社会的发展形态。从这个意义上说，文化产业在本质上是建构的，但它也是解构的。它是在解构已有的历史合理性的同时，重建新的合理性的历史。

文化产业是历史进程中的重大事件和事变的载体，是人类文明发展的动力和工具。当然，这里的文化产业首先是作为整体性的概念使用的，但是，所谓文化产业的整体性概念本身就是一个历史性的概念。这是因为，在历史发展的进程中，在它发展的每一个阶段，文化产业的整体性表现是不一样的。就文化产业的现代性而言，文化产业的整体性概念，首先就表现为现代印刷业以及由此而产生的现代图书出版业和新闻报业。虽然印刷术是中国发明的，但是，它并未在中国的历史进程中引发现代意义上的革命性的事件。而在欧洲则不同。现代活字印刷的出现以及海德堡现代印刷机械革命的成功，迅速导致了现代印刷业的革命和现代图书出版业与期刊业的出现。恰逢欧洲新教革命，现代出版业便成为资产阶级和新教运动的工具，并且借助于这样的工具推进欧洲宗教改革，从而最终帮助欧洲的资产阶级赢得了资产阶级革命，而书报检查制度正是在这个过程中诞生的。

卢米埃尔兄弟发明了电影，开启了现代大众文化时代，使得艺术民主成为可能，并且是直接地把工业文明的成果应用于文化形式的再创造，视觉文化、影像文化，从而开辟了人类文明的电影时代。但是，电影的出现，并不意味着电影产业形成，正如报纸的出现并不意味着现代报业的形成一样。真

① ［德］瓦尔特·本雅明：《机械复制时代的艺术作品》，王才勇译，中国城市出版社2002年版。

正作为产业形成的标志是：电影市场的形成、冲突与竞争，并由此而催生电影制度的出现。在世界电影史上，法国和美国之间关于电影贸易之争是一个标志性事件。因为，在这一事件中，电影反映的市场冲突，不仅是一般地表现为不同电影企业之间的市场争夺，而且是资本对这一新兴市场的发现。这一发现是由电影已有的规模和潜在的规模，以及隐含在这背后的巨大的利润被发现而引发的。正是由于这一潜在的巨大规模的财富效应，为资本的利润追求提供了一个前所未有的新天地。因为基于对世界市场的瓜分、争夺和垄断，两国政府都被资本卷入其中。出于对本国电影市场和电影产业的维护，尤其是对本国资本集团和利益集团的保护，所谓的配额制度诞生了。配额制度开启了人类文明发展史的一个新时代：电影产业时代。它和教会关于书报审查制度不一样。书报审查制度主要是基于意识形态控制，而电影配额制度的出现和形成，则是关于文化商品交易制度的建构，一种全新的以交易制度建构的方式实行对本国文化产业和文化产品市场的保护。前者是基于宗教和意识形态的控制，而后者则基于对市场的控制：新的交易规则。如果说前者具有鲜明的不公平性和历史的反正义性的话，那么，后者则显而易见的是试图建立一种基于市场的公平的交易规则。历史不仅在这里拐了个弯，而且还在这里开启了文化产业发展进而人类文化发展史的一个新时期：制度交易时期。由于在近代以来一部世界发展史几乎就是由欧洲来主导的，因此，一部近代欧洲文化产业发展史也就成为另一部欧洲文化发展史和社会发展史。近代欧洲离开文化产业这样具体的载体形态，它的文化发展和社会发展很可能是另外一番情景，甚至不能完全排除它的文化仍然处在中世纪。问题是资本对于世界市场的开拓，正如马克思所说的，不仅使世界各民族的局限性成为不可能，而且形成一种世界文学。[①] 马克思在这里不仅极其深刻地洞见了资本是改造世界的力量，更为重要的是他发现了一部世界近代史是如何被建构的，一种“世界的文学”是怎样在历史的演进中发挥它不可替代的作用的。

① 马克思、恩格斯《共产党宣言》。

在这里，所谓“世界文学”我们完全可以把它作为文化产业的代名词来解读，因为文化产业以它全新的载体形态建构了前所未有的世界文化图景：文化产品的全球流通。

这在近代以来的中国文化发展的现代演变中也同样清晰地表现了出来。早期电影进入中国，几乎经历了与美国大致相同的发展历程。然而，真正作为中国电影产业的主体性建构的是中国电影意识的出现和形成，以及关于电影审查制度和配额制度的建构。胡霁荣的上海早期电影研究为我们提供了这样一个时间表和路线图：①

1911 年（清宣统三年）6 月，上海城“自治公所”公布了“取缔影戏场条例”。条例规定“不得有淫亵之影片”等等。

民国成立后，上海“市政厅”袭用了上海城“自治公所”的“取缔影戏场条例”这个条例，算是中国电影检查制度的雏形，但是此条例对于电影传播的监管效用不大，还算不上一种真正意义上的监管制度。

20 世纪 20 年代中期，民间组织了江苏省电影审阅委员会，开始对在上海放映的影片进行审查。但由于江苏电审会属于民间组织，缺乏行政权力的依托和支持，对电影传播无法产生强制力的作用，因而其实际效能有限；1927 年国民党政府上台之前，电影检查在上海基本未能进入实质有效的监管阶段。

1928 年，上海特别市党部宣传部戏曲电影审查委员会成立。这是在上海出现的第一个具有强制性行政权力的地方电影检查机关。该委员会公布《电影审查细则》，并自 1929 年 2 月 1 日起实行。

1929 年 9 月 12 日，上海特别市电影检查委员会成立（次年 7 月 1 日，改称上海市电影检查委员会），后于 10 月 4 日和 11 月 9 日分别公布《上海特别市电影检查委员会规则》和《上海特别市电影检查委员会检查电影片规则》，规定其工作为检查进口及在本市摄制之中外影片及取缔不良影片。

---

① 胡霁荣：《植根与传播：上海早期电影研究（1870—1937）》，硕士学位论文，香港中文大学历史学，2007 年。

1930年11月3日，国民政府正式出台《电影检查法》，将电影检查权归集于中央。

1931年2月25日，教育部和内政部代表中央组成电影检查委员会，开始实施全国统一的电影检查制度，标志着由中国国家政权统治当局第一次出面大力操刀监管电影传播，也意味着一个具有国家强制力与约束力的中国电影制度初步形成。

自中央电影检查委员会成立至全面抗战爆发，即在1934年至1937年里，总计检查影片1696部，其中外国影片1216部（占检查总数的71.7%）；禁映影片37部（占检查总数的2.2%），其中外国影片30部（占禁映总数的81.1%）；修剪影片182部（占检查总数的10.7%），其中外国影片98部（占修剪总数的53.8%）。中国政府当局的电影审查制度对国外制片商产生了威慑力，令美国片商在制片时也自省内容。美国论者言，“在三十年代，原先美国影片里反映的关于中国和中国事物的那种荒唐的概念，由于中国政府注意的结果，开始进行了部分的修正。到了三十年代的中期，美国电影业也开始自觉地对它所描绘的中国主题、背景和人物，重新进行审查和估价。”

过去我们研究这一段历史的时候，这是常常为我们所忽视的。胡霁荣的研究不仅把这一历史的本来面目恢复给我们看，而且还让一段几乎被遗忘的历史在整个现代中国历史的文化建构中还原了，补上了至关重要的一环，还原了近代以来中国早期文化发展史中的一个重要组成部分：中国电影主体性建构的历史性完成：电影主权制度建构。这是电影审查制度、电影制度交易，进而电影文化产业制度交易的中国方式。这是因为在早期，中国电影产品主要还是以输入为主，电影产业主要还表现为好莱坞对中国电影市场的垄断，尚未形成中国电影输出的主体能力，但是，这并不等于在这方面中国的电影产业是无所作为的。通过建立中国式电影审查制度来有效地保护初露新芽的民族电影工业发展以赢得中国电影的世界话语，并且以这种方式来实现对外国电影，特别是好莱坞电影在中国（上海）市场份额的控制，从而为新兴的中国民族电影获得发展所需要的必要的市场空间，因而具有与配额制度同样的效力。这就是中国电影产业出现的历史状态。因此，这一事件本身不仅标志着现代中国电影审查制度的形成，而且也标志着中国文化产业市场准入制度的形成，在现代中国文化发展史上标志着中国文化产业主体性建构的实现，是国家主权的文化表达和制度表达。电影作为现代文化产业的核心形态，在完成和实现中国电影产业主体性建构的过程中，改变和创造了中国历史，即改变了以好莱坞为代表的西方电影对中国市场的垄断，开启了现代中国民族电影工业时代。中国近代文化发展史也就在这里拐了一个弯：现代中国文化产品交易制度时代出现。

作为整体性概念的文化产业生命形态的形成是一个历史演变过程。迄今为止，谁也不敢说文化产业作为一种生命形态它已经发育完成，而只能说，文化产业发展的当代形态是什么。文化产业的生命形态的演化，取决于历史的需求以及在这种历史的需求过程中人在历史的发展进程中的文化发现与文化需求。文化产业的整体性概念本身所揭示的就是一个文化产业自身不断成长的历史过程。它包括两个含义：一方面它是它自身的生命演化史，另一方面是它作为人的、社会的历史演化史的一部分表现着历史、传递着历史以及创造着历史，是历史自身的生命演化形态及其发展的阶段性。

近代以来，中国文化产业空间生命运动的历史轨迹，基本上是沿着现代城市生命运动的路线图走过来的。城市是文化产业的主要集聚地。虽然，在抗日战争时期，战争一度造成中国文化产业生命迁移的市场路线改变，但是，战争一结束，这样的生命运动规律便迅速地得到重建。制度性的文化产业迁徙是在 1949 年新中国成立以后。中华书局和商务印书馆北迁是中国图书出版业最重大的文化产业事件。文化产业是被建构的。文化产业是一个过程，因此，必须在历史的背景下考察文化产业。

二、文化产业：消费历史还是生产历史？

文化产品的生产与消费是文化产业构成的核心要素，没有文化产品的生产与消费也就没有了文化产业。所有文化产业的当代形态都是围绕着文化产品的生产与消费而建立起来的。由于所有的文化生产本质上都是关于内容的生产，因此，在所有关于文化产品的内容生产过程中都不可避免地以当下的身份表达了生产主体对历史的态度：是消费还是生产？

当文本作为一种历史的存在，或者它本身已经构成历史的一个重要组成部分的时候，对这一文本的任何一种史学态度，都将直接影响到这一文本构成的历史原型存在的合理性与合法性。尤其是当这一文本已经成为某种民族传统文化和人们精神历史的一个重要的历史性存在，同时具有文化资源价值和精神象征价值的时候，任何对这一文本的建构还是解构，都将直接影响着这一文化资源的价值属性和民族文化心理的颠覆与继承。

利用历史文化资源生产和提供当代人的文化消费品，是今天文化产业运动的最主要的生产机制之一，因而改编、重写，进而"戏说"便成为一种主要生产方式。过往在这个问题上所表现出来的许多争论，人们往往在历史的惯性作用下局限在意识形态领域。然而，当电影《无极》被《一个馒头的血案》"恶搞"而感到无限愤怒的时候，实际上我们已经对许多被"恶搞"的历史熟视无睹，表面上看来是对一部作品或一个人的"恶搞"——例如电视连续剧《林海雪原》对杨子荣的"恶搞"，《大话西游》对文学经典《西游记》的"恶搞"，实际上都是对构成我们往日记忆的那段历史的"恶搞"，以及通过和借助于这种"恶搞"解构我们在往日的历史进程中已经形成的对历史的认识，和由这种认识而建构起来的精神世界。这种"恶搞"，是解构我们人自身以及之所以是自身的历史。为什么？因为那些属于我们自身历史的一部分的，正是确证我们当今存在的全部合理性与合法性之所在。这就是为什么在德国，人们不赞成恶搞希特勒[①]，在印度不能恶搞圣雄甘地[②]的原因。被颠倒了的历史应当被颠倒过来，还历史的本来面目。但是，把颠倒了的历史再颠倒过来与"恶搞"历史是两种完全不同性质的历史态度。前者是恢复

---

① 《希特勒被恶搞，德国人难受》，《参考消息》2007年1月13日。

② 《"恶搞"甘地视频激怒印度》，《新华每日电讯》2007年1月15日。

历史正义，而后者则是毁灭历史正义。一个国家和民族不可能在“恶搞”历史的行为中恢复历史正义，正是在这个意义上，文化产业发展的历史学问题才应该引起我们的严重关注。同时也正是由于我们在这个问题上存在误区，使得我们今天的文化产业发展空间规模生产导致了对历史地理存在的全部合法性与合理性的消解，进而造成了文化产业发展与历史地理时空冲突和紧张关系：一方面，我们不惜工本，大兴土木，以“实施文化产业重大项目带动战略”的名义兴建文化产业园区和新的仿古景观；另一方面，我们又为了发展文化产业和推进城市化进程而不惜毁掉具有重大文化产业发展价值的“历史街区”和“名人故居”。在这个过程中，真实的历史被虚假化了，对历史内容的历史性表达的景观被“去地理化”了，从而使历史和地理都成为没有生命体征的物体。法兰克福学派当年就是从文化产业与人的精神性创造的关系性层面上提出了对“文化工业”的批判，并由此建构了它的社会批判理论。这就是从人类精神发展史，特别是从艺术精神创造发展史的角度提出的一个重大命题：文化产业是生产还是消费历史？如果是消费，文化产业应如何消费历史？

在这里，所谓消费历史包括两层含义：第一层意义是指我们通过任何一种形态的——文字的、口传的、视觉的——关于历史的表达物的阅读增加知识，进而满足精神愉悦，人在这个过程中感悟历史，获得人的自我存在方式的提升；第二层意义是指我们为了某种功利性目的——政治的和经济的——而对任何一种形态的历史根据目的性需求而重新进行剪彩和组合，进而构成与已有的历史表达内容不一样的历史。不是按照历史的本来面目来消费历史，而是按照自己的目标来消费历史，并且在消费历史的过程中解构和消解历史的真实性，最终使历史在碎片化的过程中被堆积在历史的深处。

我们今天面对的历史，绝大多数是由文本形态构成的，无论是物质的还是非物质的，离开了具体和特定的文本形态——历史存在的载体，我们便无法接触历史。文本不仅构成了一段文化史、文学史，而且构成了一段精神史和审美现象史，它是社会进步的文明展现方式，如果我们不能承认这一方式的历史合理性，以及它在构成一个民族文化心理和精神历程中的不可替代性，那么，我们今天在解构或者颠覆意义上的“改编”的历史合理性又在哪里呢？这里就涉及一个问题：历史能否被解构？倘若回答是肯定的，那么紧接着的一个问题是：怎样的历史才能被解构？解构历史当然不是目的，解构历史的目的也许有无限个。但是，一个最基本的目的就是：重建历史——要么还原历史，要么创造历史。如果是还原历史，那么是还原什么样的历史呢？你还原的历史，是否就是历史的本来存在呢？历史本来就是一个被确定的对象，因为我们现在所面对的历史和所阅读的历史以及所表达的历史，都是每一个“我”看到的、面对的和写下的历史。因此，这个所谓的“历史”只是整体性历史的极小的一部分。我们的历史观就是由这一小部分的历史养成的。

人类的文明发展史和文明进化，从某种程度上来说，确实是在不断的否定过程中前进的。当人类文明在其进化过程中不能勇敢地否定自己便不能实现新的伟大文明的创造性飞跃的话，积极的否定就成为人类文明进化不可替代的历史动力。毫无疑问，人类社会形态的进步与发展，是人类文明在进化过程中不断否定自己的最好例证。但是，这里有一个最基本的历史前提，那就是这种否定能够在多大程度上推动历史前进与跨越，也就是说，当不否定这种文本所体现的精神性存在，便不能推进社会的文明发展的时候，这种精神性存在由于其已经成为历史发展的一种障碍的时候，解构或颠覆它存在的合理性与合法性，也就历史地成为历史发展的必然要求。那么，无论是“红色经典”还是《红楼梦》所体现的精神构成了我们今天这个社会文明进步的障碍性力量了吗？

文化产品作为文化产业具体的生命表现形态与历史有紧密关系。任何文化产品都是与历史有关的。文化产品利用历史、陈述历史、记录历史、表达历史和创造历史，消费历史几乎是所有电影大片永恒的题材，然而，电影大片在消费历史的过程中也在重塑历史，甚至是篡改历史，按照它所理解和要求的那个样子来重新安排历史，从而为自己的行为获得历史的合法性。2004年8月1日，英国《独立报》发表了专题报道，英格兰遗产委员会负责人指责好莱坞篡改历史。[①] 当历史成为文化产品，进而成为文化产业的消费对象，谁在讲、谁来讲和怎样讲历史就变得很重要：是还原历史？展现自己的历史？还是重构历史、还原真实？让国民看到是怎样的一种国际形象？谁在消费历史？谁在创造历史？历史的天使飞向未来的时候，我们的面孔是面向历史的还是消费历史的？文化产业不是消耗历史——文化资源的机器，而应该是创造历史——文化资源再生的工作母机。

三、文化产业：地理符号建构与文化习性迁移

文化产业不只是在历史中生产和建构历史，而且所有的文化产业也都在空间、在一定的地理中发展。由于任何形态的文化产业都是一定地理中的人们的文化生产实践和社会文化生产力发展的结果，因此，就文化产业生命运动的自然历史来看，一定地理条件下的文化产业无不打上它的地理标志。尤其是那些依托于或者借助于地理自然条件发展起来的以景观文化表达为主要实现形态的文化产业样式，对改变地理空间、地理面貌产生了深刻的影响，改变了原有地理地貌的生命形态。现阶段中国普遍的文化产业发展战略规划运动，在本质上都是对人们和社会赖以存在的地理空间的人文生态环境的解构，是对原有的地理生态链的重组。由文化产业而新建的地理景观，不仅改变了人们文化生活中原有的视觉符号和视觉空间的时间存储，而且导致了一定地理范围内的人的生活习性和文化习性的迁移。

上海的“大世界”，是近代中国最具有代表性的现代娱乐形态。大世界以及其他与大世界一样的景观性娱乐场所，如迪斯尼，一旦建立，便改变了在这个空间范围内人们原有的生活行为，即每到某个具有纪念意义的假日，这个地方的居民便会像要完成一个盛大仪式一样，去这样的“大世界”“狂欢”，倘不如此，便仿佛使生活失去了某种属于意义的东西。久而久之，这样

① 《英专家指责好莱坞篡改历史》，《参考消息》2004 年 8 月 12 日。

的一种行为便成为习惯，成为一种集体无意识，我称之为“习性”：季节性循环和周期性循环。人作为一种社会性动物，也和其他所有生物性动物一样，也有习性，只不过这种习性是在社会中形成的，具有鲜明的区域文化特色，即具有非常鲜明的历史地理色彩。区别只是在具体日期选择上的差别，例如具体选择哪一个假日，并且正是这样的活动，成为人们社会生活中的一个重要内容，一种话语身份。这就构成了一种活法：一种在一个特定的空间，如上海，生存方式合理性的确证。否则，就不成其为“上海人”。在20世纪的上海发展史中没有比“白相大世界”更能表达和体现上海人的文化生活习性了。一个大世界，半部上海史。上海人是如此，对于外地人来说也是如此。曾经在一个很长的时间内，不管外地人是以何种方式来上海，是来上海走亲访友，还是出差、开会，没有专程去“白相大世界”——这近乎于具有一种朝圣的意味——这等于说他没有来过上海。就如第一次去北京的人没有专门去天安门等于没有去过北京一样，尽管这是两种完全不一样的景观形态和景观话语。是否去过“白相大世界”是鉴定它是否来过上海的一个衡量标准，这同样是一种社会生物习性使然。而之所以会形成这种习性，是因为“大世界”这样一个特殊的地理景观所拥有的特别的价值和意义。在那样一个往日的时间里，它意味着一种经历，即现代性体验，是一种走过大码头、见过大世面的标志，而对上海本地人来说，这是他得以不断炫耀的一种身份确证和文化认同，必须不断地重复行为以加强这种身份的“宗教意识”。表面上的大众娱乐和庙会式的狂欢，在构成了旧日上海一幕永不落幕的生活场景的时候，也养成了在那样一个时间里上海人所特有的空间行为，在那样一个地理上的生物习性，并且不断地改变着、造就着上海人的生活样式和生活态度，从而使得“大世界”或“白相大世界”成为上海人最典型的无界别公共话语。虽然，一个世纪来大世界在地理位置上没有发生任何的空间挪移，但是，作为一种城市的地理标志，以及在这期间形成的文化景观却始终处在不断的变化之中。这种变化是上海城市和文化变化的一个缩影，同样也是上海人的文化生物习性变异的一个缩影。“大世界”是近代以来最代表现代文化娱乐业的城市景观和地理符号，浓缩了一部近代以来上海文化发展的历史，尤其是上海乃至中国现代娱乐业发展的现代性。

深圳的大芬村原是一个地处深圳偏远地区的小村庄，面积不过 0.4 平方千米，原居住村民 300 多人，长期以来种田是那里居民的主要生产结构和社会结构。1989 年，香港某画商把油画加工、收集和转销这项特殊的产业带到大芬村，从而形成了以典型的“三来一补”为主要特色的深圳“大芬油画村”。以油画产品的来料加工而形成的文化产业形态，不仅为大芬村带来了脱贫致富、转变经济增长和经济发展方式的深刻变化，对大芬村的社会发展和居民生活造成了深刻影响，而且对大芬村的整个社会生态结构带来了巨大的变化。出租房屋几乎在一个晚上改变了大芬村农民长久以来的农作习惯和生产方式。财富和收入来源方式的改变，改变了大芬村人的生活习性。收房租成为大芬村村民的主要生活方式。大芬村原有的空间功能以及生存方式的改变，不仅改变了大芬村聚落发展史，而且改变了它的功能特征及其景观话语。时空汇聚被压缩在同一个空间，使得大芬村的历史地理被彻底改写，在这个过程中大芬村和大芬村人“被文化产业”了。同样，大芬村因文化产业而兴业，也有可能因文化产业而衰。我们不能设想一旦支持大芬油画村兴起的市场因素不存在了，那么因油画加工复制产业而兴起的大芬油画村留给我们的将是怎样的一番景象呢？已经在这个过程中被改变了“文化习性”的大芬村人又该寻找怎样的生存与发展空间，并适应自己已经改变了的文化习性呢？正如美国的底特律市因汽车工业而盛，也因汽车工业而衰，我国的阜新市因煤而盛，也因煤而衰一样。因产业的转移而导致一个地区空间功能的转换，它带给我们的地理问题将是巨大的。因产业的转移而导致一个地区空间功能的转换而带给人的“文化习性”的迁徙所造成的问题可能更大。这是因为，在现代中国，任何一个历史地理问题都可能是一个社会发展与稳定问题。因此，如何在大力发展文化产业和积极兴建文化产业园区当中确保文化产业发展与历史地理发展的可协调性、可持续性，确保历史地理正义，在实现当代人的正义的同时，实现多代人的正义①，就成为现阶段以及今后中国文化产业发展必须认真对待的一个不容回避的战略问题。

四、文化产业：改变和再造景观与文化认同

改变和再造景观是近几年来我国文化产业发展中最重要的运动之一。杭州宋城、浙江义乌横店影视城都是这方面的典型案例。把文化资源优势转变为文化产业优势（浙江义乌的国家影视产业试验区是一个反向案例：因资源贫乏而建成），是现阶段中国文化产业发展的基本模式和基本价值取向之一。

景观是具有思想的文化产物，而且是非常复杂的文化产物。人们总是在不同的历史阶段和社会发展时期营造不同的文化景观，以寄托自己的某种理想和追求，表达对于某种生活的愿望，如祈福或者消灾等，因而营造景观是人们心灵诉求和心灵寄托的需要，即便是人们最为必需也最为简单的“屋”的构造，也是为了营造一个“家”归属性景观标志，而使自己有所依归。不同的景观表达了不同的心理意义，不同的景观是不同的世界观的对象化②，但是不同的景观所体现的心理结构和思维模式是一样的。尽管在作为景观存在形态的可视符号上完全可能存在着根本区别，例如，人们把毛泽东当作崇拜对象和把释迦牟尼佛作为崇拜对象在符号形象上是不一样的，但是，在寄托人们的某种心理和精神则完全可能是相同的。这就是为什么“山”会有“神山”，“水”会有“圣水”的原因。因此，景观的营造和生产的实质不是要建造一个符号系统，而是人们的精神心理结构。而正是这种精神心理结构是文化认同最为基本也是最核心的要素，没有它，无所谓文化认同。文化认同是以共同的、心灵可寄托的文化符号来表达和体现的，虽然今人谁也没有

① 邓正来关于“一代人的正义观”与“多代人的正义观”理论，是对罗尔斯“代际正义”理论的进一步拓展，对于思考中国文化产业发展战略是一个非常重要的命题。见邓正来《全球化与中国社会科学的“知识转型”》，《文汇报》2009年8月9日。

② ［法］居伊·德波：《景观社会评论》，梁虹译，广西师范大学出版社2007年版，第4页。

见过“炎黄二帝”，但是由于在人们的心理精神构成的最基本的要素上有着对“炎黄子孙”深刻的认同，因此，被认真创作出来的“炎黄二帝”作为一种景观符号还是被人们所接受。无论是“祭陵”还是“拜祖”，之所以能为全球华人和两岸人民所接受，盖出于此。因此，往日景观的形成与意义，反映与建构了过去的人们生活于其中并加以创造的社会以及这个社会的文化特性。正是这种特性所具有的文化记忆性，使之具有延续的意义。正是这种延续性使得在这样一个景观记忆的时空中生活的人能够凭借这种特性找到回家的路。因此，早在1870年景观就被形象地比喻为“人类以自己的构想塑造了自己所生活的国家”[①]。正是在这个意义上，景观具有文化认同的象征性，或者说景观是文化认同的标志物。

迪斯尼被认为是美国文化产业的典范。其实，迪斯尼绝不仅仅是一个可被复制的旅游娱乐项目和文化产业发展的商业模式，它从一开始就是为了追寻一个美国梦而被创造出来的，被认为是“能发明历史并能培养对某种神秘过去的怀旧情怀”，目的是“能使商品拜物教文化永久化，而不是对它进行批判”[②]。作为一种空间形态的乌托邦，美国的价值观和生活方式深深地蕴含在所有迪斯尼的娱乐项目之中。虽然，那样一个美国梦是每个人在童年时期的共同期盼，尽管它的内容和形式会不一样，但是，在今天，迪斯尼无论就其形象所构成的景观话语，还是意识形态的美国标志，都是美国文化霸权的一种象征，在美国之外的任何一个地方被再造，都将毫无疑问地会造成对该地区对现存景观话语的解构及其历史文化的解构。因为，迪斯尼本身不仅凝聚了美国历史，而且也是对美国历史的一种精神心理演绎、表达和阐释，同时以美国式的内容缔造和再构人们心理的历史内容，因而是美国精神和文化认同的载体和象征。通过对迪斯尼景观系统的建构而重建对美国文化的景观

① 转引自［英］阿兰·R.H.贝克：《地理学与历史学》，阙维民译，商务印书馆2008年版，第111页。

② 马林语，转引自［美］大卫·哈维：《希望的空间》，胡大平译，南京大学出版社2006年版，第161～162页。

认知与认同，并以此同时取得巨大的商业价值，这是美国文化产业战略的过人之处。

长期的历史地理创造了特别的社会生态环境和生活方式的地理拼嵌图，这种地理拼嵌图直观地表现在人们的视觉感官面前时，它是以景观形式出现的；然而，当它以人们的精神心理体验出现的时候，它表现为人们行为方式的“内视性”，而正是这种“内视性”成为人们借助于和通过景观识别实现文化认同的根本心理基础。这是因为“这个地理拼嵌图是人类多种行为随着时间而不断加深的产物”①。文化产业发展作为一种空间规模生产方式对于一个地方空间形态的重构，它所解构和建构的不是一般意义上的可视性文化景观，而是内蕴于人们心理结构中的文化识别和文化认同。这就需要我们在发展文化产业、选择文化产业发展项目、建设文化产业园区等等这样一些广泛的涉及历史地理以及蕴含在历史地理中的精神心理结构和文化认同的时候，就必须对项目持一种审慎的历史主义态度。从这个意义上说，任何对现存地理面貌及景观形象和景观系统的改变，都是对建筑在该地理空间中的历史地理和人们的精神心理结构与文化识别及其认同机制的改变。“每个成熟的民族都有其象征景观。他们是民族形象的一部分，是维系一个民族的思想、技艺和情感交集的一部分。”② 某些特殊的景观意象成为国家各地区的识别标志和象征。

因此，景观不是建筑材料的随意堆放，而是有思想见解的塑造，对景观的恰当理解必须基于思想意识的历史再现。③ “封”山的目的不在山，而在人。这就决定了任何一种景观营造作为一种文化产业项目开发，或者说任何一种文化产业项目，特别是大型游乐项目和旅游项目这一类具有可视性符号

---

① ［美］大卫·哈维：《希望的空间》，胡大平译，南京大学出版社 2006 年版，第 78 页。

② 转引自［英］阿兰·R. H. 贝克：《地理学与历史学》，阙维民译，商务印书馆 2008 年版，第 157 页。

③ ［英］阿兰·R. H. 贝克：《地理学与历史学》，阙维民译，商务印书馆 2008 年版，第 144 页。

特征的文化产业项目开发，就必须思考和关注它与项目所在地人们的精神心理结构的关系，并且以能否最大限度地与这样一种精神心理结构相契合为依据来决定这一类文化景观项目的设计、开发、建设。由于人们的这种精神心理结构是在一个长时段的过程中形成的历史产物，并且还通过居住形态（建筑物）表达出来，是人们文化认同的重要表现形态，因此，文化产业景观项目的设计、建设与开发就必须与这样的历史、与人们在这样的历史过程中形成的文化认同的精神心理同构。任何离开了这样的历史环境所形成的特殊的精神心理结构和文化认同体系而开发的文化产业景观项目，很少有不失败的。这在我国近30年来的主题公园的建设中是最典型的，也是造成我国30年来主题公园产业发展基本不成功的最主要的原因。[①] 伟大的历史环境变成了低层次的游戏场所，也就丢失了自身的核心价值。[②] 因此“景观构想不仅仅是反映或缓和更为紧迫的社会、经济或政治问题，它经常是知识与社会信奉的一种强势模式。各种话语与实践，从工程学到政治经济学，普遍存在于许多意象之中，而艺术家并不是将所有话语与实践置于景观构想之中。话语与实践常常被各种背景激活或引入，在各种背景中，形象得以展示、复制与讨论”[③]。“景观作为展示国家特性的一种特色所具有的势能”[④]，使得景观具有一种不可替代的象征意义。长江、长城、泰山、黄河、天安门所构成的景观系列之所以成为今天中国的国家和民族自身的形象标志，成为民族认同和文化认同的标志，获得了国家形象的地位，其根本原因就在于这样的景观与中华民族共有的精神心理结构的一致性，没有这样的文化认同的一致性，就没有中国的今天。

---

① 据《中国文化报》调查，截至2008年，全国2500个主题公园耗费了1500亿元投资，其中70%处于亏损状态，仅有10%左右赢利。见《主题公园：是诱人蛋糕，还是商业毒药?》,《中国文化报》2009年8月17日。

② 余秋雨：《八公山下·思考》,《解放日报》2009年7月10日。

③ 转引自［英］阿兰·R. H. 贝克：《地理学与历史学》，阙维民译，商务印书馆2008年版，第146页。

④ ［英］阿兰·R. H. 贝克：《地理学与历史学》，阙维民译，商务印书馆2008年版，第157页。

这就涉及两个概念即“消费认同”和“价值认同”。“消费认同”与一个人的身份无关，而价值认同则是一个人的身份属性表达。一个喜欢喝龙井茶、看越剧的外国人，并不一定认同中国的价值观，但作为消费者，他有消费偏好，这就所谓“消费认同”。即便是一个长期生活在中国文化景观环境下的外国人，有着对中国文化的深刻了解和理解，但也并不等于他就认同中国的价值观，美国人司徒雷登就是一个最典型的案例。“价值认同”则不同，“价值认同”是涉及“我是谁”的问题，涉及一个人的终极关怀，诚如一个人去了教堂，而另一个人去了佛堂，身份表达和价值归属是不一样的，在这个时候，这种“价值认同”的差异性就在人和景观的关系中表现出来了，尽管在它们之间也存在着某种共同之处，即所谓的“普世价值”，这就是当年司徒雷登曾经努力过的，但是，司徒雷登没有成功。这就需要在今天的中国文化产业发展中，把“消费认同”和“价值认同”有机地融合在文化产业景观的设计与建设之中，以“价值认同”为导向，融“消费认同”于“价值认同”之中，并以此来建构文化产业正义：实现人的、民族的和国家的正义。正是在这个意义上，把迪斯尼项目引入中国大陆构成了对建设“中华民族共有精神家园”这一国家文化产业发展战略的矛盾和冲突，同样也无法通过引进迪斯尼项目来提高“国家文化软实力”，因为在景观的文化认同上它构成了对中国文化产业的“逆正义性”。

五、文化产业规划：新人文生态环境缔造与误区

当下的中国正处于文化产业历史地理的空前巨变之中，时空会聚与时空压缩及其在这当中主体构成之间的剧烈变动，造成了近百年来中国文化产业发展前所未有之大分化、大改组、大变局。通过和运用文化产业规划推进文化产业的发展是这一大变局的主要特征。2006 年以来全国性的文化产业发展战略规划的制定，是一场史无前例的对文化历史地理生态系统的大规模改造，是一次有计划、有步骤地对原有历史地理生命系统的颠覆与再造。在当代中

国，似乎还没有哪一种产业形态有如此能量改变着中国的历史地理、人文生态的。文化的自然历史的生成过程是一种生态演化过程，具有鲜明的渐进性特征，它和人类选择宜居生活空间的迁徙习性的文化路径依赖密切相关。它也会演变成某种爆发式增长的激进性、突发性，但这往往是在原有的文化基因在外力的作用下发生突变而造成的。

文化产业的区域发展规划，尤其是在一个特定的历史文化空间范围内，它所规划——改变和营造的，不只是开发和建设几个项目，而是在缔造一个全新的人文生态环境，一种诱导人的文化生物习性变异的文化生物环境和生物场。嵩山少林寺为什么从一个庙相庄严的佛门净地变成了一个蜚声中外的旅游胜地和娱乐产品，原因就在于少林寺的功能性变异，从而导致了来少林寺的人们文化生物习性的变异：人们来少林寺不是为了拜佛、寻求超度和灵魂慰藉，而是为了实现对少林寺传奇的好奇性满足——其中，电影《少林寺》无疑是这种好奇心的催化剂之一。宗教精神消费转化成了文化旅游消费——到此一游。“少林寺”演变成了意见文化消费产品。这就提出了一个文化产业发展的中国问题：我们今天的文化产业发展规划如何延续人的文化生物习性——是原有的文化生态环境和空间的时间逻辑的合乎规律的演化发展？还是通过创意、规划、设计、建设一些与原有的历史完全没有关系的“文化生物物种入侵”，从而导致一个地区所特有的文化生物史的中断？任何一个物种生存环境的大规模解构，必然导致原有生态群落生物链的断裂。自然界是如此，人文界也是如此。离开历史地理原有的生命纹理和脉络系统，任何意义上的文化产业发展规划，都将不可避免地由于规划主体对于历史地理信息系统重要性认识的缺乏而造成对历史地理的技术主义破坏，进而最终导致原有的在这个系统形成的文化认同的无所归依和无载体寄托。这也许是出乎文化产业规划主体的主观意志之外的。因此，我们不能为了经济目的而忘了文化景象对于我们今天文化认同的意义。把文化资源优势转化为文化产业优势，实际上提出了一个历史地理和文化产业发展的关系性问题。这是因为，任何资源都是历史文化资源，都是在一个特定的地理空间在历史的实践发展中积淀形成的。它不仅因历史而具有不同年代、时代造成和留下的属性，而且也正因为历史在不同年代形成和造成不同的属性，因此，在不同的地理空间所形成的文化资源优势是不同的；同时也正因为文化资源属性的历史性构成是受它所存在的地理空间制约的，因此，这又构成了在不同的地理空间、相同的历史年代里形成完全不同的文化资源。任何文化资源的形成都是历史地理相互作用的结果。离开了具体的历史地理条件，任何人的活动所创造和形成的文化资源都是不存在的。历史以及在历史所存在的地理空间的依托，便与在这地理空间的人类活动、人类生活有关系。提出要把文化资源优势转变为文化产业优势，不仅提出了一个文化产业发展的历史地理学命题，而且也提出了文化产业发展与往日和今日人类活动的关系。

任何一个规划目标的实现都有一个时间长度，而任何一个规划实现的空间又都是浓缩了的时间长度。在今天，人类所生活和活动其中的任何一个空间，没有一个不浓缩了这样的时间长度，这就是历史。因此，在今天任何文化产业规划及其规划目标的实现，都是对以往历史地理现状的改变。这就提出了一个问题，如何在文化产业发展的规划空间里，以及如何在规划的目标中与历史的趋势相衔接，与地理的脉络相吻合。文化产业发展规划的目标选择与制定，应当是历史的合理性延伸，是地理的合法性塑造。不能把文化产业发展规划目标的选择与文本的制定看作是对历史地理的随心所欲的乔装打扮。当前我国文化产业发展规划存在的一个普遍性问题，就是误入了城市规划的轨道，用城市或区域规划中的概念和理念来规划文化产业的发展。所谓“纵、横”“园、区”“发展带”“圈”等等，都是城市规划或工业经济规划中的空间表达，严格意义上来说不是关于文化产业规划的本体性表达。所谓产业规划，一是对产业发展本身的未来安排，包括产业结构、产业布局、产业政策等等；二是对体现规划精神和落实规划战略目标实现的重大项目规划，包括涉及产业升级换代的重大科研攻关项目、战略产业和重点产业的重大投资建设项目等。严格意义上来说这是一个关于产业的宏观发展规划，其核心是战略规划和政策规划，是对全局具有指导意义和规范作用，具有某种程度上的法的和行政的约束力，这涉及一个国家和地区发展的整体性战略目标和国计民生。而任何一个重大项目的投资建设在被列入规划之前都是必须经过反复的可行性论证的。这是就一般意义上的产业规划而言。文化产业的发展当然也需要有科学的规划，否则，就很有可能因为缺乏必要而科学的规划而使我们的文化产业发展陷入盲动之中。在这当中，城市或区域发展规划中的某些概念和理念并非完全不可运用于文化产业，例如“集聚区”等。但是，文化产业的发展一个很大的特点就是，文化产业的形态发展和“集聚区”的形成很大程度上不是被规划出来的，而是依照文化产业生命运动的内在逻辑以自然生命的方式成长起来的。例如，近几年来，所谓创意产业和创意产业园区在上海、北京、杭州等一些大城市的出现，就不是被规划出来的。在上海、北京、杭州等大城市制定的最初的有关文化产业发展战略和文化产业发展规划纲要的文件中，都没有关于发展创意产业和建设创意产业园区的内容安排。无论是上海的田子坊、北京的798，还是杭州的LOFT49等著名的创意产业园区，都是在艺术发展寻找新的创作和生产空间的过程中与经济结构的战略性调整和转型过程中需要寻找新的生命空间所形成的共同需求而产生的。“内需”与“转型”是现代创意产业与创意产业园区诞生的两大基本动力，离开了这两大基本动力，所谓“创意产业园区”是不可能出现的。这就是文化产业成长的规律。“创意产业”和“创意产业园区”的出现是如此，其他文化产业及其形态在一个地区的出现也是如此。例如，网络游戏产业在上海的出现，也是在上海80、90年代的文化发展战略和文化产业发展规划中所没有的，而它之所以率先在上海出现，直接和上海这样一个国际性的大都市以及在这个大都市的地理文化环境中形成的历史意识和历史感觉密切相关。因而，从这个意义上说，上海盛大网络的出现也是一个自然历史过程。文化产业的发展，特别是一种全新形态的文化产业的出现，它是需要许多先决条件的，正如没有印刷术的发明便没有印刷出版业、没有近代工业革命便没有电影工业一样，没有互联网就没有网络游戏产业。而所有这一切，都是文化生产力发展到一定阶段寻找新的生命空间和表现形态的产物。因此，文化产业发展很大程度上是文化生命形态运动自然选择的结果。"创意产业"和"创意产业园区"的出现，它和产业结构的调整与转型有关，而与文化产业规划无关。但是，一旦这种产业的出现发展成熟为一种发展范式和"可复制"的转型模式，那么，发展这一类文化产业就可以成为他人（地区）或下一个文化产业发展规划的内容而被列入规划。这应该是文化产业发展与文化产业发展规划之间的一种科学关系，而这样一种关系之所以可以被认为是一种科学的关系，是因为这样一种关系同时在历史和地理两个纬度上实现了合规律性成长。一方面，"创意产业园区"保留了一个地区的文明形态曾经有过的表现方式，使得往日的历史不仅得以保存记忆，而且这种表现是在以原有的景观形态和景观话语为基础和载体的，因而具有很强的"地理标识"。这种"地理标识"是解读和认识、认同一个地方的文化和历史最重要的"文本"。离开了这样一个"文本"不仅无法解读和认识、认同一个地方的文化和历史，而且任何对这样一个"文本"的"去历史化"和"去地理化"颠覆所造成的都只能是走向未来之路的时候，无法依凭往日经验的迷茫。这是人类社会进入"后现代化"时期才获得的认识。因而所谓"创意产业"意识便率先在英国这样的"老牌工业国"觉醒，进而成为英国政府在进入21世纪之前作为规划"下一个十年"的国家战略和国家政策。这一战略和政策不仅为英国的经济结构调整和产业发展转型提供了战略指导，而且还用文化和艺术的方式拯救了衰退了的旧工业文明遗存，使得往日衰落了的码头仓库和驳岸被改造成为艺术家园区和市民的休闲场所。在延续历史的空间形态中，重又使人们在面对眼前所熟识的景观中、在对景观的形象识别与回忆中，体验今天生活的价值和意义。这才是中国文化产业发展规划的研究与制定应当借鉴的英国经验。

六、文化产业跨地区、跨部门：中国文化产业深刻的历史地理学革命

任何一种文化产业形态都是人们用以生产文化、传播文化、表达文化和

塑造文化的载体。人们并不满足于文化自由的一般性和文化多样性的一般性。这不仅是因为作为社会存在物的人天生地具有塑造自己的欲望和能力，而且还因为，当任何一种形态的文化产业被创造出来以后，它都会被迅速地异化为一种异己力量。文化产业对文化传统具有拆卸与解构的功能，这种拆卸与解构具有进步的历史性，同时又具有对历史的颠覆性。这对已经占统治地位的统治思想来说，后一种颠覆是一种不能接受的挑战，于是通过制度设计和制度安排使其朝着有利于自己意愿的方向发展，便成为新文化产业的一种宿命。新文化产业也由此从一种新的表达自由的主体方式，演变为少数人对大多数人的意识形态和精神生活的一种控制方式。这种控制同样具有两面性：一方面，它要拆卸与解构具有无政府主义特征的表达方式的任意泛滥；另一方面，它要构造与建立一种新的复合主体目的性的文化架构。这就提出了一个文化产业运动的历史性与反历史性的问题。然而正是在这种历史性与反历史性的运动中，人、社会和政府与文化产业的关系被表现得淋漓尽致：把科学技术成果应用于文化的生产、传播和表达之中，塑造了新的文化形态，由于这种新的文化形态的出现改造了社会已有的文化生态环境和结构，造成了对传统社会生态的精神性破坏、拆卸与解构，因此，为了一方面发挥新的文化产业形态创造社会财富、推进社会进步的功能，另一方面又不使国家、社会和个人陷入精神生活领域的无序状态，而造成社会生活领域的无序结构，占社会统治地位的力量集团就不可避免地以建立与构造新制度规范的方式，来重建社会秩序，包括社会精神生活秩序，实现新文化管理与控制，从而保障国家和社会的有序进步。在这里，任何历史性倒退都不符合历史的主体利益。

跨地区、跨部门、跨行业并购重组，是近年来我国提出的未来中国文化产业发展最重大的国家发展战略之一。文化产业跨地区并购与重组战略的提出，是一次深刻的文化产业政策的地理学调整，将导致我国文化产业地理空间划分迅速重构。这将是一次深刻的中国文化产业发展的历史地理学革命。文化产业力量从一个地理空间迅速地向另一个地理空间扩散和重新集聚，造成了原有文化产业分布格局空前的地理运动。文化产业被大规模集聚、重组的同时，也在大规模地被挥发：集聚和重组不只是文化产业空间形态一般意义上的重组。由于这种重组与原有的文化权力和文化权利的配置具有深度的政治关联度，因此，这就使得这样的重组具有文化产业的空间政治学意义，即这种重组是文化权力和文化权利的地理学重组与空间生产，由此而引发的反兼并、反重组很可能蕴含着深刻的文化产业地理学危机。因此，文化产业政策生产不仅再生产文化产业空间规模生产的地理形态，而且还再生产文化产业地理的生产关系。

文化产业是建构历史地理遗产、文化形式和人们的特殊生活方式的一种重要力量。这种力量在现代社会生活中无所不在。由于历史地理遗产、文化形式和特殊的生活方式一旦形成便成为一种重要的文化生态环境而建构人们的精神心理结构，成为在这样一种精神心理支配下的行为方式，因此，文化产业在任何一种意义上的时空建构，都不仅仅是对一种历史地理文化遗产的“今日”变动，而且还是、也更为主要的是对建筑在此基础上的人们精神心理结构的解构和重建，从而使文化产业发展具有超越于文化产业自身定义的历史地理学意义。文化产业在不同地理空间的不同发展选择，导致在已有的区域发展不平衡的基础上形成了新的文化产业发展的不平衡地理。从这个意义上说，文化产业跨地区、跨部门、跨行业发展的“三跨战略”，就物的本源性而言，是本来就应当如此的。但是，由于长期以来形成的按照行政区划和行政层级来配置文化权力资源与文化权利结构被制度性固化了，这种固化由于蕴含了深刻的重大利益关系，因此，“三跨战略”提出，实际上是在挑战在这个基础上形成的人们在往日的文化权力空间建构过程中所形成的价值利益观及其精神心理结构。制度的惯性是一种极其可怕的力量。建构一种制度不容易，颠覆它更困难。在现阶段正在深入推进的文化体制改革中，谁都想做大做强，实现跨地区、跨行业、跨部门兼并重组，打造中国文化产业的“第一航母”，但是，谁都只想自己做大做强，并购重组别人，而不想让自己被“三跨”了。这既是重大利益问题，同时也是重大思想观念问题，是在文化权力的行政化配置过程中所形成的重大理论问题。而要实现这样的“三跨”，仅有体制内的制度革命是不够的，还必须要有体制外的革命，因而文化体制改革是中国文化产业发展的一次整体性革命。由于往日的中国文化产业发展的制度性安排排拒了社会资本参与和发展文化产业的主体地位、权力和权利，在造成了一种意义上的文化产业发展不平衡历史地理的同时，还造成了另一种意义上的文化产业发展的历史地理的不平衡：不公平的不平衡。因此，要重建文化产业发展的新历史地理学关系，就必须建立和树立“文化产业正义”这样一种新的文化产业战略理论和战略观，从而使“文化产业正义”转变成“文化产业发展的历史地理学正义”，用文化产业的历史地理学正义观，建构中国文化产业正义和新的文化产业发展战略观。

当前中国文化战略发展的几个问题①

当今的时代是一个战略时代。战略已经成为国家发展的一个最具有活力和决定意义的主题词。在今天，一个不讨论和不思考国家和国际战略问题的国家，一定是一个在国际社会生活中被严重边缘化的国家，或者说是一个没有前途的国家。今天的中国正处在这样的一个战略时代，正处在一个国家文化战略博弈空前激烈的时代。面对这样的时代，中国该有怎样的国家文化战略？这是中国文化发展的世纪命题。回答它需要做许多深入而卓有成效的研究，本文仅就当前中国文化战略发展的几个问题，提出一些初步的思考，以供大家讨论。

一、文化战略发展的基本战略关系

一个国家的文化战略是由它的外部性关系和内部性关系建构的。由于国家战略在任何意义上都是一个具有国家参照系统的战略，也就是说，都是相对于其他国家、以其他国家为战略对象的战略，因此，既有的国际文化战略秩序构成及其运动状况，以及本国在这个国际文化战略系统中所处的位置，这对于一个国家文化战略的选择、构成与发展就具有特别重要的规定性。没有这样的国际文化战略系统参照，无所谓国家文化战略。

国际文化战略秩序是国家和国家集团间文化战略竞争和战略博弈的结果，是指在一定的国际环境下所表现出来的、呈相对稳定状态的国家间在世界文化事务中的发言权、话语权和主导权的国际文化权力关系。国际上一切国家

① 本文首次发表于《艺术百家》2011年第6期，《新华文摘》2012年第4期全文转载。

文化战略的制定都是依据自己在这关系中所处的地位来决定的，直接体现为对世界文化秩序建构主导权的争夺与控制。

由于一个国家文化战略选择的任何变动都会给其他国家、地区乃至世界的文化战略格局带来更大的变动，因此，任何一个国家的文化战略选择，尤其是大国文化战略的发展走向都将深刻地影响到其他国家的文化战略利益，因而必然构成文化战略发展运动中的"战略困境"，这在地区文化战略竞争和大国文化战略竞争中表现得尤其明显。所谓外部性就是一个国家的文化战略与其他国家乃至世界的文化战略关系，如何对待和处理文化战略的外部性关系，是任何一个国家的文化战略选择都无法回避的战略问题。

国家战略是一个系统，文化战略是这个系统构成中的一部分。国家文化战略运动与国家政治、经济、社会发展战略运动之间的关系，以及文化战略自身各个部分历史运动的战略构成关系，这是规定一个国家的文化战略之所以是这个国家文化战略而不是其他国家的文化战略的内部性。这种内部性是由一个国家的历史性决定的。没有这样一个内在的质的规定性，也就无所谓这个国家的文化发展战略。国家文化战略的内部性规定决定了国家文化战略发展的个性及其与他国的战略差异性。国家文化战略运动的外部性和内部性构成了整个文化战略发展的正负两极，所有关于文化战略发展的结果都是由这正负两极的对撞产生的运动态。如何处理文化战略发展这一最基本的战略关系，是一切文化战略发展的基本出发点。

1944 年 11 月 17 日，美国总统罗斯福致信时任美国科学研究发展局主任布什，要求他就二战结束后美国的科学发展问题提供一个研究报告。这就是一年后（1945 年 7 月）布什提交的《科学：没有止境的前沿——关于战后科学研究计划提交给总统的报告》。这个报告不仅包括生物学和医学在内的自然科学，而且也包括同样重要的人文科学和社会科学。这份报告就如何在战后提高美国的国家战略能力，推进美国的国家发展中起到了不可替代的重要作用，成为二战后美国最重要的包括文化发展在内的国家发展战略，今天美国发展的许多成就都是这一战略的结果。这就是美国在面对二战即将结束，新的世界构成即将来临，美国如何选择国家战略，处理内外战略关系的战略答案。半个多世纪过去了，美国的国家战略和国家文化战略已经有了很大的发展，但是，这一报告形成的战略仍然是影响美国发展最重要的国家战略之一。从这个意义上说，战略就是改变还是维持现状的科学和艺术。

中国先后出台了《我国“十一五”时期文化发展规划纲要》和《文化产业振兴规划》，这些具有鲜明的阶段性和策略性文化发展计划的特征，还不是能够适用半个世纪的国家文化战略，也缺乏对国际国内两个大局中文化战略的关系的准确定位，还不是用来指导中国文化战略长期发展的战略文本。文化发展在整个国家发展中的战略定位的缺乏，对文化发展在整个国家未来发展中的战略关系认识的缺乏，严重制约和影响了中国文化战略力量的发展方向的选择、国家文化建设能力的战略性提高。制定“中国文化发展战略”，回答和阐述当前中国文化发展的基本矛盾问题和主要矛盾问题，明确根本战略目标及其制度选择，成为克服和解决当前中国文化战略发展困境的首要问题。

战略是一种长远的根本利益主张。规划是战略的实施形态和组织文本。由于任何战略都是基于维护或改变现状的目的，必然造成原有的文化秩序的变动与重组，从而再建一个社会文化秩序的合理性。一个文化规划应该正式地体现和阐明一个社会合理的文化秩序。文化发展战略就是要为这样一个文化秩序的建立提供全部合法性与合理性依据。文化发展规划只有建立在文化发展战略的基础上才具有历史合理性。

二、中国文化战略的世界关系

中国文化战略的世界关系是中国文化战略发展中最主要的外部关系，影响和规定了中国文化战略的世界认识、世界态度和立场。近代以来中国文化战略的世界关系，大致经历了三个阶段：鸦片战争，中华文明在欧洲文明前打了败仗，中国以屈辱的方式建构起了与世界的现代关系；辛亥革命，中华民族试图以西方文明的方式重建与世界的现代关系，并且在这个过程中实现中国与世界关系的主体性建构，重建中华民族的世界尊严成了它最主要的世界关系，抗日战争的胜利是它的战略奠基；中华人民共和国，中国文化开始了全面重建世界关系的战略进程，既付出了惨重的试错代价，也开始了重新融入现代世界体系的艰难努力，加入世界贸易组织是它的标志，“中国崛起”和“中华文化的伟大复兴”成为中国文化战略的世界关系的集体表达。这三个阶段所形成的不同文化战略遗产，构成了近百年来中国文化战略最重要的世界关系，这就是中国和西方的“中西关系”，成为影响中国文化战略的世界关系最重要的因素，同时也建构了中国文化战略在国际文化战略秩序中的基本世界关系。

从这个角度看问题，影响中国文化战略发展的未来走向和战略因素，至少有三个主要方面：欧盟、东亚和美国。充分地研究上述三个地缘政治板块及其文化战略态势对中国文化战略发展构成的影响，是建构未来中国文化战略发展理论和框架必需的参照系。虽然在可预见的时间表里，中亚地区还构不成中国文化产业国际地缘战略的一极，但并不等于它将来也不是。国际文化地缘战略是会随着国际地缘政治的变动而变动的。20 世纪 50 年代整个苏联和东欧国家就曾经是中国对外国际文化交往的核心战略伙伴。这种核心战略地位随着国际地缘政治的变动而发生了巨变。但是，必须看到上海合作组织对于中国地缘战略安全的极端重要性，以及这种重要性对于中国西部地区的国家安全的不可替代性。因此，从长远的战略看问题，中国文化战略发展必须同时包括“西部”概念。“西部”问题直接关系到我国国家文化安全的战略纵深问题。在中国文化及其产业发展的国际战略上，中国可以考虑建设“新世界观”，并且在这个过程中寻求和争取战略主动，在拓展文化战略发展的世界关系空间的同时，拓展中国文化战略发展的伙伴空间。诚如美国的国家安全战略发展，没有什么内容不可以成为美国国家安全战略的资源要素：世界的就是美国的。这种战略思维和战略发展眼光可以直接为中国文化战略发展中的世界关系所采纳，从而在一个更为广大的空间体系中从内容和形式两个方面建构中国文化战略发展的世界关系。不能在战略思维上实现自我超越，就不可能有中国文化战略发展的世界关系。

中国文化战略是在“中国崛起”和实现“中华民族的伟大复兴”的战略目标下提出来的。不论提法有着怎样的不同，有一个事实不容回避，就是不管你愿意还是不愿意，中国作为一个大国，作为当今世界力量格局中的一个重要组成部分，它的任何发展与变化都会给这个世界带来变化。政治、经济上是如此，文化上也是如此。这就使得中国的任何一种发展战略和任何一个领域里的发展战略都不可避免地要同构成世界力量格局的其他战略力量及其主体构成事实上的冲突，并且形成不可避免的战略较量。战后国际战略较量主战场不论怎样更替战略主体，有一个始终是战略主体的构成方，那就是美国。今天中国的文化发展的主要战略竞争对手，也还是美国，一个无法回避的战略竞争对手。事实上，无论是中国加入世界贸易组织，还是在中国入世后，美国都始终是对中国文化的现代发展进行战略胁迫的最主要的战略挤压者。

中美关系是中国文化战略发展最核心的世界关系。今天的中美文化关系是冷战时代的产物。虽然两国在政治和经济上有着许多互相依赖的战略共同点，但是由两种完全不同的价值观和意识形态主张所建构起来的基本文化理念、文化思想、基本价值观和生活方式的根本差异，使得建构在两种不同文明基础上的冲突，在一系列文化战略的根本领域里是不可调和的。只要双方各自恪守着各自所信奉的价值观不动摇，那么中美两国的文化战略关系就仍然是“你死我活的阶级斗争”。“国家安全”和“国家文化安全”成为两国文化战略冲突的焦点领域。

战略上的相互不信任将长期主导中美两国的战略博弈方式和国际战略博弈格局。在这个过程中，文化及其产业形态在任何时候都是博弈双方运用的主要战略之一。然而，由于美国在文化发展总量上处于绝对的战略优势地位，因此，中国文化要在一个较短的时间里获得对美国相比较的战略发展优势，就必须在若干个而不是在整体上寻求建立比较优势作为自己战略选择的战略考虑。而要做到或实现这一点，就必须在理论、政策和制度安排等各个方面实行全面的创新，其中一个最核心的问题就是必须对文化发展在中国整个国家战略发展中的本质属性进行明确的界定，为文化政策制定提供理论依据，克服当前严重制约中国文化发展的市场经济导向和文化价值导向之间存在的矛盾和冲突。如果不能从战略的核心价值理论层面上非常明确地规定文化在市场经济条件下的中国性质，而是摇摆不定，那么，在市场经济条件下，社会主义核心价值观和这个价值观体系建设不可能实现的矛盾，将长期制约我国文化及其战略形态的健康发展，甚至将为之付出沉重的代价，而恰恰在这一点上，集中了中国文化战略发展与当今世界关系的全部矛盾和冲突。因此，如何处理和美国的文化战略关系，将是中国文化战略发展无法回避的问题；如何建立与美国的文化战略关系将集中考量中国文化战略选择的中国智慧。当然，这里也有一个如何认识和看待中美文化战略关系的立足点问题。

今天中国文化战略的世界关系是从中国加入世界贸易组织开始建构的。在此之前，中国文化战略的世界关系在某种程度上说是解构性的，这与当时中国的战略目标相一致。经历了“文化大革命”的战略试验，中国调整了自己的战略目标。改革开放，重建中国与世界的关系成为中国战略发展的主题，自然也成为中国文化战略发展的主题。中国加入世界贸易组织不仅改变了中国与世界的经济关系，而且也改变了中国与世界的文化关系。中国加入世界贸易组织成为当代中国战略与世界关系的分界线。它的一个最为显著的关系变化就是改变了中国战略与世界战略力量及其秩序关系的重组。世界贸易组织是根据西方文明关于世界的经贸文化关系的理解建构起来的一种世界体系和制度，它的所有的制度性规定，都同时是一种关于人们交往行为的文化原则，具有鲜明的文化建构型特征。如何在这样的制度体系中坚持中国文化战略的发展原则，构成了两种文化内在的矛盾和冲突。两种不同的社会制度、价值体系和生活方式之间的不一致，人类社会发展所共同遭遇的全球问题，又使得它们在许多战略利益里面存在着高度的一致性。一致性和非一致性，这本身就已经构成了两种不同战略形态之间的优势差异。因此，中国要在文化发展的若干领域里获得相比较的战略优势，就必须克服和解决所有妨碍这一战略目标实现的障碍。

G7、G20 的提出，以及“中美国”，不仅表现了国际关系中原有秩序结构的变动，而且表明了这种国际秩序变动中的力量对比构成的重大变化。这种变化，以新兴国家的崛起为标志，中国在其中呈现出比较突出的优势，因此，后金融危机条件下全球经济结构的战略性调整，使得中国在这个过程中获得了参与国际金融秩序重建的发言权。正如任何意义上的经济优势都将转化为文化优势一样，如何将这种优势转化为中国文化战略发展的国际优势，正成为中国文化战略发展难得的战略机遇。一个国家的文化话语权是通过它在国际文化事务中的议程设置能力决定的，而不是由它的文化 GDP 决定的。能否和能在多大程度上主导国际文化战略秩序的议程设置，是集中体现一个国家文化战略的世界关系最核心的衡量标准。

三、中国文化产业的立场

发展文化产业是文化战略创新的产物，是当前中国文化战略发展最重要的形态和最重要的战略思想。中国有文化产业，在计划经济时代也存在文化产业。但是，文化产业的中国式存在很大程度上只是意识形态领域里阶级斗争的工具，主要服从于和服务于意识形态领域里阶级斗争的需要。虽然在这个过程中，作为文化产业生命存在的空间形态的“文化市场”也还存在，但是，市场并不在文化产业发展中发挥资源配置的基础性作用，作为具体的文化产业机构——文化企业并不拥有市场主体身份，文化产业只是文化事业存在的另一种表现形式：“企业单位事业化管理”集中凸显了“中国式”文化产业的身份属性。单一的文化产业投资结构和主体构成，现实地规定了文化产业在整个国家文化建设以及国民经济和社会发展中的附属地位与身份。在这样一种生命形态中，文化产业所体现的是那个时代中国的社会文化关系。政府把一切文化产品的生产、流通与分配都纳入计划经济体制，这最终导致了中国文化产业发展的长期停滞不前，从而使得文化产业作为一个国家文化的战略能力没有得到应有的发挥。

社会主义市场经济体制改革目标的提出和加入世界贸易组织的国家战略选择与国民经济和社会发展制度的创新建构，必然提出上层建筑与经济基础相适应的马克思主义制度革命和制度创新要求，从而导致中国国家文化战略发生转移。中共十六大，第一次在党的政治报告中明确提出了“积极发展文化事业和文化产业”的政治主张，把发展文化产业和文化事业同建设马克思主义的意识形态相提并论，并且把大力发展文化产业看作是满足人民群众精神文化消费需求多样化的重要途径。这就在中国特色的社会主义文化建设上，在坚持马克思主义在意识形态领域里的指导地位不动摇和积极发展公益性文化事业的同时，非常明确地提出了第三条道路——“积极发展文化产业”，从而形成了独具中国特色的文化建设与发展三位一体的战略架构。文化产业作为中国特色社会主义文化建设最重要的制度性建构被写进了党的政治决议、国家战略规划和政府工作报告。

国家进一步对外开放以及各项公民权利的彰显，非公有资本进入文化产业以及正在全面推行的文化体制改革，标志着中国文化产业正式进入一个全新的发展时代：那就是公民文化权益和权利的全面保障与全面落实的新时代。在这个过程中，因为文化产业，人和社会的一切文化关系得到了全面的调整；因为文化产业，文化与经济发展的关系得到了全面的调整；因为文化产业，人与政治民主的关系得到了全面的调整。文化产业在中国成为人和社会一切文化关系重构的纽带和关键词，成为中国文化改革开放走向世界的标志，成为判断中国文化民主化进程和对外开放度的晴雨表。

无论在中国还是在其他一些发达国家，文化产业之所以能够被重视，能够得到政府的政策扶持，甚至能够被作为国家战略提出成为国家发展战略的一个重要组成部分，其中至少有两个具有关键意义的因素：第一，文化产业成为一种新的财富创造形态。正是由于文化产业是一种新的财富创造形态，它改变了原有的以资源消耗型和环境污染型为主要财富增长方式的经济发展道路和社会发展模式，文化产业作为一种新的生产力形式和内容，改变了原有的人类社会发展的生产力结构，从而使知识经济以文化经济的全新转变而成为现代国家发展的关键产业。第二，文化产业由于是在人们购买文化产品与服务的精神消费的过程中实现财富的创造的，因此，它不只是改变了财富的创造方式，而且改变了人们如何改变自己精神生产和精神消费的方式，包括精神表达方式和精神传播方式，改变了整个现代社会的精神世界的空间结构，因而具有一种物质性创造所不具备有的深刻的解构和建构现代精神世界空间的无形力量，正是这种力量改变了人类社会和国家间的文化和精神空间的原有格局，影响和改变了人、国家和社会的发展走向与秩序建构。文化产业因兼具经济和文化的双重属性以及精神和物质的双重力量，使得它在世纪之交迅速地成为现代国家重新安排国家产业调整和建构新的产业结构布局的重要选择。

国际政治、经济、文化及其相互关系在这个过程中被迅速重组，而“文化霸权主义”“国家文化安全”等也由于深刻地反映了在这一过程中的文化不平等关系，揭示了在这个过程中出现的超越了文化交流和文明交融的“文明冲突”，威胁到了一个国家和民族的文化生存与文化发展的现实危机性而成为新的主流词汇。文化产业的市场准入与反准入成为国际文化竞争和国际文化战略较量的重要领域而占据了新的外交空间。文化产业正是在这个过程中凸显了它在整个国家生活中的重要性和价值，从而使之具有战略性。尽管不同的国家在这个问题上的政策与战略表达具有各国政治决策的特点，但是，凡是现代文化产业发达的国家没有不把它放到国家战略地位的。在现代国际关系体系中，没有发达的文化产业，就没有它的话语权。国际生活中的话语权因发达的文化产业而拥有。正是在这个意义上，文化产业是一个国家的文化制度和国家战略。

文化产业是因其文化产品的主体功能界定的。人类自有生产能力以来，只生产了两种生活必需品，一种是物质食粮，满足人的基本生理需要，一种是精神食粮，满足人的基本心理需要。所有其他的物品都是这两种基本必需品的衍生产品。文化产业就是精神食粮的生产系统和服务系统，因此，以满足人们的精神消费需要为目的的文化产品的生产是文化产业的主体功能和核心功能。围绕着这一主体功能而形成的生产手段系统都属于它的辅助系统。一个完整的现代文化产业体系就是由这两个系统的有机统一构成的。但是，规定和决定文化产业全部性质的不是它的辅助系统功能，而是它的核心主体功能。这是中国文化产业的战略立场。这一立场与中国坚持的要始终把社会效益发展放在首位的政策要求相一致，根据这一立场，中国没有必要培育一个金融资产、虚拟资产属性很强，对经济周期影响很大，对宏观经济调控有负面干扰的文化行业。也就是说，没有必要扶持文化产业的金融属性。文化产业的健康发展应该是以文化精神消费品为主导，而不是以投资品为主导。文化体制改革不能以培养文化产业的上市公司为主导。中国需要一大批文化产业的战略投资主体，但首先是培育和发展一大批文化战略投资主体，一大批具有文化再生产能力的战略投资主体，不是一般意义上的再生产能力，而是那种能够改变精神文化秩序、建构社会文化秩序的核心战略能力，这应当成为培育和发展文化产业战略投资主体普遍的战略追求和制度设计，不能让社会像投资房地产那样投资文化产业，那样会毁了中国的文化产业。

文化产业必须坚持文化产品的生产和向社会提供精神文化产品的消费服务，以满足人们精神文化消费需求，推动社会文明进步的文化战略底线提升。因此，应当确立以文化消费品为主导来发展中国文化产业市场的发展方向这一基本战略准则，并以此来选择和制定中国文化产业发展战略的发展方向和发展道路。正是由于文化产业具有改变现存文化秩序与建构精神世界的价值和功能，因此，当文化产业现代发展的成熟性程度以及它在一个国家的国民经济和社会发展中所处的地位与所发挥的文化作用和影响的程度，将直接构成一个国家国民文化精神和国家文化形象关键要素的时候，文化产业的现代发展就具有战略意义和战略价值，具有战略资源价值。开发这种战略资源、控制这种战略资源并且在全球垄断这种战略资源也就成为国际战略竞争的重要内容。

市场经济的发展使中国面临一场严重的文化冲突，市场正在成为唯一主导文化发展的价值取向。发展什么和什么是发展得好的，都是由市场来界定。但是，在人们的社会生活上，真善美的抉择还有很多其他的标准。在某种程度上，市场只和资本相联系，和利润与财富的增长相联系，并不和真善美相联系。为了利润，资本可以不惜任何手段，包括毁灭真善美。经济的发展尚且不能以市场为唯一价值导向，更何况本身就是以文化功能来界定的文化产业。文化产业的发展需要把市场作为文化产业发展晴雨表，但是，不能把市场作为文化产业发展的唯一风向标。文化产业发展为社会创造出巨大的经济财富的同时，更要为社会的文明进步和人的全面发展创造出巨大的精神文化财富。这就需要在发挥市场在资源配置中的主导作用的同时，更加需要发挥真善美的价值在文化资源再生产中的主导作用。没有真善美这些普世价值的主导，文化产业的发展就不可能实现社会的文明进步和促进人的全面发展的战略目标。

文化产业有两种基本发展道路。一种是“经济化”的“单边发展”的非均衡发展道路，一种是“社会化”的“多边发展”的均衡发展道路。前者以单一的市场为导向，以纯粹的 GDP 为衡量标准，把文化产业完全视作经济发展的一个部类纳入经济战略的发展轨道，以经济发展的指标要求制定文化产业发展战略；后者以多元的价值建设为导向，以复合的文明发展为衡量标准，把文化产业界定为文化发展的载体形态纳入文化战略的发展轨道，以市场经济的方式发展文化产业，满足人们精神文化消费需求的多样性；以价值目标的要求发展文化产业，提升人们精神文化消费需求的文明质量。转变文化产业单边发展模式，从以单一的市场发展为导向，各种公共文化资源与生产要素向文化“产业化”领域集中配置，转向以复合的社会发展为主导，各种公共文化资源和生产要素在文化建设、社会发展和经济门类间优化配置，环境友好、资源节约、人与自然和谐相处的可持续发展，更加注重用文化的精神和文明的方式引导文化产业发展的“多边发展”模式。

2008 年国际金融危机爆发后，中国经济发展面临的外部环境发生了重大变化。以美国为代表的发达经济体提出了世界经济“再平衡”的要求，开始加大出口，实施“再工业化”战略。这对中国以外向型为主导的发展战略构成了直接的挑战。与此同时，由于2008年爆发的国际金融危机引发了全球生产、贸易以及其他经济与金融关系的总调整，使得中国与世界的关系也因此遭遇“被调整”，进而导致了国内产业结构、投资消费、区域经济结构等发展战略关系的一系列调整。社会资源、生产要素、基本公共服务的重新配置与整合，成为无法回避的国家战略问题。文化产业虽然在这个过程中被赋予了“逆势上扬”的使命，并且还因国务院出台的《文化产业振兴规划》获得了“战略性产业”的战略定位，但是文化产业中长期发展战略所需要解决的一些带根本性的矛盾问题依然存在。尤其是从中国加入世界贸易组织开始，文化产业发展10年所推行的以文化体制改革为主导的“单边发展战略”，在文化产业取得巨大成就的同时，也积累了许多矛盾：文化产业发展与文化发展的矛盾问题、文化产业与意识形态发展的矛盾问题、文化产业与政治发展的矛盾问题、文化产业与经济社会发展问题等一系列文化产业发展的内外部文化关系问题，文化产业内部的结构性、系统性矛盾问题。有不少矛盾问题是旧的问题没有解决，新的问题又产生了。经历了10年的大发展、大繁荣，中国文化产业发展已经走到了一个新的历史节点上，不研究并解决这些矛盾问题，中国文化产业就很难走上健康发展的道路。这是一个健康的文化战略的前提。

四、中国文化战略的能力建设

世界资源和社会要素在全球范围内重组着国家的未来，国家之间的竞争已经不仅仅是国家实力的角逐，而是基于社会能力的博弈。在全球化时代，一个国家的实力只有通过提高本国民众的社会文化创新能力，才有可能获得可持续发展。能力建设和能力遏制正在成为国际文化战略博弈的又一个焦点领域，世界霸权的逻辑结构正在因此而发生变革，大国谋求霸权的战略也正在以新的形式展现出来。

一个国家的社会能力主要体现为该国的文化进步能力和民众的整体素质与水平、社会凝聚力的组织动员能力，以及社会制度化水平和社会秩序，而所有这些均取决于该国整体的文化创造能力，一种能够不断超越自身文化局限的能力。中国需要转变拔苗助长式的提高国家文化软实力和过分看重国家外部形象的思维定势，把战略重点转移到注重自身社会文化能力的提升和推动社会文化的全面进步上来。国家文化能力的提高和国家形象的战略性建构只有在一个国家社会能力的极大提高情况下才有可能。

话语建构能力是最重要的国家文化战略能力之一，在很大程度上影响和左右着一个国家的世界文化地位和世界文化关系。“话语权焦虑症”是当前中国文化发展的“战略焦虑”之一。中国并不是没有创建话语和提出话语权的能力，而在于欠缺建构话语能力的机制。核心问题是：谁来建构话语？谁有权建构话语？在今天的中国，实际上存在着三种话语关系：一种是官方的；一种是学术的；还有一种就是大众的。这三种话语关系之间缺乏有效的互通机制和共享平台，甚至在很大程度上三种话语之间还存在着一定程度的冲突和对撞。对社会话语权的尊重，以公共政策的方式、以国家的资源优势传播本国学者的话语成果和大众的议程设置参与，从而使之成为国家话语权能力建构的实际上的权威，这应当成为一种真正的“举国机制”。最大限度地激发每一个从事人文社会科学研究的学者的学术创造力和公民的主体参与能力，这是提升话语权国家能力的关键。当一个国家的文化政策机器不断地推动学术个人的学术创造成果的时候，它也就建构着这个国家的国家形象，进而以这种方式建构国家的话语权。在国际话语权领域里，思想理论界的话语表达的充分性程度，是衡量一个国家拥有多大话语权的重要标志。

普通民众具有改变世界的力量。大力培育和发展民间智库，在制度上和舆论环境上培育话语成长的社会土壤，已经成为现代国家文化战略力量建构的重要内容。美国有数量庞大的各种类型的智库，并且存在着支持各类智库发展的基金会一类的财团资本，这是一种美国式的“举国体制”。与之相比较，中国迄今为止还没有建立起这样具有广泛民意基础的智库力量。国家文化战略能力建设，需要建立起对民众的基本国家觉悟应有的认识、信任和自信，从而使中国在这一领域里拥有足够的国家力量。来自民间的声音往往可以发挥政府所起不到的作用。这一点，在奥运火炬传递过程中广大民众所表现出来的国家精神已经得到了充分的表现。因此，建构中国的新文化战略过程，应当把积极稳妥地发展民间文化战略研究智库作为中国文化战略的能力建构必不可少的选项，从而在民意的基础上缔造中国的价值观。

要把社会主义核心价值观体系建设建筑在普遍的社会民意的基础上，要建立文化战略发展的中国民间智库。由于中国现阶段还尚未形成比较完整的基金会制度，大学和科研院所的研究课题与研究经费绝大多来自于党政部门，而且都是“命题作文”，很难开展有效的独立研究和形成有独创新型的研究成果。虽然国家投入了不少人力、物力和科研经费，但收效甚微。多少年来中国很少在国际文化战略领域里形成有效的话语权，尤其是在文化管理制度和政策创新方面常常受制于人，与此有着很大的关系。因此，要实现以制度换制度的主动权建构目的，就必须首先创建能够实现这一目标的能力成长性机制。只有赢得话语权，才有可能实现以制度换制度的战略结果。话语权才是构成国家文化能力的核心。而要建立这样的核心，首先就必须培养能够形成这样核心的体制和机制。从这个意义上说，中国文化战略的未来发展同样需要在这个领域的体制和机制创新。而要做到这一点，特别需要我们在这一问题上解放思想：必须对我们的民众和知识分子有足够的信任。这也是中国文化战略充满自信的重要表现。

在所有要素禀赋当中，创造力是一个国家竞争力最重要的禀赋，是一个国家最核心的战略资源，也是一个国家核心文化能力和核心文化产业能力。从现在起到2050年的这40年中，无论对处在什么样的发展水平的国家，都是至关重要的。这是因为整个人类社会所面临的是同一个问题：自然资源枯竭后靠什么来继续人类社会的发展。而在危机后赢家的特征是拥有革新和创造能力。这样创新的回报会越来越大，而且更为集中在一部分人手中。劳动生产率的极大改善，持续的全球化，将会使革新和创造获得更多的报酬。50年前，最伟大的表演艺术家的收入来源仅限于他们实际接近的观众身上。现在，世界一流的歌唱家通过全球发行CD、MP3等音乐作品，享有不计其数的收入来源。国家内部贫富间的收入差距会因创新能力的大小而进一步拉大。创新的类型是多种多样的，文化创新毫无疑问是在所有创新类型中最具有影响力和持久力的。如果说科学的创新直接改变物质世界的存在形态和生命方式，那么，文化创新将同时改变人们的社会存在的物质世界和精神世界。无论是演艺明星还是钢琴家，或者是文化企业家，他们一旦离开，不管你是否愿意，他都会给国家的形象能力带来巨大的影响。平衡国家对他们的吸引力和社会凝聚力，将会成为未来中国文化产业发展的巨大挑战，是中国文化发展不容回避的战略问题。

五、中国文化战略的核心价值观

突破传统的政府主导模式，逐步实现政府主导向政府引导和市场主导相结合的方向发展，几乎是我国重建文化发展机制以来占主导性的政策和舆论意见。从纯粹的经济学意义说，这一意见有它的合理性。但是，从文化建设和文化发展的意义来说，这一意见有它的片面性。政府和市场是两个完全不同的社会存在和社会发展机制。市场的特点是它的无政府性，而文化的发展需要有明确的价值取向。这是由人类社会文明发展的自我选择机制决定的。人类文明不能发展，那么人类也就不可能存在发展到今天。因此，能够在多大程度上不断地更新人类社会的发展目标，校正人类社会的发展选择，不可能由无政府主义的方式来决定。政府作为人类社会发展到一定阶段所产生的社会机制历史地承担起了这样伟大的历史重任。人类社会数千年的演化发展史一个最基本的社会动力学就是政府的意志。正是这种意志主导着人类社会的进步和发展的方向与目标。即便如市场经济这种发展模式，虽然它有着自然生成的历史，但是，依然是政府选择的结果。因此，从最广泛的文化意义上来说，市场及其形态也是政府主导的一个结果。没有政府的意志以及由这种意志形成的政府主导，就不可能有一个时代、一个时间内文化的发展。一个时代的文化和文明发展特征与这个时代政府意志有着直接的因果关系。这就是马克思所讲的一个统治着物质生产资料的阶级，一般来说也统治着精神生产的资料。统治阶级的统治思想一般来说也就是这个时代的统治思想。因此，从文化建设和文化发展的战略来说，一般意义上实现从政府主导向市场主导转变是不真实的，即便在今天被称为市场经济自由化程度最高的国家——美国，确保美国的价值观和美国人的生活方式，历来都是《美国国家安全战略》最核心的内容之一。美国政府从来都没有放弃政府在文化及其产业发展上的政府主导权，所存在的区别只是美国式的政府主导。因为只有政府主导，才能实现一个国家和民族文化的可持续发展。因此，未来中国文化战略的发展模式应当优先考虑文化的可持续发展，而不是无限制的经济增长。

不能狭隘地将文化的发展集中在一般经济学意义上的投入产出上，必须赋予投入和产出新的内涵与价值。文化发展的经济效益与经济目标都只有和文化资源积累与文化生态系统有机结合才符合人类自身发展的目的。文化资源和文化生态系统的可再生性与有机性是一切人类共同体赖以生存的必要条件。因此，文化产业不是消耗文化资源的机器，而应是文化资源再生的工作母机，是文化发展的生产力形态。当没有文化产业文化便不能得到可持续发展必要的生命机制的时候，文化产业发展是人类社会文化可持续发展的重要形态和载体，同样，当文化产业只关注经济价值和经济效益的无限制增长而不考虑文化的积累与增长的时候，文化产业的无节制扩张就成为文化可持续发展的严重的社会生物学灾害。因为，它会导致文化多样性的消失，而文化多样性恰恰是确保文化可持续发展必不可少的文化生态系统，而只有在政府主导下才能做到这一点。因此，必须在文化可持续发展与文化产业经济增长之间保持以文化优先为价值导向的战略平衡，在文化产业的社会政治稳定和文化产业的经济增长目标之间实现以可持续发展为价值导向的文化战略平衡。

文化发展所必需的司法体制建设的落后，使得中国在文化战略发展过程中不断地遭到来自美国的法律制度体系的挑战。谷歌与中国政府冲突的实质是关于国家文化管理的核心价值观博弈。谷歌所挑战的不只是一般意义上的文化审查形式和内容，而是建立文化审查制度所依赖的一个国家根本的文化价值体系，是这个国家文化管理的价值底线。在谋取最大规模的商业帝国的同时，是对所有与此目的相冲突的文化审查制度的彻底颠覆，因为谷歌知道只要存在着国家文化审查制度，谷歌就不可能彻底垄断国际搜索引擎市场。彻底的垄断和彻底的占有只有通过彻底的颠覆才能实现。对中国来说，如何维护国家最基本的文化主权，不能一般地停留在国家文化安全的层面上思考问题，而是要从国家文化战略的核心价值观建设层面上着手。

国家文化安全不是被动的国家文化制度安排，而是国家文化战略建设的主动设计与谋划。任何一种文化制度的设计与安排，都是一定历史条件下人们对自己所处文化条件下安全状态评估的产物。它有防御和抵抗性的一面，同时它也有主动设计、积极进攻的一面。单纯的消极防御不可能产生积极的、创造性的文化战略管理的产生机制。国家制度博弈重在利益，不能建构一个有效的博弈制度，就不可能有效地实现对国家核心利益的维护。从这个意义上说，制度就是利益。因此，当我国文化的整体性生存环境与条件已经发生了巨大变化的情况下，根据变化了的内外文化条件进行制度创新，使之既能够满足我国文化战略发展的根本国家利益，又能够适应变化了的国际形势，掌握国家文化战略发展的主动权，最大限度地避免在制度博弈领域里受制于人。要对可能遭遇到的文化制度进行挑战和文化制度博弈进行超前预警，从而把可能导致的战略损失降低到最低限度。我们不能拿利益做交换，而是要拿制度做交换。制度交换制度，恰如中国加入世界贸易组织，自然在美获得最惠国待遇，而不用在接受美国国会就中国最惠国待遇问题的利益交换。

战略是一种制度关系，是一种关于制度的理解和体现，是一种在一定的制度条件下是维护还是改变制度的表达。2010 年谷歌公司要求中国政府取消网络审查所引发的事件，美国国会在 2010 年 3 月 24 日召开听证会，就“谷歌事件”“检视中国互联网法规”，“以及在这些法规下，外国公司是否有表达意见的自由”。这是美国试图用美国法律干涉中国司法独立的行为。但是，我们同时也不能不看到，在文化发展问题上的法律不完善所导致和造成的文化发展“困境”，是严重制约我国文化健康发展、依法建设的制度性障碍。建立健全的文化产业法律体系，使之在宪政的框架下运行，应该成为中国文化战略发展的重要内容。尤其是在中国文化战略发展的科学建构和有效实施方面，必须在关于文化的意识形态监管问题上克服传统的思维方式，通过在出版、新闻、电影、电视、互联网等一系列中国文化战略的核心领域制定国家法律，从过去关于上述领域里已经明显地不适应现代中国文化产业发展和国家制度建设需求的思想观念中解放出来，超越在文化审查和意识形体监管上的自我束缚，以充分的文化自信表现执政党在文化审查和意识形态监管领域里的成熟执政。

在可以预见的将来，中美关系和中欧关系始终是中国的制度建设所遭遇到的最主要的国际关系。中国面临的最主要的国家文化制度博弈的对手也主要的来自这两个方面。虽然欧美之间也存在着制度博弈，但是，它们之间的制度博弈是在根本价值观基本一致前提下的制度博弈，它们之间的制度博弈不是战略层面上的，而是战术层面上的。欧美之间并不存在根本文化制度之间的价值冲突，而中国不一样。虽然我们奉行不以社会制度和国家意识形态处理国家关系，但是，这并没有改变不同的社会制度和国家意识形态仍然是当今国际冲突的根源这一现实。“文明的冲突”就是对这一现实的最精确表述。因此，如何既坚持我们的价值观和生活方式，又能够超越文明冲突的局限，寻求与欧美文明和文化制度设计在价值观上的共同点，应当成为我国文化产业制度创新一个战略选择。

要使制度本身成为一种生产力，一种良性的生产力形态，从而确保文化战略发展所需要的文化生产力成长机制始终处在一种良性发展的状态，而不是总是通过或借助于临时性的非常态手段和临时性的政策措施来促进文化的发展。不能把改革作为一种常态机制来规定，造成整个事业的战略发展总是处在一种动荡不定的状态之中，使人们总是处于“下一只鞋什么时候落下”

的不安期待之中。这既不利于战略管理成本的有效控制，而且不利于战略的稳定发展和它的可持续发展。因此，对于像中国这样一个大国来说，改革的完成也应该有一个时间表，哪怕是一个较长的时间表，但不能遥遥无期，不能陷入“不断改革”和“循环改革”的误区。要不断地把改革的成果通过法律形式固定下来成为制度形态。倘若改革的成果不能以法律的形态确定下来，那么我们就要检讨和思考这一成果本身的合理性与合法性，必须克服“半部文化法律治中国”的文化发展困境，建构中国文化法律体系，从而使得人人依法行为，政府依法管理，文化依法发展，社会依法进步。这就需要从中国长远的发展角度进行全面的基本文化发展战略理论研究和建构，它是我国文化产业制度建构的理论基础和指导思想。

国家文化治理：发展文化产业的新维度[①]

为什么要发展文化产业？中国究竟应该以一种什么样的价值观和价值导向来发展文化产业？这个问题不仅涉及文化产业发展的目的性与国家需求之间的战略关系，而且是中国文化产业发展战略最重要的理论基础和出发点。政治治理、经济治理、文化治理，是国家治理的三个发展阶段。中国在经历了政治治理（“以阶级斗争为纲”）、经济治理（“以经济建设为中心”）之后，正在走向文化治理（“建设社会主义文化强国”）。发展文化产业，正是在中国国家治理进入第三个发展阶段后被赋予承担国家文化治理职能的，从而进入国家发展战略序列。

一

发展文化产业是在中国社会发展进入到一个全面变革和转型的大变革时期提出来的，是中国为克服和解决经济结构的战略性调整和转型过程中遭遇到的结构性矛盾和体制性障碍过程中提出来的，是在中国加入世界贸易组织用开放促改革的过程中提出来的，是在社会主义事业遭遇到苏联和东欧阵营的集体性解体的危机中提出来的。也就是说，发展文化产业的国家战略决策是为一系列国家战略需求服务而提出来的，是为克服与解决国家危机而提出来的。从这个意义上说，发展文化产业具有治理国家危机的性质。

20 世纪 80 年代以来，中国经历了一个从不提文化产业，到肯定文化产业，再到大力发展和加快发展文化产业的政策演变过程。这不仅是国家对文

① 本文原以“国家文化治理：发展文化产业的新维度”为题，发表于《学术月刊》2012 年第 5 期。

化产业态度与认识及其政策的一般性演变，而且是国家治理观和国家文化治理观的一次深刻变革。

不提文化产业是着眼于国家意识形态安全的需求意志，而提出发展文化产业是着眼于国家意识形态安全的战略需求，但是，问题的性质已经在这个过程中发生了变化：一方面，国家意识形态安全的环境和形式已经发生了深刻的变化，经济全球化造成的全球市场一体化，不仅改变了全球物质商品生产与流通生态格局，而且改变了全球文化商品生产与流通的生态格局。尤其是现代科学技术更加深入地介入了文化生产手段和传播手段的革命化与现代化，使得原有的封闭式的文化商品生产、流通与消费日益成为不可能。当不能采用新的现代文化生产手段与传播手段便不能有效地维护国家意识形态安全的时候，文化生产手段与传播手段的变革便成为维护国家意识形态安全必须完成的革命。文化产业在全球迅速成长为国际文化战略和国家文化安全战略，正是在这个意义上成为正在发生的深刻的文化全球化和全球化的文化治理革命。另一方面，经济全球化的迅速发展在给人类社会带来巨量的财富增值的时候，也造成了资源和环境持续恶化带来的全球经济危机。可持续发展战略命题的提出具有普世价值，凸显了人类社会普遍的关怀。转变经济发展方式和经济增长方式也就自然成为经济全球化发展的另一重要命题。寻求人类社会发展的新的文明发展方式和生活方式，转变人类财富的增长方式也就成为人类社会共同追求的目标。文化产业被认为是最能体现这一价值追求的实现方式。于是，文化产业在社会发展的层面上和全球化治理的层面上便超越了法兰克福学派作为社会批判理论的“文化工业论”，转而成为用以克服和解决经济和社会发展问题的治理工具和治理手段，英国政府提出发展并实施“创意产业战略”，新加坡政府提出“文艺复兴新加坡战略”，日本和韩国提出“文化立国战略”，欧盟发布“欧盟文化战略”等等，都使得文化产业从社会批判的价值理性发展成为社会建构的工具理性。在以阶级斗争界定意识形态安全依然还存在的情况下，新的全球意识及由此而形成的意识形态不仅形成了新意识形态，而且形成了新意识形态安全。文化产业正是在这个意义上成为新意识形态安全最重要的形式。国家治理从狭义的意识形态安全走向广义的国家文化治理。

二

文化具有社会治理的功能与特征。人们创造和生产文化本来就是为了对人的治理的。“古人结绳而治，后人易之以书契”。这是中国古代最早的关于文化与社会治理关系的描述。“书契”——文字符号表达系统是从“结绳”——物质符号的表达系统演变发展而来的。它的初始目的是为了实现有效的劳动和人与自然关系的协调，进而建立人与人之间的社会行为关系的协调，解决和克服不协调，这就是“治”，就是“治理”。也就是说，人类创造与生产文化是为了有效地克服和解决人与人、人与社会和人与自然之间出现的问题——疾病，具有疏导、宣泄、沟通的意义。当文化的这一本质性功能发展到现代社会、体现在文化产业这一具体的社会系统时，文化产业作为国家文化治理工具和手段这一功能被发现，也就成为一个社会的自然法则过程——古人结绳而治，后人易之以书契，再后人易之以文化产业。

文化治理的特征是通过主动寻求一种创造性文化增生的范式实现文化的包容性发展。这是文化治理与文化管理最突出的差别。文化管理是国家通过建立一系列规章制度对人、社会和国家文化行为的规范化，对象是文化行为及其整个生态系统，主体是政府；文化治理是国家通过采取一系列政策措施和制度安排，利用和借助文化的功能用以克服与解决国家发展中问题的工具化，对象是政治、经济、社会和文化，主体是政府 + 社会，政府发挥主导作用，社会参与共治。管，具有法律和行政的强制性约束力；治，则更突出人、社会与国家的能动性和自主性。治，是针对问题的解决与克服，具有很强的规训弹性，而管则是基于一定的价值尺度对人们的社会行为认为应当是如此的规定，具有很强的惩戒刚性。

人的精神发展与人的精神生产是互为建构的。一方面，人要表达对世界的认知、感受和见解，另一方面，人又需要认知世界、感受世界和把握世界的工具，用马克思的话来说，人在生产对象的同时也在生产人自己。人的任何精神生产都不会简单地重复自己，每一次这样的生产，不论是有意识的还是无意识的，都包含着人对生活的理解与理想，都在生产这一个新世界。不论这种生产的结果是符号还是图像，是声音系统还是动作系统，这种新的世界都表现为一种作品，关照自己，也影响别人。即便是人们所赖以生活的自然环境，也因其与人的生产和生活关系而成为人的本质力量的对象化，成为人的作品，成为空间消费对象。人的许多精神现象和精神秩序建构在很大程度上就是来自于这样的空间性建构。文化产业只不过是所有这些精神发展和精神生产在今天的一个结果和表现，但是，它们之间互为建构的本质并没有因为载体或工具性使得变化而变化，区别只是它的工具理性。两者之间均具有很强的弹性。然而，任何工具理性只有同时拥有深刻的价值理性，并且与价值理性深刻融合才具有本质意义的力量性。精神和文化的这种作用并不是今天才被人们认识和发现的。“不战而屈人之兵”是中国古代关于文化的治理性在战争中运用最早也是最经典的表述，为世界军事经典原理。文化产品对于建构文化影响力、吸引力和感召力的发现也不是始于今日。“四面楚歌”既是对文化应用于解决战争问题的生动描绘，同时也是对“楚歌”这种文化产品形式巨大影响力的生动揭示。孔子闻韶乐而三月不知肉味，可以说是对文化产品这种对人的影响力极为深刻的生理体验式描绘。它不仅提出了文化产品的社会价值命题，而且也提出了国家与文化产品及其生产关系，以及国家应当通过和借助于文化产品作用于人的灵与肉这一特性治理国家的命题。人们之所以要控制文化产品的生产，就是基于对文化的这种治理性的认识和深刻了解。反过来说，放弃了对文化之于社会治理关系的深刻认识，都不可能有效地实现对国家的治理，尤其是“善治”。从这个意义上说，孔子是最早发现文化产品生产与国家文化治理之间的关系的。孔子的以仁治天下的观念，可以说是最早的国家文化治理观。以文化的兴废治乱来考察、观察国家的盛衰存亡，也因此成为中国古代最重要的国家治理方法论。

三

文化产业具有治理性。文化产业的治理性是文化的治理性的延伸与发展。文化产业的治理性是由文化产业作为社会文化产品的生产和精神生产的机器，以及由这种机器与政治、经济、社会和文化发展的关系性功能决定的，是通过发展不同形态的文化产业建构满足不同人们的精神文化消费需求的精神文化生产格局，进而通过这种格局的建构，实现不同阶层参与文化生产与传播的投资需求，从而实现人们普遍的文化权利与权力，并通过这一权力格局形成，建构具有不同文化诉求的精神政治秩序。

文化产业作为社会的精神生产系统，具有创造物质财富、调节社会生态、平衡利益分配和再建文化心理的特性。就一般经济学而言，农业和工业创造财富的功能是单一性的，而文化产业则是双重性的：通过创造精神财富来生成物质财富。由于文化产业发展相比较农业和工业而言，具有鲜明的“非资源型依赖性”和“生态环境的低污染性”，以及物质财富和精神财富的双重增值性，因此，当人类社会的文明进步遭遇到“工业文明发展困境”时，通过大力发展文化产业来改变社会财富的增值路径和经济增长的发展方式，也就自然成为人类社会可持续发展的必然选择。国际社会不约而同地把发展文化产业（文化创意产业）作为国家发展战略，标志着在国家治理问题上认知的共同性；同时也意味着国家治理形式与国家治理模式发展的阶段性。

文化产业具有经济治理性，不是由它的经济属性决定的，而是由它的文化属性决定的。社会的文化产品购买力，是最终决定文化产业经济治理性的力量。我需要，我购买。没有社会的、市场的购买力，就没有文化产品生产的市场动力；没有这个动力，或者说，文化产品的生产与社会需求相脱离，就不可能实现文化产业的经济价值的增值性，当然也就不可能产生对经济发展刚性结构的影响。文化产业只有具有财富的创造力和巨大的增值力，才可能对资本具有吸引力和资本流动的引导力，才能克服资本对投资的刚性需求，从而实现调整经济结构、转变经济增长方式和发展方式的目的。因此，作为经济治理的文化产业，服务于经济结构的战略性调整和经济增长与发展方向的战略型转变，克服经济发展与经济增长的资源消耗性和环境污染性的不可持续的刚性发展模式。中国是在寻求克服经济发展中的结构性矛盾和体制性障碍的战略需求的过程中提出发展文化产业的，而不是首先在文化的层面上提出来的。这就使得发展文化产业在中国的提出首先是用以解决经济发展问题的，是用来“医治”经济发展毛病和“救治”经济发展危机的。2000 年的《政府工作报告》在谈到如何克服与解决经济结构的战略性调整中遭遇到的结构性矛盾和体制性障碍的时候，第一次直接从正面提出要把大力发展旅游业和文化产业作为解决这一国家发展难题的四大战略举措之一，从而在中国第一次使得文化超越了狭隘的意识形态层面而获得了国家经济政策的战略价值，进而在一个全新的意义和更深层次上获得了新的国家功能界定：国家治理。这是中国国家统治观的一次深刻变革。

作为文化治理的文化产业，满足于人们日益增长的精神文化消费需求的多样性，克服和消除单一的以意识形态为唯一价值导向的文化发展模式。积极发展文化事业和文化产业，在切实保障人民最基本的文化权益的同时，运用市场经济的方式发展文化产业，使之成为满足人们日益增长的精神文化消费需求多样性的重要渠道，并且把它和社会主义精神文明建设有机地结合与统一起来。文化治理通过提供消费渠道和产品满足人们精神文化消费需求的多样化来实现，而不是通过意识形态领域里的阶级斗争来实现，从而在市场经济的条件下建立了在文化治理上的政府与市场的新型关系，而且也建构了在国家文化治理领域里的国家与公民文化权益实现之间的互动关系。这是中国国家文化管制的又一次深刻革命。

作为政治治理的文化产业，应适应于政治文明建设的民主化进程和表达诉求的多元化发展机制建设，改革与政治文明进程不相适应的精神政治生产模式和精神政治秩序。文化产业是政治文明最重要的表达机制。文化产业的市场准入不是经济问题，而是一个政治问题，是一个国家和社会的政治文明程度问题。在不同的社会历史条件下，不仅不同的国家会因不同的政治文化传统，产生和形成不同的政治表达机制，即便是同一个国家拥有相同的政治文化传统也会因不同执政主体、不同的政治信仰形成和建构不同的政治表达机制。而文化产业的市场准入问题恰恰在这一点上成为不同国家的政治文明“窗口”。由于文化产业在本质上是社会的精神生产系统和精神的社会表达机制，与人们的社会权利与权力存在着天然的联系，而正是这种权利和权力内在地构成了一个国家的政治民主关系。因此，任何国家的文化产业市场准入的制度设置，都是这个国家政治文明及其民主化程度所达到的国家治理自信性和“善治”的表现。通过和借助于发展文化产业作为社会的政治表达机制和精神及舆论生产的工具性特性进行社会政治改革，推进国家文明化，也就自然成为社会与国家治理者治理国家的自然选择。而这个选择的结果，直接地构成了国家的政治文明生态和精神文明生态。从这个意义上说，深化文化体制改革，加快发展文化产业，在当下的中国就是为了改革与政治文明进程不相适应的精神政治生产模式和国家的精神政治秩序，推进国家治理文明转型和文明进程。

作为社会治理的文化产业，应服务于公共管理的主体意识和公共责任的建设，克服和解决与社会文明进步不相适应的社会管理模式和文明形态。社会具有无政府主义特性，同时社会又是因不同的文化被建构的，什么样的文化必然塑造什么样的社会。作为社会文化生产最重要的社会生产机器，文化产业不仅生产和提供不同的文化产品，而且还生产不同的文化需求。一方面，它迎合人们的消费文化习性；另一方面，它又生产人们的社会需求，改变人的文化消费习性。由于任何意义上的文化产业所供给的文化产品都具有准公共产品的性质，因此通过和借助于文化产品的生产和提供方式，平衡不同人群之间的社会需求，可以达到有效地消解社会心理压力、疏导社会情绪的社会“减压阀”的作用。通过政府采购，把满足于个人消费的文化产品转移成公共文化服务产品，不仅能有效地实现财富的二次分配，消除文化分配鸿沟，而且有助于建构公共管理的主体意识和文化产品生产的公共责任，通过改善人们的社会存在的均等化程度，实现社会管理模式和文明进步形态。当不发展文化产业，不能提供丰富的公共文化产品，缺乏足够的公共文化产品生产能力，便不能实现和提高社会的有效治理的时候，发展文化产业就成为国家社会治理的必然战略。

作为国家治理的文化产业，应服从于国家根本战略利益发展需求，平衡与协调人、社会、国家三者之间在政治、经济、社会、文化与生态之间的文明互动关系。因此，大力发展文化产业作为国家战略和政策的提出，本身具有国家治理的性质。服务于经济和文化，服务于社会和民生，是发展文化产业最重要的治理性需求。

四

文化治理是文化价值观和文化的生存方式的有机统一。从这个意义上说，作为一种文化治理形态和治理方式，文化产业的发展以及由其产品系统所构成的内容体系和价值观体系，也应该是人们的社会存在和社会方式的一种表达形态的有机统一。如果文化价值观与人们的文化生活方式相分离，或者说意识形态的价值观追求与人们被要求的生活方式相脱离，是不可能生成文化治理能力尤其是国家文化治理能力的。一个国家的文化治理能力，对内首先表现为高度的吸引力和认同力，由此形成内在精神生活质量和外在物质生活满足的完整统一，形成对自身生活状态和质量的自豪与满足。没有内在的认同力，就不可能有内在的向心力和凝聚力，当然也就无法实现文化对于国家治理的价值和作用。在一个高度文化产业化的社会，文化产业作为社会价值观的生产机器正在深刻地影响和建构着人们的精神生活系统和物质生活的存在方式。因此，用什么样的价值观来发展文化产业，与生产什么样的文化治理能力具有内在的建构关系。一方面，一定的价值观影响着文化产业发展的价值导向；另一方面，由此而生成和形成的文化价值观又反过来影响着价值观的运动形态。在这里，二者之间的任何矛盾都会引发更大程度的冲突和对立。因此，二者的有机结合构成了文化产业发展和国家文化治理能力建构之间的规定性。而正是在这个意义上，发展文化产业就具有文化治理的属性，具有文化治理性，从而使得发展文化产业在国家治理能力建构与提升的层面上成为重要的国家文化治理。

文化产品是生产和形成文化影响力、吸引力和感召力的核心来源。尤其是感召力，它是一种真正解构和再建人的精神世界和精神秩序的力量，对人的精神信仰具有改造性。它也是文化治理能力结构体系的核心，具有最后界定的意义。因为，并不是任何一种具有影响力的对象都对人具有感召力，都能解构与重建人的精神世界和精神秩序。一个有特色的旅游景点，在市场营销的层面上也许具有吸引力和影响力，具有经济治理性，但并不一定构成精神上的感召力。也就是说，它不会使人转变和改变他的精神信仰，从而具有文化的治理性。因此，在中国文化产业发展进程中那种“旅游＋地产”的发展模式和开发模式所生产的并不是完整意义上的国家文化治理能力，没有构成本质上的国家文化治理，更谈不上建构。但是，它在国内的文化旅游市场上却是有影响力的，一定程度上也有吸引力，被业界看作是一种成功的可以复制的文化产业发展的商业运营模式。旅游产品是可以形成文化的意义符号而具有感召力的。然而，迄今为止，在中国主题公园项目的开发中，还没有一个创造出和形成了像“米老鼠”和“唐老鸭”那样具有鲜明的标志性的文化旅游产品、文化形象和文化符号。而这恰恰是美国在有效地实施全球文化治理的战略进程中最为成功的案例。“1996 年，文化产品（电影、音乐、电视节目、图书、期刊和电脑软件）成为美国最大的出口产品，第一次超过了包括汽车、农业、航空和国防在内的所有其他的传统产业。”这是被国内文献引用最为普遍的资料，用以证明发展文化产业的重要性。但是，人们在实践中也普遍忽略了一个关键问题，就是在这一组被无数次引用的数据中，它的关键词是“文化产品”，并且是“电影、音乐、电视节目、图书、期刊和电脑软件”这样的文化产品。同样在迄今为止的有关美国文化产业增加值在美国国内生产总值（GDP）的占比中，也还没有发现美国把“文化地产”所形成的增加值统计在其中的。从这个意义上说，美国的国家文化治理是通过它的文化产品生产及其国际文化贸易所形成的以内容为核心的强大的文化产业所建构的。美国文化产业“GDP”是以文化产品的内容生产和输出而形成和生成的，并不是由“文化地产”和“旅游地产”的“GDP”生成的。土地是财富之母，但不是文化之母，更不是国家文化治理能力生成之母。人是万物之灵，是一切文化之母。国家文化治理能力的形成只有在以文化内容的创造性生产为主体功能的文化产业发展中才是可能的。没有以文化内容的创造性生产为主体功能的文化产业发展，而只有“文化地产”的大规模开发，包括那些以文化产业的名义大肆圈地，建设文化产业园区所形成的投资性和投机性的“文化产业的 GDP 增长”，都不可能形成国家文化治理能力。

因此，国家文化治理理论的核心就在于，揭示了一个对于文化产业发展战略来说最本质的命题：发展文化产业的目的不是为了经济，而是为了完善国家治理，是以经济——市场经济的方式实现文化的政治、经济、社会和文化的价值性转换，进而改变和重塑国家治理模式。从这个意义上说，国家文化治理的提出使得文化产业发展在文化本位的层面上又回归了它的价值理性，即人——社会——国家的治理，从而实现了文化产业发展的工具理性和价值理性的有机统一：文化工业批判——文化产业发展——文化产业发展与国家治理的融合。这就是当今中国的国家文化治理。

文化产业规划的关键：可持续协调发展

——兼论文化产业发展规划与国土空间布局的关系

通过编制文化产业发展规划，指导文化产业发展，是近十年来我国文化产业发展的重要经验。现在，“十二五”已经过半，不少地方已经开始酝酿“十三五”，开展对“十三五”的预研了。如何在总结过去经验的基础上，做好“十三五”文化产业发展规划，是一个需要认真思考和对待的问题。

推进国家文化治理体系和国家治理能力现代化建设，提出了我国文化产业发展的新目标和新任务：推进国家文化治理体系和治理能力的现代化。这应当是规划和编制未来我国文化产业发展战略的总体战略思想。可持续发展是我国国家总体战略的重要组成部分，从这样一个总体战略出发，思考我国文化可持续发展的关键，实现文化产业发展与人、社会和自然的精神关系协调统一，应当成为我们思考我国文化产业发展战略问题的重要出发点。

一

中国的第一个文化产业发展规划是文化部制定的，也是中国第一部文化产业发展规划，简称“十五”规划。但是，这一部文化产业发展规划严格意义上说，还只是一部关于发展文化产业的政策性规划，对于中国文化产业发展来说，具有里程碑意义。因为，正是有了这一部规划，才有了后来中国文化产业发展的“十一五”和“十二五”规划。不仅有了文化部的规划，而且还有了国家规划和全国各地的文化产业发展规划，甚至还有了国务院的专项规划《文化产业振兴规划》。

从中国各地的“十一五”和“十二五”文化产业发展规划的实际来看，

在中国有三种文化产业规划：一种是政治类规划，这一类规划的特点是“规划、规划，墙上挂挂”，仅仅是完成了一项工作，因为上面有任务布置，不做个样子不行，从没想到要执行，属于表态性质的。第二种是经济类规划，也就是说把文化产业发展规划作为实现GDP指标来规划。这一类规划的好处是政府会比较重视和投入，包括一系列政策投入和资金投入。不少政府积极投资的文化大项目、大工程比较多的就属于这一类，属于对经济发展规划的补充。第三种是文化规划，就是把文化产业发展看作是实现文化发展目标、提高文化建设水平、增加文化资源积累、提高文化创造能力的重要载体，为社会提供可持续发展的精神和文明体系。后两种文化产业规划当然也包含着深刻的政治意识和政治觉悟，但是战略选择路径迥然不同。第二种文化产业发展规划往往见效比较快，一般符合资本投资见效快的特点，但往往容易带有不可抗拒的短期行为，甚至为了实现短期效益而不惜以牺牲资源和环境为代价，从而使之不可持续。为舆论所批评的为数不少的“文化创意产业园区”就是这种规划最典型的“文化产业园区病”。由于这一类规划本身的动机和目的就是为了“文化地产”，因此，为了资本它可以不惜牺牲文化，导致批评也就不可避免。第三种文化产业规划见效周期较长，它以文化资源的积累增长为发展目标，着力于提高社会的文化创造性活力和文化的文明建设与发展水平。“文化软实力”是它的一个重要价值指标。在以GDP为价值考核尺度的影响下，这一类规划总体表现与国家和社会的要求存在不少距离。

文化产业发展规划有总体规划和专项规划之分。在国家层面上的出版规划、电影发展规划、旅游发展规划等等都属于专项规划，即便是文化部的《“十二五”倍增计划》也属于专项规划。“十一五”“十二五”是我国实现文化产业大发展、大繁荣的两个五年规划。十年的发展，我国的文化产业发展在GDP中的占比迅速提高，在促进文化产品和服务日益丰富与多样化，满足人们精神文化消费需求多样化的同时，对促进我国经济结构的战略性调整与转型也发挥了重要作用，这在近10年来的中国文化产业统计数据中已经有了充分反映；但也留下了不少“文化产业发展规划后遗症”。其中最典型和最突出、社会批评最多的就是“文化产业园区后遗症”和“动漫后遗症”，其既严重影响了文化产业发展的社会形象，同时也严重挫伤了人们发展文化产业的积极性。不少大力发展文化产业的地方，似乎已经找不到自己发展文化产业与历史和社会的文化关系，无论是在江河之滨，还是在田园山林，几乎已经发展到了凡是有人群的地方都有“文化创意产业园区”，到处都是车水马龙、激情四射、无比亢奋的“创意阶层”，到处都是“文化与资本”的“对接”，到处是“文化与地产相融合”。文化创意产业园区的遍地开花和文化地产模式的扩张，除了增加了一些可计量的货币资本（如果从投入产出比来分析，这可能依然还是一个问题），真不知道能给我们要发展的文化和文化软实力增加多少。其实，没有所谓“文化创意产业”的“资本运作”，其他产业通过资本运作也能创造出同样的产值。资本在“文化产业”里通过“运作”拐了个弯，于是，便把增值的那一部分留下来了，成为“文化产业增加值”，而比起我们各级政府的政策投入和专项资金投入，真正的增加值又是多少呢？据《中国文化产业发展指数报告》（CCIDI）揭示，仅以“十一五”文化产业发展规划为例，实现和完成规划目标的不到全国31个省（区、市）的三分之一，甚至连像上海这样的中国文化产业发展重镇，也没有能够完成它自己制定的规划目标，而这还仅仅是“硬指标”，“软实力”就更难说了。

二

文化产业发展规划是一门科学，综合中国各地文化产业发展规划和文化产业园区发展规划，以及介于文化产业与旅游产业之间的文化旅游产业发展规划等等，文化产业规划是一个同时包括城市与乡村发展、政治与社会发展、文化与经济发展的具有高度综合性的新兴规划种类。因此，规划内容广泛涉及人、社会与自然的关系。中国以前没有文化产业规划，当然也就没有关于文化产业的规划理论。国家层面上的规划主要是政策性规划，由于规划在本质上是对资源的重新分配，因此，任何规划的本质都是重建人与对象的关系，不论这一对象是社会的还是自然的，是经济的还是文化的，抑或是政治的。从这个意义上说，规划能否和能在怎样的意义上再建人、社会和自然的合理关系就显得极其重要。因此，规划是一个体系，是一个人与社会和自然相互关系的体系。既然是这样一个体系，就必须处理好这个体系各部分之间的关系、新的体系与原来的体系之间的关系、这样的关系间的合理性与合法性关系等等。文化产业发展规划与其他产业发展规划最本质的区别是它的精神性和精神的关系性：即文化产业发展规划就其本质而言是重建人与社会和自然精神关系与精神秩序。

文化产业是人们的精神生产系统和文化表达系统。文化产业作为人们精神的栖居方式，它所反映和表达的也应该是系统整体性。作为人类自然与文化遗产的西递、宏村徽州明清民居建筑群，虽然它并不是为了文化产业建造的，但是它所体现的关于人与自然的合理性关系，以及在这个关系中建立的人们的社会关系是可以给我们研究和制定文化产业发展规划以深刻启示的。这种关系是理念的、精神的，一种没有规划的规划，建什么和为什么这么建所体现的人居理念：人与自然关系的系统型理念。在这里，所谓风水的背后其实包含着对人与自然和人与社会关系的深刻理解，基于对生活认知、理解和希望的物质与精神表达。一座民居就是一个家的物质和精神世界的象征，就它空间存在的价值理解与表达。人们对它的认知与判断首先是通过对它的居住形式来认知的。这就是生活方式，一种精神生活方式，一个精神世界，一种精神秩序，一种通过个体精神世界的表达建构精神秩序的结构性与系统整体性。难道我们的文化产业规划不也应该是这样的吗？

在现实中，有许多文化产业发展并不是规划出来的，而是由人与社会和自然的关系的演变发展而来的，带有很强的自发选择性。文化产业园区在中国的出现就具有这种特征。例如上海的田子坊和北京的“798”，在原先的两市文化产业发展规划中都没有，是因为已经有了“田子坊”和“798”，而且这样的文化产业发展新形式对于正确处理城市工业文明发展与现代城市文明的关系具有创造性价值和启迪，后来才被纳入文化产业规划的，是政府对市场创造的接受。作为新兴文化产业的网络游戏产业事先也不是规划出来的，而是像盛大网络“吃螃蟹”吃出来的，也是后来才进入国家规划并且加以重点扶持的。从这个意义上说，文化产业发展有其自身的规律，文化产业发展规划的制定就应当遵循这种规律和反映这种规律。

“创意”和“创新”在文化产业发展中具有特别重要的价值。科学意义上的“创意”和“创新”应该是事物发展合乎规律的反映，是重建和再建人与社会和自然的精神关系的合理性所需要的，这种需要恰恰是“众里寻他千百度，蓦然回首，那人却在灯火阑珊处”的发现。而在中国各地“十一五”的文化产业发展规划中却充满着大量“似曾相识”的“创意策划”和“运作模式”，造成和导致中国地区发展文化产业规划中的种种“复制品”，究其原因，很大程度上是因为对关于什么是文化产业规划缺乏一个应该有的科学认识。正是在这一点上，“文化产业发展规划”被其他产业规划部门看轻了，也被从事文化产业规划的专家们看轻了。编制“文化产业规划”的“产业化”，使得文化产业规划的研究编制从科学转变成为一个纯粹的赚钱的工具。

“文化产业规划是什么?”是建立人与社会和自然一切文化关系的合理的精神秩序。从西方发达国家和我国创意产业园区实践历程来看，最普遍的就是对工业文明遗产的空间功能再造，通过这种再造，重建人与工业文明的新型关系：传承与创新。德国鲁尔创意产业园区、上海的田子坊和北京的“798”都是最典型的案例，它们饱含着人们对过往历史的理解与尊重，同时又饱含着对过往实践的批判与反思，从而在建构新的人与历史文明关系的同时，寻找和发现新的推进历史文明进步的方法与动力，在反思历史文明的进程中推进和创造新的文明形态，以重建人与文明的相互关系。这应该是发展文化创意产业园区最本质的文明选择，而不是凭空去圈一块地，挂一块牌子叫“文化创意产业园区”。这样的文化产业规划和文化产业园区建设是与人和文明的相互关系背道而驰的，甚至在某种程度上是反文明的。一些地方，圈了地，挂了牌子，也举行了揭牌仪式，招商引资，还举行了项目签字仪式，最终，不仅荒了地，而且毁了文化产业的形象；不仅没有建立起人与社会和自然合理的精神秩序与精神关系，甚至在某种程度上制造了它们之间的紧张关系，这不是反文明的又是什么呢？

从政府的层面上来说，文化产业规划是一项最重要的公共文化政策，具有最大和最持久的外部约束性，应该拥有最坚定的可执行性。文化生态建设应该是文化产业发展规划的“红线”，无论是文化产业发展规划，还是专项文化创意产业园区规划，都不应该是某种“事后诸葛亮”，而应该是总体规划实现的具体保障。所谓“文化生态建设”，就是要营造最符合人与社会和自然合理性精神关系需求与文化资源再造的环境。文化发展的生态规划应当优先于文化发展的建设规划，只有先将文化发展和人与社会和自然相互之间合理的精神关系规划好了，才能使每一个项目建设规划的功能定位与规划目标相符合，也才能从根本上克服在我国文化产业发展规划中普遍存在的设施建设比重过高、文化产业园区比重过高、项目密度过高而文化生态环境建设投入过低、文化内容创新要求过低的局面。应该把提高创造性文化生产能力置于全部文化产业发展规划的核心，把提高每个人的文化创造活力作为文化产业发展规划的战略重点，把实现这样的文化产业发展规划目标的文化生态环境营造作为文化产业发展规划的基本制度要求。

三

“文化生态”的规划思维，是一种与 GDP 为导向的规划思维相反的文化产业可持续发展思维，优先强调和突出人的、社会的与自然的精神秩序和相互关系的完整性与有机性，优先和突出三者之间的可持续发展与文化生态整体的安全性，优先强调国土空间健康与国民精神健康、安全和持久的公共文化利益的协调性，而不是从短期的、眼前的“政绩利益”出发做规划，把文化产业发展规划只是看作个人政绩实现的路线图和时间表；强调通过优先进行“不发展文化产业区域”的控制来进行文化产业的国土空间规划和文化产业的产业内结构规划。这是文化产业发展的两张清单：正面清单和负面清单。

在这里“文化生态利益”是负的，体现的是“强制性的不发展区域及其类型和控制的强度”：哪些是禁止进入的？哪些是限制进入的？哪些是有条件进入的？这是中国文化产业发展规划的一种“底线思维”，亦即不能突破的“规划红线”。这样的规划红线应当是与国家所颁布的国土主体功能区规划红线相吻合的，与人口地理学的空间分布规律相一致的。生态脆弱、人口稀少的地方怎么能大规模地规划发展文化产业呢？这不违背“使市场在资源配置中起决定性作用”的原则吗？文化产业发展规划不能也不应该突破这样的规划红线。这应成为“十三五”文化产业发展规划的一条重要原则，是“十三五”文化产业发展规划的“底线”。

文化产业发展规划是重要的，不规划也是重要的；发展和繁荣是重要的，让后代发展和繁荣更重要。可持续发展的原则就是既要满足当代人的需求，又要给子孙后代留下足够的生存与发展空间，这不仅仅是指物质上、物理上的，而且更是指精神上的。也就是说，我们这一代人应该给子孙后代留下足够的文化创造空间。无论如何，我们今天还可以拥有唐诗宋词，并且以此来确认自己的文化来历和文化身份，那么，我们今天的文化产业建设能留给我们子孙后代怎样的文化来历和文化身份，让他们得以确认自己呢？唐诗宋词是中国人的文化身份和文化来历，是我们走到哪里都不会迷失自己的文化之路。这就是前人留给我们今天的文化认同、文化身份的认同。无论是文化创作还是文化生产，都应当建立这种认同。倘若我们的后代子孙要问：我的文化来历是什么？我的父辈留给了我什么？有什么是值得我自豪的、让我自信的？因此，我们能在多大程度上让我们的子孙引以为自豪，并且在我们留给他们的文化资源的空间基础上实现继续创造，完全取决于我们今天发展文化的思维和理念。我们能不能在发展文化产业、满足今天的文化发展和文化增长需求的同时，留下一些文化空间不发展、不规划，尤其是在文化产业发展的国土空间规划选择上。“留白”是中国人处理人与自然和社会文化关系的文化智慧，这是中国古人关于人与自然和社会关系的生态文明观。文化产业发展规划的项目建设如果破坏了山水格局的连续性和文化生态的丰富多样性，切断了风、水、物种和文化形成的流动与停留的足迹，文化生态资源的系统型和完整性、文化物种的多样性也就被破坏了。被破坏了的文化生态环境还是我们需要的文化生活环境吗？被破坏了的文化资源还能为我们创造和带来我们所需要的精神和物质财富吗？没有了这些，我们还有家——精神吗？

在发展和规划文化产业的过程中，我们应该对自然与文化遗产无条件地尊重。城市给行人留有足够的人行道，但是，太宽和太窄的人行道都是违背城市生活文化规律的。在这一点上，加拿大学者雅各布斯的《美国大城市的死与生》留给我们足够多的启发。我们这一代人都有这样的记忆：远行回家，见到村头的老樟树、大槐树以及弄堂口那家小摊，都会让我们情不自禁地激动：到家了。这些东西消失了，也许我们都找不到回家的路。《美国大城市的死与生》对此有着极为深刻的研究，成为现代城市空间生态规划的经典。那么，我们怎样给后人留些足够的文化再创造的想象空间和文化资源的储备呢？在这里，我们是否也应该思考一下：那些试图改善我们的文化产业发展状况的规划项目是如何失败的呢？这样一个属于“十三五”文化产业发展规划编制的问题，使我们免遭失败的厄运。文化是一种稀缺性战略资源，文化产业规划也是一种稀缺性资源，稀缺性资源经不起我们随心所欲地消耗。

四

“功能区”是我国基于国土空间规划布局的一个概念，旨在既突破现有的行政区划在区域发展进程中的局限，又能确保未来国家可持续发展的国土预留。在现有的我国有关国土区域发展空间布局发布的文件中，其政府行政层级主要是国务院及其下属行政部门国家发改委。本文所指的“功能区”实际上包含了“长江三角洲发展规划”“经济带”和“经济区”等不同的区域发展国土规划概念。“经济功能区”和“国土功能区”是两个既互相联系又互相区别的概念。我们把这样两个有着不同定义的概念在对文化产业发展空间秩序和空间布局的分析中，一个最重要的设想，就是在这二者之间建立一个共同的链接，那就是“可持续发展”，从而为我们的分析提供一个有解释力的概念。据《2014：中国文化产业发展指数报告》统计，这17个功能区涵盖了我国19.5%的国土面积（187.3万平方千米）、60.8%的人口（7.9亿）、大中小城市159个，集中了全国72%的出版社（263家）、72.5%的电影制片厂（29个）、85%的全国100强印刷企业（85家）、80.6%的2011—2012年国家文化出口重点企业。2012年，17个主体功能区文化产业增加值高达17417亿元，占当年我国文化及相关产业法人单位增加值的96.4%。可以说，这17个主体功能区是我国文化产业在国土空间布局上的主要形态，集中反映了现阶段我国文化产业能力。但是，这17个功能区，显然都不是关于文化产业的功能区，现在也还很难把这17个功能区在文化产业上做一个功能上的区分。我们通过分析和借助于“功能区”这一概念，提出了我国文化产业国土布局和分工的问题，提出了优化文化产业国土空间布局，推进了我国文化产业分工体系现代化，建设国家文化产业功能区的新文化产业发展战略布局理论。

分割得小而全，是现阶段制约我国文化产业发展最主要的“行政文化产业形态”。什么文化产业都要发展，结果什么都没有形成核心竞争力，不仅造成了文化投资的浪费，而且造成国土文化产业空间布局的浪费：单位面积文化产值不高。这也许就是为什么中国迄今为止没有在文化产业发展区域功能上形成明显的可识别的标志性变化产业形态重要原因，而这正是世界上一些文化产业大国成功的重要原因。我国文化国土幅员辽阔，文化资源形态极其丰富又差异很大，文明发展的先后序列和环境与气候之间的巨大差异，不仅使得在人口分布的空间形态上形成了地理上的“胡焕庸线”，而且形成了以“胡焕庸线”为分界线的区域经济发展东南和西北，以及在这个基础上形成的城市群和城市带，形成了我国最核心的国家行政区划图，现有的17个国家经济功能区全都集中于“胡焕庸线”东线，这绝对不是什么巧合，而正是依据我国人口空间布局的国土特征这一客观规律做出的。“胡焕庸线”应当成为我国文化产业发展国土空间布局必须遵守的原则。社会经济文化发展总量因人口的空间分布和城市的空间分布而呈现出发展的阶段性差异。我国的文化产业国土空间分布几乎全部集中在“胡焕庸线”以东地区，而以西地区则因为人口稀少和环境（主要是气候环境）的制约，其文化产业在全国的分布中几乎可以忽略不计。一定数量的人口是文化生产、文化消费和文化市场的战略基础，没有人口何来文化产业发展所需要的生态能量系统，即便这个地区有着为其他地区所没有的独特的文化资源优势，也并不一定能够建设一个完备的文化产业体系。相反，一个有限的文化资源空间经常被无限的和无节制的文化产业发展所破坏就会变得不可持续。这样令人担忧的案例每每被舆论公之于众。也许正是这个原因，不丹这样一个喜马拉雅山的小国做出了一个限制旅游人数的“国家限制”，从而在全球创建了一个“幸福指数”。

人口与环境是制约文化产业发展的重要因素，不考虑这一因素，不加区分地在这些地区发展任何一种形态的文化产业，其失败是不可避免的。从这个意义上说，藏羌彝文化产业走廊发展规划就是一个需要重新论证的文化产业发展的国土空间布局问题。同理，丝绸之路经济带是一个既有历史依据又有国土空间分布规律的科学概念，而“丝绸之路文化产业带”就需要科学论证，与其是说“丝绸之路文化产业带”，还不如从实际出发，把它称为“丝绸之路文化旅游带”更符合实际和更切合实际。独特的、不可替代的文化旅游资源是丝绸之路独一无二的文化产品，正是这样的文化产品构成和满足了现代人独特的文化消费需求。倘若以此来建立和规划具有广泛国际知名度的、主体功能鲜明的“文化产业功能区”，就不仅能够与国家的国土空间功能区相吻合，而且突出了这一地区文化产业国土空间规划的主体功能。这一功能区恰好位于“胡焕庸线”以西，倘若我们能把这一功能区建设起来，则不仅可以形成东西互动、市场互补的良好效应，甚至还可能以此带动整个丝绸之路经济带的“黄金文化旅游业”。这是一个包括宁夏回族自治区在内的一直延伸到中亚和西亚的广大地区，其所带来的新的不同文明地区和不同文明代之间的互鉴和交流，将为整个功能区带来不可估量的文化和文明效益。

文化产业空间功能的互相区别是建构人们文化消费习性、培育文化市场、提高文化消费能量、集聚文化产业空间能级的重要机制，而正是这样的文化产业分工的功能机制，才能最大限度地实现以较小的资源消耗，获得最大的文化能源再生与积累，从而在为实现当代人提升社会生活质量和国家文化软实力需求的同时，还能为后代提供文化可持续发展的资源储备。因此，规划和建设基于国土空间功能布局的原则，优化文化产业国土空间布局结构，调整国家文化产业区域发展战略，规划和建设国家文化产业功能区，实现文化产业发展的“功能集聚”，也就成为本文提出的一项最重要的战略建议。

五

在即将开始编制《文化产业发展“十三五”规划》的时候，我们应该对“十二五”文化产业发展规划执行情况进行“国家文化审计”，通过建立科学的评估指标体系，为“十三五”文化产业发展规划的编制提供“国情依据”；建立文化产业发展规划文化生态评估指标体系，通过科学的评估，筛选“十三五”文化产业发展项目，把不符合文化生态发展目标要求的文化产业发展项目从文化产业发展规划中删除，最大限度地提高文化产业发展规划的可实现度，最大限度地降低“文化产业规划浪费”，从而为文化产业发展创造和提供一个健康的发展环境，重塑文化产业发展规划的社会形象和政府认知；制定文化产业发展规划的“负面清单”：哪些地方不适合发展文化产业？哪些地方禁止发展什么样的文化产业？哪些文化产业是不发展的？都应该做到大家心里有数，并不是什么地方都适合发展任何一种形态的文化产业的。

鉴于已经造成的文化生态破坏的现实，我们应当实施积极的“文化复耕”规划。为了保持土地的休养生息和再生产能力，农民往往采用复耕的办法，让土壤恢复肥力，而不是为了短期利益而耗尽其地力而使产量和质量都下降。轮种是最长应用的一种耕作方式，这是一种朴素的文化生态观。所谓文化复耕就是通过大力倡导和推行一种与中华传统的文化生活习性相一致的办法，最大限度地降低对现代文化生活发展无节制的消费主义追求，而保持我们今天的人们对于过往人们创造的一种文化历史的尊重，以获得文化产业可持续发展所必不可少的合理性的价值支持。对于一个城市来说，应该淡化对所谓“创意之都”或“创意联盟城市”不切实际的追求。一个城市的文化特质和文化品行应当是这个城市人们文化生活方式的自然流露。他的城市就是他的生活，是居住在这座城市中的人们精神文化生活的一种自然表露和自然表达，而不是某种贴在这个城市上的招贴。“文化复耕”不是简单的复古，尤其不是居住空间的简单复古。为了文化产业而生产的假古董已经遭遇到社会的否定，让人们回到原本于属于他们的自然与社会相融洽的生活生态系统中去，这就是“文化复耕”。那种为了文化产业而不惜把原来居住在古镇和古村落的人们赶出他们的家园的做法，是一种最违背“文化生态精神”的做法。没有人了，那个古镇还是活的吗？古镇不是影视剧的外景基地，而是人们活生生的家。城市不也同样是如此的吗？城市里创意产业园区的最初出现，就是用我们的精神再生产拯救我们的“家”：一个留有和载有无数人集体记忆的“家”。把创意产业园区做成“文化地产”，也就毁掉了人们最后一点对“家”的集体记忆。因此，我们留给子孙后代的文化空间，不仅有我们的痕迹，更重要的是要有自然和文明的传承脉络，同时给他们一片继续想象和创造的园地。

生活总是要变化的。无论怎样变化，它都应该是天造地设的生态整体，无论哪种文化的地形地貌，只要是我们人类选择了那里，就赋予了它某种合理性。这种合理性是人与自然构造的内在默契，是天人合一创造了社会，进而造成了天、地、人的社会生态的有机统一。这就是文化，这就是文明，只有人类这样的物种才能创造的文明。这是我们今天一切发展的基础和铁律。无论什么样的发展规划都不应该违背和违反这样一个最基本的规律。

下　篇

温州 2000—2015 年文化发展战略规划研究报告

——温州文化发展升位计划

（2000 年 7 月）

题　记：

这是我承担的第一个文化发展战略规划研究项目，我可能是同行专家中第一个做文化发展规划研究的人。

1999 年 12 月 18 日，中共温州市委宣传部常务副部长林可夫、温州市文化局局长瞿纪凯专程前来上海交通大学邀我主持“温州市文化升位计划”，林可夫是该项目的温州市负责人，瞿纪凯是执行人。他们已经做了一个这样的计划，是按照“浙江省建设文化大省规划”的模样做的结果，被市里否定了。于是，他们便来找我。我曾于 1997 年暑假与系里的老师一道专程去调研考察“温州文化建设”。温州模式在当时影响很大，那么，文化建设如何呢？是否也创造出一个温州模式？我们先到瑞安，然后往北到温州市，住在温州市鹿城电影院的招待所，其实就是剧院舞台的后台。当时我们三个人其中一个人还打了地铺。林可夫知道我们来，专程前来问候，这样我们便认识了。当然，也给林可夫留下了很深的“打地铺”印象。现在碰到了这个难题，便来找我。刚好上海交大与文化部共建的国家文化产业创新与发展战略研究基地于 1999 年 12 月 2 日正式揭牌成立，时任文化部常务副部长李源潮出席揭牌仪式，并任基地主任。恰在这个时候，林、瞿二人找我，无疑为基地运作带来喜讯，于是我便承接了这一课题。这同时也是我和国家文化产业创新与发展研究基地承接的第一个“文化规划研究”项目。2000 年 1 月，寒假一结束我们课题组一行便奔赴温州实地调研，做了详细分工。此后，差不多每个月我们都要去温州调研一次，召开各种座谈会，了解各种情况。温州人是精明的，明确要求在“2000 年 7 月 15 日前结项”，以便报夏季市委常委会议。

7月15日，温州市委宣传部，温州市文化局联合主持召开课题结项评审会，地点在永嘉县芙蓉山庄，是一个大雨滂沱的日子。与会者全是温州宣传文化系统各部的一把手，区、县文化局长和宣传部部长，他们要求只有一个：“胡教授完成的这份研究报告，你们看是否可行，适合不适合温州文化升位计划目标的要求和实际?”评审会整整开了一天。通过了！这就是这份“研究报告”的由来。此后，我们便和温州市委宣传部建立了长期合作关系，温州市曾多次委托我们为他们举办文化产业干部培训班，我们也组织外省市来交大培训的文化产业管理干部去温州学习考察。由这份报告而建立起来的合作与友谊至今令人难忘，“报告”不仅创新了一种全新的文化发展规划的研究范式，而且其中提出来的许多理论、政策建议，至今都被各方采纳，如创新“国家文化生态示范保护区”就是本研究报告首次提出来，后来被文化部采纳的，其他还有关于发展地方“特色文化产业”，关于“文化融资体系”“文化金融资本”等，都为后来的实践发展所证明是一些有价值、反映了中国文化产业发展规划的概念。

温州是20年来中国改革开放的标志性典范，它所创造的以市场为核心、以混合所有制经济为特征的“温州模式”，不仅回答了国有和集体经济基础比较薄弱、生产力低下的地区如何创造性地发挥自身优势，闯出一条脱贫致富的发展道路这一当代中国经济与社会发展的重大课题，而且还回答了在市场经济道路上如何创造性地坚持社会主义方向这样的战略性命题。

“温州模式”的创造为当代中国经济的发展，为建设有中国特色社会主义注入了新鲜血液，代表了中国先进生产力的发展要求。它在产业结构、所有制结构、分配结构、城乡关系格局方面的建树，对探索中国的深度改革和进一步开放具有革命性意义。

“温州模式”的创造，不仅说明了中华民族具有能够借鉴吸收包括资本主义在内的全人类文明财富的博大胸怀，而且还向全世界展示了社会主义市场经济的独特生命力。

“温州模式”是勤劳智慧、敢为天下先的温州人对一种崭新的生存系统在它最根基的部位获得全新的生命意义；传统的价值观念与现实深刻剧变中的生存实际产生了一种冲突，构成了一种张力，从而使得“温州模式”的创造拥有了一种文化意味，具有文化的价值和意义。

“温州模式”从根本上改变了温州人的思想观念、生活方式、社会意识和文化、心理结构——传统温州人开始走向现代的温州人。这就使得“温州模式”的诞生具有中国文化发展的典范意义，中华文明在发展中出现的典型特征，改革开放以来中国广大地区文化发展的一种共同轨迹。这就使得“温州模式”具有文化意义和文化品格，成为一种文化模式：“温州文化模式”。这是温州人在20世纪最后20年贡献给中华民族和中华文明的一笔最为丰厚的财富，依稀让人们又见“永嘉文化”在中国文化史上曾经产生和拥有过的辉煌，以其独特的创造性贡献，揭示了中国文化的发展方向。

“致富思源，富而思进”。有着永嘉文化丰厚底蕴的温州人，在世纪之交，对“创新是一个民族进步的灵魂，是国家兴旺发达的不竭动力”有着自己经历二次创业后的独特理解，并且深知“文化是一个国家综合国力的重要标志”在21世纪温州经济与社会发展中的特殊分量。于是在自己已经构筑起的一个崭新平台上，提出了“温州文化升位计划”和“创历史文化名城，建设文化强市”的宏大目标。

“文化升位”是温州人的又一次文化创造，是温州人站在世纪之交，遥望21世纪那喷薄欲出的新温州做出的又一重大文化战略抉择。以文化论输赢是跨世纪温州人对自己提出的文化挑战。

“温州文化升位计划”的提出，赋予了“温州模式”崭新的时代内容，丰富和充实了“温州文化模式”的意义内涵，它使得“温州模式”在发展中不断创新。正是在这样的文化背景下，受中共温州市委宣传部、温州市文化局的委托，上海交通大学国家文化产业创新与发展研究基地以我为首席专家，就温州2000—2015年文化发展战略及温州文化发展“十五”规划及2015年远景规划，三下温州，历时半年，遍及二市、三区、六县，深入调研，广泛听取各方意见，形成了本报告，为温州市文化决策提供战略规划研究文本。

一、21 世纪温州文化发展战略及文化发展“十五”规划：2015 年远景规划的背景和依据

从现在起到 2015 年，是我国社会主义现代化建设发展的一个重要历史阶段，同时也是我国加入 WTO 后更加深入地融入现代世界体系的一个重要时期。在这个重要阶段和重要时期当中，中国不仅要实现国民生产总值比 2000 年翻一番，使人民的小康生活更加富裕的目标，而且还要为全面参与国际竞争，为最终在 21 世纪实现中华民族的伟大复兴奠定扎实、稳固、起点较高的基础。这对于已经完成第二次创业，处在一个重要成长期的温州来说，又是一个难得的历史发展机遇。创历史文化名城，建设文化强市，构建温州文化创新体系，温州应当按照这一目标来确定自己的文化战略，全面规划 2000 年到 2015 年的文化发展蓝图。

（一）温州正面临着崛起成为具有国际影响和较强辐射能力的中国浙南文化中心城市的重大历史机遇

1. 温州模式所创造的区位文化效应

温州位于浙江省南部，地处中国的黄金海岸中段，东承太平洋，西启赣湘皖内陆腹地，南联闽、粤、台，北靠上海长江三角洲，是连接华东经济圈和华南经济圈的结合部，处在两个经济增长极之间，是对台“三通”的主要连接点之一。然而，温州的这一明显的区位优势在很长一个时期内并没有被发现和充分发挥。

温州模式的成功创造，在使人们看到中国经济发展的一种崭新前景的同时，也凸显了温州区位优势的巨大价值：这是一个在区域经济、区域文化等几个方面可以同时发挥集散功能的重要部位。温州模式带来的文化效应，使它成为中国改革开放和脱贫致富的象征，对中国全面建设社会主义市场经济

具有示范作用；它又是中国进一步改革开放和实现现代化的“深加工”的试验基地。一个以自身的创造而获得广泛的国内和国际知名度，这本身就使得温州成为中国的、浙江的一个品牌，成为一种资源，一种突出的区域文化的代名词。人们对温州模式的文化认同，这种巨大的乘数效应，是使温州在21世纪崛起成为一个区域文化中心城市的巨大优势。

2. 核心城市定位的区域文化中心效应

在国务院批准的浙江省未来发展规划中，温州被定位为浙江三个核心城市之一，城市人口150万，与杭州、宁波成三足鼎立之势。经济中心城市是一个地区经济力量在空间形式上的集中体现，它起着主导经济发展、连接国内外市场的重要作用，并代表一个地区乃至国家参与国际竞争。实践证明，经济领域中的竞争已经越来越集中地表现为区域经济中心城市的竞争。集聚在区域经济中心城市的各种经济力量，成为主宰和影响一个地区经济活动的主导力量。而经济中心城市，往往也是文化中心城市。巨大的经济集散功能，必然带来巨大的文化交流活动，并进而使之拥有巨大的文化集散功能。温州在历史上几次卓越的文化创造及其在中华文化史上的影响，都与温州作为一个地区性中心城市的功能密切相关。在21世纪即将来到之际，作为浙江省三大核心城市的定位，无疑又一次给温州的文化发展带来了历史机遇。核心城市定位必然要求其对周边地区的经济文化发展起辐射与整合作用。温州文化的发展，就不仅仅是温州的，而且是整个浙江的，是中国浙南的文化中心，是中国文化未来发展格局中的一个重要地区。这是对温州文化发展的战略布局，同时也是对温州文化建设的使命要求，是全局对局部的文化规定。温州21世纪文化发展和“十五”及2015年远景规划，理应以此作为其战略布署的重要依据。

3. 中国加入WTO后接应两大经济圈的文化辐射和国际文化市场竞争的文化整合效应

加入WTO是事关中国改革开放和现代化建设全局的一项重大战略决策。它既是中国主动应对经济全球化趋势，积极参与国际分工，深度融入现代世界体系的选择，又是中国进一步发展自己的历史必然要求的结果。由于WTO是一种反映和符合市场经济发展客观需要的国际经贸法律体系，一种为国际社会所普遍接受的“游戏规则”，因此，加入WTO不仅意味着中国在参与国际竞争的同时，也可与世界各国共享人类资源，而且还标志着中国对WTO原则的接受，由此产生的对中国市场的冲击和影响，势必要求中国经济和文化进行战略性调整和重组。这种战略性调整和重组将是全方位的。文化，是其中最主要的一个方面。这既是机遇，更是挑战。利弊得失权衡，利大于弊。

在这进程中，作为中国两大经济圈连接点的温州，两大经济圈的特点，它兼而有之，理应起到桥梁和纽带作用，在服务于两大经济圈的同时，整合二者优势，发展自己的特色与发挥自己丰厚的文化底蕴，得天独厚，前景不可限量。

（二）创历史文化名城，建设文化强市，重铸温州文化辉煌的条件已经基本具备

1. 历史上温州对中国文化发展的独特贡献形成的积淀

自东晋谢灵运任永嘉太守创作山水诗，开中国山水田园诗——“永嘉山水诗”先河起，温州在不同的历史时期都为中国文化的发展贡献出独一无二的文化智慧、文化人物和文化作品，且都拥有永久魅力和标志性地位。南宋时期以叶适哲学思想为代表的“瑞安学派”，元、明时期的“南戏创作”，直到近代的新学运动，温州文化的影响都远远超过了它的空间和时间限制，给中国文化的发展和演进以不竭的动力。创新，成为温州文化形态之中生生不息的动力，也使今天的温州人又一次在历史选择之时，做出独一无二的贡献。这种力量，将使得“创历史文化名城，建设文化强市”付诸实践，重铸温州文化辉煌，从可能而转变为现实。温州文化升位计划拥有其全部文化和历史的支撑。

2. 二次创业为21世纪温州战略的制定、构建温州文化创新体系、实现温州文化的跨越式发展准备了物质与精神条件

20年中二次创业，温州经济上了两个台阶。在完成了资本的初步积累

后，随即实现经济增长方式的战略性转变，使温州经济和社会发展内蕴一种可持续发展的自我扩张能力。1999 年全市实现国内国民生产总值 732.5 亿元，比上年增长 12.2%，高于全省平均水平 2.2 个百分点，人均国内生产总值突破万元大关。其中一、二、三产业分别增长 4.7%、13.1% 和 12.7 %。第三产业发展增势强劲，对外开放水平继续增长，实现进出口总额 12.3 亿美元，增长 43.1%，增幅居全省首位。白鹿影城、温州大戏院、新中国影城、市图书馆、文化艺术中心、龙湾文化中心、平阳影剧院、乐清剧院等具有一定规模，布局合理的文化设施相继建成，为温州文化 21 世纪的发展奠定了宽厚、扎实的物质基础。

以市场经济观念、自主观念、竞争观念、信息观念、知识观念、人才观念、平等民主观念为内容的一整套与市场经济相适应的文化价值观念的建立和发展，更使得构建温州文化创新体系拥有了一个良好的社会文化生态环境。各种社会资本和社会力量以不同方式投资文化产业，支持和兴办公益性文化事业，表明在实现了从传统的生存方式向现代的转换后，迫切希望提高生活的文化品位，促进人的全面发展，在实现温州经济现代化的过程中实现人的现代化，已经成为温州人的文化共识和普遍要求，成为实现温州文化的跨越式发展、构建创新体系的整体性原创动力。

温州经济是“能人经济”，“能人经济”所体现出来的对人的全面发展的自觉追求，集中体现了当代温州人的文化精神和文化风貌。它是温州文化的世纪升位获得创造生命的重要助跳板。

3. 温州城市性质的崭新定位必然提出对文化目标和文化理想的崭新追求

城市是一定区域人流、物流、商流、信息流、文化流的集散交汇中心，同时也是一个地区经济、社会、文化发展成熟性程度的标志。城市性质定位差异，反映了一个城市在特定的空间形式上对其范围地区经济、文化主导作用和主导力量的差异。

把温州定位为浙江省三大核心城市之一，既是对温州 20 年改革开放进程中丰富起来的城市功能和城市作用的确认，同时也对温州在 21 世纪城市功能的发挥提出了新的历史要求。这种对城市性质的崭新规定，必然要求其在文化上得到反映和全面的体现。这就使21世纪温州文化发展战略选择和“十五”文化发展规划有了一个明确的支点。正是在这个支点上，才使得未来温州文化发展全部丰富性的生动展开和创新成为一种历史的必然要求。温州文化升位计划的实现，满足了核心城市的文化要求。这是先进生产力的发展要求体现于城市建设的必然结果。

（三）温州文化跨世纪发展面临的困难与挑战

1. 温州文化发展的整体性落后与经济增长的整体性发展矛盾突出

这种矛盾集中表现为各区、县、市文化事业投入经费严重不足，文化市场费改税后应返还的部分在不少县、区不能得到落实，致使原来已经存在的文化事业经费紧张状况更加突出，有的已经成为严重制约某些县文化发展的“瓶颈”。文化事业的经济支撑能力与文化艺术事业发展的需求不相适应的矛盾更加突出。文化对经济社会发展的智力支持，以及文化产业对经济增长带动作用，知识经济已经初见端倪的同时，文化的整体发展没有获得与经济整体性发展的同步增长。这一问题若长期得不到解决，势必影响温州整体性经济增长的持续动力，成为制约整个温州综合竞争力增长的关键因素，妨碍温州作为浙南核心城市的建设和功能的发挥。

2. 区域文化发展很不平衡，城乡文化矛盾，特别是贫困地区农民文化生活贫困化与中心城区文化生活质量差距还在扩大

虽然随着东海明珠和金海岸文化网工程建设步伐在明显加快，但至今仍有4%的乡镇（街道）未建文化站，有89个未上等级，乡镇图书馆、文化馆，软、硬件建设滞后，即使如文成县南田镇图书馆，其可供阅览的书报刊也远远满足不了南田镇人民的需求，致使山区、海岛、贫困地区的文化生活发展出现和存在着一定程度上极度贫困化现象。这一矛盾若不能从根本上采取有力措施，将严重影响整个温州文化升位目标的实现和作为核心城市的温州21世纪文化战略目标的落实。尽快缓解贫困地区文化生活贫困化矛盾，加速改变贫困地区文化人口极度贫困化现象，缩小城乡文化差距，已成为当务之急。

3. 公共文化设施建设滞后与核心城市文化定位要求不相适应

尽管这些年来温州已经投资兴建、改建了不少文化设施，相继建成了以文化艺术中心、温州市图书馆等为代表的一批文化设施工程，但文化设施建设总体水平落后的局面仍未得到根本改观，至今尚未形成如上海大剧院那样能吸引人们目光，成为温州人文化活动和温州现代精神与城市品格的标志性文化设施，与作为区域核心城市对文化设施现代化的功能定位和要求还相距甚远。一些地区原有的重要的文化设施如文成县人民剧院，也因年久失修，而未能发挥其应有的主导性文化设施功能，致使主流文化丧失了它应有的主阵地，不能满足人民群众日益增长的文化需求。

4. 文化产业结构不合理，传统文化产业结构比重很大，新兴文化产业发展不够，文化产业科技含量不高，产业组织形式处于小规模和分散经营的文化状态

由于条块分割的文化管理体制制约了整个大文化产业市场的整体协调发展，无法实行资源共享，文化、广电、旅游各自为政，温州丰富的文化资源优势无法发挥整合效应，致使国有文化资产得不到应有的优化配置和产业规模效应。文化产业资源配置不合理，资产扩张缺乏应有的张力与整个温州经济发展的增长率形成明显反差，文化产业作为新经济增长点的矛盾与压力日益加大。

5. 文化事业与文化产业发展战略后备力量的人力资源准备严重不足，已经成为严重制约温州文化发展的核心因素

温州文化系统现有管理与专业技术人员总数 294 人，其中大学本科以上学历 16 人，大学专科 51 人，中专 102 人，高中 23 人，初中及以下 102 人；分别占 5.4%、17.3%、34.6%、34.6%；中专和初中以下文化程度的管理和专业技术人的比例占总量的 70% 左右。这样的人才队伍结构显然与飞速发展的温州文化对高级专门人才的普遍性要求形成了矛盾和冲突。文化艺术人才，特别是能集中体现和代表温州水准的标志性文化代表人物的缺乏，使得温州文化升位缺少它应有的榜样力量和竞争动力。而社会文化经营人员素质的不高已经成为实现文化升位目标的严重阻碍。尽快摆脱人才储备不足状况，已经成为解决温州文化升位计划诸多矛盾的重中之重。以人为本，只有首先解决了人的文化升位，才能在根本意义上实现温州的文化升位和文化创新。

二、2000—2015年温州文化发展的战略目标

在国务院批准的浙江省的规划中，温州被定位为与杭州、宁波并驾齐驱的浙江三大核心城市之一。从温州所处地理位置来看，未来的温州将是我国浙江省南部的经济、政治、文化中心，其辐射影响能力，在“温州模式”已经拥有的品牌效应的作用之下，势必在空间上产生较为广泛的影响和作用。党中央、国务院这一关于温州未来发展的重大战略决策，不仅明确了温州在未来浙江乃至整个中国21世纪发展中的地位与作用，而且指明了温州文化在未来21世纪发展的战略方向。

根据党的十五大提出的关于建设有中国特色社会主义文化的总目标，结合把温州建设成为浙江省三大核心城市之一的总要求，以及作为区域文化中心城市的共同要求，温州到2015年文化发展的总体战略目标是：到2015年，温州在建设成为浙江南部核心城市的同时，成为在国际有影响、在国内有一定辐射能力、自身文化创新能力显著增强、文化人才资源高地优势明显、文化生态平衡、可持续发展空间广阔、文化产业结构合理、文化市场繁荣、文化事业兴旺发达、现代化文化格局基本形成的浙江南部的文化中心。温州中心城区基本建成文化设施先进、文化中心功能显著、具有国际先进水平、拥有参与国际文化市场竞争的外向型、多功能、现代化的区域文化交流与集散基地之一，实现重新崛起成为中国东南文化重镇的战略目标。

实现这一战略目标，规划用10~15年时间，分三个阶段加以实施：

第一阶段：到2002年，初步形成浙南文化中心城市和文化现代格局的框

架，以文化升位计划为具体目标，确定温州重新崛起成为中国东南文化重镇的基础。

在这一阶段，扩大“温州模式”效应，充分借助于温州第二次创业的有利时机，打“永嘉文化”牌，明确提出“温州文化模式”的新理念，缩短能量积聚时间，高起点规划和构筑温州文化设施现代化建设的空间布局和文化人才资源高地，把温州的文化发展同温州核心城市的建设，以及随之而来的对城市功能的重塑和产业结构调整结合起来，迅速推动温州文化建设的资本扩张，使温州文化事业建设投资和文化产业投资比重有一个较大规模的增幅，接近作为区域文化中心城市应当具备的文化规模和产业结构，在文化旅游业、影视服务业、书报刊零售业、文化娱乐业、文艺演出业、艺术培训业、会展业和印刷业等领域开始发挥较大的扩散效应。初步形成沟通国内，尤其是沿海开放城市和长江三角洲与珠江三角洲两大经济文化圈的文化资金流、文化商品流、文化人才流和文化信息流的现代文化大市场体系，充分发挥对区域文化经济的集散、生产、管理、服务和创新功能。

第二阶段：到2006年，也就是温州“十五”经济与社会发展规划目标实现时，基本完成作为浙南文化中心城市的现代化文化设施建设，特别是一些标志性文化设施建设，文化中心城市功能进一步完善，浙南文化中心城市地位得到进一步确立。

在这一阶段，扩大“温州文化模式”的文化效应，加强温州文化升位带来的能量释放，实现在文化升位中的文化产业结构调整与经济关系转移，在文化升位过程中进行文化创新，充分发挥创新是文化升位和文化发展的不竭动力这一能量效应，使温州文化的发展同整个浙江以及长江三角洲和珠江三角洲，同整个沿海开放城市的文化发展和文化产业战略转移相衔接、相呼应，促进温州文化发展在总体上上一个新台阶，基本建立与社会主义市场经济相适应的文化产业体系框架，使文化产业创造的增加值每年以20%以上的速度快速增长，在“十五”期末达到国内生产总值的3%～4%，达到并在一定程度上超过国家“十五”规划确定指标。充分发挥温州在歌舞人才方面的比较优势，文化人才资源构筑粗具规模，开始发挥区域文化中心城市的文化集散、生产、管理、创新功能。

第三阶段：2010—2015 年，建成浙南文化中心城市，开始产生全国性影响，创建历史文化名城，建设文化强市，构建温州文化创新体系目标基本实现。

三、温州文化创新体系构建与基本战略规划

“温州文化模式”是温州模式的文化体现，是构建温州文化创新体系具有终极意义的文化目标系统，它以“永嘉学派”所倡导的讲究实效的功利主义为历史文化底蕴，以现代温州人创新精神为主体，以重塑温州新的人文情怀和文化境界为目标，融历史文化传统与现代精神为一体的崭新的文化发展新体系。这集中体现在文化观念、文化态度、文化生产关系和文化运作等方面。

（一）以改革为动力，以创新为灵魂，重塑“永嘉文化”的现代之魂，创历史文化名城

温州是历史悠久的文化古城，素有“东南名镇”之称，自东晋永嘉太守谢灵运创作山水诗，开“永嘉文化”之先河至近代，千年以来上有宋一代哲学家叶适创“永嘉学派”或称“瑞安学派”，下有高则诚为代表的南戏创作，直到近代孙治让等的小学研究，“永嘉文化”可谓一脉相承，生生不息。一个交通并不发达且又远离文化中心地带的地区，能在不同的历史时期在中国文化发展史上做出无法替代的贡献，这不能不说是一种文化骄傲。而温州人之所以能在近两千年的历史中做出令人敬仰的文化贡献，并且真正地贡献出至今都依然闪耀着文化光芒的标志性文化人物、文化作品和文化思想，这得益于温州人“敢为天下先”的不断进取、改革和创新品格。这是温州文化的精髓，温州文化之魂。改革开放以来，“温州模式”之所以最终代表了中国

先进生产力的发展要求，就在于它在中国改革开放的全面展开和攻坚时刻，温州人又一次以自己的智慧做出了他人无法替代的经验贡献。

创新是温州人成功的灵魂，同时也是“永嘉文化”的本质特征之所在。离开创新这一根本，就没有了“永嘉文化”，中国几千年文化史也会因缺少了这辉煌的乐章而失色许多。“永嘉文化”是一个有着特定内涵、明显地方特色的区域文化概念，并不是指现今行政区划永嘉县的文化存在形态，而是今天温州文化的历史形态。其独特的诗、文、戏曲和近代新学所构成的完整的历史文化景观，使它拥有了一种完全不同于周边文化形态的生态特征，这种文化特征集中表现在两个方面：一是它充分的兼容性，并不以狭隘的地域观和文化形态观取舍；二是它不竭的创新要求，并不墨守成规，既富有浪漫主义张扬个性的人文情怀，又有追求功利讲求实效的现实主义的科学品格。“永嘉文化”是温州的文化品牌，一笔具有永久魅力的无形资产，是温州创历史文化名城的全部基础之所在。“历史文化名城”的全部内涵就在于“永嘉文化”在历史上构成的全部丰富性。没有“永嘉文化”，温州要创“历史文化名城”就失去了它全部的历史文化根基。

今天温州的文化发展，必须继承这笔丰厚的遗产，立足这个根基，重新寻回“永嘉文化”的意义世界，以及一切关于温州文化创新的全部生命体验和价值追求，以现代温州创新精神的新特点、新价值，丰富“永嘉文化”的历史内涵，在重新唤起对“永嘉文化”全部自信的基础上，再现对于传统的超越，重塑“永嘉文化”的现代之魂，从而在实现新的伟大文化目标的过程中，把温州真正创建成为既拥有丰富的历史文化内涵又充满鲜明时代特色和区域文化特征的历史文化名城。在实现中华文化伟大复兴的同时，实现“永嘉文化”的卓越复兴。

（二）以温州中心城区为核心，以乐清、瑞安为两翼，实施中心突出，两翼联动的城市文化发展战略，建设文化强市

城市历史是文化的中心，是一个地区文化所达到的文明高度的集中代表。

因此，要把温州建设成为浙江南部文化中心，必须大力发展城市文化，以城市文化的繁荣发展带动和展示区域经济与社会的文明发展。然而，任何一个文化中心城市的成长和发展必须依托于周边腹地的文化发展，而腹地的发展又依托于中心城市所提供的服务，两者相互依存，相互促进，共同发展，共同提高。温州控山带海，下辖两市六县三区，地处东南，地形走势呈哑铃状。乐清、瑞安与温州中心城区遥相呼应，成双星拱月之势，其他县次第展开，构成温州文化的现实与历史地形地貌。乐清市已进入全国文化先进县行列，瑞安市被命名为浙江省级历史文化名城。乐清和瑞安是温州的南北两翼，在温州整个文化升位计划和21世纪文化发展战略中，具有举足轻重的地位。乐清是“温州模式”的重要策源地，为当代中国的改革开放提供了新鲜经验；瑞安是“永嘉学派”，元、明南戏的发源地，为“永嘉文化”的最终形成奠定了永恒的基础。前者拥有今天所需要的实践经验，后者拥有未来发展所需要的历史文化遗产，各自都拥有着不可替代的文化优势。现实创造和历史传承连成了一条红线，正是这两点成一线，串联起温州市的文化发展核心地带。只有这一地带文化获得了高速发展，并使文化资源要素在次第展开的周边腹地获得更大范围的优化配置，才能使温州尽快地从一个省辖市向一个具有重要影响的区域文化中心城市转换；同时，也只有温州尽快地向浙江南部文化中心城市转变，以全面有力的服务提高核心城市的辐射能力和辐射能级，才能使整个温州的文化发展保持持久的发展。因此，以温州中心城区为核心部位，以乐清、瑞安为两翼，实施中心突出、两翼联动的城市文化发展战略，应当成为建设文化强市的重要选择。

（三）以城市文化建设为主，发挥城乡文化互补优势，实施城乡文化升位逐层展开，梯度推进战略，全面推进文化升位目标的实现

城市文化是农村文化发展到一定历史阶段的必然产物，代表了农村文化的前进方向和发展要求。加强和加快城市文化建设毫无疑问是整个文化战略的主导方向。但是农村文化常常是城市文化原创的涵养源，是城市文化的高

速发展和现代化必不可少的市场腹地与扩张空间，因此，有着城市文化无法比拟的资源优势和市场潜力。温州，历史文化遗存遍及广大农村，泰顺、文成、永嘉、苍南、平阳、洞头不仅山明水秀，而且拥有无法比拟和替代的历史人文资源，有着发展文化事业、文化产业广阔的市场和空间。

实现城乡间在文化资源方面的优势互补，必然会极大地推进整个温州文化事业的繁荣和发展。然而，城乡间巨大的文化贫富上的差距客观存在，采取一刀切的办法，显然不适宜于农村，特别是农村贫困地区的文化发展，尤其是在一些硬件指标上，如不采取特殊政策和特殊措施，而要求贫困山区的分散文化建设达到和文化中心城区建设同样的指标和水平，是很困难的。因此，21 世纪温州文化发展的战略规划和发展思路，必须区别对待城乡文化发展的实际情况，把文化升位计划的实施根据城乡不同的文化基础而逐层展开，梯度推进。

实施“梯度推进”战略，就是要在整个发展战略规划中，形成若干个梯级，每个梯级以一个中心为圆点，依次向周边辐射开去，从而形成一种整体的、发展节奏明显、目标管理清晰、任务彼此呼应的有机联动。其主要内容包括：①以城市为中心，向农村扩展，此为第一梯级；②以温州城区为中心，向各县（市）城展开，此为第二梯级；③以各县（市）城为中心，向各中心集镇展开，此为第三梯级；④以各中心集镇为中心向广大农村展开，此为第四梯级。实行目标梯级，分级推进，分级管理，既包括硬件，也包括软件，形成一乡一镇一特色、一区一县一市一品牌一优势的文化发展新态势。

四、“十五”期间实施的重大战略选择与规划

（一）加快培育立足于浙南，服务全省，面向全国，接应两极，积极出击国际文化市场的浙江核心城市的构建，促进温州的全面发展

这一文化选择的培育目标，集中体现在四个方面，即区域文化集散功能、

管理功能、服务功能和创新功能，有效地实现文化商品要素的集聚与扩散，成为我国东南地区重要的文化资本、信息、产品和人才流动基地之一，成为新观念、新体制、新机遇及新思想的重要原创基地之一，为各类文化要素的自由流动和优化配置提供必需的服务，从而使温州成为沟通上海、连接长江三角洲和珠江三角洲经济增长两极文化交流的重要接口，成为中外文化交流有影响的对外文化开放口岸。

（二）以人的现代化为本，加强文化人力资源开发，全面推进文化创新主体建设和文化创新源头建设，构筑温州文化人才资源高地

文化升位核心是人的升位，文化竞争归根结底是人才竞争，文化现代化关键是人的现代化。规划未来温州文化发展战略必须树立人力资源是温州文化发展第一资源的观念。温州经济的成功起飞，就在于温州经济是“能人经济”，因此，必须把加强对文化人力资源投资和开发作为温州文化升位、重铸中国东南文化重镇、重塑“永嘉文化”辉煌的重大战略选择。

实行对文化人力资源开发大规模投资，提高对文化人力资源投资在整个温州文化升位计划中的比重，并形成以政府投资为主，社会集体、个人共同参与投资开发的新体制。

全面推进文化创新主体建设和文化创作源头建设，创建“温州艺术学院”，把培育和造就一流的文化艺术人才作为培养目标，可以由政府和社会共同投资办，以温州丰富的歌舞人才资源为基础，把温州建设成为全国输送优秀歌舞人才的重要基地之一，培养温州自己的歌唱家和舞蹈家；成立“温州文化职业培训中心”和温州文化干部培训学院，分别对温州市文化从业人员和文化管理人员进行不定期、不间断的上岗培训和终身教育，提高文化人力资源整体素质，实行从业人员持证上岗的资格证书制度；建立“温州艺术创作中心”，实行与温州籍作家签约制，积极鼓励温州的专业作家和业余文学爱好者投身于温州的文学艺术创作，努力培养一批在全国有广泛影响的作家、剧作家，加快发展温州的文化人力资源市场，形成多层次、综合性、跨地区

的文化人力资源市场，在渐成气候与规模的戏剧表演人才交流市场的基础上，政府积极、主动介入，使无序变有序，重点发展歌舞人才和戏曲表演人才市场，建立与全国联网的文化人力资源市场信息库。

（三）以文化企业为中心，全面推行现代企业制度，建立、健全和完善具有中国特色、温州特点的文化市场机制，以经济利益关系的战略性调整，构建与“温州模式”相适应的“温州文化模式”及其文化产业创新体系

“温州模式”在经济上获得巨大成功的一个根本性创造，就在于它在坚持以市场为导向，发挥市场在资源配置中基础性作用的同时，建立了产权关系明晰、利益直接、风险共担、运行顺畅的股份制合作经济。这一经济形态不仅克服了股份经济那种只认资产所有权、劳资对立的弊端，同时又弥补了合作经济缺乏投资主体意识、产出效率低的弊端。这在市场化程度还不高、股份制还不完善、资本市场发展不足的情况下，是一种用以聚集资金、组织生产与流通、合理而又有生命力的好形式，它不仅突破了单一公有制结构的传统经济模式，确定了公有制为主体，多种经济成分并存共同发展的所有制结构，而且还突破了不同所有制之间不能互融的局限，出现了不同产权相互交融的混合所有制、股份所有制等新的集体所有制。据有关资料统计，以这种所有制形式为主体创造的产值，已经占到温州全市企业总产值的85%，其给国家创造的税收，已经占到整个温州市的三分之一，显示了其旺盛的生命力。

面对中国加入WTO后来自全球化的挑战，作为整个温州文化发展一个重要组成部分的温州文化产业创新体系的构建，必须充分、全面地借鉴“温州模式”在创造股份制合作经济中所显示出来的巨大生命力，对现有文化产业结构进行战略调整和重组，以文化企业为中心，打破以条块分割、行业壁垒为特征的，有碍温州文化产业创新与发展的落后体制，大力推进在文化产业领域里多种所有制形式的市场准入，按照现代企业制度，以产权关系为纽带，组建多种所有制形式的跨行业、跨所有制的文化产业集团，鼓励和允许社会

办文化产业，特别是文化核心产业。以经济利益关系的战略性调整，构建与温州经济发展相适应的温州文化产业创新体系。

（四）建立大文化管理新体制，突破原有的文化行政界限，全面推进温州文化发展的制度创新和政策创新

现有的按行业门类设置的政府管办文化的体制，是以计划经济模式管理文化的产物，实践证明，这样的体制对于建设有中国特色社会主义文化，充分发挥市场在资源配置中的基础性作用，弊多利少。严密的行业壁垒和部门保护主义，已经严重地阻碍了文化生产力的发展和文化主体创造力的发挥，严重地不适应我国文化发展实践的需要。构建和规划21世纪温州文化发展大格局，应当首先在政府文化管理的行政体制层面上，大力度地改革现有的文化行政管理体制，撤销现有的按行业门类设置的文化行政建制，成立政府文化发展委员会，在文化发展委员会内，设置不同文化行政职能的管理处，如文化艺术事业管理处、旅游事业管理处、广播电视管理处、新闻管理处和文化市场管理处等，将原有的政府办文化那一部分从中剥离出来，从而使文化委员会真正行使政府管理文化的职能，既可减少文化管理的行政死角，又可实行完全的资源优化配置和资源共享，最大限度地使文化管理产生最大效率，降低管理成本，同时成立直接隶属于市长办公会议的温州市文化产业发展协调委员会或指导委员会，全面行使政府规划文化产业发展布局的职能。

（五）积极培育温州文化投融资体制，鼓励社会资本兴办文化事业和投资文化产业，设立温州文化发展基金会，开征温州文化建设税，建立多元文化投资格局

文化金融资本运作体制，直接关系到对整个温州文化发展经济支持的力度和强度，关系到温州文化规划目标实现和完成的程度。缺少经费投入，缺少资金来源，已经成为制约温州部分地区，特别是个别贫困县文化升位计划实施的关键。而在温州是不缺钱的，温州有着充足的社会资本资源，从近年来一些温州企业家在北京、上海投资亿元、几亿元办民办大学可见一斑。如何使大量的社会游资流入文化领域，一项重要的制度和政策创新，就是必须建立全新的文化投融资体制。这种新的投融资体制，既要能够激发起温州人关于实现温州文化升位计划是每个公民应尽的文化义务的主体意识，鼓励社会资本兴办社会文化事业，同时也要能够保护投资人投资文化产业的合法权益。要把这两个方面根据温州的实际有机结合起来，建立温州的文化资本市场，积极引进外资和调动民资参与文化产业建设，建立投资主体多元化的温州文化投资新格局。

五、基本方针和策略

（一）基本方针

第一，以邓小平理论、江泽民关于“三个代表”重要思想和党的十五大精神为指导，围绕建设现代化新温州的总目标和浙南文化中心城市的总任务，全面实施温州文化升位计划，建构具有中国特色、温州特点、区域文化优势明显的，以“温州文化模式”为理念的温州文化创新体系。

第二，确立“有所为，有所不为，方能为之”，“有所争，有所不争，方能争之；争其无法可争，是至争”的发展21世纪温州文化的战略思想，创历史文化名城，建文化强市，发展温州的优势文化，重铸温州文化的辉煌，在实现中华民族伟大复兴的同时，实现温州文化升位的全面跨越。

第三，以创新为灵魂，以抓住机遇、调整结构、开拓创新、协调推进为总要求，全面推进与温州经济发展相适应的文化生产关系的变革，实现温州文化发展的全面创新：制度创新、管理创新、观念创新和政策创新。

第四，实施“引进来”和“走出去”相结合的文化战略，扩大文化领域里的“内联外引”，积极参与国内外文化市场竞争，充分发挥温州人善于在市场竞争中不断创新的文化优势。

第五，以政府办文化为主导，积极鼓励社会力量兴办各种文化事业和投资文化产业，以公共的力量推动温州文化升位计划和温州文化发展战略的实施。

第六，以不断提高和满足人民群众的文化需求为导向，正确处理社会效益和经济效益的关系，切实发挥经济效益对社会效益实现的保障作用。

第七，坚持以人为本，全面推动温州文化创新主体建设，坚持“二为”方向和“双百”方针，繁荣文艺创作和社会科学研究，深刻反映20年来温州变革的伟大实践，为温州的社会发展和全面进步提供科学依据与智力支持。

（二）基本策略

按照中央关于“十五”规划编制的总体要求，将温州文化发展规划纳入温州市国民经济和社会发展的“十五”规划及中、长期发展规划，根据文化部提出的“分别研究制订文化事业和文化产业两个发展规划”的要求，编制温州文化事业和文化产业发展规划。

文化事业相对于文化产业而言，以公益性为特征，以社会效益为主导，以政府行为为主体，以文化积累为目标，以文学艺术事业、社会文化和图书馆事业、文物博物事业、艺术教育和文化科技事业、对外文化交流事业和公共文化设施建设为对象，特别明确政府的责任和义务，突出政策性要求。

1. 建立新的文化事业管理体制和形成艺术生产机制

加大政府对具有明显地方特色的温州市瓯剧团和永嘉昆剧团的扶持力度，确定它们为具有代表性、示范性和保护性的地方艺术团体，由政府给予经费保证。

成立中国南戏与“永昆”艺术研究中心，开发南戏文化资源，发掘南戏艺术，打响“永昆”牌。

建立艺术家荣誉制度，设立“温州文化艺术功臣奖”，重奖对发展和繁荣温州文化与艺术创作做出重大贡献的艺术家；建立温州籍艺术人才档案，鼓励温州籍艺术家定期回乡，举办各种个人专场与画展，营造人才激励机制和氛围，造就一批在国内有知名度的各类艺术家。

建立由政府和民营企业共同出资的艺术创作和艺术奖励基金，大力倡导和繁荣反映温州伟大历史变革的优秀原创作品的生产，实施“精品战略”；推出一批融思想性、艺术性、观赏性于一体的文化精品；积极鼓励群众业余创作，设立“金瓯文学艺术创作奖”，奖励重大作品及创作者，推动温州的文学艺术创作。

建立行业自律机制，加强文化艺术行业管理，发展民间职业艺术表演团体，繁荣地方民间文艺。

筹办每两年一届的温州艺术节，营造全面推动温州文化升位计划的社会氛围。艺术节由温州市人民政府主办，温州市文化局承办，社会力量（企业）协办。成立专门从事艺术节组织工作的实体“温州艺术节中心”。

2. 大力发展图书馆事业和以乡镇、社区为基础的群众文化、少儿文化事业

加强公共文化网建设。“十五”期间要实现乡乡有文化站和中心集镇有图书馆的目标，进一步巩固和发展由政府兴办的图书馆、群艺馆和文化馆等文化事业单位，鼓励社会力量（企业和个人）兴办公益性文化事业；全面实现温州金海岸文化网工程建设目标。

大力推动“蒲公英计划”的实施，结合教改“减负”，兴办少儿文化事业和各级各类少儿业余艺术教育，创建温州蒲公英少儿艺术团。

开展群众性的“永嘉诗文名篇诵读”活动，深化“知识工程”建设，丰富读书节内涵，弘扬永嘉文化，倡导道德实践，培养市民人文情怀，推动全民文化升位。

3. 全面推进经济贫困地区和少数民族聚居区的文化硬件设施，创建国家文化生态示范保护区

富而思进，先富帮后富，创建“文化牵手工程”，鼓励社会力量，特别是优秀民营企业，支持贫困县公益文化事业建设，政府制定相关政策（如税前列支、冠名权让渡等）予以保护。

组建“文化牵手工程志愿者队伍”，将每年某月某日定为“温州文化牵手节”，通过向偏远山区、海岛、贫困乡镇文化馆捐款、捐书、捐器材活动，迅速拉动和推动金海岸的工程建设，使各乡、镇、文化馆、图书馆拥有开展群众文化活动基本的文化器材和逐步积累到5000册左右的藏书量，基本满足贫困地区群众文化生活的需要，缩小城乡文化差别。

创建泰顺、永嘉“国家文化生态示范保护区”，对泰顺古民居、古建筑、古民俗实施抢救性保护政策，把对泰顺一系列古民居、古建筑的保护列为温州文化资源深度开发的战略后备资源。与永嘉的楠溪江国家自然保护区相呼应，把对泰顺一系列古文化遗存的保护纳入温州国民经济和社会发展规划，城乡建设发展规划和文化发展规划，古文化遗存的抢救性保护和整个生态环境建设和文化经济发展结合起来；把对泰顺古文化遗存的保护与文化产业结构调整和特色旅游结合起来；把泰顺建设成为浙南地区国家古文化遗产保护区并由此而与永嘉一道建成“国家文化生态示范保护区”。创造条件，筹备申报联合国世界人类文化遗产。

加强少数民族聚居文化设施建设，合理开发利用少数民族文化资源，促进独特的民族传统文化艺术的继承和发展。

4. 加强对文物和无形文化资产的保护和利用

建立一批具有温州鲜明地方特色，反映温州经济史、行业史、文化史和艺术史的专业博物馆，特别为温州留下历史发展的记录和遗产，实行以国家保护为主、全社会积极参与的温州文博事业发展新体制。

5. 走社会力量办艺术教育的新路子，构筑温州艺术人才高地，积极鼓励社会力量兴办各种艺术类培训学校

创建以培养歌、舞人才为特色的温州艺术学院，把温州建设成为全国有影响的歌唱和舞蹈人才重要的培养基地之一。成立温州文化艺术培训学院、文化职业培训中心、永嘉文化研究院，全面开展对全市各级各类文化管理干部和文化产业从业人员的政策、法规和业务知识培训；大力开展文化艺术科研活动。

6. 全面贯彻和落实各项文化经济政策

文化事业建设费，由市财政统一定额返还给文化部门；征收的高消费娱

乐项目营业税，可按65%比率划拨文化部掌握使用；娱乐市场管理“费改税”后，应将所征税金返还给文化市场管理部门，以确保文化市场正常管理费用的需要，对重点文化设施建设，在土地征用、水电增容、贴现贷款等方面给予政策扶持。

7. 开展积极的对外文化交流

拓宽与国内各兄弟省、市文化交流领域，加强文化合作项目开发，丰富和扩大温州文化升位的内容，实现在全方位的文化交流中发展、提高。充分利用温州华侨的“海外军团”优势，打温州文化牌，实现在交流中的开放提高，进一步提高温州文化融合国际文化的能力，树立温州文化的国际形象。

通过资产重组和结构调整，将现有温州国办文化企业中的不良资产剥离出来，组建温州文化控股资本经营公司，优化国有文化资产配置，奠定“建设文化强市”的产业主体基础。

8. 以温州高教园区开发为契机，重点建设融大学、剧院、博物馆、音乐厅和图书馆为一体的新温州“文化园”、未来温州新文化的成长源

文化产业是相对于文化事业而言的文化存在形态。文化产业在一个国家的发展程度，既是一个国家经济与文化融合的具体反映，又是衡量经济和文化发展水平的重要标志。文化产业是我国第三产业的重要组成部分。九届全国人大六次会议的《政府工作报告》和《在关于1998年国民经济和社会发展计划执行与1999年国民经济和社会发展草案的报告》中明确要求“推进文化、教育、非义务教育和非基本医疗保健的产业化”，将文化产业真正纳入国民经济发展的轨道。文化产业以经营性为特征，以市场和利益为导向，以文化企业法人行为为主体，以创造经济增加值为目标，包括文艺演出业、电影电视业、图书音像业、文化娱乐业、文化旅游业、艺术品经营业和艺术教育业等。特别强调企业法人主体的权利和义务，突出市场在资源配置方面的基础性作用。

一是以市场和利益为导向，实现国有文化资本的重组和优化配置，形成以国有文化控股资本公司为龙头，推动温州文化产业进程。通过资产重组和

结构调整，将现有温州国办文化企业中的不良资产剥离出来，组建温州文化控股资本运营公司，优化国有文化资产配置，奠定建“文化强市”的产业主体基础。

二是完善文化产业发展投融资体系，加大各级政府对文化产业的直接投资和间接投资。改变政府对文化产业的投入方式，由政府计划型拨款转变为产业需求型贷款和投资。在使用纳税人的钱办好公益性文化事业的同时，政府也应向文化产业投资以确保纳税人的钱增值，实现资本扩张，建立文化投资和文化资助项目评估体系。通过立法程序，实行差别税率，鼓励社会的文化投资和文化赞助。以我国加入WTO为背景，积极引进境外资本来温州发展文化产业，提升温州文化产业资源配置的国际化程度；建立温州文化产业发展基金，开征文化发展建设税，发行文化基金彩票，以“创业投资基金”的运作方式，开辟温州文化资本市场。

三是大力发展文化中介机构，建立以中介机构和文化经纪人为中心的温州文化市场新体制。大胆借鉴温州经济发展中的“十万营销大军”遍及全国，编织庞大的市场营销网络的成功经验，建立文化经纪人制度，剥离现有的演出公司等文化中介机构和文化行政部门直接的行政隶属关系，使其成为独立的法人实体；以政策为导向，积极鼓励独立的文化经纪人的自我发展，改善文化市场供求关系和供求结构，基本建成比较完整的文化市场体系，并与其他市场体系相衔接，形成灵活有效、能反映市场供求状况的新体制。

四是加强文化产业与文化市场准入，大力培育温州特色文化产业。

在充实、扩大、提高以包装印刷业为特色文化产业的基础上，结合温州服装业的发展目标，培育温州的服装文化展示业；鼓励专业表演人才进军娱乐业，以科技创新和文化创新为动力，提高文艺娱乐业的科技含量和文化含量，净化和革新娱乐市场表演内容，提高文化娱乐场所表演和展示的文化品位；深度参与旅游业，推出与旅游淡、旺季相结合的文艺演出季和温州传统文化展示季，丰富温州旅游业的服务内容，同时扩张温州的演出市场和文化向旅游业提供附加值的功能，将山水旅游和人文旅游结合起来，从而使文化旅游业真正成为温州文化的三大支柱产业的核心部位。

五是综合开发二级市场，实现文化资源效益最大化，充分挖掘和开发温州小商品市场生产和服务方面的经验与优势。

在创造一个有影响的文化产品时，协同有关产业以及商家共同策划、设计、制订相关产品的开发方案，使文化产品所蕴藏的各种有形无形资源向服装、玩具、箱包、工艺美术品、包装装潢设计、展览、广告等行业渗透，编制纵横交错的“文化产业链”。

六是加大文化与科技创新力度，提升温州文化产业的内容含量和技术品位。创立知识资本市场，列出专门的文化攻关项目，设立相应的竞价机制，使文化创新和高科技开发与文化产业实现最佳配置；加大研究开发文化、科技创新人才的培养和引进力度，抓住原始创新。

七是创办标志性文化节，发展会展业，开辟文化和产业新领域。

创办温州国际服装文化节，充分发挥温州作为中国十大服装名城的品牌效应，做大、做强服装文化业，培育和发展服装文化与模特展示和表演业；创办温州印刷文化节，提升以龙港为龙头的温州印刷业的内容含量，扩大温州印刷文化业的国际知名度，为其他行业提供文化附加值；办好温州旅游文化节、温州文化艺术节、温州歌舞节。

充分利用温州的旅游资源，发展会展业，以期刺激消费，带动人口就业，调整产业结构，辐射周边旅游，会展业是真正塑造一个城市文化品位的形象展示业，从而使温州的文化节庆和会展业成为温州文化产业发展的重要增长点与新的支撑点。

八是发展网络文化，打通文化产业和信息产业间的联系，培育内容产业，创造和孕育21世纪新温州的城市文化形态。

（注：网络文化还是一个刚刚出现的全新的文化形态，产业形态还尚未形成，虽然对它的研究还很不够，但是对它的发展前景及其战略价值已经深刻地感受到了。故在关于温州的研究报告中留下了有待研究的议题）

郑州文化产业发展战略研究（2006—2020）

题　记：

本课题是受中共郑州市委宣传部委托承担的一个关于郑州市“十一五”文化产业发展规划的研究项目。2004年下半年，我应中共郑州市委宣传部邀请，给郑州市中心学习组做关于我国文化产业发展形势与发展趋势的报告，题目是“我国文化产业发展与新文化变革”。报告后，中共郑州市委常委、宣传部部长杨丽萍设宴款待，席间她提出能否给郑州做一个“十一五”文化产业发展规划。我说：“郑州的文化产业发展“十一五”规划不是已经有了嘛，怎么还要做一个呢?”杨丽萍快人快语，说那个规划大家不是太满意，希望重做一个。我说：“不行，如果一定要做，我可以做一个关于郑州市的文化产业发展战略研究。”杨丽萍当场拍板：“行，就做一个发展战略研究!”这个项目就这样定下来了。2005年一开春就启动，我带着我的几个同事一过春节就去郑州调研，把郑州市的几个县市全都调查了一遍。后来又多次前往调研，共有22次。期间，时任中共郑州市委宣传部常务副部长郭在州，副部长兼郑州日报社社长、党委书记张晓圻，调研员朱军，中共河南省委宣传部政策研究室刘国良，文化体制改革办公室王玉印等同志参加了课题的研讨；上海交通大学国家文化产业创新与发展研究基地凌金铸、朱宁嘉博士，中共郑州市委宣传部政策研究室主任张永以及王红同志参加了课题的调研。我作为课题负责人，最后独立写成了这个报告。报告初稿出来后，中共郑州市委宣传部专门召集部长会议，听取报告成果介绍，提了许多很好的意见。课题最终完成后，中共河南省委常委、郑州市委书记王文超极为重视，亲自主持和听取了报告研究成果介绍，并就研究报告取得成果发表了8点意见，并作为郑州市制度文化产业的文件下达。

前言

在中华文明的起源阶段，中原文化是在华夏大陆板块上最先隆起的文化构造带。中原文化有着很强的包容能力，在中华文明形成之初，黄河下游、长江流域地区的考古文化都有向中原挺进的意图和行动，中原文化在漫长的过程中通过吸纳其他文化的先进因素而最终在文明起源的角逐中脱颖而出，形成了光辉灿烂的夏、商、周三代文明。“汇聚”和“辐射”是中华文明起源的模式。中国各地先进的文化通过各种各样的形式汇聚到中原，进入夏商之际，中原则更多地向外辐射和传播，但汇聚和辐射从来都是双向并存的。“多元一体”和“汇聚与辐射”是中华文明的起源模式，而中原文化强大的吸收能力则是其在漫长的历史发展过程中历久弥新、长盛不衰的原因。

从中国经济社会发展的阶段性看，自主创新已成为支撑和引导经济社会未来发展的主导因素。全面建设小康社会的目标是：到 2020 年人均 GDP 要由现在的约 1000 美元上升到 3000 美元。国际经验表明，这是实现工业化的关键时期。这一时期，传统生产要素对经济增长的边际贡献率将出现递减趋势，而体制创新、经济发展模式创新与科技创新将成为经济社会发展的根本动力。在这一过程中文化创新将发挥不可替代的作用。

2005 年，郑州市全市生产总值 1650 亿元，年均增长 13.6%，增速比全省和全国分别高出 2.2 和 4.1 个百分点，人均生产总值达到 2850 美元。增长的边际贡献率递减效应，将随着国家整体经济增长发展模式的战略性调整而出现进一步放大的趋势，与巨大的文化市场和丰富的文化资源开发需求的现实之间构成了一个巨大的发展战略矛盾。目前，郑州市所属的经济发展最快和 GDP 贡献最大的几个市，如登封市、新密市、荥阳市、巩义市等，基本上都是以能源和有色金属工业为主。根据国家发改委的统计，目前我国的钢铁、电解铝、铁合金、焦炭、电石、汽车、铜冶炼已经出现了严重的产能过剩，水泥、电力、煤炭和纺织行业也存在着产能过剩的问题，国家对这些行业的发展战略和产业政策的调整将会进一步加剧这些城市的经济增长压力，而这些城市恰恰又是郑州文化资源极为丰富的地区。郑州的资源禀赋决定了不可能再走以往大量消耗能源、资源支持区域发展的老路。资源、能源和环境已经成为郑州可持续发展的突出矛盾和制约瓶颈。所有这些告诉我们：只有通过革新传统发展观念，创新发展模式，提高发展质量，转变经济增长方式，增强自主创新能力，才能把郑州的经济社会发展切实转入全面协调可持续发展的轨道，实现又好又快地发展。这是选择和确立郑州市文化发展战略的根本战略基础。

正是在这样的背景下，受中共郑州市委宣传部委托，上海交通大学国家文化产业创新与发展研究基地课题组，就郑州2000—2020文化发展战略，历时半年，遍及二市、三区、六县，深入调研，广泛听取各方意见，形成了本报告，为郑州市文化决策提供战略规划研究文本。

作为研究的前提和基础，我们对崛起战略的理解是：

战略就是改变现状。战略就是要通过对未来发展的谋划和努力，从内、外两个方面，对原有力量格局的调整与破坏，构造与重建符合自己战略利益的新的利益分配和力量格局。

崛起战略就是创新战略，不创新，就不能缔造新的文化能量形态，就无法形成中原文化独一无二的核心竞争力。

崛起战略就是复兴战略，不复兴，就不能重铸砥柱中原的文化自信和辉煌，就不能成为中国文化新版图构造中的缔造力量。

崛起战略就是跨越战略，不跨越，就不能超越自己，就不能实现再度成为中华文化建设的中流砥柱。

崛起战略就是挑战战略，不挑战，就没有战略竞争对手，就没有自己的战略定位，就无法构成战略崛起所需要的战略竞争态势，就无法形成战略崛起所需要的战略文化环境。

伟大的崛起需要伟大的文化，伟大的文化支撑伟大的崛起。

中原文化崛起战略不是中原文化的文艺复兴运动，而是新中原文化的创新与构造。

中原文化产业崛起战略就是要重建中国文化之“中”，郑州文化产业发展战略正是属于这样的崛起战略。

一、郑州文化产业发展战略研究的背景、依据和原则

（一）中部崛起和建设创新型国家是郑州文化产业发展战略研究的根本背景

从现在起到2020年，用15年的时间使我国进入创新型国家行列，这是我们党在一个新的历史时期提出来的一项重大国家战略任务，也是我们国家未来15年的伟大战略目标。这对郑州来说，提出了一个把什么样的新郑州带入创新型国家的时代使命。

创新建设是一项系统工程，包括政治、经济、文化和社会各个方面的全面创新。文化创新是建设创新型国家的重要方面，没有文化创新的全面建设，就没有创新型国家建设目标的伟大实现。文化创新是国家创新的灵魂。当文化创新以市场经济的方式和形态表现出来的时候，文化产业创新体系的建设就成为实现文化创新的重要战略途径和制度保障。制定和实施郑州文化产业发展战略也就成为把一个创新性文化新郑州带入创新型国家必须完成的历史命题。

中部崛起，是党中央继鼓励东部地区率先发展、西部大开发、振兴东北地区老工业基地战略后做出的事关我国现代化建设全局的又一项重大战略决策。2006年3月27日，中共中央政治局召开会议，专题研究促进中部崛起工作。明确指出，促进中部崛起，是党中央、国务院落实促进区域协调发展总体战略的重大任务。突出强调中部地区要发挥比较优势增强对全国发展的支撑能力。

中部地区是中华文明的发祥地。长江、黄河孕育了中国古代的灿烂文明，奠定了我国在中世纪成为世界最强大国家的基础。这里是我国人口最密集的

地区之一，是我国重要的粮食基地和能源基地，是连接东西、贯通南北的交通枢纽。但是在20多年的改革开放中，中部省份成为东部沿海地区快速发展的“观望者”。统计表明，1978年到2004年，东部地区GDP占全国的比重达到56%，中部地区只占26%。近10年，中部与东部的GDP差额比增加了6倍，甚至还出现了中部经济增速落后于西部的状况。一度有评论认为，在东部繁荣和西部发展初露端倪的时候，出现了中部“塌陷”，不仅经济发展如此，文化发展也是如此。

2006年全国人大审议通过的国家“十一五”规划纲要把“中部崛起”列为国家中长期发展战略规划。“中部崛起”成为我国区域协调发展战略的一个重要组成部分，具有国家总战略的意义。在区域发展总体战略中，中部起着“承东启西”的作用，中部崛起将对克服和消解我国东西部地区发展不平衡状况发挥重要的枢纽调节和缓解作用。

河南是中部崛起的主战场。早在21世纪初，河南就提出了“中原崛起”的发展目标。被人们称为中国经济社会缩影的河南，虽然在经济总量方面连续多年位居中部六省首位，2005年河南省GDP总量达到10535亿元，增速14.1%，经济总量及增速均位居全国第五位；规模以上工业增加值总量和城镇固定资产投资总量均居全国第六位。然而，尽管如此，中部地区发展面临的困境和问题，也都是河南发展面临的困难和问题。2005年8月，中共中央总书记胡锦涛视察河南时，明确提出河南要实现跨越式发展，在促进中部地区崛起中发挥更大作用，走在中部地区前列，用科学发展观统领中原崛起，用中原崛起促进中部崛起。

郑州是河南的首会，是中原的政治、经济、文化中心。如果说在促进中部崛起中有着近亿人口的河南能不能崛起将直接关系到整个中部地区的崛起目标能否实现，那么，郑州能否在中原崛起中承担和肩负起崇高的历史使命，将直接决定了中原崛起的战略命运和战略前途。

郑州文化产业发展战略的选择和制定，正是在这个意义上成为国家战略的一个重要组成部分的，具有国家战略的全部价值。中部崛起和中原崛起伟大目标的提出，中原城市群发展目标的确定，在对郑州发展战略提出了历史性要求的同时，也使郑州面临了历史上最好的发展机遇。能否抓住这样的战略机遇期发展自己，这是时代对郑州发展提出的考验。

（二）跨越式发展战略是郑州文化产业发展战略研究的核心依据

日益开放的中国需要一个经济繁荣、社会稳定、文化发展的河南；日益发展的河南更需要一个创新的、充满活力的、能够引领整个河南走出中原、走向世界的郑州，一个文化新郑州！

2005 年 8 月，中共中央总书记胡锦涛视察河南时，明确提出河南要实现跨越式发展，在促进中部地区崛起中发挥更大作用，走在中部地区前列。

2005 年，河南省委书记徐光春郑重提出："中原崛起看郑州。"看郑州，要看"六个力"：发展力、辐射力、带动力、创造力、影响力、凝聚力。

这"六个力"集中到一点就是由政治、经济、文化、社会整体发展共同形成的郑州的综合"软实力"。

文化产业是政治、经济、社会、文化关系的总和。郑州文化产业发展要实现这"六个力"的目标，达到这样的境界，就要盯着世界坐标寻找差距，围绕国内发展格局确立目标定位。

中原崛起正面临着一系列战略难题：由农业大省向经济强省的转变；由资源大省向产业大省的转变；城乡二元结构向城乡一体化转变；文化资源大省向文化产业强省转变；加快构建和谐中原，向经济、政治、文化和社会建设一体化转变。这些难题，不仅是河南在实现中原崛起中必须给予破解的战略难题，而且这些难题的破解，在某种程度上来说直接取决于郑州对这些战略难题破解的程度。郑州是河南的心脏，是中原崛起的引擎。郑州能否和能在多大程度上破解这些战略难题，将直接影响和决定中原崛起的时间表以及未来中国区域发展的结构图。

郑州要在中原崛起中扮演影响全局变动的战略主角，就不能走传统的发展道路和发展模式，而是要在新的基础上走跨越式发展道路。中共郑州市委书记王文超同志指出：所谓跨越式发展，就是要突破一般的发展道路和发展模式，通过重大科技进步和文化创新，用新思想、新观念、新思路、新方法、新制度，对某个经济发展时序和空间形态进行超常规发展，这是与渐进式发展相比而存在的一种特殊的发展模式和发展战略。它具有快速发展、高水平发展、超常规发展、非均衡发展和可持续发展的特点。

从农业经济向工业经济发展，再由工业经济向知识经济或信息经济发展，这是西方国家走过的一般发展阶段和发展模式。中国正处在社会主义初级阶段，这个发展阶段的一个显著特征，就是中国同时面临着这三大转变的历史任务，西方国家走过的发展道路，中国必须到本世纪中叶，也就是说到2050年中国必须完成从工业化向信息化转变，达到同等发达国家水平的时候，中国基本上实现现代化。特殊的国情决定了特殊的发展模式和发展道路选择。

河南地处中原，具有现阶段中国社会发展阶段的一切特征。河南不能按部就班地走传统社会发展的老路，而是必须选择跨越式发展的地区发展模式。实现从农业大省向工业大省的转变，是以工业经济增长在整个国民经济增长中的比例和贡献值来界定的。河南要实现从工业大省向文化大省的跨越，就必须转变河南的经济增长方式，提高文化经济和文化产业在整个河南国民经济增长中的比例和增加值，通过文化产业和文化经济的发展推动经济增长质量的根本转变，从而使文化产业成为河南国民经济和社会发展的支柱产业，成为河南GDP增长的主要衡量指标，从而通过经济增长方式的战略性转变实现产业结构和经济结构的现代化。

郑州地处河南的心脏地带，正如河南具有现阶段中国社会阶段的一切特征一样，郑州也具有河南现阶段发展所面临的所有困难与特征。中原崛起看郑州，这就是对郑州发展道路选择和发展战略制定在整个河南全部价值和意义的定位。因此，郑州要实现跨越式发展，就必须在发展道路选择和发展模式创新方面走在全省的前面，率先全面推进经济增长方式的战略性转变和经济结构的战略性调整，在整个河南实现从工业大省向文化大省的战略性转变中发挥领头羊的模范作用。这应该成为我们研究和制定郑州文化产业发展战略的依据和出发点。

从现在起到 2020 年，是我国社会主义现代化建设发展的一个重要历史阶段，同时也是我国以加入 WTO 为标志更加深入地融入现代世界体系的一个重要时期。在这个重要阶段和重要时期，中国不仅要实现国民生产总值比 2000 年翻一番，使人民的小康生活更加富裕的目标，而且还要为全面参与国际竞争，为最终在 21 世纪实现中华民族的伟大复兴奠定扎实、稳固、起点较高的基础。这对于处在一个重要成长期的郑州来说，又是一个难得的历史发展机遇。以雄厚的中原文化为依托，以中原城市群为战略发展空间，充分发挥文化地理的区位优势，开拓和构建郑州文化创新体系，郑州应当按照这一目标来确定自己的文化战略，全面规划 2006 年到 2020 年文化产业发展。

地缘格局决定了中部地区无法“克隆”东部沿海地区的外向型发展道路。如果说中部地区在走向外向型发展道路存在先天不足，那么，在利用广阔的中原市场实现发展方面，中部地区则拥有独一无二的地缘优势。以郑州为中心画一个 1000 千米半径的圆，其覆盖范围是大半个中国。要实现国家经济增长从过度依赖外向型发展模式向主要依靠内需发展模式的战略性转移，就必须建设国内统一的文化大市场，而要实现这一目标，没有中原的战略性崛起，没有中原城市群的战略性崛起，没有中原文化中心城市郑州文化产业的战略性崛起，是不可能的。“得中原者得天下”这一中国传统战略学的国策定义揭示了中原崛起对于中国发展的全部战略意义。这对郑州文化产业发展战略和发展思维来说是一个重要的历史性前提。

（三）郑州文化产业发展战略设计的基本原则

1. 从建设创新型国家的高度创造文化新郑州

建设创新型国家是未来 15 年的中国发展目标，是一项重要的国家战略需求。它是在我国经历了改革开放 20 多年后获得了一个基本的发展平台的基础上提出来的，是基于我国在前 20 年发展所付出的环境和资源代价的教训与经验以及在世界发展的新趋势的基础上提出来的。建设创新型国家将长期成为我国的国家发展战略。即便是在15年后我国已经取得了丰硕的创新性成果，创新都将永远是中国保持旺盛生命力的国家战略政策。郑州地处中原腹地，是我国最大的农业人口大省河南省的省会。在中华文化版图形成的历史过程中，郑州作为中原文化的代表，一直是中华文化不断创新的原动力之一。创新驱动曾经使郑州在一个相当长的历史过程中持续成为中国发展发动机的最根本的原因。今天的郑州是历史的郑州在今天的一个发展，它不仅要承续历史发展的脉络，而且更重要的是在建设创新型国家中做出属于自己的特殊贡献。郑州文化产业发展战略在战略设计指导思想上，必须充分落实和体现国家战略意图，通过创造文化新郑州的途径和方式参与创建创新型国家的伟大实践。

2. 从构建和谐社会的境界构建郑州和谐文化

文化在本质上就是构造和谐而不是对抗。以人文化成天下，这是中国治理社会的根本理念。和谐是一个民族、国家和社会发展的崇高境界。郑州是中华人文的发源地，是中华和谐文化的创造者，郑州文化产业发展战略在战略设计指导思想上必须继承中原文化的优秀传统，并将其发扬光大。今天的郑州是历史郑州的伟大继承者，是未来郑州文化的开拓者。

3. 从中原崛起的战略高度选择郑州文化的战略崛起

中原崛起是中国和平崛起必然的逻辑发展。没有中原的战略性崛起就没有中国和平崛起。中原文化是中华文化版图形成过程中一支起决定作用的重要的缔造性力量。中原崛起就是重新塑造中原文化在整个中国文化版图构造中的鼎力作用，复兴和重建中原文化的精神、气魄和神韵。郑州是中原文化形成过程中的历史原点，是中华文化版图形成过程中最先形成的构造带，正是这个构造带在中华文化力量格局的演变中曾经长期引领着中国文化前行的方向。郑州文化产业发展战略在战略设计目标上应该为中原文化的战略性崛起建立起新的文化地标。

4. 从中华民族的伟大复兴推进中原文化的伟大创造

伟大的复兴需要伟大的文化。中原文化是中华文化的诞生地，几千年的文化涵养养成了中原文化博大精深的能量形态。伟大文化的创造需要伟大的历史机遇，伟大的历史机遇将创造出前所未有的伟大文化。郑州正处在这样一个需要伟大的文化创造和能够创造新文化的伟大时代。郑州文化产业发展战略在战略设计的理想追求上，就是要为这样伟大时代的到来做出“愚公移山”的努力。

二、制定和实施郑州文化产业发展战略的意义

（一）培育新的核心竞争力，从根本上转变郑州的国民经济和社会发展的经济增长方式

主导产业结构单一和过度依赖于丰富的材料资源优势。耐火材料、煤矿是郑州国民经济的主要增长方式和地方财政的主要来源，成为郑州最主要的支柱产业。单一的经济结构与增长方式，从长远来看将严重制约郑州的国民经济和社会发展。据有关方面提供的不完全资料显示，郑州地区的煤资源的储量开采利用的有限性，正使郑州面临经济结构和经济增长方式两个方面战略性调整与转移的战略需求。

郑州有着极为丰富的物质与非物质文化资源。相比较于物质自然资源的开发和利用，郑州对于文化资源的开发和利用有着极大的空间与潜力。郑州现有物质文化遗产 190 处，非物质文化遗产 120 项，然而除了少林寺等少数遗产项目的开发取得了不错的社会效益和经济效益之外，相当多的文化遗产尚处于有待规划开发的阶段。

核心竞争力的培育形成与经济增长方式之间存在着同构关系。不同时代的生产力发展水平决定了经济增长方式的选择，也决定了核心竞争力的内容。由于文化产业同时具有文化价值的传播力和经济价值的资本力，文化产业正日益发展成为人类社会新的财富增长形态，核心竞争力的形态也随之发生了根本性的战略转移。英国、日本、新加坡、韩国、法国等国家纷纷制定新的

国家文化发展战略，把发展文化产业、创意产业或文化创意产业作为本国国民经济和社会发展新的增长点，从而在实现经济增长方式的战略性转移的过程中克服和解决在现代化发展过程中所发生的一系列危机，进而培育本国新的竞争力形态，保持本国在全球化过程中的竞争地位。

全球性核心竞争力形态的转移正在向中国发展。东部沿海地区已经并正在通过大力培育新的产业形态，实现经增长方式的转变，进而在这个过程中锻造新的核心竞争力。河南与郑州要在未来 15 年中获得跨越式发展，就不能不在转变经济增长方式和培育核心竞争力上开辟新的前进道路，而大力发展文化产业正在这个意义上同时具有这两个方面的意义。

（二）培育新的经济发展形态，实现从物质经济向非物质经济，现代农业、工业大省向文化大省转变

全球经济正在出现以高新技术为支撑的知识经济正在转向以信息技术为核心、以知识为基础的非物质经济转移的发展趋势。建筑工业向都市产业的转型、服装工业向符号产业的转型、印刷工业向媒体产业的转型、医疗工业向监控产业的转型、科贸工业向会展产业的转型、电讯工业向数字产业的转型、国家制造业向文化创造的非物质制造业的转型、交通工业向物流产业的转型，都昭示着一个从物质经济时代向非物质经济时代占主导地位的人类文明发展的新时代正在到来，以非物质经济为核心的新的经济发展形态正在发展成为全球性发展趋势。郑州传统经济比重较大，资源和环境压力日趋严重，面对世界财富大转移的战略机遇适时地实现文化崛起新战略，把文化产业作为新的经济发展形态来发展，实现郑州从物质经济向非物质经济，从文化资源大市向文化经济大市转变，既是郑州与世界接轨由富到强的生产力结构与文化支撑体系，也是郑州从根本上克服自身发展困境的根本需求。

（三）全面贯彻落实国家关于中部崛起的区域发展战略，推进我国文化产业战略格局的战略转变

中部崛起是国家大战略。推动区域新发展模式与格局是今后相当长一个

时期我国国民经济和社会发展的一个基本战略思路。区域尤其是大区域作为经济共同体将极大地突破现行的以行政区划为制度安排的经济发展和经济交往模式，区域与区域的竞争将成为不同经济体之间最主要的竞争形态。共同市场与区域大市场的形成，将极大改变资源配置方式，各种形态的资本流将重新界定原有的区域概念。文化产业无论是作为经济形态还是作为文化形态，作为一种全新的资本形态，文化产业作为一种新的生产力量和资本力量都将使区域文化产业竞争不再是单一主体之间的竞争，而是区域对区域的竞争。因此，通过构建城市群来重构本地区的竞争力量和竞争形态，已经成为中国大地上最令人瞩目的竞争。郑州作为规划中的中原城市群的中心城市在全国区域战略发展的大变局中，不能不在这场已经拉开序幕的舞台上，扮演举足轻重的角色，以自己文化产业发展的战略性努力，推动在区域战略格局变动中的文化产业格局的战略性变动，全面落实国家的战略意图。

（四）全面推进创新河南的文化创新，实现郑州文化建设形态与文化发展形态的战略转变，成为中原文化新的原产地

郑州是河南的政治、经济、文化中心，是河南的省会。创新河南必然提出郑州文化创新的要求。当不发展文化产业，郑州的文化建设便不能获得一种崭新的建设形态和发展形态的时候，文化产业的发展对于郑州的新文化建设就具有特别重要的意义。郑州是中华文明的发源地，是中原文化的原产地。在今天，郑州不仅继承这一笔丰厚的历史文化遗产，而且拥有河南全省最多的包括高等院校在内的文化产业发展的研发机构与大型文化企业。郑州能够在多大程度上领导中原，就取决于郑州在多大程度上和多宽的领域里，以思想和文化领域里的全面创新走在中原城市群的前面。在整个河南面临新一轮发展战略的历史要求，制定和实施郑州文化产业发展战略就是要使郑州成为中原文化产业的孵化基地和文化创新的思想库，在实现郑州文化建设形态和文化发展形态的战略性转变中，重新把郑州建设成为中原文化新的原产地。

三、郑州文化产业发展形势分析

郑州文化产业发展形势包括两个层面：一个是外部层面，一个是内部层面。从外部层面来看，郑州文化产业发展是河南省和全国文化产业发展的一个重要组成部分。河南文化产业和全国文化产业发展的任何变化，都会给郑州文化产业发展带来深刻的变化和影响，因此，分析郑州文化产业发展形势就必须把它放到河南省和全国文化产业发展的整体形势中进行。由于中国已经加入世界贸易组织，是世界文化市场的一个重要组成部分，因此，全球化也就在客观上自然成为郑州文化产业发展战略更为宏大的外部环境。由于这一外部力量和外部因素更主要的是通过国家战略层面上反映出来的，因此，当我们在思考外部形式的时候全球化是蕴含其中的。从内部层面来看，郑州文化产业发展是郑州市国民经济和社会发展的一个重要组成部分。郑州文化产业发展在整个郑州国民经济和社会发展中的地位与作用，不仅直接决定了文化产业在未来郑州社会发展中的影响，而且还直接关系到郑州文化的建设能够在多大程度上为郑州的国民经济和社会发展提供智力支持与文化条件，直接关系到郑州经济增长方式的战略性转变。因此，分析郑州文化产业发展形势，就必须分析郑州文化产业发展的现状，包括它的优势与困难。

郑州文化产业发展是整个河南文化产业发展战略的核心。中部崛起和中原崛起的战略口号与战略规划的提出，使关于郑州文化产业的发展战略问题成为整个中部崛起和中国文化产业发展战略及其格局演变过程中的一个重要组成部分。因此，分析和研究郑州文化产业发展现状和发展形势，研究郑州文化产业发展战略，就必须把它放到整个中国文化产业发展的大格局中去，从整个中国文化产业发展格局运动的整体态势中，选择和制定郑州文化产业发展战略。

（一）郑州文化产业发展外部形势分析

影响郑州文化产业发展的外在变量是很多的，包括政治、经济、文化和社会各个方面。在这里我们主要分析文化产业发展形势的外在变量。

1. 中国文化产业发展呈现出东高西低的态势与战略格局

2006 年 5 月国家统计局第一次公布了 2004 年我国文化产业的统计数据。这次统计的一个最大特点是，它不仅精确计算了我国的文化产业“家底”，而且第一次清晰地显示了我国文化产业地区发展不平衡的总体情况。统计资料显示，截至 2004 年，以北京、上海、江苏、浙江、广东为代表的东部地区经济发达省份的文化产业发展规模以及创收能力大大高于中西部地区：文化产业单位数量，东部地区占 66%，中西部地区占 34%；文化产业从业人员，东部占 69%，中西部占 31%；拥有资产，东部占 78%，中西部占 22%；实现增加值，东部占 74%，中西部占 26%；营业收入，东部占 82%，中西部占 18%。我国文化产业发展整体呈现出东高西低的态势。

我国文化产业发展不仅在总体态势上呈现出东高西低的走向，而且在省际间文化产业发展尤为不平衡，文化产业发展的地区差距大于 GDP 的地区差距。仅以 1999—2003 年间各省（市、自治区）文化产业发展三项指标统计分析来看，就文化产业增加值而言，广东、上海和浙江三省（市）的文化产业规模最大，这三省（市）也是我国经济最发达、人民生活水平最高的东部地区；西藏和青海是我国经济发展最落后和人民生活贫困的西部地区。上海作为中国经济实力最强的地区，也是我国人均文化产业实力最强的地区，而安徽和河南的中部内陆地区具有最少的人均文化产业增加值。值得注意的是，文化产业地位最高的省份不是经济发达的东部地区，而是人稀地广的西部省（市、自治区）宁夏、重庆和西藏。而内陆省份河北、河南和黑龙江的文化产业地位最低。这说明，文化产业在区域内的地位与当地经济实力没有直接相关关系。河南虽然在经济总量上已经连续多年位居中部之首，但文化产业发展的各项指标却没有能够获得同步增长。郑州文化产业的发展面临着跨越中部的难度。

表 1 1999—2003 年各省（市、自治区）文化产业发展三项指标比较

年份	各指标最大值			各指标最小值		
	文化产业增加值	人均文化产业增加值	文化产业增加值占 GDP 比重	文化产业增加值	人均文化产业增加值	文化产业增加值占 GDP 比重
1999	广东	上海	宁夏	西藏	安徽	河北
2000	广东	上海	宁夏	西藏	河南	河南
2001	广东	上海	重庆	西藏	河南	河南
2002	上海	上海	西藏	青海	河南	黑龙江
2003	浙江	上海	西藏	青海	河南	河北

2. 大城市圈的形成和城市圈之间的分工、合作和竞争，将主导区域文化产业甚至全国文化产业的发展格局

国家“十一五”规划，对区域发展提出了四类主体功能区的构想。从主体功能区及相关政策导向分析，未来我国区域间的竞争，不再是单个城市的竞争，而是以都市圈为基础的区域间的整体竞争。大城市圈的形成和城市圈之间的分工、合作和竞争，将主导区域甚至全国经济的发展格局。大城市圈对经济社会的作用将进一步加强，并将成为最具活力和实力最强的经济体。据中国经济景气监测中心 2006 年 5 月在《中国区域经济合作格局与走向》中做出的预测：我国未来可望发展成为大城市圈的有：长三角都市圈、珠三角都市圈、京津冀都市圈、胶东半岛、沈（阳）大（连）都市圈、武汉都市圈、渝蓉等大城市圈。这些大城市圈将成为我国技术和制度创新的中心，以及先进制造业的基地。同时提出建设大都市圈的还有长株潭城市群、中原城市群和南昌、武汉、长沙大都市圈等。以大城市圈为集群形态的文化产业新的割踞局面正在形成，以北京、上海、广东为代表的我国最大的区域文化产业格局形态已经在深刻地影响着中国文化产业发展格局的整体运动。目前，大武汉城市群、长株潭城市群等都市经济圈已经走上了加速发展跨车道。与

周边省会城市相比，武汉经济总量已经超出郑州600亿元左右，长沙、南昌实际利用市外资金是郑州的3倍以上，经济总量略高于郑州的石家庄市，外贸出口量是郑州的3倍。规划中的以郑州为中心的中原城市群无论在综合实力还是在核心竞争力方面，在所有这些未来大城市圈中都是最弱的。不仅如此，中部崛起国家战略确立在给郑州带来巨大的发展机遇的同时，也给郑州文化产业的发展营造了新的环境和形势。以长沙、武汉为核心的长株潭城市群和大武汉城市群等中部城市群发展形成了对郑州为核心的中原城市群的巨大挑战。

3. 中原城市群的战略部署将造成整个河南文化产业的大变局

河南有38个城市，数量居全国第四位，但发展水平却与数量不相符。城市化滞后，造成了河南城市工业集聚和辐射功能弱，工业化和城乡经济一体化进程缓慢。文化资源丰富和文化产业弱小、分散，各自为战，缺乏整体竞争力，彼此间的互相竞争和产业结构同质化，是这些城市文化产业发展普遍存在的问题。中原城市群战略构想的提出和实施，不同城市间功能定位的确定为形成中原文化产业战略性崛起所需要的战略合力创造了可能和条件，奠定了基础。

但是，中原城市群带来的巨大同城效应所可能给各个城市文化产业发展带来的巨大发展机遇，也使得各城市之间文化产业的竞争出现新的局面。郑州虽然作为省会城市具有中心城市的优势，但是，只要现行的省直与郑州文化产业管理的制度性存在不变，那么，郑州在实际上就与中原城市群的其他城市处在同一条竞争跑道上。由于中原城市群的战略构想是以郑州为中心、1个半小时为通勤半径设计的，因此中原9城市中的任何一个城市都存在着挑战郑州作为文化产业中心城市的地位的可能。而正是这种竞争趋势的客观存在，中原文化产业前所未有之大变局将不可避免地给郑州文化产业的未来走向带来最深刻的影响。在所有这些城市中，最有可能构成对郑州地位挑战的是洛阳。这是未来郑州文化产业发展必须认识到的形势。虽然，按照发展大郑州的要求，郑州拥有政治资源上的优势，但是，随着我国市场经济体系的深度完善，资本的自由流动总是朝着能产生最大效益的地方运动。能使资本产生效益最大化的地区有的时候并不一定是行政中心城市，副中心城市是最可能取中心城市而代之的。

因此，郑州文化产业发展要在中原文化产业战略性崛起中扮演中流砥柱的角色，就必须在本土化战略的基础上，制定以区域合作提升综合竞争力，通过区域合作，以战略集成的方式迅速构建中原文化产业战略崛起所需要的文化能量形态。

（二）郑州文化产业发展形势的内部因素分析

内生变量是最后决定一个国家和地区文化产业发展前途与命运的根本性要素，同样也包括政治、经济、文化和社会四个方面。我们在这里主要分析对郑州文化产业发展影响最大的内部因素，即所谓按照国际研究竞争力战略的 SWOT 分析法（优势 strengths、劣势 weaknesses、机会 opportunities、威胁 threats 英文的第一字母的缩略）。

1. 郑州崛起成为中原文化产业中心的四大优势

（1）郑州的历史文化优势：中原文化是中华文化版图形成过程中重要的缔造力量

郑州是中华文化版图形成的核心地带。从轩辕黄帝开中华人文之始，一直到北宋，郑州始终是中国的政治、经济、文化中心，形成了独具特色的中原文化，是我国的“八大古都”之一，形成了从仰韶文化至北宋年间完整的历史文化资源构造体系，其独特性和文化资源构造的完整性与丰富性在国内具有独一无二的优势，为郑州发展文化产业提供了充分的历史文化条件。郑州地区是我国城市形态的发源地，同时也是我国市民形态和文化市场形态发源的核心地带。大量出土文物和历史文献资料显示了早在两千多年前，中原地区就是我国文化市场最发达和最繁荣的核心区域，同时也是古代文化产业形态最为丰富的地区。良好的历史传统和文化经济意识，为今天的郑州发展文化产业、调整产业结构奠定了文化生态基础。郑州要发展文化产业必须先从繁荣文化市场开始。《清明上河图》所反映的不仅是开封的繁荣景象，更重要的是它为我们提供了一个历史依据：中原曾经有过世界历史上最为辉煌的时期，正是这个时期，标志着中原文化对于中国和世界的重要意义，它为今天中原文化产业的战略性崛起，提供了一个永不消逝的“东京梦华”。

（2）郑州的枢纽区位优势

郑州位于河南省中部，地处中国内陆腹地，与京津冀和长三角呈南北呼应之势，京广线和陇海线在此相交，南水北调和西气东输在此相汇，构成了我国区域经济空间布局中独一无二的“双十字”构架，是河南省乃至中部地区承接发达国家及我国东部地区产业转移、西部资源输出的枢纽和核心区域之一。到2020年，郑州中心城区的人口规模将突破500万，成为中原地区唯一的特大型城市。巨大的交通便利、广阔的市场纵深和庞大的人力资源，为郑州国民经济和社会发展提供了未来15年间巨大的发展潜力和发展空间。郑州承东启西，是连接环渤海经济圈和长三角经济圈辐射中部和西部经济区的结合部，两个经济增长极之间，是欧亚大陆桥的主要连接点之一。然而，郑州的这一明显的区位优势在很长的一个时期内并没有得到科学的利用和充分的发挥。

郑州亚细亚模式的成功创造以及它的经验，在使人们看到中国经济发展的一种崭新前景的同时，也凸显了郑州区位优势的巨大价值与深刻危机：这是一个在区域经济、区域文化等几个方面可以同时发挥集散功能的重要部位，同时这种区位优势的逆运动会造成郑州文化发展的巨大包袱。郑州区位优势带来的文化效应，使它成为中国改革开放的象征，对中国全面建设社会主义市场经济具有示范作用，是中国进一步改革开放和实现现代化的“深加工”的试验基地。以自身的创造而获得广泛的国内和国际知名度，这本身就使得郑州成为中国的、河南的一个品牌，成为一种资源，一种突出的区域文化的代名词。人们对郑州的文化认同，这种巨大的乘数效应，是使郑州在2020年崛起成为一个区域文化中心城市的巨大优势。

（3）全国区域中心城市定位的区域文化中心效应

在国家关于河南省未来发展规划中，郑州被定位为我国区域性中心城市。经济中心城市是一个地区经济力量在空间形式上的集中体现，它起着主导经济发展、连接国内外市场的重要作用，并代表一个地区乃至国家参与国际竞争。实践证明，经济领域中的竞争已经越来越集中表现为区域经济中心城市的竞争，集聚在区域经济中心城市的各种经济力量，成为主宰和影响一个地区经济活动的主导力量。而经济中心城市，往往也是文化中心城市。巨大的经济集散功能，必然带来巨大的文化交流活动，并进而使之拥有巨大的文化集散功能，北京、上海、天津、重庆、广州就是这样的中心城市。由区域中心城市形成的区域经济圈，具有明显的整合优势、集聚功能和辐射功能，因而同时又是巨大的经济、文化能量中心。

郑州在历史上几次卓越的文化创造及其在中华文化史上的影响，都与郑州作为一个中心城市的功能密切相关。在建设创新型国家的历史发展中，作为我国中部地区最重要的核心城市的定位，无疑又一次给郑州的文化发展带来了新的历史发展机遇。区域中心城市定位必然要求其对周边地区的经济文化发展起到辐射与整合作用。郑州文化产业的发展，就不仅仅是郑州的，而且是整个河南乃至整个中部的，是中国中部地区的文化中心，是中国文化未来发展格局中的一个重要部位。这是对郑州文化发展的战略布局，同时也是对郑州文化建设的使命要求，是全局对局部的文化规定。郑州 21 世纪文化发展及 2020 年远景规划，理应以此作为自己战略未来的重要依据，从而在一个预见的时间里崛起成为我国国民经济和社会发展中有重要影响力的区域文化中心城市。

中原城市群的提出为郑州崛起成为中原文化产业战略性崛起的战略支点提供了前所未有的战略机遇。

（4）中国加入 WTO 后，接应两大经济圈的文化辐射和国际文化市场竞争的文化整合效应

加入 WTO 是事关中国改革开放和现代化建设全局的一项重大战略决策。

它既是中国主动应对经济全球化趋势，积极参与国际分工，深度融入现代世界体系的选择，同时也是中国进一步发展自己的历史必然要求的结果。由于WTO是一种反映和符合市场经济发展客观需要的国际经贸法律体系，一种为国际社会所普遍接受的“游戏规则”。因此，加入WTO不仅意味着中国在参与国际竞争的同时，也可与世界各国共享人类资源，而且标志着中国对WTO原则的接受，由此产生的对中国市场的冲击和影响，势必要求中国经济和文化战略性调整瑟重组。这种战略性调整和重组将是全方位的，文化，是其中最主要的一个方面。这既是机遇，更是挑战。

郑州，地处欧亚大陆桥的重要部位，承东接西，贯通南北，特有的交通便利构成了巨大的商流、物流和人流，由此而形成的吸纳能量和交汇机制，为郑州培育和发展壮大文化市场提供了无限的商机与可能。同时，登封少林寺广泛的国际影响力及其大批外国习武者使郑州成为一个潜在的国际性文化城市。

东部和西部两大经济圈的特点它兼而有之，南方和北方的风格它兼收并蓄，理应起到文化融合与沟通的桥梁和纽带作用，在承上启下、接东应西的同时，整合各种文化资源优势，积极参与国际文化市场竞争，参与国际国内两个文化资源配置，把中国加入WTO后所形成的巨大优势转换成郑州文化产业发展的巨大机遇，发展自己的特色与结合自己丰厚的文化基础和文化底蕴，开辟和创造新的文化空间形态，从而使郑州发展成为一个有广泛国际影响的城市。

2. 郑州正面临着崛起成为具有国际影响和较强辐射能力的中国区域文化中心城市的重大历史机遇

中原崛起看郑州。这就使郑州又一次被推到了历史发展的前沿，肩负起了实现中原战略崛起的历史重任。由于郑州文化产业的战略性崛起与中原文化产业的战略性崛起存在着历史的必然性，中原文化产业的战略性崛起将彻底改变中国文化产业的战略格局，因此，郑州文化产业的战略性崛起就成为能否实现改变中国文化产业发展的版图和力量格局的战略性因素。这是中国文化产业发展的必然结果给郑州文化产业发展提供的一个难得的历史机遇。郑州理所应当地把文化产业作为战略机遇来抓，从而在未来的十五年里，根本性地改变郑州文化产业发展的落后面貌，发展成为中国文化产业的重要增长极。

（1）历史上郑州对中国文化发展的独特贡献形成的积淀

郑州是中国八大古都之一，悠久的历史给郑州留下了丰富的历史文化遗存、文化积淀和人文精神。郑州文化的影响远远超过了它的空间和时间限制，给中国文化的发展和演进以不竭的动力。创新成为郑州文化形态之中生生不息的力量，也使今天的郑州又一次在历史选择之时做出独一无二的贡献。这种力量，将使得重铸郑州文化辉煌从可能而转变为现实。郑州文化作为中原文化的典型代表的崛起拥有其全部文化和历史的支撑。

（2）中部崛起为文化新郑州战略的制定、构建郑州文化创新体系、实现郑州文化的跨越式发展准备了物质与精神条件

在完成市场经验的初步积累后，随即实现经济增长方式的战略性转变，使郑州经济和社会发展内蕴一种可持续发展的自我扩张能力。2004 年，全市文化产业总产出为 141 亿元，增加值达 60 亿元，分别比 2003 年增长 16.7%、15.4%，当年创造的增加值占 GDP 的比重为4.3%，高于全省3%的水平，比全国 2003 年的 3.1%的比重高出 1.2 个百分点，约占全省文化产业增加值的 22.7%；到 2004 年年末，全市拥有各类文化产业机构 1.6 万个，其中法人单位3124 个，个体单位 1.3 万个；全市文化产业吸纳的从业人员 13.9 万人，其中法人单位从业人员 10.2 万人，个体单位从业人员 3.7 万人，表明郑州文化产业已经具有一定规模，布局合理的文化设施的相继建成，为郑州文化产业跨越式发展奠定了宽厚、扎实的物质基础。

以市场经济观念、自主观念、竞争观念、信息观念、知识观念、人才观念、平等民主观念为内容的一整套与市场经济相适应的文化价值观念的建立和发展，更使得构建郑州文化创新体系拥有了一个良好的社会文化生态环境。各种社会资本和社会力量以不同方式投资文化产业，支持和兴办公益性文化

事业，表明在实现了从传统的生存方式向现代的转换后，迫切希望提高生活的文化品位，促进人的全面发展，在实现郑州经济现代化的过程中实现人的现代化，已经成为郑州人的文化共识和普遍要求，成为实现郑州文化的跨越式发展、构建创新体系的整体性原创动力。

郑州文化所体现出来的对人的全面发展的自觉追求，集中地体现着当代郑州人文化精神和文化风貌，它是郑州文化的战略性崛起获得创造生命的重要助跳板。

（3）郑州城市性质的崭新定位必然提出对文化目标和文化理想的崭新追求

城市是一定区域人流、物流、商流、信息流、文化流的集散交汇中心，同时也是一个地区经济、社会、文化发展的成熟性程度的标志。城市性质定位差异，反映了一个城市在特定的空间形式上对其范围地区经济、文化主导作用和主导力量的差异。

中国正在进行着一次深刻的城市革命。中原城市群概念的提出和把郑州定位为国家区域性中心城市，既是对郑州改革开放进程中丰富起来的城市功能和城市作用的确认，同时也对郑州中原城市群功能发挥提出了新的历史要求。这种对城市性质的崭新规定，必然要求其在文化上得到反映和全面的体现。这就使郑州文化发展战略选择和文化发展规划有了一个明确的支点。郑州的文化产业发展必须放到中原城市群的架构上来考虑。正是在这个支点上，也才使得未来郑州文化发展全部丰富性的生动展开和创新成为一种历史的必然要求。郑州文化产业战略性崛起的追求，满足了对核心城市的文化要求。这是先进生产力的发展要求体现于城市文化建设的必然结果。

（三）郑州文化产业发展面临的困难与挑战

第一，郑州文化影响力认知度不高，首位度低，辐射带动小，优势不明显。尽管郑州这几年的 GDP 已经实现三年翻一番，然而，据 2005 年的一项统计显示，武汉市的 GDP 占湖北省的 30.8%，长沙占湖南省的 20%，而郑州占河南省的15.6%。正如河南省副省长张大卫所说:“如果河南的中心城市不够强,集聚带动作用不足,那么周边其他‘恒星’就将强力吸纳河南的资源、资金,形成发展的‘离心化’,甚至经济要素的‘失血’”。

第二,郑州文化产业的整体性发展落后与经济增长的整体性增长之间矛盾突出。集中表现为各区、县、市文化事业投入经费严重不足,致使原来已经存在的文化事业经费紧张状况更加突出,有的已经成为严重制约某些县文化发展的“瓶颈”。文化事业的经济支撑能力与文化艺术事业发展的需求不相适应的矛盾更加突出。文化对经济社会发展的智力支持,以及文化产业对经济增长的带动作用;知识经济已经初见端倪的同时,文化的整体发展没有获得与经济整体性发展的同步增长。这一问题若长期得不到解决,势必影响郑州整体性经济增长的持续动力,成为制约整个郑州综合国力增长的关键因素,妨碍郑州作为中部核心城市的建设和功能发挥。

第三,文化产业结构不合理,传统文化产业结构比重很大,新兴文化产业发展不够,文化产业科技含量不高,文化产业竞争力弱。由于条块分割的文化管理体制制约了整个大文化产业市场的整体协调发展,无法实行资源共享,文化、广电、新闻出版、旅游各自为政,郑州丰富的文化资源优势无法发挥整合效应,致使国有文化资产得不到应有的优化配置和产业规模效应。文化产业资源配置不合理,文化资产扩张缺乏应有的张力,与整个郑州经济发展的增长率形成明显反差,尤其是以信息技术为核心手段的新兴文化产业作为新经济增长点的矛盾与压力日益加大,传统文化产业科技含量不高,内容创新不足,文化产业综合竞争力弱。

第四,居民人均文化消费水平低,文化内需严重不足。2005年,郑州市居民人均文化消费支出7379.74元,教育文化娱乐服务方面消费1064.32元,其中文化娱乐用品支出273.60元,文化娱乐服务支出204.67元,与2004年相比,总消费支出增加5.7%,教育文化娱乐服务支出增加50.1%,其中文化娱乐用品支出增加89%,文化娱乐服务支出增加36.6%。在人均文化消费数量方面,与周边城市相比,郑州市居民人均文化消费支出低于太原

（7805.53 元）、济南（9226.61 元）、武汉（8234.75 元）、长沙（9659.86 元）四个城市。文化内需不足，严重影响了郑州文化产业发展的市场基础。

（5）现代文化服务业发展落后，对外开放度低

主要体现为现代文化咨询服务业、文化中介服务业、版权服务业、文化金融资本等文化要素市场的发育不健全，尚未有有影响的省外和国外大型文化产业战略投资主体进入郑州文化产业市场，对外文化开放度低。截至 2004 年，在中部六省的外贸依存度中，河南省最低，仅为 6.2%，比最高的山西省的 14.6%，整整低了 8 个百分点。整体外贸尚且如此，文化产业的状况就可想而知了。旅游业的发展状况与丰富的旅游资源极不相称。2004 年，整个中部六省接待外国游客仅 175 万人次，占全国总数的 10.3%，旅游创汇总额 9.7 亿美元，占全国旅游外汇收入的 3.8%。对外开放程度是观察一个地区发展环境优劣的指示表，反映出内生动力不足的同时，还缺乏外援动力，从而导致中部“塌陷”局面进一步加剧。

（6）文化创新能力和支持能力不强，缺乏文化品牌产出和文化附加值的产出

郑州在历史上是“文化高地”，而在现实上则成为“文化遗存区”“文化塌陷区”。郑州拥有深厚的历史积淀起来的“文化能量”，但缺乏把“文化能量”变成郑州实现跨越式发展和形成“六个力”的“文化能力”的战略转换机制。除了少林寺这一传统文化品牌，郑州文化品牌产出率不高，反映出整体文化创新能力不强，文化创新机制缺位，严重影响了郑州文化产业发展的成长动力和发展空间。

文化对其他产业的支持能力不强集中表现在服装加工业上。郑州是我国服装加工业的重要生产基地之一，生产的男、女裤销量在全国前列，但是迄今为止尚未形成自己的品牌，文化附加值不高成为郑州服装业做大做强的重要制约因素。

（7）公共文化设施建设滞后与核心城市文化定位要求不相适应

尽管这些年来郑州已经投资兴建、改建了不少文化设施，相继建成了以

文化艺术中心、郑州市图书馆等为代表的一批文化设施工程，但文化设施建设总体水平落后的局面仍未得到根本改观，至今尚未形成如具有鲜明郑州个性与特色，能吸引人们目光，成为郑州人文化活动和郑州现代精神与城市品格的标志性文化设施，与作为区域核心城市对文化设施现代化的功能定位和要求还相距甚远。一些地区原有的重要的文化设施，也因年久失修而未能发挥其应有的主导性文化设施功能，致使主流文化丧失了它应有的主阵地。不能满足人民群众日益增长的文化需求，以及作为主流文化传播在人民心目中的主体文化象征。

（8）文化事业与文化产业发展战略后备力量的人力资源准备严重不足，已经成为严重制约郑州文化发展的核心因素

郑州文化市系统现有管理与专业技术人总数，中专和初中以下文化程度的管理和专业技术人占总量的比例过高。这样的人才队伍结构显然与飞速发展的郑州文化发展对高级专门人才普遍性要求形成了矛盾和冲突。文化艺术人才，特别是能集中体现和代表郑州水准的标志性文化代表人物的缺乏，使得中原文化产业的战略性崛起缺少它应有的榜样力量和竞争动力。而社会文化经营人员素质的不高已经成为实现战略崛起目标的严重障碍。尽快摆脱人才准备不足状况，已经成为解决中原文化崛起诸多矛盾的重中之重。以人为本，只有首先解决了人的文化自觉，才能在根本意义上实现郑州文化创新和战略性崛起。

（9）区域文化发展很不平衡，城乡文化矛盾，特别是贫困地区农民文化生活贫困化与中心城区文化生活质量差距还在扩大

郑州至今仍有相当一部分乡镇（街道）未建文化站，乡镇图书馆文化馆，软、硬件建设滞后，即使如图书馆，其可供阅览的书报刊也远远满足不了人民的需求，致使山区、贫困地区的文化生活发展出现和存在着一定程度上极度贫困化现象。这一矛盾若不能从根本上采取有力措施，将严重影响整个郑州文化产业发展战略目标的实现和作为核心城市的郑州 21 世纪文化战略目标的落实。一个文化贫富差距严重的城市不可能有文化产业发展必不可少

的良性的文化生态环境和文化产业发展所必需的文化市场的纵深地带。尽快缓解贫困地区文化生活贫困化矛盾，加速改变贫困地区文化人口极度贫困化现象，缩小城乡文化差距，已成为当务之急。

郑州面对的最大危机和挑战从表现形态上来说有两个：一是郑州“商战”留下来的“河南人惹谁了”文化形象所造成的不良后遗症至今仍然影响着郑州发展文化产业的投资软环境；二是郑州在整体社会舆论和政治心理上缺乏对发展文化产业的战略共识，还没有把发展文化产业发展当作转变郑州经济结构和经济增长方式的契机，在郑州市的整体发展思路上还是停留在工业化发展的既定模式上，而不是实现从工业向文化业转变。从表现空间格局上来说，一是洛阳对郑州文化中心地位的挑战，二是武汉对郑州作为全国性区域中心城市地位的挑战。这两个不同形态的挑战形成内外夹击，共同构成了郑州发展文化产业和实施文化产业战略的最大障碍。

思想观念的落后仍然是制约郑州市文化产业发展的关键因素。社会发展观念和经济增长方式观念的落后是最主要的落后，增加了结构性矛盾和体制性障碍的难度。

四、郑州文化产业发展战略的指导思想、战略方针与目标定位

河南正面临经济结构加速调整、新的科技革命不断推进、新的文化变革正在深度酝酿的重要时期，实现跨越式发展，增强自主创新能力，建设创新性河南正在成为河南发展的主战略。河南的发展不能没有郑州的发展，郑州的发展必须而且应当是河南发展这一主战略的核心实践者。

跨越战略是从发展阶段上来说的，争先战略是从针对未来发展趋势的时间秩序来落实的，而崛起战略则是从整个历史文化空间的战略格局重组来定位的。

自主创新是河南实现跨越式发展的重大战略，它不仅是经济发展的战略，而且也是河南文化发展贯穿始终的主战略。

近几年来，郑州经济保持了平稳快速增长的好势头，但是从深层次来看，这种高速增长主要依靠劳动力、资本和资源能源等要素驱动，缺乏可持续发展的深层动力。产业层次低，结构不合理，特别是资源开发型产业比重大，产业同类化和同质化问题严重，结构性矛盾突出，经济增长方式粗放，随着工业化、城镇化步伐加快，经济发展面临的人口众多和资源环境压力的不断增大，将严重阻碍郑州的新一轮发展。因此，要在新一轮区域经济竞争中抢占先机，尽快实现从文化资源大市向文化资本大市的战略性跨越，实现经济社会文化全面协调可持续发展，必须实现国民经济和社会发展趋向的战略性转变，通过制定郑州文化发展的“中原崛起战略”，实现郑州经济增长方式战略性转变的“中原突围”；通过实施“创新的河南、开放的郑州、文化的中原”发展战略，构造各路文化大军“逐鹿中原”的战略态势；通过全面的文化制度创新、理论观念创新、环境机制创新，提升郑州的文化发展能力、文化自主创新能力、文化财富集聚能力、文化资本扩张能力、文化产品辐射能力、文化人才培养能力，在延续中原历史文脉的同时，缔造文化新郑州。

（一）郑州文化产业发展战略的指导思想与战略方针

1. 指导思想

（1）郑州市中长期发展战略目标的体现

郑州文化产业发展战略应该是郑州国民经济和社会发展中长期发展战略目标的文化体现，是郑州市总体发展战略的一个重要组成部分。郑州文化产业发展战略的精神，就是实现中原崛起战略的精神。

（2）国家关于中部崛起战略构想的落实

中部崛起是国家战略，是国家关于未来国家发展战略的区域安排。郑州地处中部的核心地带，是河南省的政治、经济、文化中心，郑州的一切发展都必须服从于国家的大战略。以文化产业的方式落实国家中部崛起的战略部署，是研究和规划郑州文化产业发展战略的重要前提。

（3）郑州市文化建设与发展的内在需求

郑州文化产业发展战略是郑州文化发展战略最重要的组成部分。通过发展文化产业来推进市场经济条件下社会主义文化建设，已经成为我国文化建设的重要途径。郑州文化建设与文化发展的内在需求，要求郑州的文化产业发展必须承担起郑州新文化建设的时代重任，全面提升郑州的文化“软实力”，实现郑州在21世纪文化上的全面创新。

2. 战略方针

第一，以科学发展观和构建社会主义和谐社会为指导，围绕建设现代化文化新郑州的总目标和建设中部文化中心城市的总任务，全面实施郑州文化发展战略，建构具有中国特色、郑州特点，区域文化优势明显，以“中原文化战略性崛起”为理念的郑州文化创新体系。

第二，确立“有所为，有所不为，方能为之”“有所争，有所不争，方能争之”的建设文化新郑州的战略思想，发展郑州的优势文化，重铸郑州文化的辉煌，在实现中华民族伟大复兴的同时，实现郑州文化的全面跨越。

第三，以创新为灵魂，以抓住机遇、调整结构、开拓创新、协调推进为总要求，全面推进与郑州经济和社会发展相协调的文化生产关系的变革，实现郑州文化发展的全面创新、制度创新、管理创新、观念创新和政策创新。

第四，实施“引进来”和“走出去”相结合的文化战略，扩大文化领域里的“内联外引”，积极参与国内外文化市场竞争，充分发挥中原人善于在市场竞争中不断创新的文化优势。

第五，以国办文化为主导，积极鼓励各种社会力量和非公资本兴办各种文化事业和投资文化产业，以公共的力量推动郑州文化发展战略和中原文化产业战略性崛起的实施。

第六，坚持以人为本，全面推动郑州文化创新主体建设，大力培养文化创新人才，为郑州和中原文化产业的战略性崛起提供不断的战略资源支持，营造宽松、宽容、宽厚的文化市场环境，繁荣文化市场。

（二）郑州文化产业发展战略的目标定位

1. 郑州文化产业发展战略定位的思考

研究郑州文化产业发展战略必须回答郑州文化产业发展的战略定位是什么这个问题。思考郑州文化产业战略定位有三个基本前提：一是中原文化是中国文化版图形成过程中一支重要的缔造性力量；二是中原文化产业的战略性崛起将改变中国文化版图的战略性构成；三是要把大力发展文化产业作为实现中原崛起的战略机遇来抓。

（1）在历史和未来的交汇中，确立郑州文化发展的战略定位

今天的郑州是历史的郑州在今天发展的一个结果。郑州还要走向未来，今天的郑州肩负着创造未来，把一个文化新郑州带向21世纪的伟大责任。承续历史，光大传统，开创文明，思考和选择郑州文化产业发展战略必须着眼于郑州丰富的历史文化积淀和它在走向未来的发展过程中所必须实现的理想。因此，我们应当在历史与未来的交汇中，选择和确立郑州文化产业发展战略的目标定位。

（2）以创造郑州新历史和新文化的时代责任，提炼郑州文化发展的战略构想

一代人有一代人的使命，一代人的使命完成是以他们创造历史的程度为标志的。今天的郑州正站在一个近千年以来未有的历史机遇面前，抓住这个机遇，跨越式地发展自己，应当建立起有助于统一全体郑州人民思想和调动郑州人民文化行动纲领，并以此来确立我们的战略构想。

（3）以郑州发展与国家发展的战略需求相协调，确定郑州文化产业的战略发展阶段

从2006年起到2020年，这未来15年是中国社会发展发生根本变化的15年。这15年中的几大标志性事件，将鲜明地标志出未来15年中国发展的不同阶段，那就是2008年北京奥运会、2010年上海世界博览会和2020年建成创新型国家。这将是中国经济空前发展，中国社会、文化极大发展的前所未

有的历史机遇期和历史发展阶段。这就为郑州文化产业发展战略的制定提供了一个严格的时间表和战略发展阶段。郑州文化产业的战略发展阶段应该是未来15年中国社会发展阶段深刻的文化反映和伟大表现，并且在这个过程中实现中原文化产业的战略性崛起。

2. 郑州文化产业发展战略定位与阶段目标

郑州要着重发展知识经济、文化经济、集群经济，加快形成非物质经济为主的产业结构。与中国东部沿海省会城市比较，郑州具备后发优势，同时又有文化资源丰富、市场空间广阔、文化消费潜力巨大的优势。郑州的作用是双重的，不仅要在河南的跨越式发展中担当领头羊的角色，还要充分发挥独特的区位优势，在不断加强与中、西部各省份之间的战略联系与合作之外，还要加强与东部沿海发达地区，尤其是以上海为龙头的长江三角洲的战略联动，起到区域中心城市的服务和辐射作用。

根据党的十六大提出的关于建设有中国特色社会主义文化的总目标，结合把河南建设成为中部地区的总要求，以及作为区域文化中心城市的共同要求，郑州到2020年文化产业发展总体战略目标定位是：到2020年，郑州在建设成为我国中部地区文化核心城市的同时，成为在国际有广泛影响，在国内有强大辐射能力，自身文化创新能力显著增强，文化人才资源高地优势明显，文化生态平衡，可持续发展空间广阔，文化产业与现代服务业和高新技术产业高度融合，文化市场繁荣，文化贸易兴旺发达，现代化文化格局基本形成的我国区域文化中心。

文化产业正在引领中国城市革命。杭州把自己定位为“休闲之都”、大连定位为“中国服装之都”、上海定位为“创意之都”等等，由于文化产业在促进经济结构的战略性调整和经济增长方式的转变中具有不可替代的优势，通过大力发展独具特色的优势文化产业来界定城市的文化身份和城市功能，已经成为城市发展的一场深刻的革命和发展趋势。

郑州的文化产业发展定位从郑州的商贸优势和文化区位优势出发，到2020年，经过15年的努力，应该把郑州建设成为以先进的文化产业创新体系为核心，以现代文化物流为主干，以文化贸易为主要功能，具有广泛的辐射力、带动力、吸引力和影响力的中国文化商都。

这应该成为郑州文化产业发展战略的目标定位。

内容构成：①中原文化创新的能量集聚中心、中国文化版图新构造中的缔造性力量；②中原文化产业崛起的战略支点、中国文化产品交易和文化物流中心；③中国文化产业发展第四增长极。

具体目标是：到2020年，实现郑州文化产业的跨越式发展，促进经济增长方式的根本转变，文化产业增加值占GDP的6%，成为郑州国民经济的支柱产业；郑州文化产业的核心竞争力和综合竞争力水平在若干个核心文化产业居于全国领先地位，形成和拥有若干个在国内外有广泛影响和知名度的大型文化产业跨国集团和战略投资主体；郑州的文化原创能力、传播能力、集聚能力和郑州文化形象的影响力得到了显著增强，创建和拥有在国内外文化市场具有雄厚竞争力、具有鲜明中原文化特色的知名国际文化品牌。

根据这样一个目标定位，郑州文化产业发展战略可确立为三个阶段：

第一阶段：到2008年，突出形成中原文化中心城市和文化新郑州现代格局的框架，以文化产业战略性崛起为具体目标，确定郑汴洛文化发展一体化的战略格局，为郑州重新崛起成为中国中部文化重镇奠定基础。

在这一阶段，丰富和扩大“中原崛起战略”效应，在全省和全国形成广泛共识和认同。充分抓住2008年北京奥运会的有利时机，明确提出“文化新郑州”的文化发展理念，缩短战略性崛起的能量积聚时间，高起点构筑中原文化战略性崛起的空间布局和文化人才资源与文化产业高地，把郑州的文化发展同郑州核心城市的建设，以及随之而来的对城市功能的重塑和产业结构调整结合起来，迅速推动郑州文化建设的资本扩张，使郑州文化事业建设投资和文化产业投资比重有一个较大规模的增幅，接近作为区域文化中心城市应当具备的文化规模和产业结构，在文化旅游业、影视服务业、书报刊零售业、文化娱乐业、文艺演出业、艺术培训业、会展业和印刷业等领域开始发挥较大的扩散效应，形成沟通国内，尤其是以北京和上海为核心的两大战略文化圈的文化资金流、文化商品流、文化人才流和文化信息流的现代文化大市场体系和战略格局，充分发挥对区域文化经济的集散、生产、管理、服务和创新功能。

第二阶段：到2010年，也就是郑州“十一五”经济与社会发展规划目标实现时，基本完成作为中部文化中心城市的现代化文化设施建设，特别是一些标志性文化设施建设，创作和形成若干部具有全国影响和具有鲜明的原产地特征的文化艺术作品，涌现出若干名具有全国竞争力和明显竞争优势的文化产业领军人物；全国区域性文化中心城市功能进一步完善，中部文化中心城市地位得到进一步确立；中国文化产业第四增长极的效应开始初步凸显。

在这一阶段，以接应上海世界博览会为战略机遇和战略抓手，升华“中原文化崛起”的文化效应，加强中原文化战略性崛起带来的能量释放，实现在文化战略崛起中的文化产业结构的战略性调整与文化经济关系的战略性转移，全面推进文化创新体系建设，充分发挥创新是文化崛起和文化发展的不竭动力这一能量效应，使郑州文化的发展同整个沿海开放城市的文化发展和文化产业战略转移相衔接、相呼应，促进郑州文化发展在总体上上一个新台阶，基本建立与社会主义市场经济相适应的文化产业体系框架，使文化产业创造的增加值每年以20%以上的速度快速增长，为到2020年是文化产业发展成为郑州国民经济和社会发展的支柱产业创造条件，开始发挥区域文化中心城市的文化集散、生产、管理、辐射和创新功能。

第三阶段：到2020年，建成全国区域性文化中心城市，与北京、上海构成战略大三角文化产业战略态势获得明显建构，成为影响中国文化产业发展战略走向和参与国际文化产业竞争重要的战略投资主体，重组中国文化产业战略性格局和中原文化产业战略性崛起的目标实现。

在这一阶段，紧紧抓住参与两大世界性会展给郑州文化产业发展和文化形象塑造带来的巨人战略机遇，全面推进和实施中国“文化商都”的建设工程，大力发展具有原产地显著特征的文化产品和文化服务的国际贸易，充分利用和开发区位枢纽优势，变交通枢纽为文化枢纽，实质性扩张“中原文化崛起”的战略构造效应，全面实现中原文化战略性崛起带来的能量释放，实现在文化战略崛起中的文化产业结构的战略性调整与文化经济关系的战略性转移，全面推进文化创新体系建设，使以中原城市群为依托的郑州文化产业发展同北京、上海的文化产业战略转移相衔接、相呼应，在体制、机制、品牌、人才等几个方面都形成全面创新的文化产业创新体系。建立与社会主义市场经济相适应的文化产业体系框架，开始全面发挥全国性区域文化中心城市的文化集散、生产、管理、辐射和创新功能，实现把一个文化新郑州带入创新型国家的伟大目标。

五、2006—2020 郑州文化产业发展战略构成

“文化新郑州”是中原文化的现代体现，是对构建郑州文化创新体系具有终极意义的文化目标系统，它以“河、商”所倡导的讲究实效的功利主义为历史文化底蕴，以现代郑州人创新精神为主体，以重塑郑州新的人文情怀和文化境界为目标，融历史文化传统与现代精神为一体的崭新的文化发展创新体系。

（一）一个战略口号：我们共同创造文化新郑州

这个战略口号的精神是开放、包容、创造。郑州是中华人文的发源地，同时以郑州为中心的中原文化又是一个多元文化共存共荣的开放体系。多元交融，河洛文化是这种精神的典型形态。正是这种开放与包容，才使得郑州在中国文化版图漫长的历史形成过程中以不断的文化创造始终占据着中国文化轴心和文化辐射源的地位。

“我们共同创造”，既包含着郑州人民义不容辞的历史责任和使命意识，同时也体现了郑州以开放、包容的精神与炎黄子孙共同建设文化新中原的博大胸襟和豪迈气概。

“文化新郑州”，既包含着对历史文脉的承续，又体现今天对历史发展的

一种伟大承诺，同时还包含着郑州人民对未来生存状态的一种卓越追求，在社会发展动力、经济增长模式、文化创造和人居环境友好等几个方面都达到了一种新高度的文化境界。

郑州是中华文明的开路先锋，提出这样一个口号，是为了凝聚一种精神，中原文化应当在新的伟大历史的开局中再次领跑于中国，郑州就是中原新文化的领跑者。

（二）两大战略思想：科学发展、战略崛起

1. 科学发展

在发展观念上，要实现“中原突围”。树立新的郑州文化发展观，突出文化发展在河南国民经济和社会发展中的地位与作用，在河南省率先实现以文化产业的发展实现经济增长方式的转变；以文化软实力的增长提升整个河南的综合竞争力与核心竞争力，从而推动实现河南从工业大省向文化大省和文化强省的转变。

在发展模式上，要实现“挺进中原”。内联外引，以开放的文化市场和开放的文化胸襟引进省内外、国内外，各种性质的文化企业落户郑州发展文化产业；克服文化发展上的“塌陷效应”。

在发展态势上，要实现“逐鹿中原”。营造良好的文化生态环境，把郑州建设成我国最有影响力和竞争力、最适合文化创造、最适合发展文化贸易的文化商贸中心；创建中国“文化商都”。

在发展格局上，要实现“得中原者得天下”。郑州要站在历史文化的高度，引领中原文化崛起的时代潮流，以文化的现实力量实现中原的伟大崛起。

2. 战略崛起

改变郑州乃至中原文化产业发展落后于东部发达省市的现状，使郑州重新肩负起文化枢纽的伟大作用。

改变中国文化产业版图“地倾东南”，中部“塌陷”的力量格局，使郑州成为中国文化产业版图运动由东往西、沟通南北的战略支点。

改变郑州经济增长模式从过度依赖外需转向更加依靠内需的战略性转移，为河南实现工业大省向文化大省的战略转移创造“文化地缘空间”。

中原文化产业的战略性崛起将改变中国文化版图的战略性构成；战略崛起就是要把大力发展文化产业作为实现中原崛起的战略机遇来抓。

战略崛起是整体性崛起，不是某一部分的崛起。战略崛起，就是在经济结构和经济增长方式两个方面以文化产业的方式率先实现“战略性转移”，为在2020年实现创新性城市奠定根本性基础。

因此，本研究报告郑州文化发展战略是一个战略系统，一种战略集群形态，是一个由不同内容构成的总体战略体系，探讨的是郑州市未来15年文化发展模式和发展道路选择的根本价值取向，解决的是郑州文化“发展什么”和“怎样发展”的问题。

（三）三大总体战略

任何创新体系的构建与总体战略的制定都是在一定的坐标系统中形成和以一定的坐标系统为依据的。思考和谋划郑州未来十五年的文化产业发展战略在今天至少有着三个坐标系统：河南省的国民经济与社会发展战略目标、国家在未来十五年的发展战略目标和经济全球化趋势。这是我们思考和研究郑州市文化产业发展战略最基本的三个坐标系统，由这三个坐标系统所形成的整个郑州市文化产业发展战略的系统战略。从这个基本前提出发，未来郑州文化产业可以由本土化战略、区域化战略、海外（国际化）战略三大战略组成总体战略结构。

1. 以构造郑州文化新形态为核心的本土化战略

文化产业最终表现为文化内容和形式的变革与发展。这一战略以现阶段郑州市行政区划为内容范围，以现有的文化资源条件为基础，以构造郑州文化新形态为指导思想，使郑州作为河南省文化中心城市在全省文化产业发展总体战略中起到领军的示范作用。

这一战略分别由5大分战略、7大基地和1大主题公园构成：文化构造战略，标志性文化符号创造战略，核心文化品牌组群战略，文化产业集聚战略，城乡文化一体化战略；新中原文化原始创新基地，中原文化杰出人才培养基地，中国中部现代会展产业基地，中国中部艺术设计产业基地，中国非物质文化遗产产业基地，中国中部数字技术与现代艺术创造基地；中华人文主题公园。

（1）文化构造战略

以建设“创造性文化新郑州”为核心，培育和创建中原文化原创基地、中原文化产业人才培养基地，缔造“中原文化”的现代之魂：文化产业，中原创造。

创新是我们这个时代的主旋律。到2020年把中国建设成一个创新型国家是国家的整体战略目标。建设创新型国家的核心是实现文化创新，是一个国家的灵魂创新。

在经济全球化的背景下，世界文化经济和文化产业正在发生深刻的变化：在发展路径上，从跟踪模仿为主向加强自主创新转变；在创新方式上，从注重单项产业发展向加强以重大文化产品和新兴产业为中心的集成创新转变；在创新体制上，从以文化体制改革为突破口向整体推进国家文化创新体系转变；在发展部署上，从以研究开发为主向文化科技创新与科学艺术并重转变；在国际文化合作上，从一般性文化交流向全方位、主动利用全球文化资源和文化市场，发展国际文化贸易转变。文化创新成为所有这一切转变的根本动力。

郑州是中原文化的始祖地，生生不息的创新是它得以发展到今天的强大动力。郑州要在2020年获得文化产业发展的明显优势，重新崛起成为中原新文化乃至中国新文化的重要原产地，必须把增强文化创新能力作为郑州文化发展的战略基点和调整文化产业结构、转变增长方式的中心环节。通过全面提高自主创新能力，逐步使郑州文化发展实现从要素驱动型向创新驱动型增长转变。在中华文化体系形成的历史过程中，以郑州为核心的中原文化圈，一直都是中华文化最重要的原始创新之地。正是由于中原文化在中华文化版图形成过程中这样的核心作用，才决定了中原对于中国文化版图运动的战略地位。所谓得中原者得天下，是指中原核心力量结构的任何变动都会引起中国文化版图更大的变动。因此，对于郑州来说，除了坚定不移地通过制度设计和制度安排全面地制定与实施原始文化创新之外，别无选择。

走创新性文化发展道路，推动文化产业增长方式从要素驱动型向创新驱动型根本转变，使得文化创新成为郑州文化产业创新体系建设的内在动力和全社会的普遍行为，最终依靠制度创新和科技创新实现文化经济的可持续发展。

增强文化发展的自主创新能力是一项系统工程，必须把文化原始创新、文化产业创新和文化制度创新结合起来，充分发挥郑州在文学创作、文化研究领域里“豫军”主力作用，实施文化创新的“上游战略”，占领文化发展的战略制高点，已形成巨大的版权优势。

充分挖掘郑州文化圈极其深厚的民俗文化资源，统一规划，集中优势力量，整合文化资源，在文化信息、特色文化产品、新型文化产业等关键领域，实现文化资源优势向文化产业优势和文化资本优势的战略性突破，实现文化产业核心形态的集成创新与突破，以文化企业为主体、市场为导向、产学研相结合的文化产业创新体系，带动郑州文化产业的战略性调整和跨越式发展。

要赋予“得中原者得天下”这一传统战略理念新的内涵：中原不仅是地理概念，而且是文化概念。在华夏文明发展的每一个重要的历史阶段上，争夺中原，都是在争夺战略上的地理主导权的同时，还争夺文化上的战略主导权：从观念到体制、规制。要充分挖掘和发挥这一理念在人们精神认同中的“软力量”，培育和营造中原文化市场体系，再现“清明上河”的“东京梦华”的中原文化的盛世大观。因此，必须树立新的“中原稳定观”：中原稳定，政治经济上要稳定，文化上也要稳定。而文化的稳定是建立在文化发展基础上的，是建立在人民群众文化权利的充分享有的基础上的，是建立在文化创新自主权的充分实现的基础上的，是建立在人民群众心情舒畅、文化的极大贡献上的。

中原是中国文化之根，是中华文化之源。当今的中原应当通过自己的创造性努力，为中国文化的发展提供新的源头活水。郑州乃至整个河南要摆脱资源型发展模式，在未来十五年的发展中建立起全新的国民经济和社会发展模式，走出一条具有鲜明的中原特点、郑州特色的资源节约型和环境友好型社会发展模式，就必须营造“文化新郑州、创新新河南”的舆论氛围和发展理念，使成为郑州市民和河南人民的普遍共识。

要努力提高战略领域的原始创新能力，增强集成能力，注重培育引进消化创新能力，逐步形成以高新技术为先导、基础产业为支撑、文化服务全面发展的文化产业格局。随着长三角等文化产业主战场竞争日益激烈、文化投资转移的态势的战略性转移，郑州应当充分抓住这一战略机遇，密切关注和研究这一态势的发展，承接来自东部地区文化战略资本的转移，尤其是国际文化投资资本的转移，迅速地营造良好的文化投资环境和舆论准备，为中原文化产业的战略性崛起服务。

着力提升郑州区位优势、自然和人文资源、信息服务和交通枢纽港功能的内涵空间，通过延伸到全文化领域的创新体系的建设，将经济发展方式在继续发挥财富拉动型的同时，向创新拉动型转变。

在文化创新体系建设上，要建立起政府和民间、城市和乡村、专业和业余具有郑州特点的三级创新体系。引导和推进各文化产业创新主体的区域性集聚，在一定的时间和空间内整合文化资源、集成文化技术、聚焦文化原创产品突破，加速创意变为文化产品和文化服务，激发文化企业尤其是中小型文化企业的创新活力，形成创新集群网络，形成明显的区域文化产业竞争优势。加强与长三角的区域合作与良性互动，实行优势互补，尽快形成若干个产业竞争优势明显的新型文化产业集群，促进“郑汴洛一体化”战略合作体制的提升。

以人的现代化为本，实施文化产业领军人才战略，全面推进文化创新主体建设和文化创新源头建设，构筑中原文化人才资源高地。

文化崛起的核心是人的崛起，文化竞争归根结底是人才竞争，文化现代化关键是人的现代化。规划未来郑州文化发展战略必须树立人力资源是郑州文化发展第一资源的观念。郑州历来是中原文化人才荟萃之地，郑州能在中国发展的历史长河中保持数千年的“轴心”地位，就在于“江山代有才人出”，因此，必须把加强对文化人力资源的投资和开发作为中原文化崛起战略、重铸中国文化原创基地，重塑“中原文化”辉煌的重大战略选择。

建议制定《郑州市推进文化发展领军人才队伍建设的行动纲领》，大力引进、培养和造就一批具有国际知名度和在国内得到广泛认同的文化产业领军人才和标志性文化大师。

到2020年形成层次清晰的文化产业人才梯队结构：以作家、表演艺术家和哲学社会科学家为主力的文化原创人才；以具有国际竞争力的文化产业职业经理人才为核心的文化产业经营管理人才；以具有全国影响力的高级文化市场营销专家为支撑的文化市场营销人才。形成50～100名由突出贡献和知名度为主的组成的“国家队”，100名覆盖文化产业各个行业的领军人才的“地方军”和500～1000名以优秀青年人才为主的“战略后备队”。

发展文化产业要有专门的还价委员会，专业的研发机构、战略机构与管理机构，要有核心人才与团队，要有市场载体、论坛文化载体和大型活动载体等，形成社会资本与社会舆论氛围，建议在郑州建设若干个国家、省、市重点文化产业研究机构、重点学科和重点文化企业研究中心，有计划、有重点地将“地方队”和“战略后备队”中的领军人物选送到国内外著名研究机构、高校和企业深造，使他们能够尽快地成长为郑州文化产业的主力军。以郑州大学和河南大学为核心，形成文化产业人才培养体系，充分利用和发挥两所院校博士点的作用，高起点培养文化产业高级专门人才，设置“文化产业管理”本科专业，为顺利实现郑州市跨世纪人才的“代际转移”和为经济结构的战略性调整培养新人才奠定良好的基础。

设立“郑州文化产业领军人才专项资金”，建立促进文化产业领军人才成长的畅销机制，给予领军人才在组建团队等方面的自主权，鼓励团队发展，搭建领军人才事业发展的大平台。

成立“中原文化产业战略研究中心”和“河南文化发展战略研究中心”作为党和政府智囊团和思想库，同时也为迫切需要发展理论成果支持的社会各界提供更充分的决策咨询服务，有利于文化发展一体化意识的成熟。中心作为区域性的学术共同体，为发展文化建言献策。

实行对文化人力资源开发大规模投资，提高对文化人力资源投资在整个郑州文化战略规划中的比重，并形成以政府投资为主，社会集体、个人共同参与投资开发的新体制。

加快发展郑州的文化人力资源市场，形成多层次、综合性、跨地区的文化人力资源市场，在渐成气候与规模的戏剧表演人才交流市场的基础上，政府积极、主动介入，使无序变有序，重点发展歌舞人才和戏曲表演人才市场建立与全国联网的文化人力资源市场信息库。

（2）标志性文化符号创造战略——“中华人文主题公园”

集约化经营中原文化，创造性发展“文化遗产产业”，构造独具中原文化特色的、开放的、立体的、多时空的、多形态的文化产业集群。

郑州不仅是河南省的文化中心，而且是中原文化起源最核心所在地，是中华文化版图缔造过程中最重要的力量策源地，有着其他地方所没有的文化生物构造基因谱系；这里是中华人文始祖轩辕黄帝的诞生地，是华夏大陆板块隆起的第一块土地；从地质史上的嵩阳构造到文化史上的嵩阳运动，从周天子测影到元代观星，从佛学东渐到儒、道、释三教并流，从《诗经》到诗圣，天文、地理、人文、艺术、宗教，无一不是开天辟地，形成了一个内容丰富、形态多样、层次清晰、结构完整，各部分之间主题集中、个性鲜明、历史进化互补和空间布局合理的中华文化生态群落；历史文化资源的多样性和自然与人文资源的丰富性，使得郑州拥有一个全国独一无二的、以文化的原生态演绎华夏文明的文化种群，活的、立体的、具有鲜明历史年代标志的中华文明博物馆。

“仰韶曙光”“黄帝圣地”“中华古都”“郑风雅韵”“楚河汉界”“河图洛水”“长河落日”“诗圣故里”“西汉古墓”“北魏石窟”“北宋皇陵”“嵩

阳书院”“唐周登封”“中岳嵩山”“千古少林”“古城寨文明探源”“官渡古战场怀古”，既是满天星斗，又是多样统一，从新郑、新密、巩义、荥阳、登封构成一个极其优美、完整、壮观的“金边齐舞”“金星闪耀”“群星辉煌”的“中华人文主题公园”，活的“国家文化博物馆”路线图和结构图，以及一幅全景式的、立体的中原文化的千年辉煌图卷。

中原文化在数千年的运动过程中，形成了完整和典型的华夏文化构造带，一直是中国文化的养育中心。北宋以后，随着中国政治文化中心南移，郑州作为中华文化原创地的作用下降了，现代文明的崛起构成了对中原文化更新的巨大挑战。目前，郑州市文化生态布局呈现为自然、自发状态，表现出局部的历史合理性，但是缺乏战略性、整体性和功能性，缺乏一个核心与灵魂。

在东部沿海地区现代文化产业已经获得飞速扩张的情势下，郑州文化产业的发展要在一个较短的时间里迅速摆脱这种困境，必须选择差异化发展战略，充分挖掘和利用传统历史文化资源丰厚的优势和人们对回归历史与回归自然的新的文化消费诉求，树立新的“主题公园”理念，大力发展以历史文化为核心内容，以文化旅游业为战略突破口，集约化经营中原文化，以营造“中华人文主题公园”为项目抓手，树立“中华人文主题公园”大品牌，确立郑州文化产业发展的战略主导产业，全面营造郑州文化大市场，通过培育品牌和营造大市场的策略，带动其他文化产业形态迅速跟进。通过集聚人气、营造市场、创造机会、调动资本、逐鹿中原，策划郑州、包装郑州、推广郑州和营销郑州，全方位经营郑州文化，从而通过这一系列战略和策略获得郑州文化建设与文化产业发展战略的全面实现。

“中华人文主题公园”是启动郑州文化产业发展总体战略的一个突破口、一个战略支点。通过这一项目整合郑州市历史文化和旅游资源，克服目前郑州文化产业发展缺乏整体动员力量和主力部队的不足，锻造郑州文化产业战略主体；为确立文化发展一体化提供一个战略平台，在实现一体化的同时共享历史文化资源的成果，消除可能存在的核心战略能量抵消。在全国文化产业发展战略格局中表明一个高地、确立一个品牌、树立一个形象、缔造一个文化符号——中华人文之都。

到2005年，我国有各类主题公园2500个，集中分布在北京、天津以及长三角、珠三角等经济发达地区。所有这些主题公园的一个共同的特点就是人造景观。迄今为止，在我国还没有以物质与非物质文化遗产为核心内容组成的国家主题公园，即便是深圳华侨城的“锦绣中华”，也只是通过萎缩景观来展示中国由56个民族所组成的文化多样性。“中华人文主题公园”与现有国内外所有的主题公园的一个根本性区别不仅是它是原生态的、开放的，是以中华文明起源、演变和发展的完整的历史构造带和文化剖面图为其最主要的内容含量，而且是第一个以中华文明起源和展开的历史为内容的主题公园。

它不是人造的景观，而是物质与非物质文化遗产时空展开的一个完整的中华文化编年史，具有同现代人的文化物质生存融为一体的文化生态特征。这是中国大地上唯一拥有如此完整的中华文化发展历史编年的地方。历史时间的序列性和历史空间分布的有机性与完整性在这里获得了高度的统一。历史文化遗产带给我们的是一切语言都无法表达的情感交流，正是这种情感交流，使我们彼此相通，彼此认同，为共同拥有同一种文化而自豪，建立起历史文化遗产与社会可持续发展的合理关系，社会成员个人发展和对文化遗产保护所需要的不可再生的环境资源的关系。2012年，国际天文学联合会第28届大会将在中国北京举办。郑州是中国天文学的发源地，观星台是具有世界影响的天文学事件，郑州理应借助第28届国际天文学大会在中国举办的机会，把郑州作为这次大会的分会场，并借助这个难得的机会在“天文文化”领域丰富和扩大“中华人文主题公园”的国际知名度。

通过提出和确立“中华人文主题公园”原创新文化发展理念，注入郑州市正在努力规划和实施的一系列文化产业的开发建设项目之中，从而使所有这些原本孤立的单个项目成为一个有机的整体，成为具有核心灵魂的灵动的产业形态和品牌产品。

这是一个开放的、立体的、多时空的、多形态的文化产业集群。其结构为：现代演出业、文物与古董流通业、艺术创意产业、图书发行流通业、网络游戏业、广播电视业和新闻出版业。需要调动整个郑州的历史文化和文化旅游资源，需要郑州人民和各级领导的远见与智慧，建议组建由各县、市共同投资的股份制“中华人文主题公园”集团，引进战略投资伙伴，全面部署郑州市辖的历史文化旅游产业；征集“中华人文主题公园”形象识别标志。系列开发由此主题而形成的一系列文化项目和文化产品：把文化区位优势转变为文化市场优势和文化产业优势，文化资源优势转变为文化产业优势和文化资本优势；从郑州地区旅游形象的定位、旅游空间布局的调整和旅游产业结构的优化三个方面入手，重新部署关于郑州文化旅游产业的大格局：文化旅游业的形象定位——从单一的文化遗址旅游到历史文化遗存与中华国家文化主题的提升；文化旅游业的空间布局调整——实现点、轴、面的整体协同发展；文化旅游业的产业结构调整——实现各功能要素的联动与协调。

河南是文化资源大省，河南在完成了从农业大省向工业大省的战略性转变后，正面临着一个从工业大省向工业强省跨越式发展的重大战略需求，必然提出一个从文化资源大省向文化建设强省发展的历史要求。文化产业在这个历史过程中具有不可替代的重要作用。如何使文化产业优势转变成文化产业与文化建设优势，是今后整个河南文化建设与文化发展不可回避的重大课题。文化产业不是消耗文化资源的机器，而应是文化资源再造的工作母机。创建“中华人文主题公园”或“国家文化主题公园”，就是要探索一套文化资源再生性的文化产业发展道路。和谐社会与和谐文化的建立，不仅要处理好人与自然、人与社会的关系，而且还要处理好现实发展与历史传承的关系，树立现实与历史相和谐的新观念。创建“国家文化主题公园”不再是走资源消耗型和环境破坏型的粗放型文化产业发展道路，而是要走出一条具有鲜明中原文化特点的“文化资源再生型和历史文化风貌与文化生态保护型相统一”的“郑州文化发展模式”，以较小的文化投资，获得较大的文化效益。这应该成为“国家文化主题公园”建设与开发的新理念。

（3）核心文化品牌组群战略

①品牌是一种形象、一种信誉的象征和对一种文化与智慧创造的认同。

任何一个产品的品牌都是在消费过程中形成的。消费者对某一种产品的消费偏爱是形成品牌的决定性因素。然而，这种对某种产品的消费偏爱是由产品本身的品质以及附着在产品身上的某种意义和符号决定的。正是这种品质和符号意义使消费者不仅在消费某种产品，而且还在享受某种尊重和尊贵，是这种尊重和尊贵赢得了消费者对产品以及产品生产者信誉的认同和赞扬，也是这一产品本身成为一种形象的象征，并因此成为在市场竞争中某种产品的价值代表，少林寺代表的就是这样一种形象。

②品牌是一种文化资本。

文化品牌是一种无形资产，是一个国家和地区文化软实力的集中体现，一个国家和地区要拥有国际影响力和软实力，文化资源的丰俭是一个地区和国家文化产业发展所必不可少的文化资本形态。文化资源只有发展转化成为文化资本才是可持续发展的，才是可以不断实现资源积累和资本扩张的。美国是文化资源小国，但却是文化产业大国。好莱坞的一项最成功的经验，就是善于把人类文化资源转化成本国文化产业发展的资本形态，进而再通过资本形态转换成文化产品形态而占领世界文化市场的。而正是在这个过程中，好莱坞成为一个品牌，成为美国文化产业发展的一种重要的资本形态，并且用这种资本形态去占领世界各国的文化市场，而好莱坞本身也获得了数百亿美元的无形资产。

③品牌是拥有竞争力的标志。

谁拥有强有力的品牌，谁就拥有消费者和市场。品牌是在市场过程中形成的。品牌既是消费者选择的结果，同时也是产品竞争的结果。品牌创造最大的价值就是它的竞争力。在市场经济环境中，一个企业的兴衰成败，取决于是否具有竞争对手无可模仿的核心竞争力；而企业的任何竞争力优势，最终都要通过转化成为品牌的核心竞争力。品牌核心竞争力，是企业核心竞争力在市场的物化和商品化的外在表现。一个企业是如此，一个国家和地方文化产业的发展也是如此。没有文化品牌和文化品牌的核心竞争力，就没有这个地方文化产业发展的生命力和影响力，也就无所谓软实力。美国文化产业之所以在整个世界文化市场拥有无可争议的竞争力，就是因为美国拥有像好莱坞、迪斯尼、时代华纳、《米老鼠和唐老鸭》《猫》等迄今为止全球文化产业发展最响亮的文化品牌。

④品牌是产业发展规模的显现。

制定和实施核心文化品牌战略，就是要在市场经济的条件下挑战现有的文化产品的市场秩序以及由这种秩序所形成的文化产业的力量占有格局。不同的地区由于市场环境、资源禀赋和文化消费主体的差异，文化品牌竞争力构成是不一样的。因此，制定和实施核心文化品牌战略是非常重要的。

除了少林寺，郑州缺乏与少林寺享有同样美誉度和影响力的文化品牌。单一的品牌承担了过渡的文化营销责任。单一的文化品牌竞争最终将在市场竞争过程中迅速折旧。尽管少林寺的文化品牌开发还具有广阔的空间，但是一个拥有丰富历史文化资源的千年古都不能只有这一个文化品牌，而是应该拥有一群这样的核心文化品牌。

所谓文化核心品牌组群战略，就是要突破郑州文化产业发展品牌单一性的局限，培育一群向少林寺这样的享有世界美誉度的知名核心文化品牌，形成以少林寺为核心，由文化企业品牌、文化产品品牌、会展节庆品牌和知名文化名人共同构成的郑州文化品牌群。

嵩阳地质运动（中国地质节）造就了华夏大地之母，黄帝故里（拜祖大典）诞生了中华人文始祖，千古少林开启了中华文明开放交流的伟大历史，河图洛神（中国艺术节）构成了中华文明精神特有的博大精深，诗经圣地（中国诗歌节）展示了中华艺术世界的魅力华章，测影观星（中国天文节）标志着中华文明所达到的人类天文智慧的高度。这里的每一个文化事件都可以是一个惊世的文化品牌。但是，我们除了拥有少林寺，所有这些丰厚的优质文化资源都还没有培育成享誉世界的文化品牌。文化资源的闲置有待我们去开发成为我们今天不可多得的文化资本、天文地理、人文艺术、科学宗教。

郑州核心文化品牌组群战略实施的思路，就是要使这些文化资源优势蕴含的是具有国际影响力的品牌价值效应，体现的是中华民族物质文明和精神文明的智慧结晶，展示的是中国几千年来的优秀文化的历史积淀，以及千百年来郑州人民的伟大创造。

由于郑州在中原乃至整个中部地区所处的特殊历史文化地位，以及对整个河南和中原崛起的深远影响力，郑州文化产业核心品牌战略的实施和核心文化品牌的形成，必然牵动着整个中部地区乃至中国文化产业发展的敏感神经，成为中原文化产业崛起的风向标。由于品牌的塑造将改变文化产品市场进而文化产业力量对比的格局，因此，品牌打压是与品牌塑造同时存在的文化竞争形态和竞争手段。

核心文化品牌组群战略，不只是要塑造文化产业发展本身所需要的产品品牌，而且还包括为其他产业提供文化附加值。郑州是我国最大的粮食食品产地之一，享有天下粮场的美誉，但迄今为止还没有一个品牌拥有像“康师傅”那样的国际知名度。郑州的粮食产品加工要成为“天下厨房”，只有当它拥有了品牌才是可能的。在这里，文化的创意和文化的品牌塑造具有决定性的意义。核心品牌、品牌方阵和品牌集束等多层次、多品牌战略实施的营销模式主要有以下几方面。

a. 通过大力发展文学艺术创作打造文化产品品牌。

优秀的文学艺术作品是打造标志性文化产品品牌的前提。是电影《少林寺》使少林远播四海；是金庸先生的系列武侠小说，一句“天下武学出少林”而使少林寺名扬天下。许多具有市场竞争力的标志性文化产品大多数都是来源于对原创产品的开发。文学艺术创作对于培育核心文化品牌具有无法替代的作用。文学豫军是现代中国文化界的一支劲旅，近年来给中国电影市场带来巨大效益的《康熙皇帝》和《雍正王朝》都出自河南的作家。

b. 通过培育市场主体建设文化企业品牌。

文化企业品牌是文化品牌组群的核心，所有文化品牌的创造都是来自于文化企业的作为，而正是由于有了企业的创新与作为，也才可能有文化产品品牌的创造。尤其是对于一个城市来说，一个城市的影响力和美誉度在某种程度上来说就是由若干个知名企业奠定的。20 世纪 80 年代，郑州因“亚细亚”而在商业改革领域里闻名全国就是一个典型案例。郑州要实现在文化产业领域里的跨越式发展，就必须培育自己的文化企业品牌，通过大力培育文化市场主体来创造郑州的文化企业品牌。在这里，《风中少林》可能是一个非常有潜质的文化企业品牌对象。

c. 通过大力发展标志性会展和节庆塑造会展节庆品牌。

标志性文化会展节庆是文化产业发展的一个巨大的引力场。巨大的引力作用，不仅会带来四方宾客，更重要的是它会带来一个地区和国家国民经济与社会发展所需要的巨大的资金流和产品流，带动一个国家和地区经济发展与社会进步，促进产业结构的升级换代。世界大多数国家之所以要竞争举办奥运会和世博会，其中一个最重要的原因就是借助于这“两会”来发展自己，营销自己，使自己也成为世界的一个品牌。德国的法兰克福是德国的一个边远城市，这个城市因举办世界图书博览会而享誉世界，并且也因为它是世界图书博览会的永久举办地而成为全球图书博览最有影响力和权威性的图书博览业品牌。

d. 通过衍生产品开发打造以品牌为核心的产业链。

衍生产品开发的丰富性程度一方面反映了一个文化品牌的价值丰富性，同时还表现了一个文化企业在开发核心文化品牌方面的能力，以及一个城市在文化品牌资源创造中的整体性文化生态环境。一个具有竞争力的文化品牌，同时一定是一个内涵丰富、发展空间巨大的文化资源。在这里，《风中少林》和《禅宗少林》作为对少林文化品牌衍生产品的开发就已经为我们提供了一个成功的案例。但是，文化郑州不能只有一个品牌，郑州文化产业的战略性崛起需要一个完整的文化品牌系列，一个组群。例如：报纸和电视要有栏目品牌。因此，打造以品牌为核心的文化产业链，并且在文化产业链的形成过程中形成新的品牌，在文化品牌的叠加效应中实现“郑州牌”的文化品牌的扩张，在扩张过程中实现“文化新郑州”的战略意图。

要通过核心文化品牌组群战略的实施，使“文化新郑州”获得具体、生动的市场体现。没有核心文化品牌组群，就没有“文化新郑州”的战略实现。

（4）文化产业集聚战略

文化产业的集中聚集，一是有助于形成文化产业的综合竞争力与核心竞争力，实现对各种文化资源的优化配置与有效利用；二是有利于利用市场信息，形成对各种文化资源的吸纳能力和辐射能力，提高创意能力，节约文化资源的流通成本；三是有利于文化能力向社会能力转化，在消化吸收现代高新技术的同时，也以产业集群实现的方式改造社会扩大再生产的方式和途径，进而达到为社会发展提供智力支持和文化生态环境的目的。从文化能力运动的历史轨迹来看，所谓“历史文化名城”往往都是文化生产能力、文化扩散能力和社会建构能力最强的空间存在。现在世界上的所谓“国际大都市”也往往是文化产业最为集中的地方和文化影响力最为强劲的地方。因此，为了实现文化产业布局空间集聚的文化效益和经济效益，从政策主体来说，就必须首先选择历史文化条件优越和经济发达地区作为文化产业布局的集聚区，形成新的增长能级，在这里原有的历史文化条件具有特别重要的意义；其次，根据不同集聚点、不同核心文化产业的产业性质，确定并培育不同文化产业集聚区的产业经济功能和文化传输功能，利于不同功能区之间的分工和协作，从而形成各种文化资源合理配置的最佳产业结构；再次，构建大、中、小规模不等的产业集中体系，实现不同规模文化产业和企业之间的优势互补，形成良性的文化产业发展的生态群落。

推进和实施现代文化产业集聚区发展战略。与中原城市群建设的功能定位相结合，与先进制造业集聚区建设结合起来，与各市县的功能定位结合起来，结合区域特点和优势，形成特色和品牌，错位发展。

建设现代文化产业集聚区，要形成资源集合、产业集群、服务集成，让各种文化产业业态形成优势集聚、信息集聚、功能集聚，使现代文化产业集聚区既有形态，又有内涵。结合郑州现有的各种自由优势与未来发展的各种条件，可以通过建设四大基地来实现文化产业集聚战略的构想：

①文化产业的现代之花（东部郑东新区）——中国中部现代会展产业基地。

郑东新区是未来郑州的城市形象。对于郑东新区功能的规划，以及由此而造成的能量集聚效应，将在未来的15年内造成郑州市现代服务业和现代金融资本的巨大流动，尤其是郑东新区以国际会展中心为代表的建筑群给周边环境带来的巨大变化，会使郑东新区成为郑州最吸引人的街区，由此带来的巨大文化消费需求和文化产品的创造将在很大程度上改变现在郑州缺乏标志性文化娱乐和文化展示中心的不足。会展产业是文化产业的形象展示产业和文化交易产业平台，也是现代文化产业最富活力和创造性组成部分之一，是文化产业的现代之花。西安既是陕西省会城市，同时又是西部地区文化中心城市之一。大力发展会展经济，打造区域性国际会展中心已经成为西安市文化产业发展战略的基点目标。西安会展业正在以每年20%的速度递增，每年举办会展上百个。仅2004年、2005年两年，就举办展会229个，成交额710亿元。会展经济助推了旅游业，“十五”期间西安累计接待国内游客9639万人次、国外游客315万人次，分别比“九五”期间增长了70%和20%，实现旅游总收入683.32亿元。2005年，西安相继成功举办了国际古迹遗址理事会第15届大会和首届欧亚经济论坛，有力地推动了西安的国际化进程。目前，从中部地区的会展产业的空间布局形势来看，还没有哪一个城市拥有像郑东新区这样极富现代性的会议展览中心和环境。因此，充分利用会展产业在文化产业发展过程中的特殊作用和它本身作为文化产业重要组成部分所能创造的巨大价值，利用郑州作为“中国商都”的有利条件和“郑交会”的平台，固定举办以实质性文化产品交易为核心内容的“中国郑州文化产品国际交易会”，并且和现在以“文化产业博览会”命名的文化产业展示活动相区别，从而在文化会展产业领域里独树一帜，形成鲜明的具有中原原创风格的文化会展产业，在培育文化产业的现代之花的过程中，把郑东新区建设成中国中部现代会展产业基地。

②文化产业的艺术之城（西部老工业区）——中原艺术设计产业基地。

郑州的西区是工业郑州的一个缩影和符号。经济结构的调整和城市发展中心的转移，不能成为郑州西区衰落的必然。作为一个历史发展的缩影和工业文明的文化符号，郑州西区是郑州文化产业战略布局中不可多得的一块艺术天地。城市的扩大与升级，意味着城市人口的激增、空间更加紧张、资源分配矛盾加剧，要应对与解决这些问题，仅靠物质文明与制度文明是不够的。因此，城市发展水平越高，就越需要艺术和审美。只有提出更高的可以与“都市群”城市文明发展相适应的审美理想，以及创造出丰富的可以从根本上满足都市人艺术与审美需要的新型都市艺术，才可能使都市群这个城市发展的最高空间形态，成为适合当代人生存与发展以及诗意地生存与发展的新家园。而大都市雄厚的物质财富与相对较高的制度文明，使它们可以率先成为艺术城市建设的基础。郑州西区正是可以成为我们通过艺术创造实现诗意的生存的基础。因此，建议以郑州西区老工业区为基础，大力发展服装设计业，通过服装设计业带动郑州市的整个艺术设计和艺术创造，通过发展艺术设计产业为服装、食品等行业提供文化附加值，创造新的文化品牌，来营造整个郑州的文化艺术氛围，从而使之成为中原地区最具吸引力和最适合艺术天才发展的首善之地，把郑州建设成为中原“艺术之都”——中原艺术设计产业基地。而郑州丰富的文化艺术遗产则为郑州发展艺术设计产业提供了无限的艺术养料和想象与创造空间。在空间上与郑东新区遥相呼应，在内容上互为补充，这就构成郑州文化产业腾飞的两翼。利用创意产业推动经济增长方式的转变，促进人们的自主创造精神和创造能力，为文化积累提供新的资源涵养方式。

③文化产品的汇流枢纽——国内最大的文化产品物流基地。

文化产业的迅速发展必然导致文化商品快速流动。加快文化产品物流基地建设，已经被列为国家文化产业发展战略。郑州地处京广线和陇海线的结合部，具有交通枢纽的区位优势，长期以来不仅是我国最大和最重要的商品物流基地，而且也是我国重要的文化商品集散地。充分利用郑州作为交通枢纽的区位优势，在已有的音像制品和图书发行、配送的基础上，进一步扩大文化产品的经营和服务范围，树立“中国文化枢纽”的新概念，全面和大力推进文化产品汇流枢纽建设，把郑州建设成为国内最大的文化产品物流基地，建立完善的文化产品代理配送制度，成为我国最大的文化产品集散中心之一，使之成为郑州重要的文化支柱产业之一，同时，把郑州建设成为全国最大的流散文物集散中心之一。在这里，大力培育民营发行和物流文化企业具有特别重要的价值。仅以山东为例，目前山东民营书刊发行企业已经占到全省图书发行企业的50%，销售收入超过亿元的民营发行企业有8家，山东世纪天鸿书业有限公司是国内首家同时拥有图书、报刊、电机出版物国内总发行权和全国连锁经营权的民营文化企业，2005年销售收入3.3亿元，成为全国最大的民营书业集团。山东爱书人音像图书有限公司是全国最大的音像连锁经营企业之一，实现销售收入2亿元。郑州有着良好的区位优势和做成全国图书与音像制品交易中心的经验，完全有条件在发展非公文化产业企业集团方面有大作为。

④数字艺术的能量高地——数字技术与现代艺术创造基地（中国中部新型文化产业基地）。

文化产业数字化是文化产业发展不可逆转的发展趋势，同时对于文化产业内容的生命关注，也同样成为影响和决定文化产业数字化成功与否的重要指标。向现代数字技术寻求文化产业发展的现代手段和向传统文化艺术寻求文化产业内容创新的灵感，正在同时成为现代文化产业发展的鲜明特征。郑州文化产业战略不能以忽视现代文化产业发展的根本趋势和特征为指归，而是必须追寻现代文化产业发展的脚步，寻求发展具有自身特点和优势的现代文化产业。郑州有许多著名的高等学校和研究机构，同时又有着丰富的历史文化资源，尤其是蕴藏在广大农村地区的传统艺术资源，如朱仙镇年画，更是郑州发展数字艺术产业不可多得的艺术资源和文化灵感。丰富的艺术文化资源和现代数字技术的结合完全可以创作出具有中原风格和中国气派的数字艺术产品，形成独具特色的数字艺术产业，把郑州建设成为我国重要的数字技术与艺术创造相结合的产业基地。在这方面，台湾的“霹雳国际多媒体艺术公司”对于中国传统艺术形式“布袋戏”的数字化开发和创造积累的成功的经验可以作为郑州建设动漫游戏产业基地的借鉴。

（5）城乡文化发展一体化战略

培育市场纵深，发挥城乡文化优势互补，实施城乡文化一体化逐层展开，梯度推进战略，确保“文化新郑州”目标的实现。积极推进“新民间文艺运动”，培育和创建中国非物质文化遗产产业基地。

城市文化是农村文化发展到一定历史阶段的必然产物，代表了农村文化的前进方向和发展要求。加强和加快城市文化建设毫无疑问是整个文化战略的主导方向。

农村文化常常是城市文化原创的涵养源，是城市文化的高速发展和现代化必不可少的市场腹地和扩张空间。中原文化产业的战略性崛起是一项中长期发展战略，它的目标的实现需要广阔的市场纵深与可持续发展的前景，而农村则有着城市文化无法比拟的资源优势和市场潜力。

然而，城乡间巨大的文化贫富上的差距客观存在，采取一刀切的办法，显然不适宜于农村，特别是农村贫困地区的文化发展，尤其是在一些硬件指标上，如不采取特殊政策和特殊措施，而要求贫困山区的分散文化建设达到和文化中心城区建设同样的指标和水平，是很困难的。因此，郑州文化发展的战略规划和发展思路，必须区别对待城乡文化发展的实际情况，把中原文化崛起战略的实施，根据城乡不同的文化基础逐层展开，梯度推进。

目前，农村的生产能力大量过剩。农村生产能力过剩是一个存量概念，启动存量需求，是破解农村劳动力过剩的根本途径和办法。通过发展农村文化产业，启动农村存在的巨大的存量需求和不可移动的文化原产地市场，调整就业结构，推动农业劳动力向非农产业转移，农业经济向非农产业经济转移，一方面可以有效地推进“三农”问题的解决，另一方面也可以有效地培育巨大的农村文化消费市场，为发展郑州的文化产业提供跨越式发展所需要的能量空间。

探索城乡文化发展一体化发展模式和农村文化产业与公共文化服务体系

建设综合制度创新。重点消除城乡文化建设二元结构的制度障碍，建立和完善城乡文化发展一体化的公共文化服务体系、文化市场体系和文化产业体系，探索建设社会主义文化新农村的长效发展机制，确保解决农民看书难、看戏难、看电影难的文化“三农”问题，使农民的根本文化权利和文化利益能够得到保证。郑州，历史文化遗存遍及广大农村，荥阳、巩义、新密、新郑、登封、中牟不仅拥有山明水秀，而且拥有无法比拟和替代的历史人文资源，有着发展文化事业、文化产业的广阔的市场和空间。实现城乡间在文化资源方面的优势互补，必然会极大地推进郑州文化事业的繁荣和发展。

衡量和划分粗放型和集约型文化产业的标准有两个：科技含量和文化含量。郑州文化产业发展在未来15年内，应当选择劳动密集型和知识密集型相结合的双轮驱动发展战略。这是由郑州文化产业所拥有的资源状况和技术状况决定的。丰富的历史文化资源及其空间布局，规定了在发展这一特色文化旅游产业过程中所需要的非物质文化遗产和资源的文化服务必须有相当数量的文化劳务人员来完成。这是由郑州独特的地方非物质文化遗产和资源决定的。

建议成立“中原传统艺术中心”，在查清郑州非物质文化资源家底的前提下，对郑州的非物质文化遗产进行分类整理，选择最能代表郑州和中原传统文化艺术特点的传统艺术鼓励和倡导“新民间文艺运动”，并且把它和文化创新产业结合起来，培育中国非物质文化遗产产业基地。

纵观世界上能够走出区域格局，登上国际舞台的文化艺术产品，无疑不是发挥传统文化特色，兼容创意和传统美学，同时又融入现代审美精神打动人心的。国家非物质文化遗产日的施行，标志着中国正在进入一个前所未有的重视和珍惜中国传统文化的新时期。当孔子学院在世界各地，尤其在欧美发达国家相继创立，少林寺作为中国文化的象征成为俄罗斯总统访问对象的时候，极其需要而且应该有非常多样的新民间文化。这种文化应该是传统文化的传承和民族文化资源的开发与再造。因此，在国家大力提倡和积极推行国家非物质文化遗产保护的文化时机，把它和建设社会主义新农村结合起来，不但关系到传统文化深入现代生活，而且还会从根本上为郑州的文化产业和农村新文化建设提供取之不尽，用之不竭的文化资源，不断丰富“中华文化主题公园”的内涵，开创我国“文化资源管理”新境界。

实施“梯度推进”策略，就是要在整个发展战略规划中，形成若干个梯级，每个梯级以一个中心为圆点，依次向周边辐射开去，从而形成一种整体的、发展节奏明显、目标管理清晰、任务彼此呼应的有机联动。城乡文化一体化战略的主要内容包括：①以城市为中心，向农村扩展，此为第一梯级；②以郑州城区为中心，向各县（市）城展开，此为第二梯级；③以各县（市）城市为中心，向各乡镇中心集镇展开，此为第三梯级；④以各中心集镇为中心向广大农村展开，此为第四梯级。实行目标梯级，分级推进，分级管理，既包括硬件，也包括软件，形成一乡一镇一特色、一区一县一市一品牌一优势的文化发展新态势，可以考虑采取市级财政和地方财政共同出资的办法，也可以考虑动用一些社会资金，同时鼓励农民集资政府补贴。

2. 以构建大中原文化共同体为核心内容的区域化战略

中原城市群的提出，为郑州文化产业发展战略提供了一个崭新的思维空间：要从中原城市群的发展需求来思考郑州2020年文化产业发展的大格局。

全国性区域性文化中心城市是对郑州未来城市性质新的定位。从这样一个定位出发，实现这一战略目标可以由三大战略链构成：第一战略链：金边战略——郑汴洛文化一体化；第二战略链：文化枢纽战略或称之为“金星战略”——大中原文化产业与市场共同体；第三战略链：大三角战略或称之为“草船借箭战略”——2008迎战北京奥运、2010接应上海世博。

第一战略链：金边战略——郑汴洛文化发展一体化。

郑汴洛三位一体是一个完整的文化生态系统，在历史文化的运动中历来具有很强的互补性。郑州虽然是河南的文化中心，具有政治上的优势，但是，相比较于开封和洛阳，郑州缺乏标志性文化景观和文化符号，人们都说“登封少林寺”，从来没人说“郑州少林寺”。尤其是洛阳龙门石窟更是因其是世界文化遗产和白马寺闻名世界而使郑州在文化影响力、号召力和动员力上显得相形见拙。郑州要在未来的15年内担当起中原文化中心城市的责任，就必须建立起以郑州为核心，以开封、洛阳为两翼，实施中心突出，两翼联动的郑汴洛文化发展一体化“金边”文化发展战略，打通中原战略性崛起的文化大动脉。

城市历史是文化的中心，是一个地区文化所达到的文明高度的集中代表。因此，要把郑州建设成为我国中部文化中心，必须大力发展城市文化，以城市文化的繁荣发展带动和展示区域经济与社会的文明发展。然而，任何一个文化中心城市的成长和发展必须依托于周边腹地的文化发展，而腹地的发展又依托于中心城市所提供的服务，两者相互依存，相互促进，共同发展，共同提高。

郑州北濒黄河，南抵许魏，西衔九朝古都洛阳，东挟七朝古都汴京，控山带河，下辖五市、一县、七区，地处中原腹地，为九省通衢。开封、洛阳与郑州中心城区遥相呼应，成双星拱月之势，其他县市次第展开，构成郑州文化的现实与历史地形地貌。截至2004年年底，郑州拥有各类文化产业机构16000个，从业人员139000人，文化产业增加值达60亿元，占全市GDP比重4.3%。

开封是“清明上河”的千年帝都，拥有丰厚的历史文化；洛阳是中国石窟艺术和佛教文化的重要策源地，为“中原文化”的最终形成奠定了永恒的基础。开封和洛阳都是国家历史文化名城，曾经在相当长的历史中是中国政治、文化中心，在整个中原文化战略性崛起和21世纪文化发展战略中具有举足轻重的地位。各自都拥有着不可替代的文化优势，但同时又都存在着发展空间萎缩、市场局限。截至2004年年底，开封拥有各类文化产业单位7134家，从业人员44768人，占全部从业人数的1.63%；文化产业增加值11.6亿元，占GDP的比重为3.36%；城乡居民文化消费占全部消费支出的比重为3.96%。洛阳2004年文化产业增加值8.6亿元，占GDP比重为0.95%，文化从业人员28400人，占全部从业人员的0.74%。

现实创造和历史传承连成了一条红线，正是这两点成一线，串联起中原文化发展核心地带。只有这一地带文化获得了高速发展，并使文化资源要素在次第展开的周边腹地获得更大范围的优化配置，才能使郑州尽快地从一个省会城市向一个具有重要影响的区域文化中心城市转换；同时，也只有郑州尽快地向我国区域文化中心城市转变，以全面有力的服务提高核心城市的辐射能力和辐射能级，才能使郑州的文化产业保持持久的增长与发展。因此，以郑州中心城区为核心部位，以开封、洛阳为两翼，实施中心突出，两翼联动的郑州文化发展战略，应当成为建设我国中部地区文化中心城市的重要选择。

郑汴洛是中原城市群建设的一条基础性黄金线，没有这一横，就没有中原城市群建构骨架的一竖；没有郑汴洛的三位一体，就没有中原城市群，没有中原城市群的崛起，中原崛起就是一句空话。在这里，实施郑汴洛文化发展一体化具有影响中原崛起战略全局的作用。

区域发展一体化的本质是建立共同文化市场，实现文化要素的合理流转和优化组合。郑汴洛文化发展一体化应包括以下几个方面的内容：

①文化发展形态一体化。形成以郑州为核心的中原城市文化连绵带，逐步消除城乡文化二元结构，使区域城市成为各种文化资源要素流动的枢纽和创新的孵化器。

②文化市场一体化。通过建立共同的文化生产要素市场，消除三地间文化生产要素、市场水平差异以及行政障碍，使文化劳务、文化资本以及各种文化要素在区域之间自由流动，达到优化配置的目的。

③文化产业一体化。根据比较优势形成产业分工，实现区域文化产业结构合理化，提升文化产业整体竞争力。

④文化基础设施和信息一体化。实行区域之间文化资源共享，公共文化产品共建，文化信息公开、透明，强化文化信息资源互通，以提高文化资源使用效率和投资效率。

⑤文化制度一体化。从区域整体文化利益出发，疏理各市现有的地方性政策和规章，减少三市在税收等特殊优惠政策方面的差异，对各种文化经济

主体根据国家有关规定，实行无差别国民待遇。

⑥文化生态环境一体化。包括硬环境和软环境两个方面的一体化。区域文化发展一体化是一个动态发展过程，在前期发展只有某一方面的合作和联合，如产业联合，或投资联合等。

⑦建立郑汴洛文化发展一体化和中原城市公共艺术互动机制，搭建跨地域乃至跨国界的合作交流平台，构建郑汴洛文化发展一体化以及中原城市群的公共美学。

建立文化产业发展的战略伙伴关系，加强文化发展战略合作，联动提升区域文化创新能力；加强文化产业分工与协作，联动推进文化产业结构的战略性调整；加强体制机制创新，组建中原文化产业发展集团公司，联动推进文化市场改革开放；加强区域文化生产力布局研究，联动推进区域文化协调互动发展；加强文化生态环境建设领域里的合作，联动营造文化发展的良好环境。

着力推进区域文化创新体系建设，提升文化创新能力和核心竞争力，共同构建文化产品和服务流通网络系统，打造中原文化旅游中心，合作发展文化旅游服务业，建立郑汴洛文化发展共同体，促进共同发展。

完善区域创新体系，建设自主创新示范引领区；建立创业投资引导基金，探索多层次、多渠道的风险投资推出机制，加快创新投融资体制；积极探索政府保护性文化采购、政策性融资担保机制。加快完善知识产权促进、服务和保护体系，强化创新引导机制；探索以自主创新为导向的人力资源开发机制和人才分配激励机制，推进中原文化人才高地建设，构建以文化经济为主的郑州新经济体系。

作为未来中原地区最大的城市群和文化产业、文化市场与文化创新的中心，郑汴洛一体化不仅要在新的全国文化市场体系和全国文化产业分工体系中发挥举足轻重的作用，而且应当逐步融入全球文化经济市场体系和文化产业分工体系，从而在产业分工、技术开发和转移、文化市场开放与重组等几个方面对我国乃至亚太地区的文化产业格局产生深远影响，对增强河南参与国际文化市场竞争发挥重大的支撑作用，进一步提升了河南在中国乃至国际文化经济体系中的地位和作用。

郑州、开封、洛阳在中原文化原生态的历史构成过程中是一个完整的生态群落，不同的文化个性特征使之形成了一个有机协调的整体。然而，行政区划人为地切断了文化空间资源的历史整体性，弱化了文化空间潜在的功能定位。三大城市各自为政，城市发展目标相似，产业结构类同，文化产业发展所需要的文化市场环境缺乏引导控制，结果导致整个区域文化资源使用浪费和发展水平落后。与此同时，由于周边城市与中心城市的内在文化市场联系不强，中心城市的辐射能力的带动作用也很难得到发挥。文化产业是典型的城市产业，但单一的城市市场无法支撑其自身的文化产业体系。

建议在现有的行政隶属关系不变的条件下，创建郑州作为河南省会城市与河南省的新型行政隶属关系，超越行政关系，建立文化关系，把省属文化产业发展纳入郑州总体文化发展的战略规划之中，充分发挥中心城市的集聚和辐射作用，最大限度地发挥核心城市的文化功能。建立由省委主要负责同志主持的省市文化产业发展统筹战略机制，统一协调解决原有的结构性矛盾与体制性障碍。不能离开郑州市来认识、思考和规划河南文化产业的战略发展。郑州是河南文化产业发展的战略支点，只有赋予郑州在文化产业发展战略规划上以“特别安排”的权利，克服在文化发展体制和模式上的“二元结构”，郑州才能真正承担起它在中原文化产业战略性崛起过程中的历史责任。

第二战略链：文化枢纽战略（金星战略）——大中原文化产业与市场共同体。

建立“大中原区共同文化市场”发展理念和战略构想，实行与中原城市群相平行的跨地区合作战略，建立我国重要的文化传媒产品物流配送和文化产品交易基地，掌握中原文化产业战略性崛起的战略主动。

未来的 10 ~ 15 年将是中国重要的制度创新期，建设创新型国家的战略目标，必然同时带动一系列创新的战略举措。随着市场经济的发展以及文化体制改革的进一步深化，中国文化产业发展已经到了迫切需要打破行政区划分割、消除部门垄断和地区壁垒、建立一个文化商品和要素市场自由流动的统一大市场的时候。区域经济的成长以及由此带来的大区域文化产业发展，将为中国文化产业提供一种新的制度成长的基础与空间。克服与消除区域行政分割壁垒，建设更为灵活的区域合作经济共同体，将是未来中国的发展趋势。

根据这样一个趋势，郑州文化产业发展战略就不能只有“郑汴洛一体化”这一个战略选择，在寻求“郑汴洛一体化”战略格局的同时，也要防止“郑汴洛一体化”的战略模式束缚自己的战略思维和发展眼界，以大区域和大中原区谋划郑州文化产业发展的战略构想，寻求建立跨区域的新的共同文化市场形态，辐射至河北、山东、陕西、山西、湖北、安徽等省市，广泛建立多元的战略合作伙伴关系和文化产业发展战略共同体，以郑州以及中原城市群巨大的市场换取中原文化产业的战略性崛起，建立“大中原区共同文化市场”发展理念和战略思路，以区域为利益主体，建立超越行政区划界限的市场性关系，主动邀请北京、上海等外省市以及国际知名大型文化产业集团进驻郑州，来郑州发展文化产业，通过建立郑州的文化产业发展的“总部经济”的战略选择，克服郑州文化产业发展缺乏有影响的战略投资主体的不足，在中国加入世贸组织的原则框架内，充分利用图书和音像制品实行分销准入国际化的政策，大胆和积极引进国际音像制品和图书分销大企业集团，重建郑州作为我国重要的区域性图书及音像制品分销枢纽的战略地位，多层次、多领域、多构造地实现中原文化产业的战略性崛起，通过改变中国图书及音像制品分销市场格局，推进文化产业战略版图的根本性变动。避免低水平重复建设，加快形成分工合理、重点突出、比较优势得以发挥的区域文化产业格局，同时进一步推动文化生产要素在区域间自由流动与优化配置。

大区域文化产业集群是未来中国文化产业发展的大趋势。未来文化产业的竞争是趋于对区域的竞争、集群对集群的竞争。单一的竞争主体将很难在未来中国文化产业发展进程中赢得战略主动。因此，如何和在多大程度上赢得未来文化产业发展的主动和参与中国文化产业版图深刻变动所带来的巨大发展机遇，将取决于各类市场主体能够在多大程度上结成战略利益共同体。

文化企业发展是如此，区域文化产业发展也是如此。

目前，中国已经出现了三个粗具规模的都市群，它们分别是长江三角洲、珠江三角洲和京津冀地区，由此而形成的都市群文化现状和趋势以及它们在文化产业发展方面的竞争优势、正在出现的跨地区合作的趋势，标志着中国当代文化开始出现新的发展形态，即以传统、区域、群落认同为基础的多样性城市文化发展形态，它的发展形态和发展趋势将深刻影响我国文化建设与文化发展形态，文化产业发展格局将在这个过程中被重构。中原城市群是在实现“中原崛起”的战略基础上提出来的。中原城市群与其他三大城市群一个最为显著的特点，集中体现在中原城市群在空间形态上恰恰是在中原文化原产地的核心部位，具有文化资源形态的原生性、文化构造形态的丰富性、文化空间布局多样性的典型特征，无论是从垂直的文化资源分工还是从横向的文化市场形态的分工，形成了一个相互互补的城市文化群体。它的文化娱乐业、新闻出版业、会展与广告业、广播电影电视业、文化旅游业和文化遗产产业，形成了一个均衡依托的结构。然而这样结构的形成有待于一个能量中心的形成，只有这样的中心，才能使中原城市群的出现不仅是中原社会结构形态的重大变动，而且也是中原文化形态的一次跨越式发展。郑州文化产业的发展必须而且应当对规划中的中原城市群的发展产生明显的引力作用，进而带动整个中原城市群在建设与形成的同时就能够对中国文化产业发展格局和发展形态分布及其动力格局产生巨大的影响与作用。

据中国经济景气中心预测，在未来10年到20年，全国由南到北有望形成由珠江经济带、长江经济带、陇海—兰新经济带、京津—呼包银经济带和大东北经济区的基本经济格局，这一走向将构成中国区域经济发展、经济合作与经济增长新格局，这个格局的形成将和大城市群共同构成到21世纪中叶中国国民经济和社会发展的大版图。在这个版图中，文化产业发展将出现全新的局面，郑州文化产业发展战略应当从这样一个发展态势全面谋划自己的战略利益，从而在中国文化产业新版图的形成过程中获得关键性的突进，奠定作为中国文化产业第四增长极的鼎足地位。

第三战略链：中国文化产业大三角战略（“草船借箭战略”）——2008 迎战北京奥运、2010 接应上海世博。

主动建构上海、中原、北京文化产业大三角的战略格局，为实现中原文化产业的战略性崛起和跨越式发展奠定战略性基础。

要实现郑州文化产业的跨越式发展，必须超越河南思维，从未来中国发展的 15 年中寻找战略机遇，实施“草船借箭战略”。通过积极、主动、参与 2008 年北京奥运会和 2010 年上海世界博览会，实现文化产业发展的“中原突围”，大力引进外部力量“挺进中原”，改变和破解文化产业发展问题上的“中原思维”的战略困局，营造新的“逐鹿中原”的战略态势，赋予“得中原者得天下”新的文化时代内涵。

从北京到深圳，由北往南，是我国文化产业的主要构造带。北京和上海是其中最主要的战略重镇，也是迄今为止我国最具战略地位的两大文化产业中心。

上海是整个东部文化产业带的战略支点。而由东往西，我国的文化产业构造呈现出梯度递减的运动态势，这一方面是近代以来的现代工业文明发展使然，另一方面也与中部地区缺乏一个像上海那样的战略支点相关。

郑州虽然地处我国东西南北的交通枢纽地位，又是中原文化的发源地，但多少年来农业大省的发展战略定位和战略思维模式，使得郑州在文化建设和文化发展的整体态势上缺乏一种革命性的能动。东部沿海的现代文化扩张被阻滞在京广线，被阻滞在郑州。这种阻滞不仅使郑州与河南一再错失良好的发展机遇，而且使整个西部由于缺乏良好的文化生态过渡和中继放大辐射的战略能量源，难以承接东部现代化发展的文明成果，结果随着时间的发展这种差距不仅没有随着时间缩小，而且被进一步拉大。要从根本上改变这样一种东西部发展不平衡的战略态势，就必须寻找、打造、建立和确立这样一个战略支点，通过承接东部和辐射西部的战略性撬动，创造性打破原有的战略格局，营造新的战略格局。而郑州就是这样一个战略支点，是一个可以改变未来中国文化产业版图的战略支点。那么，怎样才能实现这样的一个战略目标呢？怎样才能成为这样的一个战略支点呢？结论是：制定和实施“草船借箭战略”。

在未来15年中，2008年的北京奥运会和2010年的上海世界博览会，将是从根本上改变中国经济增长方式和经济发展格局的两个最重要的国家战略机遇。郑州市地处中原腹地，与北京和上海距离基本相等，充分利用和发挥郑州交通枢纽的便利条件和丰富的人文历史文化资源，组织人力、物力对这两大潜在市场可能给郑州带来的巨大发展机遇，进行广泛深入和细致的研究，成立专门的工作班子举全力进行攻关和营销，实施两步走、两步紧密相扣的连环策略，利用和抓紧这个战略机遇，主动和深度参与2008年北京奥运会和2010年上海世界博览会。在奥运会和世博会期间，将有来自世界的上亿观光者参加这两大盛会，仅上海世博会就将有7000万来自200多个国家和地区的参观人次。时间周期长，人口密度大，北京和上海的市场空间有限，必然存在着游客分流的巨大压力。北京和上海都把“两会”看作是紧紧抓住本世纪头20年的重要战略机遇期，看作是提升城市的国际地位和国际影响力、带动城市功能调整和促进产业结构调整的最大机遇、最好抓手。这个战略机遇也应该是属于郑州的。

郑州有着文化市场纵深、幅员开阔、文化旅游资源丰富和交通便利的优势，充分利用郑州这一优势，积极、主动、参与这两大盛会，一方面可以作为两大盛会期间巨大旅游压力的分流区，另一方面借此重塑郑州乃至整个河南的文化形象，向世界全面推广和宣传一个站在古老的中原大地上的面向世界的文化新郑州。一举改变世界只知有“少林”而不知有“郑州”的文化营销的被动局面。大力开发郑州的文化旅游产品，大力培育郑州的旅游演艺市场，大力发展传统文化创意产业，大力推动郑州市文化产业结构从所有制结构到产业结构的战略性调整，从而为到2020年实现中国文化产业大三角的战略格局的根本性的战略基础做战略准备。通过“草船借箭”走出去，参与中国文化产业战略格局的大角逐，从根本上实现“中原突围”，并据此形成中原文化产业巨大的能量中心，同时带动中原城市群在文化产业上的战略互动，以区域对区域，与北京（京津冀）、上海（长三角）形成鼎足之势，成为我国文化产业发展向西扩张的战略支点，贯通南北的文化市场枢纽，在改变中国文化产业版图战略构成过程中，提升中国文化产业的综合竞争实力。

建议：在2010年上海世博会设立“郑州馆”，展示“中华文明之源”和“中国智慧”，为世界博览会提供独一无二的吸引世界的内容，一个吸引全球华人和世界眼光的展览馆，借此机会向全世界展示郑州，吸引全球华人和世界游客来郑州，成为世博会最精彩、最具魅力的个性独特的展馆之一，成为本世纪头20年中国最亮丽的华彩乐章中一个最优美、让人回肠荡气的旋律。科技和人文的完美融合，具有可看性。

3. 以文化寻祖和少林文化为纽带的海外（国际化）战略

其定义范围是把郑州建设成为有影响的国际性文化城市。

全球化是当今世界发展的基本趋势。开放的中国是世界市场的一个重要组成部分，作为世界贸易组织成员，中国的市场也就是世界的市场。因此，中国任何一个中心城市的发展都不再是原来意义上的城市发展概念，国际化既是中国大城市发展的必然趋势，也是区域性中心城市的必然定位。郑州要建设成为全国性区域中心城市，就不能不走国际化发展道路。事实上，无论是作为欧亚大陆桥的中国中心，还是少林寺所拥有的国际影响力和吸引力，都使得郑州拥有发展成为一个国际性文化城市的要素，尤其是俄国总统普京对少林寺的成功访问，更确立了郑州作为一个国际性文化城市的战略地位。

郑州是中原文化的发祥地，同时也是天下华人姓氏的主要诞生地。

这两大人文资源是推进和实施郑州文化产业发展国际化战略的重要优势。根据这样的思考和分析，郑州文化产业发展国际化战略的战略构成包括三个战略链。

第一战略链：文化寻祖战略——港、澳、台（按照我国目前处理惯例以单独经济体安排）；核心品牌：人文始祖（新郑）、河洛文化（巩义）。

河南是客家人的原祖地。客属恳亲是郑州每年的文化大事。以一年一度的黄帝故里拜祖大典为核心品牌，在港、澳、台营造情系中原，根在中原的文化情结；以河洛文化所体现的黄河文明的祖国母亲情怀，不断提升港、澳、台同胞对祖国的文化认同。要把黄帝故里拜祖大典发展成为国家重大庆典纪念日，最终培育成为新的国家非物质文化遗产，培育以此为主题的文化产业链，从而在以郑州为核心的中原大地形成巨大的中华文化凝聚力量，以此来提升郑州国民经济和社会文化发展的软实力与核心竞争力。

第二战略链：东北亚（日、韩）、东南亚；核心品牌：少林寺、中岳嵩山（登封）。

中国文化对周边国家有着广泛的影响力，包括东北亚和东南亚在内的整个东亚国家都属于儒家文化圈。而所有这些国家都是今天和未来中国发展过程中不可忽视的重要力量。尤其是韩国和日本都是有影响的国际文化产业大国，对我国文化市场和文化产业发展有着深刻的影响。与此同时，与中国传统文化历史的渊源关系，也使得中国文化产品在这些国家有着广泛的市场潜力。少林寺和中岳嵩山，以及由此而形成嵩山文化圈，在这些国家有着广泛的文化认同。以少林寺和中岳嵩山为核心品牌，以生活在这些地区和国家的华侨、华人群体为主要服务对象，开展深入而广泛的文化贸易和文化投资，从而与第一战略链形成战略组合关系，形成所谓“郑州—中原—大中华文化共同市场”。在实施郑州文化营销的同时，实现文化新郑州营销。通过文化市场共同体的培育，拓展郑州文化产业的发展空间。

第三战略链：中亚、欧洲；核心品牌：少林寺；核心纽带：友好城市、大陆桥。

少林寺作为郑州独一无二的享有世界影响力的文化品牌，是郑州大力发展国际文化产业的一张名片。充分利用和挖掘少林文化所特有的集宗教文化与中华传统文化于一体的特点，大力发展“天下武学出少林”的具有全球化意义的文化“走出去”战略。俄国总统普京2006年对少林寺意义非凡的访问，第一次实现了以少林为代表的中国武学文化与俄罗斯文化的成功对接，为郑州成功打造沟通中亚和欧洲的文化产业发展战略的第三战略链开辟了新通道。郑州应抓住这一难得的战略机遇，全面对俄进行少林文化交流，进一步扩大对俄的文化影响，吸引更多的俄罗斯人民把少林寺作为旅游目的地，进而以俄罗斯为基地，以欧亚大陆桥为战略纽带拓展欧洲的文化消费市场，进而引进欧洲的文化产业战略投资主体。在这里应特别引起我们注意的是：上海合作组织所在国恰好处在欧亚大陆桥的中间部位，充分开发上海合作组织各国的文化资源，建立起跨国文化产品交易的新机制，创建欧亚大陆桥文化产业论坛和文化产业国际博览会，构筑欧亚文化产业发展战略对话与合作机制，全力推进郑州文化产业发展的国际化进程和“走出去”战略。

与此同时，积极拓展与国际友好城市的文化产业的合作与交流，举办友好城市文化产业发展论坛（这在国内尚无先例）和文化产品博览会，从而形成两大既互相交叉又互为补充的国际文化产品交易中心，以国际化的进程全面建设“中国文化商都”。

（四）构造四大支点

对原有产业板块和力量格局的改变与撬动，必须建有必要的战略支点。通过构造新的战略支点，为郑州文化产业战略的完成提供力量形态。

1. 以制度的全面创新促进文化生产力的全面创新

郑州文化产业战略是一次全面的文化生产力创新。文化生产力的全面创新能否得到充分的实现，有赖于文化产业发展所需要的全面的制度创新。没有制度的全面创新，就没有文化产业发展战略的全面实现。这是一个包括文化体制、经济体制和政治体制在内的完整的制度创新，重点是按照市场经济条件下文化产业发展的规律实现文化管理制度的全面创新。克服现阶段一切不利于郑州文化产业发展的制度性因素，整合制度资源，降低制度成本，最大限度地消除制度对郑州文化产业发展的制约，真正解放郑州文化产业发展所需要的文化生产力。建议成立由分管书记、市长和宣传部长组成的，各政府相关职能部门首长参加的郑州市文化发展委员会，统筹安排和决策郑州市文化发展一系列战略问题，这是因为郑州文化产业发展战略是一项系统工程，它的组织和实施涉及郑州国民经济和社会发展的各个领域，没有各个领域的协同，郑州文化产业发展战略将很难实现它的既定目标。这是必须构建的第一战略支点。

以科学发展观锻造制度优势；推进区域文化制度创新，通过扩大开放形成制度新优势；“国内市场国际化，国际竞争国内化”趋势日益明显。郑州要在全国文化产业发展取得后发优势，必须全方位扩大开放，充分利用国内外两种资源，开拓国内外两个市场，对内向全国开放，对外向国际开放，向一切有利于郑州文化建设和文化发展与文化竞争力提高的资本形态和文化力量开放，形成各种所有制形成和资本力量“逐鹿中原”的战略态势。建立和扩充文化外向型经济部门，抓住机会登陆国际文化市场。因此，必须加快建立与国际文化经济与文化产业运行规则相兼容的文化经济体制和运行机制，形成强有力的制度竞争力。

2. 以文化自主创新带动文化产业增长方式创新

文化产业要改变原有的力量格局包括对自身生产力构成内容的战略性改变。郑州文化产业发展战略的核心是要实现全面的文化创新，建设一个文化新郑州。文化新郑州的一个重要标志，是要创造一大批原产地属于郑州的文化产品和文化品牌，在推动经济增长方式转变的同时，也带动和实现文化产业自身增长方式的全面创新。没有文化的自主创新就没有郑州文化产业的战略性崛起，就谈不上改变中国文化产业的版图。因此，以文化的自主创新带动文化产业增长方式的全面创新，走内容产业——版权产业——文化资本——扩大文化产业再生产的发展道路和发展模式，应当成为郑州文化产业发展战略的第二个战略支点。

3. 以文化人才高地构筑提升郑州的核心竞争力

人是最后起决定作用的战略力量。郑州文化产业发展的战略性崛起，需要一大批文化产业经营家、管理家和战略家。杰出的文化产业人才的多寡，直接决定了郑州文化产业核心竞争力的能量系数和在逐鹿中原过程中的胜算。文化产业的战略竞争本质上就是人才竞争。中原历来就是华夏文明的人才荟萃之地，物华天宝，人杰地灵。郑州拥有中原地区最大的人才优势，但还不是文化产业人才优势，郑州文化产业要获得中原崛起过程中所需要的文化优势，必须制定和实施明确的文化产业人才行动计划，以文化人才高地的构筑来提升郑州文化产业的核心竞争力，这是郑州文化产业发展战略的第三个战略支点。

4. *以重塑郑州形象培育文化市场整体竞争优势*

文化产业以市场为自己的空间存在形式。没有文化市场就无所谓文化产业，而发达的文化产业必然有一个繁荣的文化市场与之相适应。这是决定一个地区和国家文化产业能否做大做强的重要的文化生态条件。要发展文化产业必先培育和发展文化市场，要成为中国文化产业发展的第四极，就必须使郑州成为我国最大的文化市场之一。而要成为我国最大的文化市场之一，一个最重要的条件就是要有一个良好的市场竞争环境，使每一个文化市场主体在郑州这一中原文化深厚的土地上，都能够找到自己发展的空间和投资利益所在。郑州文化产业的战略性崛起，正是通过这样的引力作用而使自己的文化产业发展获得它所需要的所有能量，并且通过这种能量的文化转换撬动中原大地的文化板块，造成中国文化产业版图的重构运动，实现文化新郑州的战略构想。这就是第四个战略支点。

没有这四个战略支点，郑州文化产业发展战略及其战略意图与目标的实现是不可能的。

（五）建设五大体系

1. *以文化旅游业为基础，建设以新型文化产业为主导的文化产业创新体系*

丰富的旅游文化资源和比较成熟的文化旅游产业是郑州文化产业发展战略的重要基础。今后仍然是郑州文化产业发展战略中的重要内容。文化旅游业不仅为郑州文化产业发展带来巨大的区域文化产业品牌营销效应，而且也是郑州带动其他文化产业发展的重要的市场土壤。

打造中原旅游黄金线路。在郑汴洛一体化尚未形成之前，首先建构郑州文化市场共同体，形成文化旅游的大流通、大格局，通过建立良好的分配机制，大力组织实施“留客工程”，从根本上改变游客不在旅游目的地过夜导致大量市场机遇流失的面貌。鼓励专业表演人才进军娱乐业，以科技创新和文化创新为动力提高文艺娱乐业的科技含量与文化含量，净化和革新娱乐市场表演内容，提高文化娱乐场所表演和展示的文化品位；深度参与旅游业，推出与旅游淡、旺季相结合的文艺演出季和郑州传统文化展示季，丰富郑州旅游业的服务内容，同时扩张郑州的演出市场和文化向旅游业提供附加值的功能，将山水旅游和人文旅游结合起来，从而使文化旅游业真正成为郑州文化的三大支柱产业的核心产业。

科学技术的迅猛发展不断创造出新的经济增长点，已经成为推动世界经济和社会发展的主导力量。利用先进科学技术促进文化产业发展，积极采用数字、网络等高新技术和现代生产方式，改造传统的文化创作、生产和传播模式，延伸文化产业链，正在成为新一轮文化产业发展的大趋势。面对这一态势，全面推进文化产业创新体系建设，必然成为发展文化产业的重要的战略选择：一是把文化创新作为国家战略；二是把文化投资作为战略性投资；三是超前部署和发展文化战略技术与战略产业。郑州应当在传统的具有一定优势的文化旅游产业的基础上，建设以新型文化产业为主导的文化产业创新体系，引导郑州文化产业结构的革命性调整。建立大、中、小文化产业“结构有序、功能互补、整体优化、共建共享”的文化产业创新体系，以寻求文化资源空间最大的“整合交集”。积极发挥高等院校、科学院所和文化企业在技术、人才和市场领域里的优势，积极探索产学研一体化的文化产业创新体系和创新模式，把郑州未来15年的文化产业发展建立在科学、创新和市场三位一体的崭新的基础上，以市场经济的方式构建郑州文化产业创新体系。

2. 以独一无二的区位优势为依托，建设发达的现代文化物流体系

充分利用和挖掘郑州成熟的商贸网络系统与独一无二的区位优势，大力发展现代流通组织形式，建立包括连锁经营、物流配送、电子商务在内的发达的现代文化物流体系，以巨大的文化商品流和文化信息流支持把郑州建设成我国最大的文化产品集散中心，以现代物流体系的完整建立支撑我国中部

地区最大的文化产业创新体系的建立。

3. 建设覆盖全社会的城乡一体化的公共文化服务体系

文化产业创新体系建设是与公共文化服务体系建设相辅相成的。文化产业战略需要公共文化服务资源的生态环境。公共文化服务体系的建立，不仅可以最大限度地消除文化贫富的对立，而且还可以为文化产业发展战略的实施赢得最广大的舆论支持和社会认同。这是文化产业发展必不可少的文化动员力量。消除由于城乡二元结构所造成的文化贫富差距，建设覆盖全社会的公共文化服务体系，应当成为郑州文化产业发展战略的重要组成部分。

4. 建设鼓励原始文化创新的政策与知识产权保障制度体系

政策鼓励与制度保障是落实和实现郑州文化产业发展战略的根本保障体系。应当建立和提供郑州文化产业发展所需要的文化安全系统。鼓励和保护创新，对于大胆创新的原始成果，政府要提供严格和安全的保障措施，不因成功而使个人的知识产权遭到侵犯，也不因一时探索的失败而遭到不公正的歧视。文化安全应该落实和体现在所有公民的文化权利上。

5. 建设营造全社会崇尚创新、尊重竞争、诚实守信、依法行政的市场环境体系

郑州曾经遭遇到信誉危机。郑州要在中部地区赢得相比较的文化产业发展优势，必须毫不犹豫地革新一切与之不相适应的文化管理制度和文化市场行为，通过对文化市场各种侵权、盗版、坑蒙拐骗丑陋行为的打击和批判，在全社会营造崇尚创新、尊重竞争、诚实守信和依法行政的发展郑州文化产业所必不可少的良好的文化市场环境。到 2020 年，把郑州培育成最适合文化产业发展的文化市场之一，以市场经济的方式全面体现“文化新郑州”的精神内涵和中原文化所应有的文化风范。在这里，政府依法行政对于能否建成这样的体系具有示范作用。政府的文化公信力，是这一市场体系的核心。

六、郑州文化产业发展战略的战略重点与创新体系

郑州未来 15 年文化产业发展战略是一项系统工程，总体战略目标的确定

只有通过具体的战略组织实施才能达到预期的目的。

（一）重点建设郑州文化产业创新体系

促进现代服务业的快速发展，大力发展文化产业，是我国今后相当长时间内的国家发展战略，对于转变经济增长方式与取得全面协调可持续发展具有重要意义。要把发展以文化产业为核心的现代服务业放在郑州未来15年国民经济和社会发展的优先位置，逐步形成文化经济为主的产业结构。目前郑州的文化产业比重偏低，只占到23%，与国内中心城市相比，这个比例相差太大。这表明郑州文化产业的发展有着巨大的提升空间。郑州转变经济增长方式已经到了刻不容缓的地步，客观上要求能耗低、效率高、波动小的文化产业的大发展；郑州的城市定位要求文化产业有一个很大的发展；经济发展阶段迫切要求文化产业的大力发展。通过发展文化产业来提升中心城市的吸引力和辐射功能，应该成为今后15年郑州产业政策的核心。

科学技术的迅猛发展不断创造出新的经济增长点，已经成为推动世界经济和社会发展的主导力量。面对这一态势，全面推进文化产业创新体系建设，必然成为发展文化产业的重要的战略选择：一是把文化创新作为国家战略；二是把文化投资作为战略性投资；三是超前部署和发展文化战略技术与战略产业。

文化产业战略是一个大战略，是一项系统的战略工程，处在现代服务业的核心部位。郑州文化产业发展战略是一个由战略产业、核心产业、主导产业、支柱产业、外围产业和相关产业构成的梯次合理、结构优化、产业管理度高、边际效应明显的文化产业战略创新体系。

1. 高起点发展战略文化产业

战略产业涉及国家文化安全和国家文化命脉，规定和决定了党与政府掌控国家文化产业发展走向和文化建设能力的大小，必须始终不渝地加强建设。战略产业是构成一个国家和地区“软实力”的核心，是一种具有能够改变原有的文化产业格局和利益分配格局的一种能力。郑州要在未来15年间获得文化产业的战略性崛起，不能没有决定其他文化产业梯次崛起程度的文化战略产业。

战略产业包括国家文化能源储备、文化产业人力资源战略储备和国家文化资本投放能力的集聚。这是一种能够同时形成和产生巨大经济规模效益与长远社会效益的文化产业集群形态。

国家文化能源储备是指影响国家原始文化创新能力的拥有性程度，其中最重要的是理论和思想的原始创新。郑州在未来中国的发展中能够在多大程度上成为新的中国文化版图形成过程中的一支重要的缔造力量，完全取决于这种文化能源的储备程度。郑州文化产业能否在未来的中国文化产业战略格局中具有鼎足之势，就在于它能否在文化产业发展的各个领域拥有足够的文化能源储备。这种能源是一种能够转化成新的能量形态的文化形态。郑州文化产业的战略性发展，必须走全面的、文化开放的发展道路，充分发挥和调动郑州以及开封和洛阳高校集中、历史人文传承个性鲜明的优势，开展新的思想解放运动，要让各种思想理论和各种文化试验都能够找到它应有的空间，从而使郑州成为新的伟大的开局时代的思想策源地、中国中部地区的最重要的思想高地。这就是“意识形态产业”。

文化产业人力资源战略储备是指具有影响地区和国家文化产业战略格局演变能力的国家与国际一流文化产业经营管理人才的拥有程度。文化产业战略最终是文化产业领军人物的竞争战略。文化产业格局的战略性转变取决于文化产业战略性人才格局的战略性转变。郑州要获得在新一轮中国文化产业战略变局中的预期目的，不能没有一批在国内有明显的竞争优势，在国际有广泛影响力的“媒体大王”“出版巨头”“网络大亨”。“意识形态产业”只有通过这样的战略性人才产业才能够实现产业能源的能量转换，成为实在的战略竞争力。这就是“文化领军人才产业”。

文化资本投放能力集聚是指具有跨国文化经营能力和战略投资的大型文化企业集团的拥有程度。大型文化产业集团是集中反映一个国家和地区文化产业发展状况与竞争实力的一个指标。文化产业的全球市场竞争最终是通过市场主体的竞争能力表现出来的。美国、日本、欧盟在全球文化市场竞争中的主导地位，就是由于拥有全球文化市场65%的市场份额的9大文化产业跨国集团都是来自这些国家。郑州要在2020年实现中原文化产业的战略性崛起，必须要有2~3个在全国具有明显优势，集团总资产在3000亿~5000亿人民币，拥有国际文化市场投资能力的大型文化产业集团。这些大型文化产业集团将成为中原文化产业战略性崛起的根本标志。郑州只有拥有了这些大型文化产业集团，才能从根本上改变中国文化产业版图。这就是“文化跨国集团产业或文化经济总部产业”。

2. 优先培育文化主导产业

主导产业是指在产业结构系统运动中起引导和带头作用，并决定该产业结构系统的未来发展方向和模式的产业。它的一个最本质的特点就是在实现自身持续的经济增长率的同时，还对辅助增长部门和派生增长部门产生影响，并且最终带动整个经济的发展。主导产业突出的是能够对一个产业系统带来产业结构革命，具有较高的发展速度和较强的扩散效应，具有较强的吸收和消化创新成果的能力。推进影视产业数字化和大力发展动漫游戏产业，推动信息产业和文化产业的结合等都属于这一类。文化主导产业相比较于其他产业形态的主导产业而言，它的一个最大的特点就是它的高附加值和产业的高关联度。高附加值决定了它作为战略投资对象的高风险、高利润和高传播力，能够迅速地提升产业的能级；高关联度构成了它对其他产业部门的拉动与创新，在实现产业增值的同时扩展了产业生长形态的空间，不断满足产业增值的要求。影视产业数字化和动漫游戏产业不仅满足了自身产业升级的要求，而且它们所带来的整个影视产业和动漫产业的革命在带来整个文化产业变革的同时，还将对整个国家的国民经济和社会发展带来深刻的转变。韩国关于文化产业振兴政策的出台，在改变了韩国文化产业生态结构的同时，也改变了韩国的经济增长结构就是一个典型的案例。

文化产业园区和国家文化产业基地的建设是文化产业主导产业的重要内容。郑州的文化产业发展面临着新的发展机遇：国家文化产业政策的进一步调整和对外开放，为郑州在内外两个扇面上大力发展文化产业提供了后发优势的机遇。全球业务外包市场发展迅速的机遇。联合国发布的《2004 年世界投资报告》指出，全球跨国直接投资的构成已经从制造业外包为主转向服务业外包，未来几年全球外包市场估计将以每年 30% ~40% 的速度递增，到 2007 年将达到 1.2 万亿美元。如此巨大的市场将给郑州发展文化产业提供巨大的机遇。郑东新区国际会展中心的全面建成和投入使用，将极大地带动郑州作为中原文化中心城市的建设，主动承接全球业务外包市场转移的战略机遇，充分利用郑东新区国际会展中心良好的硬件条件，承办和主办大型国际文化会议与中国民间文化产业国际博览会。抓住国家大力发展文化产业的机遇，寻求国家政策支持，把郑东国际会展中心建设成中原地区最大的、最有广泛国际影响力的会展产业基地，因此未来郑州文化产业将在政府和市场内生力量的双重推动下快速发展。

3. 重点发展核心产业

文化核心产业是包括新闻服务、出版和版权服务、广播、电视、电影服务和文化艺术服务在内的文化内容产业。这是影响和决定文化产业扩张能力和影响能力的产业系统，也是我国文化产业发展中覆盖面最广的产业群。这是在较长时间内影响和决定郑州文化产业综合竞争力的部门，与文化主导产业之间存在着很强的产业关联。

4. 全面推进支柱产业

支柱产业是指在国民经济中占有较高比重的产业，在郑州主要是文化旅游产业和图书以及音像制品物流业，这是可以迅速扩张郑州文化产业发展市场空间、盘活郑州文化资源、加快建设文化大市场的文化产业。

5. 全面激活流散文物业和工艺品流通业

郑州地处中原核心，民间流散文物资源和工艺品资源极为丰富，拥有建成我国最大的流散文物和工艺品集散交易中心的有利条件。在国家文物保护政策允许的原则范围内，积极发展流散文物交易市场和工艺美术品市场，是培育和繁荣郑州文化大市场的重要途径之一。把现在集中在大楼交易的封闭式古玩市场，转变成沿街商铺销售经营开放式的流散文物交易市场，已形成一个繁荣的文化大市场所需要的旺盛人气，进而激活和带动相关文化产业链，培育我国最大的流散文物集散和交易中心，使古老的文化产业形态焕发出新的气象。与现代文化物流业教相呼应，在这方面，浙江义乌发展小商品市场的成功经验，以及在发展过程中思想解放和制度创新可以给郑州发展流散文物市场以借鉴，以义乌小商品市场的精神培育中原流散文物业大市场是完全可能的！

（二）大力开发工业遗产的历史文化资源，创建郑州（中原）文化创意型产业园区

“工业遗产”是指具有历史学、社会学、建筑学和技术、审美启迪以及科研价值的工业文化遗存。这些遗存既包括工厂、车间、作坊、矿石等不可移动的文物，也包括机器设备、工具档案等可移动文物，还包括工艺流程、传统工艺技能等非物质工业文化遗存。郑州存有我国迄今为止最古老的冶铁文化遗址，又是近代以来我国铁路发展的重要枢纽。现代史上著名的“二七”大罢工，不仅铸造了现代郑州的工人运动史，而且也为郑州的工业文明铸上了先进文化的鲜明标记，构成了郑州独具特色的工业文化遗产。郑州西区老工业基地曾经是郑州最繁华的区域。“一五”“二五”时期，国家依托京广、陇海两条铁路线，在郑州规划建造了现代工业文明体系，棉纺路棉纺工业区、华山路重工业区以及冉屯工业区相继建立。这里云集了郑州市棉纺厂、郑州二砂、电缆厂的国有大型企业，区内厂房、仓储林立，是郑州重要的纺织、机械、化工等工业的重要聚集地。郑州城市功能定位的改变和产业结构的调整，使得昔日的繁华城区失去了往日的辉煌，企业转轨留下的大量的问题困扰着郑州的跨越式发展。然而，正是这些在现阶段看似成为郑州建设与发展的包袱的西部工业区，却记录了郑州在新中国成立以后一段辉煌的工业文明史，没有他们，就没有今天的郑州，消灭了他们也就消灭了郑州 20 世纪后半个世纪的文明进步史和文化发展史。这是郑州一笔不可多得的文化遗产

和文化财富。它们和郑州的汉冶铁文化遗址一道，共同构成了郑州历史文化资源体系中工业文明构造带。一种生产方式的消失就好像一个物种的灭亡，对于人类来说都是难以估量的损失。但是，对于这种损失可能给我们的文明进步带来的深刻影响，往往等到我们意识到它们的时候也就是无法挽回的时候，我们不能老是犯同样的错误。建立“工业遗产产业”新概念，就是要实现遗产产业的创造性转换，在工业遗产的基础上，通过实施文化创新战略，锻造出新的文化构造带，使之成为一种不可多得的历史文化资源，从而形成从汉冶铁文化遗址、近代铁路工业和当代纺织工业比较完整的、具有鲜明郑州特色的工业文化遗产标本展示体系，并在此基础上建构以工业文明为主体的具有文化旅游和历史文物价值的“工业遗产产业”。在这里，我们要保护的不仅是曾经有过的一种生产方式和生产力形态，更重要的是保护和记录郑州曾经有过的一段创造历史的辉煌思想。我们要让历史留住文化，让文化记载历史。保护历史文化遗产就是保护文化生产力。历史文化遗产所具有的精神动力和智力支撑功能，是对当代文化生产力核心要素的培养，它不仅会影响文化生产力发展的速度，而且还会主导文化生产力的发展方向和轨迹。历史文化遗产的巨大价值只有在历史的发展过程中才能呈现出永恒的魅力，而正是这种魅力，才是我们发展文化产业的土壤。

借鉴国际上一些工业发达国家（例如英国的曼彻斯特、芬兰的赫尔辛基、俄国的圣彼得堡）的经济转型和产业结构调整与我国上海等老工业基地已经取得成功经验的做法，充分利用老工业基地所展示的城市文明发展的空间标志，建立“工业遗产产业”新概念，大力发展创新产业，通过对这些老厂房、老建筑和老工业基地历史人文价值的重新认识和挖掘，赋予它们新的时代审美内涵，建成郑州乃至中原地区最大的“艺术设计产业园区”，打造中原“苏荷”，特别突出通过对服装研发设计创意对纺织产业的提升、引领作用，成为推动郑州先进制造业和现代服务业融合发展的新动力，带动城市设计、建筑设计、商业设计、广告设计、景观设计以及其他设计延伸领域，以现代艺术设计与高新技术的结合，引领郑州文化产业的跨越式发展，积极探索“设计为体、产业为本、创意为魂”的文化创新产业运作模式，使之成为和郑东新区相呼应的郑州现代文化产业形态的首善之地，再造“西区辉煌”。1990年，芬兰的赫尔辛基把电缆厂多余的建筑捐赠给独立的创意产业经理们，10年后电缆厂获得了巨大的成功，原来的电缆厂被开辟成现在的展览区、音乐会场以及可供900名艺术家和文化企业家工作的场所。原有厂区因为输入文化和艺术的元素而获得了新的生命力；艺术和文化也因此获得更为广泛的影响力。英国2001年统计数据显示，文化创新产业年收入约为1120亿美元，占GDP总额的9.2%，雇佣员工超过120万人。

上海的创意型文化产业2002年起步，只有四年，但是其发展的速度规模和独创性却已经引起国际间的广泛关注，成为亚太地区创意型文化产业发展的一方热土。据上海创意产业中心统计，截至2006年上半年，上海已经建成创意文化产业集聚区50家，建筑面积近100万平方米，30多个国家和地区的1000多家创意设计企业入驻，从业人员近万人。到2010年，上海将形成100家以上的创意文化产业集聚区，建筑面积达200万～250万平方米，吸引5000家以上的相关企业入驻，创意产业增加值占全市GDP的8%，年均保持10%以上的增长速度，形成10万～15万人的就业规模和若干个具有自主知识产权、年收入超10亿元的创意产业龙头企业。

创意型文化产业是近几年来在我国沿海大城市率先发展起来的新型文化产业形态。创意型文化产业以充分发挥和调动人的艺术创造性为原动力，通过文化的创意设计与改造重新赋予产品以新的价值，改变原有对象存在的价值用途，对于促进产业升级和转变经济增长方式作用巨大。由于新的创意会衍生无穷的新产品、新市场和创造财富的新机会，大多数城市在实现工业化后，都把发展创意产业作为催化经济转型的重要战略举措。通过发展文化创意型产业，促进创意型产业成果转化为文化资本和经营资源，进而通过向传统产业的渗透和产业链的延伸与整合，锻造新的产业形态和发展形态。这就决定了发展文化创意型产业的核心是要构筑文化产业的创新体系，通过打制创意型产业链，培育出一批具有竞争力的以文化创意、文化博览、数字娱乐和数字传输为主体的新兴文化产业集群，提高文化产业的综合竞争力和核心竞争力。

文化创意型产业既是文化与经济的融合，又是先进制造业与现代服务业的融合。跨越行业的文化创意型产业是提升城市功能、催化经济转型的重要角色。通过大力培育和发展文化创意型产业来带动文化产业对其他产业的文化辐射和产业结构调整，走文化产业发展的循环经济发展道路已经成为上海、北京、杭州、深圳等东部沿海城市文化产业新一轮发展的战略选择。仅以上海为例，上海已经提出到2010年要把上海建成国内外有影响的文化创新产业中心之一。在产业规模上，到2010年上海文化创新产业增加只占全市GDP的8%左右，年均保持10%以上的增长速度；培育若干家具有自主知识产权、年收入超10亿元的文化创新产业的龙头企业；形成10万~15万人的就业规模；吸引5000家以上各种文化创新产业相关企业集聚，吸引一批世界级创意设计大师在上海建立工作室；形成10个左右在国内外有影响的创新产业集聚区；培育10~20名有国际影响力的知名设计师和设计大师；举办2~3个在国内外有影响的大型主题活动，以及创建3~5个在国内外有影响的文化中介机构和公共服务平台。郑州要实现在文化产业领域的跨越式发展，应当超越传统文化产业发展的旧模式，开创一条文化与科技含量高、经济效益好，有助于产业结构调整，既有助于经济增长方式转变又使郑州的人力资源优势、文化资源优势、商贸优势能够得到充分发挥的崭新的文化产业化发展道路。

文化创意型产业园区是文化产业集聚的载体，其主要的构成应由相关文化创意设计方面的企业、提供高新技术支持（如数字网络技术）的企业、国际化的策划推广和信息咨询等中介机构，还有从事文化创意产品生产的企业和在文化经营方面富有经验的经济公司，形成相互联结的企业集群，构成立体的多重交织的产业链环。郑州在创建文化创意型产业的过程中，要克服目前以行政区划划分或行业分割方式构建的创意型产业园区的发展模式，克服传统利益格局和资源配置的消极影响，实现理想的要素组合和产业深化。加强区域和行业的协调，从完善创意产业链和优化资源配置出发，进行规划整合，建立功能定位合理、具有明显中原文化特色的创意型文化产业园区。郑州文化创意基地可以河南高校的高新技术研发能力为依托，以先进的科技水平、多样的艺术形式、健康的文化内容、现代的产业功能发展为主线，重点建设文化与高科技密切结合的文化科技创意产业，集中体现“研发、培训、孵化、展示、交易”五大功能。以文化创意产业园区为龙头，培育、整合目前分散在各区域的动漫和网络游戏业、多媒体内容产业和影视制作产业，合力锻铸“中原文化创意产业基地”品牌，并使之成为河南省和国家文化创意产业的重要基地之一。

实施文化创意产业战略，关键在人才。目前我国不仅缺少高端创意人才和策划人才，导致原创作品少、创新模式少，而且也缺少擅长将创意作品“产业化和市场化”的经营人才和营销人才，即所谓“新媒介人”阶层（包括艺术品经纪人、传媒中介人、制作人和文化公司经理等）。以动漫为例，国内市场上90%为欧美和日韩的作品，国内市场对国产游戏产品的需求远远大于供给。上海是目前我国动漫产业发展最快的城市，但从事动漫和网络游戏业设计制作的人员不足2000人，郑州乃至整个河南省就更少，而韩国有3万多人。在纽约，文化创意产业的从业人员占到城市全部人口的总数的12%，伦敦是14%，东京是15%。我国上海的创意产业从业人员占到1%左右，而郑州仅占到0.85%。充分挖掘和利用郑州地处中原核心、历史文化资源丰厚、民间文艺多样的特点，走以传统文化资源开发为特色的跨越式创意产业发展之路。朱仙镇的木板年画，在发扬传统题材的同时，大力开发符合现代人需要的新题材，构筑新的创意产业链，拓展延伸，形成规模；吸引全省乃至全国的民间手工艺大师来郑州发展创意产业，集聚大批优秀的民俗民间的创意产业人才，特别是将创意作品“产业化”和“市场化”的敬仰人才和营销人才，把郑州建设成为全国最大的传统文化创意产业中心，和上海、北京等大城市以现代文化符号和艺术元素为特征的文化创意产业成鼎足之势。根据创意产业的特点，政府要做好服务，为市场提供信息和做出分析，为创意产业提供发展空间和政策环境，吸引更多的人来投资。

建立郑州市工业文化遗产产业和创新产业公共服务平台，即文化创新产业“孵化器”，帮助传统产业向文化创新产业转化。英国曼彻斯特、利物浦等老工业基地用7年时间，通过公共服务平台，帮助12万多家企业完成了从传统产业向文化创新产业的转化。这样一个公共服务平台，包括人才培训、项目评估、咨询和资金运转等。郑州完全可以借鉴国内外的一些成功做法实现工业文化遗产的文化产业转移和传统产业向文化创新转移。

郑州作为中原文化的核心原产地，拥有无比丰富和深厚的历史文化资源。非物质文化遗产作为现代文化创新的重要源头之一，具有其他文化所不可替代的独特性。要实现传统的民间艺术向创意产业发展的战略转移，在开发优秀的传统文化资源的同时，丰富和提升传统文化资源在现代文化产业中的价值和意义，实现把农村的传统手工艺向现代文化产业规模经济的战略转变，城乡一体化，使创意产业成为未来推动郑州产业升级和城市功能转型的“头脑加速器”，争取用5～10年的时间迅速地使具有鲜明中原文化特色的创意产业成为中国乃至亚洲最有影响力的创意产业中心之一。由于创意产业具有带动性、渗透性、自主性和服务性等特点，发展创意产业不仅符合科学发展观、建设节约型社会的要求，而且也是传统民间文化资源走向市场和产业化道路的最佳选择，通过“创意之路”开辟农村文化“创业之路”，对转变经济增长方式，转变城市功能，实现一、二、三产业融合，产业结构升级起到催化作用。

（三）大力培育文化市场微观主体，全面推进文化资源再造工程

文化市场微观主体发育成熟的程度是衡量一个国家和地区文化产业综合竞争力的一个重要指标。没有一个富于创造力和竞争力的成熟的文化市场微观主体群，不可能有一个国家和地区的文化产业竞争力。郑州有着比较成熟的商品交易和流通市场，这是郑州成为我国重要的商贸中心城市的重要条件。郑州要建设成为我国重要的区域性文化中心城市和实现文化产业的战略性崛起，就必须把大力培育文化市场微观主体、建立以文化企业为中心的市场主

导型区域文化产业创新体系作为实现中原文化产业战略性崛起的战略重点来建设。

郑州文化产业战略设计的要点应当是建立大、中、小文化企业“结构有序、功能互补、整体优化、共建共享”的文化产业创新体系，以寻求文化资源空间最大“整合交集”。在保证国有文化资本在总量上占优势的基础上，要大力培育各种所有制形态的文化市场主体，尤其要大力培育非公资本文化企业的发展，按照我国加入世贸组织的承诺，在国家关于文化市场准入的制度安排范围内，积极引进外资进入郑州市场，共同参与郑州文化产业的发展和文化市场竞争，形成以公有制为主体、多种所有制共同发展的文化产业格局。

创新型文化企业是建设创新型国家的决定力量。文化产业领域里的任何创新，如果不经过文化企业运作，是不可能转化成规模产业的，不可能从知识、技术在转变成物质财富的同时转变成文化财富，更不可能完成从投入转变成新的文化资源形态，再从新的文化资源形态转变为更大的物质文化财富这一价值循环。文化企业内部没有建立起有效的创新动力机制；文化企业外部没有建立起活跃的资本融资机制，为中小文化企业提供信贷融资机制和工具，造成了文化创业投资体系不完善；没有创新知识产权的保护机制，是现阶段郑州文化产业发展动力和创新机制不完善的主要原因。郑州要在2020年获得文化产业的全面、跨越式发展，赢得中原文化产业的战略崛起和文化新郑州的全面建成，就必须在整个文化体制改革过程中有一次深刻的文化市场微观主体再造革命。

文化资源是文化产业发展必不可少的文化资本形态。郑州拥有丰富的历史文化资源，在郑州文化产业发展战略的实施过程中，仅仅把文化资源优势转化成文化产业优势是不够的，只有把文化资源优势转变成文化资本优势，郑州文化产业的发展才是可持续的。因为，资本的一个最大的特点就是它是能够带来价值的价值。文化产业不是消耗文化资源的机器，而应当是文化资源再造的工作母机。大力培养文化市场微观主体，就是要通过市场经济的方式推进文化资源的创造与积累。文化资源与物质资源的一个最根本的区别就在于物质资源是不可再生的，文化资源是可以再造的。正是因为文化资源是可以再造的，这才形成了郑州几千年来文化资源的不同构造带。树立新文化资源观，鼓励文化企业在各个不同的文化层面上和文化领域里大胆地进行各种形式的文化符号、文化内容和文化经验的创造，使之成为可以继承、可以传播、可以再生的文化资源，建议研究和制定这样的文化资源再造评估指标体系和文化奖励制度，尤其是结合国家非物质文化遗产保护，营造新文化资源再造的社会氛围和市场氛围，并使之成为一种全新的文化市场竞争形态，探索一条具有中原文化特点的、把文化市场的微观主体再造与文化资源再造结合起来的文化产业发展的“郑州模式”。

七、“文化新郑州”战略目标的组织与实施

（一）郑州文化产业发展战略实施行动计划

1. “三边”文化消费战略行动计划

三边文化消费战略是郑州文化产业发展战略的组织和实施战略。文化产业战略的实现有赖于文化市场的繁荣与发展，而文化市场繁荣与发展的一个重要标志就是文化消费需求多样性满足。文化消费需求的多样性满足是文化市场可持续发展的根本动力，没有文化消费需求的市场动力，就没有文化市场的高度繁荣。而文化市场又是文化产业存在的空间表现形态，因此，这就在文化消费、文化市场和文化产业之间建立起了一个内在的逻辑关系：当不发展文化市场便不能为文化产业的发展提供生存与发展空间的时候，文化市场的繁荣性程度决定了在一定的空间范围里文化产业发展的现代化和规模化程度，而文化消费又是影响和制约文化市场发育和成熟的决定性因素，因此，一个地区文化产业的发展状态和发展前途如何，也就直接取决于这个地区文化消费及其服务能力的构造。“三边文化消费服务行动计划”正是在这个意

义上成为文化产业发展战略的一个重要组成部分的。

所谓“三边文化消费战略行动计划”，是指包括内需和外需两个体系的文化消费与服务，由于在内需的构成中同时分别区分为“本地需”和“全国需”，对于郑州来说就是要同时营造三个文化消费与服务的空间结构：

本地的：这是全部文化消费战略的重要基础，郑州文化产业的战略性发展不能没有本地的文化消费市场。所有来郑州实现文化消费需求的都是对郑州文化的特色消费需求，而本地的文化消费的主体群正是这种特色文化的创造和缔造者。本地的文化消费群体是整个郑州乃至中原文化消费市场的主体。根据郑州市和中原城市群规划，到2020年以郑州为中心的中原文化城市群的人口规模将达到2000万，相当于今天的上海市，以此为依据，到2020年郑州的文化消费总量所创造的GDP贡献值将达到至少与2006年上海文化增加值同等的水平。然而，郑州有着上海所不具有的巨大的潜在特色文化消费品，那就是以丰富的历史文化资源为核心的非物质文化遗产资源。

外地的：根据首届中国非物质文化遗产展览会提供的资料显示，以非物质文化遗产为主要消费对象将成为未来文化消费发展和文化市场运动的发展趋势，而郑州恰恰是能够提供和满足这样一种消费趋势的最大的非物质文化消费品的提供地，因此，必然成为未来中国内地文化消费者文化消费目的地的主要选择对象，这就构成了以郑州和中原城市群为底边的等边三角形的第二条边。

世界的：中华文化是世界文明遗存最古老的文化形态，而以郑州为核心的中原文化形态又是古老中华文明的活化石。郑州进一步向世界开放必将使郑州成为世界进一步了解的对象。少林寺就是一个最典型的案例。郑州文化作为中原文化消费品原产地的古老性和真实性，它在未来15年内必然发展成为一个世界性的文化消费目的地。2006年俄罗斯总统普京访问少林寺等于向全世界发出了一个重要信号：到中国郑州去寻找中国文化之根、人类文明之源。这就是郑州文化消费行动计划构成的第三条边。

等边三角是一个稳定性结构。郑州要在2020年成功实现文化产业的战略性崛起，不能没有文化消费行动计划的实现组织和实现形态。因此，培育郑州文化消费主体和文化消费市场应当成为郑州市坚定不移的主要工作。没有本土文化消费群体的崛起，就没有三边文化消费战略的构成与实施，也就没有郑州文化产业发展战略所应有的文化生态环境。通过提高文化消费服务，更多地提供“绿色 GDP”，稀释“GDP”中的“黑色 GDP”含量，从根本上转变目前郑州市以能源、原材料开发生产和投资为主要动力的经济增长方式，走文化经济和知识经济相结合、循环经济充分发展的国民经济和社会可持续发展道路，更好地满足人们日益增长的物质文化需求。

2. 构筑中原文化创新型人才高地行动计划

缺乏高端文化创新型产业人才是制约目前我国文化产业发展的最大瓶颈，也是发展郑州文化产业的战略性障碍。因此，要获得郑州文化产业的跨越式发展，必须实现人才培养和战略发展方向上的战略性突破。

建议：一是在郑州大学、河南大学等高校设置文化产业专业和文化产业管理专业；二是创造宽松宽容的文化创造氛围，构建良好的公共服务平台，完善知识产权保护和制定奖励政策，大力吸引更多的文化创意产业人才来郑州发展和创业；三是引进战略投资合作伙伴，高起点选择产业发展突破方向；四是立足于中原深厚的原生态文化资源，创造性地利用和发展民族民间文化艺术表现形式和表现手法等文化元素（例如朱仙镇年画），创造动漫形象的崭新的符号体系（在这里，山东省“文博会”所创造的“山东大嫂”是一个利用传统文化元素、以现代的思维创新的一个成功典范）。集中优势力量，聚焦于若干重点行业，实施品牌战略，从而在若干年内使郑州创意型文化产业迅速形成规模、形成力量、形成品牌、形成资本、形成辐射力和影响力，成为中国文化品牌重要的战略原创地之一。

以郑州高教园区开发为契机，重点建设融大学、剧院、博物馆、音乐厅和图书馆为一体的新郑州“文化园区”，全力培育未来郑州新文化的成长源。

全面推进文化创新主体建设和文化创作源头建设，以《小小说》为平台，建立“郑州艺术创作中心”，努力培养一批在全国有广泛影响的作家、剧作家；设立“中原文学贡献奖”，特别奖励那些为发展郑州文化原创事业做出重大贡献的作家和艺术家，把郑州建设成为全国有影响的文化人才重要的培养基地之一。

结合社会主义新农村建设，大力开展新民间艺术运动，扶植具有鲜明中原传统文化特色的民间民俗文化创作，保护具有文化资源价值的新民间文艺成果。

3. 创办以“诗”为主题的标志性文化节庆行动计划

中国文化产业正在形成朝着两个不同的方向运动的发展态势：一个是不断追求前卫的新型文化产业；一个是回归传统的反映原生态审美精神的文化产业。郑州不仅要创办具有前卫性的文化会展产业，而且也要创办体现现代思维特点的以传统文化内容为主题的文化艺术节庆。

郑州是中国诗歌两大源头之一，是《诗经》的主要原产地之一，是诗圣杜甫的诞生地。中国是一个诗的国度，而郑州则是中国诗的故乡。对故乡的永恒的追忆和审美关怀，应该成为郑州人民的美学风范、今天文化原创的动力。

建议：联合文化部、全国文联、中国作家协会和中国诗歌学会创建“中国诗歌节”，每两年举办一届。可以邀请世界著名诗人参加，使之成为全球最有影响的诗会，从而奠定郑州作为中国诗歌发源地的不朽地位。“中国诗乡，风雅郑州”，应当成为一个郑州形象战略竞争的宣传口号和形象营销的主题广告语，并使郑州成为中国诗歌节的永久举办地。

创办“中原风·大型音乐会”。风，是一种气象，是郑州以《诗经》为标志的独有的文化形态和文化遗产。两千多年前，“郑风”就以其独特的文化和美学形态在中国音乐史中占有重要地位，并且影响了中国诗歌和音乐的发展道路和传统。创办“中原风·大型音乐会”，就是要在新的历史起点上开辟和创造新的“黄钟大吕”。在目前我国音乐界还缺乏永久性国家级音乐奖项和赛事的情况下，设置标志性奖项，成为我国音乐界最有影响力和权威性的音乐赛事，从而克服郑州缺乏永久性、标志性、全国性和不可替代性艺术节庆的局限。

4. 大力培育和发展专业文化服务业行动计划

专业文化服务业本质上属于“知识产业”，具有高度集聚性、高附加值、高成长性三大特点。专业文化服务业一般高度集聚于大城市的中心区，美国纽约专业服务业71%的就业人口、83%的行业收入集中在面积不到纽约1/10的曼哈顿。专业服务业的附加值是其他产业的2倍。咨询、广告、设计等专业服务业的增速远远超过生产总值的增长，如咨询业1997年全球收入达600亿美元，而且以年均20%的速度持续增长。上海浦东陆家嘴是我国近年来专业服务业增长和发展最快的地区，现在已聚集4000多家各类专业服务机构，咨询机构1000多家，包括麦肯锡、波士顿、安永等世界知名咨询机构。近年来，上海浦东引进内资的项目99%属于专业服务业，引进外资项目中专业服务业投资比例也远高于制造业。国际经验表明，区域经济的发展、服务功能的提升与专业机构和专业人才的集聚度密切相关。一方面，区域经济的发展对高层次专业服务的需求与日俱增，另一方面专业机构和高级专门人才在促进现代服务业发展中发挥越来越重要的作用。郑州文化产业要实现跨越式发展，在发展道路选择和发展模式上，必须在实施项目带动和品牌战略的同时，大力培育和发展文化专业服务业，充分利用、挖掘和激活郑州高校专业人才集中的比较优势，在WTO的框架下，推动郑州向外资专业服务业开放，加快建设以郑东新区为载体的国际会展中心，推动要素市场专业服务机构的集聚，积极承接国际服务外包。大力引进国内、国际知名专家和机构入驻郑州，率先在纺织服装设计、文化产品物流、广告会展等领域获得实质性突破，支持和鼓励各种社会力量和专业人士兴办专业文化服务业，通过大力发展专业文化服务业营造郑州文化产业战略的社会舆论和社会环境，为郑州文化产业战略的全面实施所需要的人力资源的支持和专业服务的支持创造条件。

综合开发授权产业，实现文化资源效益最大化，充分挖掘和开发郑州商品流通市场生产与服务方面的经验和优势。在创造一个有预知影响的文化产品时，协同有关产业以及商家共同策划、设计、制订相关产品的开发方案，使文化产品所蕴含的各种有形无形资源向服装、玩具、箱包、工艺美术品、包装装潢设计、展览、广告等行业渗透，编制纵横交错的“文化产业链”。

5. 大力发展国际文化贸易，打造国际演艺文化产业链行动计划

以大型原创舞剧《风中少林》走向国际演出市场为契机，构建国际演艺文化产业链。打破一院一团封闭式生产的传统模式，在整合本地剧场、院团、演出中介等演艺资源的同时，开阔视野，充分利用社会大创意、大资本、大团队、大资源，构建一条宽阔的演艺文化产业链，形成多元立体推进的演艺创作的机制，不断推出精品力作，通过不断满足人们的精神文化消费需求，形成中原文化消费中心，并以此集聚能量，带动整个郑州文化市场快速运动，加强其辐射效应与扩张效应。培育郑州演艺机构运作高水平、长周期、大投入的国际性演艺项目的能力，打造具有典型豫派风格的标志性演艺产品和常演作品，营造中原演出大舞台。不仅有河南、郑州自行创作的艺术精品，更可能有郑州与国内乃至全球文化产业高手联合打造的跨地区合作、跨国运作的高端剧目，使郑州成为汇聚全国演出精品、牵动全国演艺产业的“台风眼”——中原演出大市场，全面展示中华文明魅力和郑州的悠久历史文化，及其作为中原文化中心深厚的文化底蕴。

硬件设施的建设、运营团队的形成、运作经验的积累和新产品的打造，只有这些演绎资源的聚合、联动和互动，才能推动郑州演艺业中原战略的有效实施。

拓宽与国内各兄弟省、市文化交流领域，加强文化合作项目开发，丰富和扩大中原文化产业崛起的内容，实现在全方位的文化交流中发展、提高。充分利用客家人的“海外军团”优势，打中原文化始祖牌，实现在交流中开放提高，提高郑州文化融合国际文化的能力，树立郑州文化的国际形象。

6. 发展网络文化，培育内容产业，创造和培育未来郑州城市文化形态行动计划

网络的兴起及其发展，在迅速改变人类社会信息沟通模式和机制的同时，也创造了一种全新的文化形态。在这种文化形态里，不仅时空消失了，而且

一切文化和信息的生产与传播都不再是单向度的了。双向互动和多向互动以及网络游戏产业的迅速崛起，已经使网络文化和以网络游戏产业为主干的网络文化产业发展成为重要的新型文化产业形态，正在改变着传统的文化产业格局和人们的文化生存方式，成为未来城市文化建设和城市文化发展的革命性发展趋势之一。加强社会主义文化的网上传播与网上建设，牢牢把握社会主义先进文化的前进方向，支持健康有益的文化，加快推进中华民族优秀文化作品的数字化、网络化，规范网络文化传播秩序，使科学的理论、正确的舆论、高尚的精神、优秀的作品成为网上文化传播的主流，已经成为我国2006—2020年国家信心化发展战略的重要内容之一，理应成为郑州文化产业发展与建设的重要内容。传媒过剩而内容不足，是当前我国网络文化产业普遍存在的突出问题。郑州发展网络文化产业，应当以内容建设为突破口，建立专项资金和组织专门力量，充分发挥郑州地区靠科技人才集中和历史文化资源丰富的两大优势，集中开发具有鲜明文化特色的网络文化产品，形成网络文化品牌，占领网络文化产业高地，创造和培育未来郑州城市文化的新形态。

7. 以文化企业为中心，全面推行现代企业制度，创建“郑州文化产业发展模式”行动计划

坚持以市场为导向，发挥市场在资源配置中的基础性作用，建立产权关系明晰、利益直接、风险共担、运行顺畅的股份制合作文化经济共同体。这一经济形态不仅克服股份经济那种只认资产所有权、劳资对立的弊端，同时又弥补了文化经济发展缺乏投资主体意识、产出效率低的弊端。这在市场化程度还不高、股份制还不完善、资本市场发展不足的情况下，是一种用以聚集资金，组织生产与流通，合理而又有生命力的好形式，它不仅突破了单一公有制结构的传统文化经济发展模式，确定了公有制为主体，多种经济成分共同发展的所有制结构，而且还突破了不同所有制之间不能互融的局限，出现了不同产权相互交融的混合所有制、混合制股份所有制等新的集体所有制。

面对中国加入WTO后来自全球化的挑战，作为整个郑州文化发展一个重

要组成部分的郑州文化产业创新体系的构建，必须创造性地借鉴“风中少林模式”在创造股份制合作经济中所显示出来的巨大生命力，对现有文化产业结构进行战略调整和重组。以文化企业为中心，打破以条块分割、行业壁垒为特征的，有碍郑州文化产业创新与发展的落后体制，大力推进在文化产业领域里多种所有制形式的市场准入，按照现代企业制度，以产权关系为纽带，组建多种所有制形式的跨行业、跨所有制的文化产业集团，鼓励和允许社会办文化产业，特别是文化核心产业。以经济利益关系的战略性调整，构建与郑州经济发展相适应的郑州文化产业创新体系。

以市场和利益为导向，实现国有文化资本的重组和优化配置，形成以国有文化控股资本公司龙头，推动郑州文化产业化进程。积极鼓励和引导社会资本投资文化产业，大力扶持非公文化经济实体成长和发展，调整不适应文化市场经济发展的文化关系，以经济利益关系的战略性重组，构建郑州文化产业以国有资本为主导、多种所有制文化经济共同发展的文化产业格局。

通过资产重组和结构调整，将现有郑州国办文化企业中的不良资产剥离出来，组建郑州文化控股资本经营公司，优化国有文化资产配置，奠定“中原文化产业崛起”的产业主体基础。

政府要大力增加文化原创产品的经费投入，推动国有大型文化产业企业建立研发平台，同时在财税政策上对建立研发平台的企业给予大力支持。设立郑州市文化产业发展基金，重点支持郑州市文化发展的战略性问题和瓶颈问题以及实现跨越式发展的重点领域，在今后15年里使郑州进入创新型、国际型的区域中心城市行列，为在本世纪中叶成为中部地区的核心城市，在空间与北京、上海两大世界性大都市之间形成大三角的战略态势奠定基础。

大力培育以非公资本为主体的专业化中小文化企业。到2020年，实现以大量专业化中小文化企业为基础，在各门类文化产业造就一批两个效益突出、创新业绩出众、成长迅速、实力强大的郑州文化产业集团，并使其中的佼佼者跻身国家50强，形成“航母型”的、具有远距离投放能力，即国际投放能力的文化产业战略投资主体。

（二）“文化新郑州”战略目标实施的文化环境与生态系统

文化事业与文化产业是我国文化建设的整体，是文化产业发展必不可少的文化生态环境和生态系统。没有繁荣的文化事业所营造的良好的文化消费需求环境和需求质量，就不可能有不断生长的文化产业发展的人文动力。

（1）建立新的文化事业管理体制和艺术生产机制

（2）积极鼓励社会力量兴办公益性文化事业，建立公共文化服务体系，拓展文化资源的公众共享度

（3）全面推进经济贫困地区和少数民族聚居区的文化硬件设施，创建国家文化生态示范保护区

根据工业反哺农业、城市反哺乡村的原则，培养农村文化市场消费主体，为中原文化产业的战略性崛起，培育市场纵深和可持续发展条件。

创建我国首个“国家文化生态示范保护区”，对郑州全境的古遗址、古建筑、古民俗实施抢救性保护政策，把对一系列古民居、古建筑的保护列为郑州文化资源深度开发的战略后备资源。与嵩山的世界自然保护区相呼应，把对古文化遗存的保护纳入郑州国民经济和社会发展规划、城乡建设发展规划和文化发展规划、古文化遗存的抢救性保护和整个生态环境建设与文化经济发展结合起来。

根据传统与现代各展风采、本土与国际交相辉映的原则，保护和延续传统文化空间格局，建立郑州古文化保护体系和保护名录，延续历史文脉，挖掘、展示郑州古城的隐性文化资源，把对郑州古文化遗存的保护与文化产业结构调整与特色旅游结合起来，把郑州建设成为中部地区国家古文化遗产保护区，并与开封、洛阳一道创建“国家文化生态示范保护区”。创造条件，筹备整体性申报联合国世界人类文化遗产。

加强对文物和非物质文化遗产的保护和利用，建立一批具有郑州鲜明地方特色，反映郑州经济史、行业史、文化史和艺术史的专业博物馆，特别为郑州留下历史发展的记录和遗产，实行以国家保护为主，全社会积极参与的

郑州文博事业发展新体制。

要把“中华炎黄坛”建成能够全面、长期展示中华民族文化标志的国家级非物质文化遗产展览基地，为中国的非物质文化遗产“找一个家”；在建立“中华炎黄坛”这一标志性文化项目的外在符号形象的同时，建设“中国非物质文化遗产博物馆”，赋予和强化这一纪念物深刻而丰富的历史人文内涵，从而使人们能够在“中华炎黄坛”深切地感受和领略中华文化的巨大凝聚力、感召力和向心力，唤起全民族对祖先留下的宝贵遗产的崇敬与珍爱之心，增强全球华人的民族认同感，增强“中华人文主题公园”作为中华文化纽带工程和标志文化项目的永恒性。这样，既可区别于新郑黄帝故里作为拜祖主坛的功能，同时又可以使“中华炎黄坛”作为中国非物质文化遗产展示的永久举办地，从而为每年的以“文化遗产日”为标志举办的“中国非物质文化博览会”奠定软件和硬件基础。向联合国申请在2012年主办“首届世界非物质文化遗产博览会”，在郑州所属各县、市建设独具特色的博物馆体系。

（三）郑州文化产业发展战略的制度安排与措施

第一，完善郑州文化产业发展战略组织实施的政策与制度体系。

郑州文化产业发展战略是一项系统工程，涉及与此相关的各个领域，它的战略目标的实现，将会极大地改变郑州文化产业发展所涉及的政治、经济和社会的资源配置与利益结构，因而是一项全面的文化发展与文化变革。要实现这一项发展和改革，没有一个好的制度安排与组织措施的配套是不可能的。郑州市已经有一个“郑州市跨越式发展三年行动工作方案”，涉及关于“文化建设工程”的安排，建议在此基础上制订《郑州市2006—2020文化产业发展战略行动方案》，成立由市委书记和市长挂帅的领导小组，在通过对本报告的鉴定和可行性论证、修改充实后，作为郑州市国民经济和社会发展中长期发展战略的重要内容与制度性安排，组织实施，以确保“文化新郑州”建设目标和“中原崛起”战略意图的实现。

第二，建立大文化管理新体制，全面推进郑州文化发展的制度创新和政策创新。

全面推进文化制度创新，通过深化文化体制改革，重建郑州文化制度，根据郑州未来文化发展的长远战略利益的需要，进行文化行政管理制度改革。现有的按行业门类设置的政府管办文化的体制，是以计划经济模式管文化的产物，实践证明，这样的体制对于建设有中国特色社会主义文化、充分发挥市场在资源配置中的基础性作用弊多利少。严密的行业壁垒和部门保护主义，已经严重地阻碍了文化生产力的发展和文化主体创造力的发挥，严重地不适应我国文化发展实践的需要。

构建和规划“中原崛起战略”文化发展大格局，应当首先在政府文化管理的行政体制层面上，大力度地改革现有的文化行政管理体制，撤销现有的按行业门类设置的文化行政建制，成立由分管书记、市长和宣传部长组成，各相关职能部门第一责任人参加的郑州市文化发展委员会，在文化发展委员会内，设置不同文化行政职能的管理处（局），如文化与遗产事业处（局）、旅游事业处（局）、广播电视管理处（局）、新闻出版管理处（局）和文化市场管理处等；将原有的政府办文化那一部分剥离出来，组建具有独立民事行为能力的企业法人主体，从而使文化发展委员会真正行使政府文化决策与文化管理的职能，既可减少文化管理的行政死角，又可实行完全的资源优化配置和资源共享，最大限度地使文化管理产生最大效率，降低管理成本；成立直接隶属于市长办公的郑州市文化产业发展协调委员会或指导委员会，统筹和全面行使政府规划文化产业发展布局与职能。

要实现发展观念上的“中原突围”，破除单一的发展观和“为了领导”的发展观，要从制度上确立统筹发展和协调发展的保障体系，政治、经济、文化、社会的协调发展，理顺妨碍文化发展和文化建设的不合理的文化管理体制，真正确保党委领导的核心作用，真正形成公共政府的文化服务体系，真正发挥文化产业在建设文化新郑州中的市场机制作用。

决策层思想观念的解放和社会发展观念的统一，将在建设文化新郑州的战略过程中起决定性的作用。建议成立由市委书记担任组长、市长任副组长，各职能部门一把手为成员的郑州市文化发展战略领导小组，领导小组办公室设在市委宣传部。通过人大立法程序，把郑州市文化发展十五年战略规划通过法律程序确定下来，不因领导班子的新老交替而废弃，保持政策的连续性和战略目标实现的连贯性，树立“前人栽树，后人乘凉”的执政思想。

第三，完善文化产业发展投融资体系，加大各级政府对文化产业的直接投资和间接投资。

积极培育郑州文化投融资体制，鼓励社会资本兴办文化事业和投资文化产业，设立郑州文化发展基金会，建立多元文化投资格局。文化金融资本运作体制，直接关系到对整个郑州文化发展经济支持的力度和强度，关系到“中原文化崛起战略”目标的实现和完成的程度。缺少经费投入，缺少资金来源，已经成为制约郑州市部分地区，特别是个别贫困县文化崛起战略实施的关键。而在郑州是不缺钱的。郑州有着充足的社会资本资源，巨大的物流必然同时包含着巨大的资本流。如何使大量社会游资流入文化领域，一项重要的制度和政策创新就是必须建立全新的文化投融资体制。这种新的投融资体制，既要能够激发起郑州人关于实现郑州文化的战略性崛起是每个公民应尽的文化义务的主体意识，鼓励社会资本兴办社会文化事业，同时也要能够保护投资人投资文化产业的合法权益，要把这两个方面与郑州的实际有机结合起来。建立中原的文化资本市场，积极引进外资和调动民资参与文化产业建设，建立投资主体多元化的郑州文化投资新格局。

充分利用各类资本市场，引进风险投资机制，塑造有核心竞争力的跨国性文化产业集团，争取更多的民营文化企业和国有文化企业进入国际资本市场，积极借鉴上海盛大网络、分众传媒等大型文化产业集团的经验，走文化技术＋风险投资＋资本市场的发展模式，通过资金运作，把技术、产业、人才、市场等各种优质资源整合在一起，从而取得跨越式发展。

改变政府对文化产业的投入方式，由政府计划型拨款变为产业需求型贷款和投资。在使用纳税人的钱办好公益性文化事业的同时，政府也应向文化产业投资以确保纳税人的钱增值，实现资本扩张。建立文化投资和文化资助项目评估体系。通过立法程序，实行差别税率，鼓励社会的文化投资和文化赞助。

以我国加入WTO为背景，积极引进境外资本来郑州发展文化产业，优先考虑与郑州建有友好城市关系的国际友好城市人民来郑州发展文化产业，提升郑州文化产业资源配置的国际化程度；建立郑州文化产业发展基金，开征文化发展建设税，发行文化基金彩票，以“创业投资基金”的运作方式，开辟郑州文化资本市场。

在创立知识资本市场，列出专门的文化攻关项目，设立相应的竞价机制。使文化创新和高科技开发与文化产业实现最佳配置；加大研究开发文化、科技创新人才的培养和引进力度，抓住原始创新。

第四，大力发展文化中介机构，建立以中介机构和文化经纪人为中心的郑州文化市场新体制。

建立文化经纪人制度，剥离现有的演出公司等文化中介机构和文化行政部门直接的行政隶属关系，使其成为独立的法人实体；以政策为导向，积极鼓励独立的文化经纪人的自我发展，改善文化市场供求关系和供求结构，基本建成比较完整的文化市场体系，并与其他市场体系相衔接，形成灵活有效能反映市场供求状况的新体制。整合和运用我国民族文化资源和艺术人才，全力打造在国内为大众喜闻乐见、在国外为人们倾心欢迎的“文化精品”。培养高素质、拥有国内外双向视野的创作人才和营销人才。提高政府竞争力指标，减少市场竞争主体的交易成本，使企业快速发展。

5. 规范文化市场管理秩序，建立综合执法管理体系，营造良好的文化产业投资环境

系统彻底地清理文化市场管理中的“苛捐杂税”“欺行霸市”和各种文化金融诈骗、物流服务诈骗等严重扰乱郑州文化市场秩序的行为，坚决打击各种盗版行为。按照国家的要求，建立文化企业信用档案和文化市场信用制度。整合现有文化、广播影视、新闻出版等有关行政执法队伍，组建文化市场综合执法机构，建立文化市场综合执法管理体系，为郑州文化产业发展营造良好的文化投资环境。这里最重要的是要理顺政府文化管理体系，重新树立政府文化管理形象，重建政府文化管理的公信力，加强对文化市场执法管理人员的管理与培养，对于那些严重损害政府文化管理形象、对文化市场从业主体巧立名目、吃、拿、卡、要的人员要坚决清理出文化市场管理队伍。建立健全文化市场管理的法律法规和政策体系，从而为全面实现2020年郑州文化产业的跨越式发展目标营造良好的文化生态环境和文化制度环境。

（四）郑州文化产业发展战略实施的风险管理与控制

郑州文化产业发展战略的目标设计，是着眼于中原文化产业的战略性崛起，从内容和形态两个方面改变郑州文化产业的发展现状。能否和能在多大程度上执行与实施本报告提出的战略构想，将直接决定未来15年郑州文化产业发展战略走向与战略后果。因此，必须建立对战略实施的风险管理与控制。

1. 郑州文化产业发展战略实施的预警机制

由于郑州文化产业发展战略着眼于改变现状，构造与重建郑州文化产业发展的利益格局，因此，郑州文化产业发展战略任何一个战略构想的事实，都会造成郑州，尤其是河南省文化产业战略结构与利益布局的巨大变动。这就不可避免地会形成来自各个方面的利益博弈，并且由此形成巨大的舆论压力。这就需要根据战略实施和展开的不同时间与情况，对由此而可能造成的外生变量给予战略意图实施的干扰有一个充分的系统分析，建立起相应的预警机制。要对战略实施过程中和过程后可能造成的因利益格局调整而产生的危机进行风险评估，建立起必要的损益补偿机制，以确保战略构想与战略目标的顺利实行。

（1）事前预警

在郑州文化产业发展战略实施之前，要设计好正确有效的实施计划，该计划要得到郑州市有关部门高层领导人的批准后才能执行。所批准的内容往往就成为考核有关部门和人员工作绩效的控制标准，这种控制多用于重大问题的控制，如对战略执行的理解度、对战略人员的调配度、对战略资金使用的把握度等。由于事前控制是在战略行动成果尚未实现之前，通过预测发现战略行动的结果可能会偏离既定的标准。因此，管理者必须对预测因素进行分析与研究。包括投入因素，即对郑州文化产业发展战略实施投入因素的各方面进行分析，将影响产出的结果；某些成果因素，即依据郑州文化产业发展战略某些成果，预见未来的结果；外部环境和内部条件的变化，对郑州文化产业发展战略动态实施过程中外部环境和内部情况变更因素进行调控。

（2）事后控制

这种控制方式发生在郑州市有关部门文化产业发展战略实施后，才把战略活动的结果与控制标准相比较，这种控制方式工作的重点是要明确战略控制的程序和标准，把日常的控制工作交由职能部门人员去做，即在战略计划部分实施之后，将实施结果与原计划标准相比较，由郑州市有关职能部门及各事业部定期地将战略实施结果向高层领导进行汇报，由领导者决定是否有必要采取纠正措施。

（3）随时控制

即过程控制。文化产业发展战略的展开是一个动态的过程，各种不确定因素随时可能发生，这就需要郑州市有关部门高层领导者控制郑州市有关部门战略实施中的关键性的过程或全过程，随时采取控制措施，纠正在战略实施中产生的偏差和可能出现的意外，引导郑州市有关部门沿着战略的方向进行经营。这种控制方式主要是对关键性的战略措施进行随时控制。

2. 郑州文化产业发展战略的预警控制方式的选择与实施

从预警控制主体的状态来看，战略控制选择可以在如下两类中决策：

（1）避免型控制

即采用适当的手段，使不适当的行为没有产生的机会，从而达到不需要控制的目的。如通过自动化使工作的稳定性得以保持，按照郑州市有关部门的目标工作；通过与外部组织共担风险减少控制；或者转移或放弃某项活动，以此来消除有关危机的发生。

（2）开关型控制

开关型控制又称为事中控制或行与不行的控制。其原理是：在战略实施的过程中，按照既定的标准检查战略行动，确定行与不行，类似于开关的开与关。我们建议，采用开关控制方法，而在开关控制方法中，又进行三种具体操作方式的选择：

①直接领导。郑州文化产业发展战略是一项系统工程，牵涉郑州发展战略的各方面。由于内容本身的战略性，因此，管理者（郑州市的高层领导）对整个战略实施活动应进行直接领导和指挥，发现差错及时纠正，使其行为符合既定标准。

②自我调节。战略行为牵一发而动全身，极其需要有关部门协同。这种协同是一种战略协同，也就是说，协同的各方都是郑州文化产业发展战略的利益攸关者。因此，执行者（组织实施整体战略和分工实施某项战略的部门）通过非正式的、平等的沟通，按照既定的标准自行调节自己的行为，以便和协作者配合默契。

③共同协调。组织成员（管理者、执行者）对目标、战略宗旨认识一致，在战略行动中表现出一定的方向性、使命感，从而达到殊途同归、和谐一致、实现目标。

从控制的切入点来看，郑州市有关部门的战略控制拟选择实施全过程控制法。即对郑州文化产业发展战略的战略类别、项目、品质、成本、期限、效果等方面的控制，可以分为活动前控制、过程控制及活动后控制等。

3. 郑州文化产业发展战略实施的信息反馈与战略控制

（1）信息收集与竞争战略控制

郑州文化产业发展战略的事实，必然会引起各种形态和内容的反映。这些反映如果控制不当，势必会给战略实施以巨大的影响。因此，为了确保战略组织与战略实施的有效展开，必须建立郑州文化产业发展战略实施的信息收集机构，形成传播效果分析机制，提高战略效率，降低战略成本。

（2）信息研判与竞争战略控制

对郑州文化产业发展战略实施后收集的信息，用科学方法进行研判，完成研判后的评估报告，提供给郑州市高层决策参考，进而使整个战略实施处于一种良性的民主决策的过程之中。这里最关键的是要关注由此而形成的全国性和区域性文化产业战略格局的变动所可能造成的对郑州的战略竞争环境与压力。

（3）郑州文化产业发展战略变革

实施信息评估后的博弈分析，将回馈的信息作用于郑州文化产业发展战略的调整、变革，积极防范“战略困境”所可能引起的战略利益安全，包括内部的和外部的两个方面。所谓内部的，就是河南省内各有关战略利益主体提出的挑战；所谓外部的，主要是中部地区各有关战略利益主体因应变郑州文化产业发展战略而提出的新的战略对郑州文化产业发展战略实施构成的威胁与挑战。

4. 郑州文化产业发展战略实施后的绩效评估

第一，郑州文化产业发展战略构想得到有效的执行与实施，各项战略目标得以实现，将从根本上改变我国文化产业战略格局，中国文化产业综合竞争力与核心竞争力，都因为中原文化产业的战略性崛起而得到显著提升。

第二，郑州文化产业发展战略构想得到有效的执行与实施，将从根本上改变郑州国民经济和社会发展的发展模式与发展格局，改变河南省与我国中部地区文化产业的力量格局。

第三，郑州文化产业发展战略的执行与实施，必然导致现有利益格局的调整，必不可少地会引起不同利益集团和利益主体之间的博弈，如何赢得广泛的利益共识，将直接影响到整个战略实施的结果，因此，必须对由此可能产生的各种力量性障碍可能导致的对立与冲突给予充分的研究和关注，提前预案。防止“战略困境”的出现，或把可能出现的“战略困境”所构成的战略成本控制在一个最低的范围之内。

本报告的战略设计是在充分调查研究和比较分析了我国及河南省的文化产业发展走向的基础上提出来的，充分关注到了战略实施的可行性，立足于整个郑州文化产业在整个河南省、中部地区和我国未来文化产业发展格局中的地位和作用，是一个着眼于执行的战略设计。倘若因种种原因而不能付诸实施，那么，郑州文化产业的跨越式发展目标就将会因为中部省份其他文化中心城市的战略性崛起而丧失战略机遇，其可能给整个郑州发展带来的影响和造成的损失是难以估量的。

澳门文化产业发展战略彩虹计划研究报告

（2007 年 12 月）

题　记：

本研究报告是我应澳门特别行政区政府文化局委托而承接的课题，由澳门基金立项资助。课题研究近一年，其中曾有 9 个月左右我不断往返上海和澳门，赴澳门实地调研、座谈，走访各有关方面人士，包括新华社澳门分社等单位，尽可能深入了解澳门的历史、文化，包括博彩业对澳门社会发展的影响，“一国两制”框架上特区政府的文化治理特点、困难及其所面临的机遇，时任社会文化司司长的崔世安先生曾专门就澳门发展文化产业与我深入讨论，时任澳门特区政府文化局局长何丽赞女士、澳门大学教授李宽鼎先生等，更是多次反复讨论，基至是争论。报告中的诸多建议均为特区政府所采纳，其中关于可能到来的世界金融危机的预警，深为特区政府所认可，评价曰：“成果超出了我们的预期。”此后，又将澳门作为世界文化遗产的保护和利用的规划研究委托于我，也算为“一国两制”做了些贡献。

内容提要：

全球化、文化与技术竞争，正在深刻地改变着全球力量格局与发展走向。文化产业作为最具全球化特征的新经济形态，融合了文化与科学技术的最新成果，成为人类新的财富创造与财富增长形态。发展文化产业已经成为发达国家 21 世纪的国家战略。面对全球经济的深刻变动和发展趋势，澳门必须重建自己的发展模式，利用澳门独特的区位优势、一国两制的制度优势和发达的服务业优势发展文化产业。这就需要重新思考如何将澳门的文化、艺术、博彩和会展融合成澳门新的竞争优势，推进澳门经济适度多元发展的战略目标的实现。

为此，在未来几年内，我们将制定和实施《澳门文化产业发展彩虹计划》（以下简称《彩虹计划》）。根据中央政府和特区政府关于“澳门经济适度多元发展”的战略、特区政府2007年施政纲领关于要发展文化产业的战略目标，《彩虹计划》将提出要大力推进澳门演艺娱乐业的发展，重点发展会展业，完善文化旅游、博彩服务业，努力形成协调推进、多元发展的澳门文化产业链；充分发挥文化旅游业对澳门经济和社会发展的支撑与带动作用，尽快实现澳门娱乐业由博彩娱乐型向文化娱乐型转变；丰富和扩大澳门文化产业的内涵和外延，提高澳门历史文化遗产资源的共享水平，为澳门旅游业、会展业、休闲度假业等领域提供稳定、连续、高性能的文化运行系统。

大力倡导和积极发展能够充分整合澳门文化资源优势的文化旅游业、艺术表演业、大型文化娱乐业、商务会展业和休闲度假业。大力设计和开发具有鲜明澳门文化资源特色的旅游纪念品；联合内地文化创作主体和文化投资主体，积极创作与开发以澳门历史人文资源为题材，同时又具有广泛的市场前景的文化产品，在开发利用澳门历史文化资源的同时，宣传澳门，培育澳门的新人文形象。

世界文化遗产是澳门不可多得的文化资源优势，在整个珠三角独一无二。在今后几年内，澳门将在确保世界文化遗产安全的前提下，积极培育和大力发展以世界文化遗产为主要内容的文化遗产产业，丰富和扩大澳门旅游业的文化内涵，优化澳门旅游业的结构，通过大力发展澳门文化遗产产业，重塑澳门的人文形象，提升澳门城市发展的“软实力”；培育和发展以历史文化题材开发为内容、以澳门老城区为外景基地的影视文化产业，把澳门历史文化资源的开发和对澳门世界文化遗产的利用有机地整合起来，从而使之成为能够形成多梯次产业形态的文化产业价值链和文化资本，在整合、开发与利用澳门文化资源的过程中，形成澳门文化资源新的战略积累，优先发展演艺业。澳门有发达的旅游业，丰富和充沛的客流为澳门发展表演艺术业提供了优良的文化生态环境和消费群体。同时，澳门又是一个国际性休闲城市，澳门应在继续办好“澳门艺术节”和“澳门国际音乐节”，为澳门民众提供丰富的公共文化产品和公共文化服务的同时，积极探索两大文化节庆的产业化、市场化运作的可行性。以世界一流的演出吸引来自世界各地游客的注意力，在重塑澳门文化形象的同时，培养澳门全新的文化品位，使之通过澳门人的不断努力，在不长的时间内把澳门建设成“东方的维也纳”，一个音乐和艺术之城。

《彩虹计划》提出，针对制约澳门文化产业发展的“瓶颈”和结构性矛盾，从澳门长期发展的战略利益出发，积极建构产业结构多元化的战略格局，顺应新一轮国际分工潮流和发展趋势，超前部署前沿文化产业发展格局，澳门的文化资源在空间布局上，不仅局限于澳门本岛，而且还包括氹仔和路环。开发和利用澳门离岛文化资源对于整合澳门文化资源、重构澳门文化产业空间布局具有重要战略价值，可以考虑选择在路环建设以艺术表演为主要内容的大型文化项目，建设澳门新文化标志，同时带动路环市区文化资源的开发，盘活路环的历史文化遗产，促进路环休闲度假业的发展，从而在空间上形成与本岛的世界文化遗产和博彩中心、路氹的金光大道相呼应，并且在战略上构成错位发展、战略延伸的文化产业新格局。在保证路环历史风貌不变的前提下，鼓励发展以创意和休闲为主要特色的文化产业，政府提供相应的财政补贴和免税。通过开发和建立新的文化消费品，战略性地推进澳门文化产业结构的战略性调整，在克服澳门经济和社会发展结构性矛盾的同时，培育和建立澳门新的战略产业架构。

加强澳门文化产业发展所必不可少的基础能力培育和建设，建议在澳门大学设立“文化产业与国际文化贸易”专业，大力培养澳门文化产业发展急需的高级专门人才；以创新为原则，创作、设计和制作出拥有自主知识产权和丰富价值链的文化产品，在发展文化产业的过程中，实现文化资本的崭新积累和成长机制、可持续发展。

《彩虹计划》主张，应积极推进澳门文化产业发展政策的创新，建立与澳门文化产业多元发展相适应的、符合澳门社会文化多元化和国际化发展规律和需要的产业政策与相关制度和法律。文化产业是一种文化与经济相交叉、传统与现代互补、艺术与商业交融的知识经济部门，属于非物质经济领域，与多种经济和社会文化部门相交叉，是一种新型的产业形态，需要法律制度设计、政策协调和多元投资。

推进文化产业投资主体多元化，尤其要鼓励澳门本地的战略投资主体进入澳门文化产业领域；在积极引进国际战略资本进入澳门文化服务业的同时，根据中央政府关于内地和澳门经贸发展关系的“特殊安排”（CEPA），在“粤港澳艺文合作联席会议”的基础上，积极参与大珠三角、泛珠三角的区域文化产业合作，利用CEPA对澳门发展的优惠条件，努力发展与中国内地的文化经贸关系，探索扩大内地战略投资主体投资澳门文化产业的渠道，积极开拓内地和海外两个文化市场，扩大与内地在文化产业领域里的广泛合作。充分发挥和利用“一国两制”所提供的广泛空间和澳门特殊的区位优势，积极参与国际文化事务合作，建设国际文化商务服务平台，充分发挥澳门同葡语国家的特殊关系，大力开展与葡语国家的文化经贸交流与合作，举办“中国—葡语国家文化商品交易博览会”和“中国—葡语国家文化产业发展国际论坛”；发挥和欧盟的合作关系，拓宽在文化产业领域里的合作范围，筹办“亚欧文化产业发展与合作论坛”，把澳门建设成为中国内地文化产品进入葡语国家和欧洲文化市场的桥梁与纽带，和欧洲文化产品与文化资本进入中国内地的重要通道之一。

文化产业发展需要多方面的努力合作，借鉴周边国家和地区发展文化产业的成功经验，推动文化产业的发展，政府是第一推动力。因此，应当筹备和创建一个澳门文化产业发展所需要的“澳门文化产业发展基金会”，以扶植澳门文化企业，特别是中、小文化企业投资文化产业，开发文化产业项目。

澳门文化产业的健康发展，需要建立新的体制和机制，设立专门的文化产业发展与管理的政府机构，以协调和引导澳门的文化产业发展。

加强澳门文化产业发展的法律法规建设，促进澳门文化产业的健康、平稳、快速发展。

澳门文化产业发展战略的目标是：通过发展新文化产业，实现澳门经济增长方式的战略性转变，全面推进澳门经济适度多元与文化经济的可持续增长，树立澳门的新形象，提升澳门的“软实力”，改善澳门的财富增长结构与增长方式，开创澳门的新生活。

引　言

今天的澳门是历史的澳门发展的一个结果。澳门要发展，要走向未来，就必须建筑起一座连接过去和通向未来的桥梁，把现实和未来紧密地联系在一起；澳门是中国版图上一颗璀璨的明珠，澳门的发展需要伟大祖国的广阔腹地，祖国的发展需要澳门作为走向世界的桥梁和纽带；澳门是一个开放的、多元化的社会，东西文化的融合与交汇，形成了兼具东西文明特色的多元文化，五彩之桥标志和象征着澳门的文化多元化特征和经济适度多元化发展远景。

文化产业是社会文明进步与高度发展的文化形态。城市因文化而美丽。这就是我们的《彩虹计划》。它饱含着澳门人对新生活的不断追求和创造新澳门的神圣理想。文化产业属于这样一座五彩之桥。

《彩虹计划》提出了未来十二年（至2020年）澳门文化产业发展的指导思想、目标任务和政策措施，致力于改善澳门产业结构，增强澳门综合竞争能力，扩大国际交流与合作，提高澳门的文化形象和整体实力。

《彩虹计划》要大力推进澳门演艺娱乐业的发展，重点发展文化会展业，完善文化旅游业，努力形成协调推进、多元发展的澳门文化产业链。充分发挥文化旅游业对澳门经济和社会发展的支撑与带动作用，尽快实现澳门娱乐业由博彩娱乐型向文化娱乐型转变；丰富和扩大澳门文化产业的内涵与外延，提高澳门历史文化遗产资源的共享水平，为澳门旅游业、会展业、休闲度假业等领域提供稳定、连续、高性能的文化运行系统。澳门文化产业的健康发展，需要建立新的体制和机制。

《彩虹计划》主张积极推进澳门文化产业发展政策的创新，建立与澳门文化产业多元发展相适应的、符合澳门社会文化多元化和国际化发展规律与需要的产业政策和相关制度与法律。推进文化产业投资主体多元化，尤其要鼓励澳门本地的战略投资主体进入澳门文化产业领域；在积极引进国际战略资本进入澳门文化服务业的同时，根据“CEPA”的精神和原则，积极探索内地战略投资主体投资澳门文化产业的渠道，积极开拓内地和海外两个市场，积极参与国际文化事务的合作。充分发挥和利用“一国两制”所提供的广泛空间和澳门特殊的区位优势，积极参与国际文化产业竞争，建设国际文化商务公共服务平台；加强澳门文化产业发展的法律法规建设，促进澳门文化产业健康、平稳、快速发展。针对制约澳门文化产业发展的“瓶颈”和结构性矛盾，从澳门长期发展的战略利益出发，积极建构产业结构多元化的战略格局，顺应新一轮国际分工潮流和发展趋势，超前谋划前沿文化产业在澳门的发展格局，加强澳门文化产业发展所必不可少的基础能力培育和建设。以创新为原则，创作、设计和制作出拥有自主知识产权与丰富价值链的文化产品，在发展文化产业的过程中，实现文化资本的崭新积累和成长机制、可持续发展。

文化产业是知识经济的主要形态，是实现经济适度多元的关键力量。文化产业有多种定义。综合参考中国国家统计局关于文化产业的定义和联合国教科文组织关于文化产业的定义，以及欧盟文化委员会关于文化产业的定义，结合澳门的特点，本《彩虹计划》将澳门文化产业分为六大类：

文化旅游业

——世界文化遗产、城市景观、旅游纪念品、博彩、历史文化遗址；

演出娱乐业

——表演艺术、表演剧团、娱乐表演、娱乐场馆；

文化会展业

——会议与节庆、展览与展示、展览场馆、图书馆、博物馆、画廊、艺术品拍卖；

创意设计业

——广告、互联网及软件、视觉艺术、文艺、图像、摄影、工艺产品、时尚、室内设计与环境设计、创意策划；

影视传媒业

——电影及音像、音乐制作与出版、图书与期刊出版、广播电视与有线电视、数字传媒；

文化经贸服务业

——图书贸易、影视节目交易、文化物流、文化资讯与服务、版权代理与中介、艺术与品牌授权。

一、澳门文化产业发展战略研究的背景、依据和原则

澳门文化产业发展战略研究，是在澳门实现经济适度多元发展的战略转型基础上提出来的。从澳门的基本文化情况出发，研究澳门文化产业发展的战略选择与战略取向，提出可供特区政府制定澳门文化产业发展战略参考的决策咨询意见，是本报告的根本出发点。

（一）澳门文化产业发展战略研究的根本背景

全球化、文化与技术竞争，正在深刻地改变着全球力量格局与发展走向。文化产业作为最具全球化特征的新经济形态，融合了文化与科学技术的最新成果，成为人类新的财富创造与财富增长形态。发展文化产业正在和已经成为发达国家21世纪的国家战略。面对全球经济的深刻变动和发展趋势，澳门必须重建自己的发展模式，利用澳门独特的区位优势、“一国两制”的制度优势和发达的服务业优势，发展文化产业。这就需要重新思考如何将澳门的文化、艺术、博彩和会展融合成澳门新的竞争优势，推进澳门经济适度多元发展的战略目标的实现。

1. 文化产业是知识经济时代的战略产业

21 世纪将是知识经济占主导地位的世纪，文化产业是知识经济和知识产业的重要组成部分。文化产业的世界强国，不仅影响世界经济走向，而且影响人类的生活方式。

根据传统的三次产业分类，服务业包括农业和工业以外的所有产业。当服务业比重超过 70% 的时候，就意味着传统的三次产业分类已经不能反映经济的真实结构，需要对它进行改进。于是，不同的产业分类被提了出来。例如，马克卢普（Machlup，1962）提出知识产业，波拉特（Porat，1977）提出信息产业，贝尔（1999）提出第四产业和第五产业，派恩和吉尔摩（2002）提出体验经济等。体验经济理论认为，世界经济发展可以分为农业经济、工业经济、服务经济和体验经济等四个阶段。体验经济与文化产业的概念有密切关系。经济合作与发展组织（OECD，1996）发表《以知识为基础的经济》，知识产业和知识经济的观点逐步受到国际学术界的接受。

经济合作与发展组织对其成员国的知识产业进行了跟踪分析。他们发现其部分成员国的知识产业比重已经超过 40%。但是，经济合作与发展组织关于知识产业的定义过于宽泛，影响了它的分析结果。联合国教科文组织在《2000 年世界文化报告》中分析了 1980 年和 1997 年世界主要国家文化贸易的情况，他们发现不同国家的文化贸易占 GNP 的比例相差很大，例如，爱尔兰达到 38%，英国约为 6%，美国约为 2%；美国文化贸易总量达到 1775 亿美元，远远超过其他国家。

文化产业是知识产业的重要组成部分。最新统计资料显示，2004 年，美国的文化产业已经占到当年 GDP 的 21%，日本占当年 GDP 的 18.5%，韩国占当年 GDP 的 15%。目前，地球上有 60 多亿人口和数千个民族，每一个民族都有自己的文化，每一个民族都可以利用自己的文化发展文化产业。虽然每一个民族都是平等的，每一种文化都是平等的，但是，不同民族的文化的先进性是不同的，它们的国际影响也不同，它们的世界市场和市场价值的大小也不同。文化产业强国不仅影响世界经济，而且也影响未来世界文明格局的演变。

（1）文化产业对世界经济的影响

文化产业首先是一种经济活动，服从于市场经济的基本规则。文化产业对世界经济的影响集中反映在四个方面：①推动知识经济和经济现代化，提升产业结构水平；②推进文化资源的开发和利用，减少对自然资源的依赖和消耗；③促进文化产业自身的发展，包括生产要素和市场的国际化、文化产业的经济制度的国际趋同等；④扩大全球的经济不平等，影响世界经济秩序和格局。

（2）文化产业对世界文明的影响

文化产业同样是一种传播活动，服从于国家利益的基本准则。文化产业的发展，必然伴随着文化观念和思想的传播。由于不同民族的人口和地理规模不同，文化的先进性和历史性不同，他们的文化的强度和影响力有很大差别。文化产业对世界文明的影响集中反映在四个方面：①促进人类文明的进步，包括促进先进文化的演化和传播，促进落后文化的进步；②促进和保持文化多样性；③可能导致弱势文化消失；④可能影响民族和国家稳定，导致国家利益冲突。

（3）文化产业对世界未来的影响

文化产业不仅产生财富和就业，而且传播价值观、思想和知识。强势文化、先进科技、先进管理和全球市场的结合，必将产生文化产业的世界强国。这些文化产业强国，不仅占领了全球文化市场的大片领域，获取了全球文化市场的高额利润，而且将自己的强势文化传播到地球的每一个角落，影响人们的思想观念，影响其他国家的发展，影响世界未来的走向。

在21世纪，文化产业成为国民经济的战略产业，文化产业的世界强国将影响整个世界，影响人类的生活、知识和观念。

2. 文化产业是知识经济时代国家竞争力的新指标

核心竞争力的培育形成与经济增长方式之间存在着同构关系。不同时代的生产力发展水平决定了经济增长方式的选择，也决定了核心竞争力的内容。

由于文化产业同时具有文化价值的传播力和经济价值的资本力，文化产业正日益发展成为人类社会新的财富增长形态，核心竞争力的形态也随之发生了根本性的战略转移。英国、日本、新加坡、韩国、法国等国家纷纷制定新的国家文化战略，把发展文化产业、创意产业或文化创意产业作为本国国民经济和社会发展的新的增长点，从而在实现经济增长方式的战略性转移过程中克服和解决在现代化发展过程中所发生的一系列危机，进而培育本国新的竞争力形态，保持本国在全球化过程中的竞争地位。

全球性核心竞争力形态的转移正在向中国发展。东部沿海地区已经并正在通过大力培育新的产业形态，实现经增长方式的转变，进而在这个过程中锻造新的核心竞争力。澳门长期以来主要依托博彩旅游业建构自身的核心竞争力，这在今后的一段时间内，还将仍然是澳门的核心竞争力之一，但是，面对来自美国、新加坡等各个方面竞争澳门博彩旅游业的形势，澳门要在未来15年中获得可持续发展，就不能不在转变经济增长方式和培育新的核心竞争力上开辟新的前进道路。而大力发展文化产业在这个意义上同时具有这两个方面的意义。

20世纪90年代以来，文化产业成为全球发展最快的产业之一，被称为“无烟工业”和“朝阳产业”，是不少发达国家最重要的支柱产业之一。目前，发达国家的文化产业在GDP中的比重普遍都高于10%。自1996年以来，美国的文化产品出口就超过航天航空工业，成为第一大创汇产业。日本文化产业的规模比电子业和汽车业还要大，截至2005年年底，日本与动漫有关的市场规模已经超过2万亿日元，动漫成为日本第三大产业，占世界市场的62%。

3. 文化产业是当代中国现代化的战略产业

根据《中国现代化报告》，2001年，中国在世界108个国家中，第一次现代化实现程度排名第62位，第二次现代化指数排名第59位，综合现代化水平指数排名第60位。如果21世纪中国能够保持20世纪后50年的平均现代化速度，那么，中国大约在2020年前后完成工业化、城市化和第一次现代化；在 2050 年前后达到当时世界中等发达国家水平，全面进入第二次现代化；在 21 世纪末达到当时的世界发达国家水平，完成第二次现代化。中国现代化战略研究课题组认为，中国应该选择两次现代化协调发展的道路，同时推进工业化和知识化，这是史无前例的世纪挑战。

很显然，中国现代化需要完成工业化和知识化的双重任务。工业化的特点是农业比重的下降和工业比重的上升。工业包括采矿业、建筑业、制造业和公共事业，其中，制造业是工业化的战略产业。知识化的特点是物质产业比重的下降和知识产业比重的增加。知识产业包括知识生产业（研究与发展、高技术产业）、知识传播业（教育培训业、信息技术产业和文化产业）和知识服务业（专业服务、医疗服务和政府民用服务），其中，高技术产业、高等教育和培训业、信息技术产业和文化产业是知识化的战略产业。

我国产业战略的核心是新型工业化，用信息化带动工业化，用工业化促进信息化。这种战略包括五个战略产业，即制造业、高技术产业、信息技术产业、文化产业、高等教育与培训产业，其中部分产业与制造业有一些交叉。在五大战略产业中，制造业和高技术产业等需要自然资源和先进科技为支撑，简称为自然资源依赖型战略产业；文化产业、信息技术产业、高等教育和培训产业等需要文化资源和先进科技为支撑，简称为文化资源依赖型战略产业。

发展自然资源依赖型战略产业是必需的，但将面临资源瓶颈和环境压力，因为中国是一个自然资源相对贫乏的国家，人均耕地不到世界平均值的一半，人均淡水资源仅为世界平均值的四分之一。发展文化资源依赖型战略产业同样是必需的，但将面临思想解放和观念压力，因为中国在文化产业的许多方面仍然存在政策盲点和观念误区。但是，中国具有发展文化产业的巨大潜力，因为中国是有 4000 多年悠久历史的文明古国，1999 年世界文化遗产有 23 处，排世界第四位。而且，发展文化产业是经济和文化现代化的需要，也是维护国家安全和民族文化的战略需要。

据国家统计局《2006 年我国文化及相关产业统计报告》统计，2006 年，中国内地实现文化产业增加值 5123 亿元，比上年增长 17.1%，高出同期 GDP

增长速度 6.4 个百分点，高出同期第三产业增长速度 6.8 个百分点，其中“核心层”在文化产业中的比重提高：

表 1　2004 年与 2006 年文化产业增加值与从业人员比较

分类	文化产业增加值		文化产业从业人员	
	2006 年	2004 年	2006 年	2004 年
核心层	42%	38%	34%	31%
外围层	18%	20%	17%	17%
相关层	40%	42%	49%	52%

2006 年文化产业增加值占 GDP 的比重为 2.45%，比 2004 年增长 0.3%。2006 年，我国内地文化产业从业人员达 1123 万人，文化产业从业人员占全部从业人员的比重为 1.48%，比 2004 年提高 0.16 个百分点，2006 年文化产业从业人员人均创造增加值 4.52 万元。文化产业快速发展高于国民经济的发展，将成为我国国民经济的支出产业。

（二）澳门文化产业发展战略研究的核心依据

1. 培育新的核心竞争力，从根本上转变澳门国民经济和社会发展方式

核心竞争力的培育形成与经济增长方式之间存在着同构关系。不同时代的生产力发展水平决定了其经济增长方式的选择，也决定了核心竞争力的内容。由于文化产业同时具有文化价值的传播力和经济价值的资本力，文化产业正日益发展成为人类社会新的财富增长形态，核心竞争力的形态也随之发生了根本性的战略转移。英国、日本、新加坡、韩国、法国等国家纷纷制定新的国家文化战略，把发展文化产业、创意产业或文化创意产业作为本国国民经济和社会发展新的增长点，从而在实现经济增长方式战略性转移的过程中克服和解决在现代化发展过程中所发生的一系列危机，进而培育本国新的竞争力形态，保持本国在全球化过程中的竞争地位。

全球性核心竞争力形态的转移正在向中国发展。东部沿海地区已经并正

在通过大力培育新的产业形态，实现经济增长方式的转变，进而在这个过程中锻造新的核心竞争力。澳门要在未来15年中获得跨越式发展，就不能不在转变经济增长方式和培育核心竞争力上开辟新的前进道路，而大力发展文化产业在这个意义上同时具有这两个方面的意义。

2. 培育新的经济发展形态，实现澳门经济适度多元发展

全球经济正在出现以高新技术为支撑的知识经济，转向以信息技术为核心的、以知识为基础的非物质经济转移的发展趋势。建筑工业向都市产业的转型、服装工业向符号产业的转型、印刷工业向媒体产业的转型、医疗工业向健康产业的转型、科贸工业向会展产业的转型、电讯工业向数字产业的转型、国家制造业向文化创造的非物质制造业的转型、交通工业向物流产业的转型，都昭示着一个从物质经济时代向非物质经济时代占主导地位的人类文明发展的新时代正在到来，培育以非物质经济为核心的新的经济发展形态正在发展成为全球性发展趋势。澳门传统经济比重较大，资源和环境压力日趋严重，面对世界财富大转移的战略机遇适时地实现文化产业发展新战略，把文化产业作为新的经济发展形态来发展，实现澳门从物质经济向非物质经济，从博彩经济向文化经济的转变，既是澳门与世界接轨的生产力结构和文化支撑体系重建的必然要求，也是澳门从根本上克服自身发展困境的根本需求。

经济适度多元发展的战略需求，提出了澳门必须开始重塑自己的经济与文化要求。利用澳门的文化优势和特区优势发展文化产业，符合世界经济转向的历史潮流和新一轮国际分工的趋势。这就需要我们思考如何将澳门已有的娱乐优势与新文化经济、商业和艺术相结合，融合成澳门发展新竞争优势。这是澳门发展的历史与战略机遇期。

3. 全面参与国家区域发展战略，推进我国文化产业战略格局的战略转变

区域发展战略是国家大战略。推动区域新发展模式与格局是今后相当长一个时期我国国民经济和社会发展的一个基本战略思路。区域尤其是大区域作为经济共同体，将极大突破现行的以行政区划为制度安排的经济发展和经济交往模式，区域与区域的竞争将成为不同经济体之间最主要的竞争形态。

共同市场与区域大市场的形成，将极大改变资源配置方式，各种形态的资本流将重新界定原有的区域概念。文化产业无论是作为经济形态还是作为文化形态，作为一种全新的资本形态，文化产业作为一种新的生产力量和资本力量都将使区域文化产业竞争不再是单一主体之间的竞争，而是区域对区域的竞争。因此，通过构建区域发展战略来重构本地区的竞争力量和竞争形态，已经成为中国大地上最令人注目的发展态势。

澳门作为大珠三角和泛珠三角区域战略格局中的一个重要组成部分，在中国区域战略发展的大变局中，应当扮演举足轻重的角色，以自己文化产业发展的战略性努力，成为中国文化产业发展重要的“增长极”，积极推进我国文化产业战略格局的转变。

4. 全面推进文化创新，实现澳门文化建设形态与文化发展形态的战略转变

澳门地处珠三角地区，在历史上曾经是中国大陆联系欧洲的政治、经济、文化中心和重要战略通道。经济适度多元发展必然提出澳门文化创新的要求。当不发展文化产业，澳门的文化建设便不能获得一种崭新的建设形态和发展形态的时候，文化产业的发展对于澳门的新文化建设就具有特别重要的意义。澳门是岭南文化和大香山文化的原产地之一，与中华文明一脉相承，郑观应在这里写下了《盛世危言》，孙中山从这里走向世界，利马窦从这里开始走进中华文化的博大精深，并把它介绍给世界。这样享誉世界的历史文化资源是历史的澳门文化创新的伟大成果。澳门能够在多大程度上在文化产业发展进程中实现主动发展的战略先机，取决于澳门在多大的程度上和多宽的领域里，以思想和文化领域里的全面创新走在珠三角的前面。在整个中国面临新一轮发展战略的历史要求，制定和实施《澳门文化产业发展彩虹计划》，就是要使澳门成为中国文化产业开放发展的重要基地，在实现澳门文化建设形态和文化发展形态的战略性转变中，重新把澳门建设成为岭南文化和大香山文化新的原产地。

（三）《澳门文化产业发展彩虹计划》设计的基本原则

工业时代的文化产业的特点是专业化、工业化和市场化，知识时代的文化产业的特点是网络化、个性化和全球化。目前，中国的现代化是两次现代化协调发展，走新型综合现代化道路，用知识化和信息化带动工业化和城市化，用工业化和城市化促进知识化和信息化。而且，中国已经是世界贸易组织的成员，参与经济全球化的国际竞争已经是我国的基本方针。在这种背景下，澳门的文化产业应该有高起点和高目标，应该有世界视野，瞄准全球市场。

1. 开发两个资源，瞄准两个市场：中国内地和国际市场

在经济全球化的大背景下，一个国家和地区的文化资源与市场可以被其他国家利用和开发，尽管国家和地区的文化与贸易政策会产生一些保护作用，但要成为区域文化产业的重要能级，澳门发展文化产业既要开发本地文化资源和市场，又要利用中国大陆和国际文化市场。发展文化产业，要充分利用和发挥这两个资源与两个市场的优势，满足澳门发展文化产业所必须要克服的文化资源短缺和文化市场狭小的局限的需求。

2. 区别对待资源，合理开发市场

每个国家和地区的文化资源不同，文化资源的市场价值和市场潜力也各异，区别对待不同文化资源是文化产业健康发展的前提条件。首先要对澳门文化资源进行系统调查、整理和统计；其次要对澳门文化资源进行市场价值和市场潜力评估；再次要对澳门濒危和损毁的文化资源进行抢救、保护和修补；最后要对澳门的重要文化资源进行系统研究、整理和评估。同样道理，每一个国家和地区的现代化水平不同，基本需要和高级需要的市场规模不同，生活习惯和文化需求也不同。深刻认识不同文化市场的特点，合理开发文化市场，是文化产业的成功条件。文化市场可以按地区划分，如国内市场和国外市场，也可以按文化资源的开发深度划分。我们建议对澳门文化产业的产品市场按三级划分：

第一级：初级产品市场。指文化资源的直接商业利用，如文化旅游、图书出版等。

第二级：中级产品市场。指文化资源的工业化再创造和利用，如电影、电视、艺术等。

第三级：高端产品市场。指文化资源的网络化、数字化再创造和利用，如网络电视等。

3. 既有战略布局，又要循序渐进

文化产业的发展，要有国家、地区和产业的战略布局，从近期、中期和远期三个阶段，初级、中级和高端三个市场，国内和国外两个资源与市场等角度进行纵深谋划。澳门文化产业的推进，既要循序渐进，逐步拓展，从国内到国外，从近期到中期，从初级到高端市场，也要充分利用澳门国际化程度较高的比较优势，选择高端切入，重点突破，采用以高端市场抬升初级市场的战略，缩小竞争差距。

4. 政府科学管理，市场规范导向

文化产业既是经济活动又是文化传播的双重性质，要求政府管理必须科学，文化企业高度自律。澳门是一个高度自治的社会，实施文化产业发展彩虹计划，需要政府的政策扶持和大力推动。政府不作为，不仅不利于澳门文化产业的发展，反而会有损澳门文化产业发展的整体利益。澳门已经出现国际文化产业集团挤压本澳文化产业发展空间的态势。政府必须而且应当迎接这样的挑战，并且把挑战作为澳门发展文化产业的战略机遇。澳门虽然曾经因为失去18世纪工业化的机遇而走向衰落，我们不能因为失去21世纪知识化的机遇而放弃澳门文化复兴。政府的科学管理将起决定性作用。

澳门是一个高度市场化和国际化的社会，市场取向是它的基本原则，要充分发挥市场在文化资源配置中的基础性作用。但澳门又是一个法治社会，通过法律程序和运用法律杠杆调控与规范文化市场发展，建设在法制框架下的澳门文化产业发展体系，是澳门文化产业发展及其战略规划必须坚持的原则。将政府的“科学管理”作为新发展的机遇，积极参与国际文化市场竞争，参与推动澳门经济适度多元发展的战略转型，提升澳门的国际竞争力。

二、澳门文化产业发展形势分析

澳门文化产业发展形势包括两个层面。一个是外部层面，一个是内部层面。

从外部层面来看，澳门文化产业发展是珠三角地区和中国文化产业发展的一个重要组成部分。珠三角文化产业和中国文化产业发展的任何变化，都会给澳门文化产业发展带来深刻的变化和影响，因此，分析澳门文化产业发展形势就必须把它放到珠三角和中国文化产业发展的整体形势中进行。由于澳门作为中国的一个单独的关税区已经加入世界贸易组织，是世界文化市场的一个重要组成部分，因此，全球化也就在客观上自然成为澳门文化产业发展战略更为宏大的外部环境。由于这一外部力量和外部因素更主要的是通过国际文化产业分工层面反映出来的，因此，当我们在思考外部形势的时候全球化是蕴含其中的。

从内部层面来看，澳门文化产业发展是澳门国民经济和社会发展的一个重要组成部分。澳门文化产业发展在整个澳门国民经济和社会发展中的地位与作用，不仅直接决定了文化产业在未来澳门社会发展中的影响，而且还直接关系到澳门文化的建设能够在多大程度上为澳门的国民经济和社会发展提供智力支持和文化条件，直接关系到澳门经济发展方式的战略性转变。因此，分析澳门文化产业发展形势，就必须分析澳门文化产业发展的现状，包括它的优势与困难。

澳门文化产业发展是整个珠三角文化产业发展战略的核心之一。国家关于建设重点文化产业带的战略规划的提出，使得关于澳门文化产业的发展战略问题成为整个珠三角和中国文化产业发展战略及其格局演变过程中的一个重要组成部分。因此，分析和研究澳门文化产业发展现状和发展形势，研究澳门文化产业发展战略，就必须把它放到整个中国文化产业发展的大格局中去，从整个中国文化产业发展格局运动的整体态势中，选择和制定《澳门文化产业发展战略的彩虹计划》。

（一）澳门文化产业发展的外部环境

影响澳门文化产业发展的外在变量是很多的，包括政治、经济、文化和社会各个方面。在这里我们主要分析文化产业发展形势的两种外在变量。

1. 中国与世界文化产业发展的总体格局与发展趋势

（1）中国文化产业发展的总体态势与战略格局

澳门是中国的一个特别行政区，中国内地既是澳门发展的战略后方，同时也是澳门发展最大的市场腹地。澳门文化产业发展同时需要这两个方面的战略支持。因此，中国文化产业发展的总体态势与战略格局，对于澳门发展文化产业具有特别重要的意义。

——《国家“十一五”时期文化发展规划纲要》的编制完成，标志着中国文化产业发展已经进入国家战略时代，将长期影响中国国民经济和社会文化发展。构建和谐社会、和谐文化的伟大目标将成为校正中国文化产业发展战略走向的指南。

——文化产业作为国家发展道路的重要领域和重要形式，更加自觉、更加主动地推进文化产业的大发展、大繁荣，将长期影响中国文化产业政策走向和成长空间。公民文化权利的充分实现、公民文化利益的充分享有和公民文化民主的充分建立，是构建和谐社会过程中文化建设的重要内容。能否把文化产业的积极成果转化成可供公共文化消费的公共文化产品和公共文化服务，为社会公平和公民精神健康提供价值体系与价值观支持，将成为中国文化产业发展战略的新的价值取向和衡量标准。

——全面履行加入世贸组织的承诺，进一步放开文化产业的市场准入，积极推进多种所有制成分参与文化产业的市场竞争，将成为中国发展文化产业坚定不移的国家政策。文化体制改革的不断深化和新鲜经验的创造，将为中国文化产业创新体系的建设开辟新的发展道路和制度创新。文化产业市场行为规范将随着文化产业市场准入的进一步开放而进一步制度化和法制化，文化法律建设的进一步到位将使中国文化民主建设进入一个依法管理的历史新时期。

——在经济结构的战略性调整中，全面推进文化产业结构的战略性调整，通过深化文化体制改革实现文化产业结构与布局的战略性转移，提高文化产业的核心竞争力和综合竞争力，满足广大人民群众多样化的文化消费需求，将成为国家发展文化产业的主要目标，传统文化产业和新兴文化产业的竞争将更加激烈。文化产业数字化发展是未来中国文化产业发展的总趋势，将继续引领中国文化产业技术革命的潮流。

——区域文化发展战略的重新部署将带来地区文化产业的大变局，大区域文化产业集群的崛起将深刻改变中国文化产业区域发展的力量结构，实现文化产业的跨行业、跨地区、跨媒体发展，打破传统的文化产业空间模式，将成为在规划新的区域经济空间布局的同时实现对区域文化产业空间布局的战略性调整的最重要取向。加强长三角、珠三角和环渤海湾三大重点文化产业带建设战略目标的提出，为中国文化产业的区域发展和区域布局提供了巨大的想象空间和改革空间。这就使三大重点文化产业带在新的中国文化产业力量格局和整个中国文化产业综合国力的形成过程中将起决定性作用。

——创意产业的兴起和发展，在为传统的制造业发展与改造提供新的支持系统和可持续发展因素的同时，将深刻地带动中国文化发展的创造性，为文化产业发展提供新的思维空间。艺术设计和艺术创造起着十分关键的作用。艺术设计和艺术创造在改变传统制造业和传统经济的同时，正在改变着人们对历史物质遗产的重新认识。历史人文价值的再发现，会对文化产业的发展和人们关于发展文化产业的思维方式提供巨大的推动力。物质经济和非物质经济将在文化创意产业的运动过程中碰撞出新的生产力形态。

——文化产业在为转变经济增长方式提供新的战略选择的同时，文化产业将面临自身增长方式的战略性转移，以版权产业为核心的文化产业将成为文化产业发展的主流和文化产业综合竞争力强弱的战略性标志。实现文化产业增长方式的战略性转型，中国文化产业发展才能够在文化和经济两个方面在国民经济和社会发展过程中，在中国构建和谐社会的进程中发挥战略作用。而这一战略目标只有在全面的文化创新能力的根本提升过程中才能实现。

中国文化产业是一个正在发展中的中国文化建设与发展的重要内容，在不同阶段呈现出不同的特点是它的基本特征。关注中国文化产业发展的特点，把握中国文化产业发展的总体趋势，是选择和制定澳门文化产业发展战略，坚持科学地发展文化产业的重要前提。中国正在走向文化产业的战略时代。深入研究中国文化产业发展的特点和趋势，对于构建澳门文化产业发展战略、推进澳门全面的文化产业体系的建构具有特别重要的意义。

（2）世界文化产业发展的变化趋势

作为中国的一个特别行政区，澳门享有在“基本法”基础上的高度自治。有着以“中国澳门”的名义参与国际组织和经贸活动的权利。在获得深度参与世界市场竞争所得到的利益的同时，也比中国内地城市更容易遭受世界市场变动的影响。因此，世界文化产业发展的变化趋势，是澳门发展文化产业必须认真和高度关注的另一个外在变量。

——全球范围的经济结构的战略性调整中文化产业的比重日益增大，文化产业大国正在向文化产业强国发展，正在影响世界文化力量结构的变动，主导着世界文化的发展和国际文化秩序的重组，文化产业将进一步成为更多国家对外贸易的主导产业和经济发展的国家战略；国际文化贸易在国际贸易中的比重日益加大。大力发展文化产业，文化立国正在成为重要的国际战略。①

① 1994年澳大利亚发布第一个国家文化发展战略，将发展创意产业作为国家战略加以实施；1997年，英国成立“创意产业特别工作组”，颁布《文化创新十年规划》，把发展创意产业确立为国家发展战略；1998年新加坡发表了《文艺复兴：创意新加坡》，将创意产业定为21世纪的战略产业，提出要成为“一个全球的文化和设计业的中心”的战略目标；1998年，日本制定《文化振兴综合计划》，提出了“文化立国战略”，并于1999年至2001年分别制定了《文化产业发展5年计划》和《文化产业发展推进计划》；1999年韩国国会通过《文化产业振兴法》。20世纪90年代以来，美国历届政府都把文化发展战略纳入《美国国家安全战略》，在全球范围内推行美国文化贸易自由化政策，通过公共外交和政府攻关两个层面实行美国文化产业的全球扩张。

——世界文化正在经历一场以数字化、信息化为内容的深刻革命。以信息技术为代表的现代科技，正在引发一场世界文化发展的深刻革命，文化产业作为当今人类社会新的财富创造形态及其所产生的巨大的乘数效应，正日益引起国际社会的激励竞争，世界文化发展出现了新的发展趋势和特点。文化产业数字化、信息化和全球化趋势将给整个世界文化发展带来革命性变化，传统意义上的文化形态、文化生态和文化存在都将在这个过程中转型，以获得全新的生命形态，人类社会关于世界的价值观念及其价值系统，都将在这个过程中完成它历史的必然要求所带来的全面革命。文化产业发展的现代化程度成为衡量大国文化地位和国际文化影响力的重要标志。

——跨国文化产业集团和国际文化组织的影响日益增大，已经成为影响国际文化关系和国际文化秩序重建、世界文化产业格局变动和世界文化市场走向的重要力量。

——文化已经成为国际政治、经济和军事斗争重要的外交领域，关于文化市场准入和国际文化贸易规则与自由化问题，将深刻影响世界文化产业利益格局的变动和国际文化新秩序的建立；争夺世界文化战略资源的斗争将空前激烈，标准、规则、人才将成为最主要的战略资源。

——经济全球化与世界文化多样性要求之间的矛盾和冲突进一步加剧，弱势文化的极端边缘化和极端贫困化将导致世界文化发展的不安全因素进一步增大，世界文化市场将出现被少数文化产业强国垄断的局面。

（3）国际机遇和有利条件

——和平的国际环境为中国在较长时期内实行以经济发展为中心的富国强民战略提供了依据。只要不发生世界范围内的战争，只要中国与周边国家和地区不出现大的冲突，中国就完全有条件集中力量进行经济建设。中国的长期繁荣和稳定，必然给澳门经济增长和社会繁荣带来文化产业的发展红利。

——经济全球化和国际格局多极化，有利于中国更好地发挥大国的独特作用，谋取更多的国家利益和民族利益。“一国两制”的实施，不仅创造性地解决了香港与澳门的发展身份和发展地位问题，而且也使得中国以更加多样化的力量形态参与世界资源配置和国际市场竞争。澳门的国际自由港地位的确立，使得澳门可以在开辟国际文化市场、发展文化产业方面获得更多的制度红利。

——中国—东盟自由贸易区（简称为 CAFTA）的建立和共同市场的开拓，将成为未来澳门文化经济和文化产业发展潜在的巨大市场。[①] 根据“10+1”的 CAFTA 合作协议，中国与东盟已经在大湄公河流域等多个领域，开展了包括旅游、生态保护等在内的广泛合作。根据 CAFTA 协议，到 2011 年，中国与东盟 10 个国家相互间的关税将降低到 5% 以下。届时，中国—东盟自由贸易区将成为亚洲第一、全球第三大的自由贸易区。这对澳门发展文化产业而言，将是一个巨大的文化产品消费市场。

——中华经济圈的形成和海外华人经济的崛起，将对中国经济发展和进入世界市场产生全方位的影响。随着中国的日益强大和对外开放的全面发展，中国经济与东亚、东南亚地区的华人经济所具有的天然的、紧密的联系必将进一步加强。海外华人是中国经济发展有别于其他大国的独特的有利条件，也是扩大中国对国际市场影响的重要途径。澳门与海外华人社会有着广泛、深入而紧密的联系，是中国联系海外华人的重要纽带，特别是与葡语国家华人社会的联系，有着为中国其他地区所没有的优势，这就为澳门发展文化产业的海外市场提供和创造了极为有利的国际发展机遇和有利条件。

（4）国际挑战与不利因素

——国际资本深度参与澳门博彩业竞争，将进一步强化澳门博彩经济的刚性结构。美国等国际资本进入澳门博彩业，不仅造成了澳门博彩业竞争格

① 东盟现拥有十个成员国，即印尼、新加坡、泰国、菲律宾、马来西亚、文莱、缅甸、越南、老挝和柬埔寨。东盟总面积约 450 万平方千米，人口约 5.4 亿，预测到 2010 年，东盟 GDP 总值可望达到 9600 亿美元。自 1990 年以来，中国与东盟国家的贸易额以年均 20% 的速度快速递增，中国已经成为东盟最重要的贸易伙伴之一。至 2010 年，自由贸易区内将拥有 20 亿人口，国民生产总值近 2 万亿美元，贸易总量将达 12000 亿美元。

局的变化，而且造成了澳门主导产业整个资本结构的变化。[①] 这种变化对澳门来说具有特别重要的战略意义。由于博彩业主导着澳门国民经济和社会发展的命脉，因此，澳门博彩业资本结构的战略性变化，就不仅是博彩业一个行业的发展问题，而且直接影响到整个澳门国民经济和社会发展的整体性战略问题。正是在这一背景下，澳门经济发展原本就已经存在的结构性矛盾开始发生深刻的变化，产业经济发展的结构性矛盾正朝着更为深层次的产业资本的结构性矛盾转化。产业结构性矛盾与资本结构性矛盾所引起的共振一旦发生，将会给澳门的国民经济和社会发展带来破坏性影响。这种影响的后果绝对不亚于东南亚金融危机曾经给整个东南亚地区国民经济和社会发展带来的灾难性影响。尤其需要引起高度警惕的是美国的一贯战略——通过经济投资而左右一个国家和地区政治，进而进一步通过政治控制一个国家和地区的经济命脉。美国势力在澳门的崛起，将构成对澳门未来发展最强有力的挑战和最严重的威胁。因此，在思考和选择澳门经济适度多元发展时，必须建立起包括资本结构适度多元发展在内的新指标，以两个适度多元共同推进澳门的持续稳定繁荣发展。

——区域博彩经济竞争的扩张，导致澳门博彩业竞争环境日益严峻。澳门以博彩业为主导的单一的产业经济结构是在区域经济竞争中形成的，因此，也必将还会遭遇到区域经济竞争新的严峻挑战。周边地区和国家对博彩业在法律上的解禁，在各地区博彩业格局带来深刻变化的同时，正在和已经给澳门博彩业带来巨大的冲击。这种冲击除了表现为市场形态之外，更为重要的是还可能给澳门市民社会的心理带来新的变化和压力，反映在澳门社会整体性地对澳门博彩业发展的集体焦虑。

——新的国际文化产业分工体系的形成，使得澳门发展文化产业面临挑战现有国际文化产业战略格局的风险。更能够反映周边国家和地区国民经济

① 在博彩业开放之前，美国在澳门居留的人士只有300人左右，美国人在澳门的投资近乎零。开放后，由于6家博彩持牌机构超过一半是由美资经营者控制，澳门经济命脉的博彩业变相被控制在美国资本手中。

和社会发展战略转型的是对关于文化产业发展战略和策略的制定与实施。日本、韩国、新加坡以及中国香港和台湾地区，近几年来都纷纷把发展“内容产业”“创意产业”“文化创意产业”等等作为实行经济发展战略转型的最重要的战略选择之一。

出于长远的国家发展战略，2002 年新加坡就提出了“城市复兴计划”，其中就把发展创意产业，提出“‘新加坡设计’发端作为第一个国家合作战略，它将带动设计的进步，激活我们的商业、艺术、文化和技术资源以及能力。它将努力实现设计体系内不同环节的汇聚，包括企业、技术和教育”。该战略研究报告提出：“在过去经济和城市发展的 30 年中，设计消费和进口已经超过了本土设计的供给和出口……必须后来居上，把新加坡视为一个全球产品设计、内容设计、服务设计等集中的文化和商业中心。”从联合国提供的资料看，中国大陆、日本和新加坡是亚洲三个最大文化用品输出地区。

表 2　2002 年亚洲主要国家和地区的文化用品输出贸易金额统计表

单位：万美元

	古董	书籍	报纸杂志	其他出版物	音乐媒体产品	视觉艺术产品	视听媒体产品	总计
中国大陆	237. 2	40910. 6	461. 2	9242. 0	25493. 6	222964. 9	228180. 4	526490. 0
中国香港	49. 0	25841. 6	3514. 9	1814. 4	25452. 9	759. 2	353. 8	57785. 8
日本	805. 4	10752. 4	3444. 0	1519. 0	37145. 6	60394. 5	120807. 4	180513. 3
韩国	95. 2	7190. 0	366. 5	2491. 6	17486. 7	6910. 8	4303. 6	38844. 4
新加坡	368. 6	34986. 0	3593. 4	755. 5	155234. 4	1016. 8	4144. 4	200098. 9

在实现国民经济和财富增长方式的战略性转移的同时，营造国民经济和财富增长的新领域，是当今世界发展的一个潮流和趋势。澳门既然是在区域经济竞争过程中形成自己的产业结构特点的，那么，在今天澳门面临着新的历史发展机遇和挑战的形势下，也应当从区域经济的发展态势和发展趋势中、从世界发展的潮流中去寻求经济适度多元发展的澳门之路，从推动区域经济合作与发展中来确立澳门经济适度多元发展的坐标系统。建立澳门经济适度多元发展战略的两种动力机制，在提高澳门区域发展贡献度和区域合作可融度的境界上，赋予经济适度多元发展的新的内涵，在积极参与区域经济和文化竞争中实现澳门经济、社会、文化的多元发展。这应该成为我们思考澳门文化产业发展的价值取向。

（二）澳门文化产业发展的内部条件

内生变量是最后决定一个国家和地区文化产业发展前途与命运的根本性要素，同样也包括政治、经济、文化和社会四个方面。本报告在这里也主要分析对澳门文化产业发展影响最大的内部因素，即国际研究竞争力战略研究所提出的SWOT四要素：优势（strengths）、劣势（weaknesses）、机会（opportunities）、威胁（threats）。

1. 澳门文化产业的现况

迄今为止，澳门还没有建立关于文化产业的分类与统计体系。比照中国国家统计局关于文化产业的分类指标体系以及各有关国家和国际组织关于文化产业的划分，澳门的文化产业主要由印刷出版业、书报刊零售业、文化娱乐业（除博彩娱乐之外）、艺术表演业、图书博物馆业、休闲度假业、会议展览业、大众传媒业等构成，与此相关的还有古玩与艺术品流通业、工艺品美术业、音像制品业以及音响器材销售、文化用品租赁、维修服务产业等，构成了澳门文化产业的主要结构与发展的主要基础。

澳门在文化产业领域基本上没有相应的市场准入制度和产业政策。言论、新闻、出版自由、备案和申请许可是澳门文化管理的基本文化制度。

——澳门的娱乐业主要分为两大市场形态："特殊的娱乐业"和一般娱乐业。特殊娱乐业主要是指博彩娱乐业①，一般娱乐业主要是指以歌舞表演为主要形式的娱乐业。虽然博彩业在澳葡管制时期被称为"特殊的娱乐业"，但是，由于澳门现有博彩业的实际行业性质与国际社会所通行的关于文化产业的理解和划分有着根本性的区别，因此，本报告关于澳门文化产业分类并不包括博彩业（尽管在博彩场所也存在有一定形态和一定量的娱乐表演，但是，并不是澳门博彩业的主业形态）。根据国际社会通用的关于文化娱乐产业的划分标准，澳门以歌舞表演为主要形式的一般娱乐业共有四类：夜总会、迪斯科、表演场地和赌场内的表演场地。其中夜总会5家、迪斯科2家、表演场所4家、赌场内表演场所4家。渔人码头是一家综合性娱乐场所，作为一个集旅游观光和休闲娱乐为一体的大型专业娱乐场所如果经营得当，有望成为澳门有影响力的娱乐场所。由于现阶段还没有关于这些单位和场所的从业人员统计材料和经营收入统计，因此，关于娱乐业在整个澳门文化产业结构中的比重和在澳门整个经济发展中的地位，还有待具体数字材料的充实。

——旅游业是澳门除博彩业之外的第二大产业，同时又是与博彩业存在着极高的关联度的产业。从某种程度上说，旅游业与博彩业在澳门的整个产业结构中具有共生性。发达的博彩业是澳门旅游业的动能前提，同时繁荣的旅游业又是支撑澳门博彩业的强大基础。二者互为依托，缺一不可。虽然澳门人口仅为50万，但每年接待旅客超过1500万。2006年澳门入境游客达21998122人次，较2005年上升17.6%。2006年旅游总收入达125亿美元，占GDP的16%。澳门现有旅游公司（社）123家，最主要的有中国国际旅行社等。自从中央政府开放了内地游客港澳自由行后，澳门旅游业的客源结构

---

① 截至2006年，澳门以博彩为内容的特殊娱乐业由"三牌六家"构成：澳门博彩股份有限公司（简称澳博）、梅高美梦幻集团（MGMMIRAGE，简称梅高梅）、威尼斯人（澳门）股份有限公司（简称威尼斯人）、银河娱乐股份有限公司（简称银河）、永利度假村（澳门）股份有限公司（简称永利）、百宝来娱乐（澳门）股份有限公司（简称百宝来）。澳门最著名的15家赌场都在这些大公司旗下。2006年，澳门博彩业收入达558.8亿澳门元（69.85亿美元），缴纳的直接税超过171.98亿澳门元（21.5亿美元）。自20世纪90年代以来，政府约一半的年度收入来自博彩税，约占本地生产总值的三分之一。

发生了很大变化，内地游客成为主体，占全部游客的68%之多，游客消费结构也随之发生了变化。仅2007年1月，内地游客来澳旅游和消费同比增长了24.6%，香港和台湾分别增长了14.2%和12.3%。从2007年1月起，内地实施港澳自由行的城市又增加了石家庄、长春、合肥、武汉、郑州5个城市，使内地开放自由行的城市达到49个，遍及22个省、自治区、直辖市。截至目前，共有75个国家和地区的居民进入澳门享受免签证和落地签证。

正是由于旅游业与博彩业存在着密切的产业关联度，旅游业在整个澳门经济发展中具有举足轻重的地位，是整个澳门的支柱产业，因此，特区政府明确制定了以旅游博彩业为龙头、以服务业为主体、其他行业协调发展的经济政策，巩固澳门在区域经济中的独特角色。

——会展业是澳门最有发展前途的产业之一。澳门会展业起步较晚，原有场馆总面积不到2万平方米的、很成熟的会展活动也不是很多。定期举办的具有广泛影响的会议和展事主要有：一年一度的“澳门艺术节”“澳门国际音乐节”“澳门妈祖文化旅游节”“澳门国际投资展览会”“中国—葡语国家经贸论坛”等等。由美国拉斯维加斯金沙集团股份有限公司投资18亿美元兴建的金光大道“威尼斯人酒店”工程，于2007年年底完工后，包括7家酒店度假村、10000间酒店套房和10万平方米的会议展览场地，以及“亚洲最现代化、最令人兴奋的娱乐场”。届时，该会展中心的展览面积将达8万平方米，使澳门彻底摆脱展馆缺乏带来的发展困境，将给澳门会展业发展带来实质性的推动。2004年澳门会展业的收入低于1亿澳门元，预计2008年至2010年，会展业直接收入可达8亿澳门元。8倍的增长，有望使澳门成为亚太地区会展业增长最快的城市!

——印刷出版业。澳门的印刷出版业历史悠久，早在1822年澳门的葡萄牙人就出版了《蜜蜂华报》(周报)，被称为中国现代报纸的摇篮。1897年澳门人自己办的报纸《知新报》正式出版并发行到美国旧金山，日本东京、横滨、神户和新加坡等地，影响极大。澳门印刷出版业非常发达，人均拥有率相当高。在不到30平方千米的面积和40多万人口中，澳门现有30家出版社，出版发行报纸21种。其中中文报纸8种①，总印数超过10万份。《澳门日报》是澳门发行量最大的报纸，集中代表了澳门当今出版业的综合实力；中葡文周报13种②，期刊共有13种③。比较活跃的出版社有澳门基金会、澳门“文化局”出版部、澳门星光出版社、《澳门日报》出版社、澳门五月诗社、澳门国际名家出版社、澳门东方文萃出版社等7家。④ 澳门是多元社会，办报和结社一样自由。书报刊出版过剩，能赢利的出版单位并不多，这是澳门印刷出版业的一个显著特点。同时，澳门位于珠江三角洲南端，与香港、广州呈三足鼎立之势，交通发达，信息灵通，受到邻近城市报纸、杂志和图书进入的威胁，运用高新技术手段提高印刷出版手段和能力，是澳门印刷出版业的又一个特点。

——澳门的广播、电影电视业规模不是很大，但很发达。澳门现有两家广播电台和一家电视台，另有三家以澳门为基地提供卫星电视广播服务的公司，没有电影公司。除了曾经拍过《大辫子的故事》等之外，澳门的电影也还是一个空白。星丽门影视城在氹仔的开工建设，标志着澳门文化产业格局的新变化。

——在演艺产业方面，澳门最主要的艺术院团是澳门乐团和澳门中乐团，最主要的剧院是澳门文化中心多功能综合剧院；岗顶剧院是澳门最古老的歌剧院。澳门民间经营的剧场不多，渔人码头可能是最典型的。政府是澳门演艺业最主要的投资人。澳门目前最大的剧院是澳门文化中心多功能综合剧院，承担着澳门几乎所有戏剧演出。威尼斯人度假村的投入使用，其拥有的2万个座位的大型演出场所，将从根本上改变目前澳门演艺场馆和演艺产业的

---

① 主要有《澳门日报》《华侨日报》《大众报》《现代澳门日报》等。

② 主要有《时事新闻》《澳门经济报》《讯报》《葡华导报》等。

③ 比较著名的有《文化杂志》《行政杂志》《澳门研究》《濠镜》《活流》《语业》等。

④ 出版了《澳门丛书》《澳门论丛》《新澳门论丛》《澳门文化丛书》《文献与评论丛书》《澳门译丛》等数百种，还编辑出版了《澳门总览》《澳门年鉴》和《澳门百科全书》等大型工具书。据《澳门基金会出版目录》统计，截至2006年，澳门共出版中文各类图书种，如葡文图书种、英文图书种，涉及政治、哲学、宗教、社会、史地、语文和美术等7大图书分类领域。

格局。

——本报告将澳门世界文化遗产也纳入文化产业的重要内容。这是因为，在澳门的历史城区不仅包含着今天澳门文化产业最主要的内容形态，而且还拥有澳门未来发展文化产业最核心的文化资源储量。以澳门历史城区为主要内容的世界文化遗产具有主题公园的性质，是体验、休闲、旅游和娱乐类产业的重要组成部分。

——在视觉艺术产业方面，澳门有非常好的博物馆和艺术馆。博物馆和艺术馆是构成现代视觉艺术价值链和产业链的重要组成部分。由于它们具有公共文化服务机构的特性，所以，在通常的情况下都不把它们纳入文化产业的范围之内。然而，考虑到它们在构筑澳门整个文化产业价值链中不可替代的作用，本报告在讨论到某些相关文化产业的发展思路的时候，还是会把它们设计进去。

2. 澳门发展文化产业的有利条件

澳门文化由多种不同文化共同构成，澳门的优秀之处就在于可以让各种文化同在，并且相安无事，维持着各种文化原有的特性，而文化特殊性则是文化多样性的基础。

——独特的历史文化优势。澳门是中华文化版图形成的重要地带之一，是一座历史文化名城。澳门黑沙遗址考古发掘成果显示，早在4000年前，澳门的先民们就已经创造了玉器文化。400多年前，澳门开始了对外交往的历史。在很长一个时期内，澳门始终是中国对外经济、文化交流的中心。400多年同西方经济、文化交流的历史，长期的融汇和融合、沉淀和累积，形成了澳门独特的多元文化共同发展的模式和澳门完整的历史文化资源构造体系，尤其是在澳门出现的中国与葡语国家“混合”文化元素所创造的澳门历史城区——世界文化遗产，其独特性和文化资源构造的完整性和丰富性在区域文化构造中具有独一无二的鲜明优势，令澳门在享有“东方赌城”之誉的同时，更享有“东方文化都市”的美誉，为澳门发展文化产业提供了充分的历史文化条件。

——良好的区位优势。澳门位于中国东南沿海，地处珠江三角洲西岸，与广东省珠海市相接，与香港隔水相望，共同构成粤港澳珠三角经济区，和长三角成南北呼应之势，是中国经济发展最迅速的中心之一。澳门背靠地广物丰的中国大陆腹地，往西北可深入广西、云南、四川等地，向北通过铁路和公路联网，可到达湖南、江西等“泛珠三角区域”的广阔腹地。澳门距离东南亚、中国台湾地区的航程（飞机）只需2~3小时，是东南亚与东北亚航线的中继点；以澳门为圆心的5小时的飞行半径内，居住着22亿人，而拉斯韦加斯相同的飞行半径内，只有4.1亿人口，如果以此为澳门市场的空间认识，则是一个占世界三分之一的大市场。巨大的交通便利，广阔的市场纵深，为澳门国民经济和社会发展提供了巨大的发展潜力和发展空间。

澳门是连接中国内地和台湾及东南亚的结合部，处在两个经济增长极之间，是中葡经贸和文化交往的主要连接点之一。澳门这一明显的区位优势在文化产业发展中并没有得到科学的利用和充分的发挥。

——“一国两制”的制度优势。“一国两制”是中国正确处理香港和澳门问题而制定与实施的基本国策。一个国家两种制度，赋予了澳门独特的政治地位和自由港经济政策的体制优势。依照《澳门特别行政区基本法》的规定，澳门享有行政管理权、立法权、独立的司法权和终审权，还可以“中国澳门”的名义参加国际组织和国际会议。在经济文化领域，澳门享有根据本地整体利益和基本法的规定自行制定旅游娱乐业和相关文化领域的基本政策与法律，拥有发展文化产业的高度自治权。

——营销环境的市场优势。澳门是低税区。低税率一向是澳门吸引外商和海外雇员到澳门办事或工作的优势。除税率低之外，没有开征增值税和遗产税等等，因此，在经营环境等方面，澳门拥有和其他国家与地区相比的明显优势。根据《2002年中国城市竞争力报告》，澳门在中国城市综合竞争力居全中国200多个城市中第五位。其中，澳门的营销竞争力是各项指标中得分最高的。不仅如此，投资者在澳门设立管理服务中心或地区服务中心，实行离岸运作，还可享受多项优惠。对于从事离岸（境外）运作的公司，可以享受包括所得补充税（利得税）、营业税及部分印花税等税务豁免。获准在澳门定居的离岸机构官员及专业人士（非澳门居民），还享有缴交在离岸机构工作首三年度的职业税（个人所得税）豁免待遇。所有这些，都为澳门发展离岸文化服务贸易创造了极为有利的制度环境和条件。国家税务总局和澳门特区政府关于对内地企业投资澳门避免双重征税安排的正式生效，不仅使得澳门企业的经营活动与内地企业连成一体，而且极大地增强了澳门吸引外资企业，特别是内地企业进入澳门的条件。特别是随着澳门基础设施建设日趋完善，连接澳门与珠海横琴的"莲花大桥"、澳门与拱北新关闸、澳门半岛与氹仔之间的"西湾大桥"等多项大型基础设施工程的相继建成启用，广东省城市轻轨和公路网络接驳澳门，以及港珠澳大桥的兴建、国际航空港的扩建和国际航线的延伸，都将为澳门发展文化产业提供极为便利的内外交通网络以及人流和物流。

——信息与国际网络优势。澳门享有高度的言论、新闻和出版自由。特区政府对资讯基本没有管制。澳门与国际组织和超过100个国家和地区有着密切的联系，形成了稳定的国际关系网络。在"一国两制"的框架下，澳门以"中国澳门"的名义继续参加包括世界贸易组织（WTO）、联合国教育科学及文化组织（UNESCO）、亚太经济社会合作委员会（ESCAP）等29个国际经济组织，使用161项国际公约，获49个国家和12地区给予免签证待遇。作为一个单独的关税区，澳门已经与包括北美、欧盟、葡语系国家、中国香港、中国台湾以及东南亚等超过100个国家和地区建立了密切的经贸联系，积累了丰富的国际贸易经验，形成了稳定的国际商业网络。长期以来，澳门与欧盟国家在包括经济贸易领域在内的各领域保持着良好的关系。由于葡萄牙人在澳门居住长达4个世纪的历史缘故，澳门与葡语国家保持着独特而悠久的联系，使得澳门在发展与葡语国家的文化经贸关系方面具有得天独厚的优势。

3. 长期制约因素

长期制约因素的存在是由基本国情（区情、市情）和经济发展所处阶段的历史条件决定的，对一个国家和地区的发展道路与发展方式的选择产生强烈的规定性。就澳门的发展而言，以下几项因素将长期构成对澳门发展的影响：

——自然资源约束不断增大。土地资源的有限性是制约澳门发展最直接也是最根本的因素。澳门不可能无限制地通过填海来解决发展对土地资源的需求。随着澳门经济的发展，对能源和资源的需求还会进一步增大，矛盾会更加突出，特别是经济的结构和分布的不尽合理以及某些产业结构较低端对有限资源的过渡占有，都会形成对澳门发展的制约。

——人口少，市场小。澳门现有人口约 50. 8 万。人口密度每平方千米超过 18000 人，是世界上人口密度最高的地区之一。澳门总面积大约 30 平方千米，约是香港的四十分之一、新加坡的二十三分之一。由于私人消费是构成本地生产总值的重要部分，二者成正比关系。因此，仅从私人消费是打动经济增长的一个主要因素的一般原理出发，澳门私人人均消费开支在 2004 年只占澳门生产总值的 27. 50% ，对澳门经济增长的打动有限。内部市场规模在现在其他条件不变的情况下，将在客观上构成对澳门发展的制约，并将形成所谓“增长的极限”。如何克服这一发展困境将一直是澳门发展必须面对的重大课题。

——人力资源相对短缺，经济社会转型中各种矛盾增多，协调难度增大。澳门人口基数小，年均增长率低。仅根据 1998 年至 2005 年的人口统计分析，澳门人口约从 42. 5 万人增加到 48. 8 万人，年均增长率在 1% 左右。有报告分析，在博彩业的发展带动下，澳门未来 5 年新职位将达 42000 ~ 56000 个，相对于澳门目前的人口基数和低增长率，很难满足澳门经济发展对人力资源的需求。澳门不仅人口数量有限，而且人口文化素质偏低。据澳门特区政府统计资料显示：2005 年的劳动人口为 25. 9 万人，就业人口估计为 24. 9 万人，按教育程度统计，拥有高等教育程度的就业人口只占 15. 4% ，而 54% 的就业人口只完成中等教育，30. 5% 的就业人口的文化水平不高于小学水平。其中，新移民文化素质低的问题尤为突出。虽然，特区政府为解决人力资源困境实施“输入外劳”政策，但是，由于大部分劳工均属非技术性劳工，难以配合与满足澳门社会的经济转型，同时又构成了与本地工人之间的权益矛盾。澳门社会经济转型、产业结构升级乃至产品竞争力的提高所需要的人力资源结构以及这样的一种需求不能得到满足的矛盾，将在相当长的一段时间内制约澳门的发展。

4. 发展机会

——国家战略。积极和大力发展文化产业，推动和实现经济结构的战略性调整和经济增长方式的战略转变，已经成为中国的基本国策。2002 年，全国人大通过的《国民经济和社会发展第十一个发展五年规划》把“大力发展文化产业”确定为国家发展的长期战略。内地各省（市、自治区）都制定了文化发展战略和相应的发展规划。2006 年中央政府首次发表了《国家“十一五”时期文化发展规划纲要》，提出了要建设国家重点文化产业发展带的战略部署，珠三角被列为国家文化产业发展的重点区域之一。这就为澳门发展文化产业提供了一个重要的战略机遇和发展条件。澳门应当以自己特殊的方式融入国家战略体系，分享国家战略红利。

——CEPA 商机。《内地与澳门关于建立更紧密经贸关系的安排》（以下简称《安排》）是中央政府根据“一国两制”的原则，为解决澳门发展的长远问题而建立的一种特殊制度安排。这一安排不仅更深刻地体现了“一国”对澳门开放的优势，而且进一步促进了澳门与内地的文化经贸融合和文化经贸合作。2004 年 10 月签署的《安排》中还只涉及“视听服务”“分销服务”“文化娱乐服务”等三大领域，2007 年 7 月中央政府又与澳门特区政府签署了《安排补充协议四》。根据《安排补充协议四》，内地对澳门在文化领域里的开放进一步扩大，在文化及相关产业方面，内地将在“印刷与出版”“会展”“旅游”等文化产业的广泛领域对澳门进一步开放，并且在原有开放承诺的基础上，分别采取了取消股权限制、降低注册资本和资质门槛、放宽经营范围和经营地域限制等进一步开放措施。仅在旅游领域，澳门旅行社在内地设立合资、独资旅行社的年旅游经营总额分别由原来的 1200 万美元和 2500

万美元降至不低于800万美元和1500万美元，并将经营赴港澳境外游试点业务由广东省扩大到泛珠三角其他8个省、自治区。在会展领域，允许澳门服务提供者在广东省、上海市设立的企业试点经营出国展览业务，支持和配合澳门举办大型国际会议和展览会。所有这些举措和安排，毫无疑问将为澳门发展文化产业、实现经济适度多元发展的战略目标提供前所未有的极大商机。

为克服和消除文化贸易的国际逆差，2004年起，中央政府开始制定和实施文化"走出去战略"。扩大对外文化贸易和开拓国际文化市场，是今后相当长的一个时期内中国的国家文化战略。构建国际文化贸易平台，扩大国际文化贸易空间，也就自然成为国家文化战略的一个重要选择。澳门的特殊身份和地位，以及与葡语国家和欧盟的广泛的文化及贸易联系，积极发展国际文化贸易，把澳门建设成为一个亚洲地区最重要的国际文化贸易枢纽，不仅可以改变和提升澳门的国际地位和国际形象，而且可以丰富和提高澳门的综合竞争力水平。

——泛珠三角区域经济合作。泛珠三角区域经济合作是中央政府区域发展战略的一个重要组成部分。它是一个包括广东、福建、江西、湖南、广西、海南、四川、贵州、云南9个省区和香港、澳门在内的中国南方的广大区域，简称"9+2"。这一区域经济合作体面积占全国的五分之一，人口占全国的三分之一，经济产值也占全国的三分之一。它不仅拓宽了澳门的发展腹地，有利于澳门经济和社会的长远发展，而且通过泛珠三角区域经济合作，开阔了澳门经济合作区域，加强了与内地其他省市之间的联系。在这一区域经济合作当中，澳门不仅可以积极利用这一平台充分发展自己，而且还可以很好地扮演"内联外引"的桥梁和纽带角色，促进各种市场资源和要素的流动。从长远的发展战略出发，澳门与泛珠三角区域合作不仅在经济领域内，而且随着时间的推移，必然会发展到文化艺术和社会发展的各个领域，必将给澳门文化产业发展带来深远影响。

——中国—葡语国家经贸合作机制。与葡语国家的特殊关系是澳门经济社会文化发展的独特优势。这种优势不仅在战略上拥有与香港相比较的战略竞争优势，而且在发展策略上是澳门国民经济和社会发展的各个领域里不可多得的发展机遇。为进一步发挥澳门的竞争优势和拓展与葡语国家的经贸联系，2003 年 10 月，中央政府在澳门举办了“中国—葡语国家经贸合作论坛”。这一论坛不仅为发展中国与葡语国家间经贸合作关系创设了一个交流意见的平台，更重要的是依托澳门与葡语国家的历史文化联系，创建了一个区域经贸合作机制。这对澳门来说，是对澳门在推动中国与葡语国家经贸合作领域中特殊地位的肯定，为澳门在构建中国与葡语国家经贸合作平台创造并提供了极好的发展机遇。这一平台，不仅是一般意义上的经贸合作平台，而且也是文化贸易合作平台，对推动发展中国政府和葡语国家的关系具有特别重要的地缘政治意义。

（三）澳门经济社会发展基本趋势的判断

——博彩经济发展仍将表现高增长的特征，并在未来 10 ~ 15 年中逐步呈现出前高后低的发展趋势。这主要是周边地区博彩业竞争加剧、中央政府对内地整肃吏治以及产业结构转变等因素所致。这一转折主要是发展结构、发展方式的变化。

——按照“一国两制”的原则，具有广泛意义上的中华经济体将形成，澳门将更加深入地融入中国内地的经济发展。

——区域经济的相对专业化发展将成为澳门未来生产力布局的依据，但发展的不平衡性短期内难以解决。

——澳门的经济发展体制将在 2015 年至 2020 年间完成比较大的战略性转型。以博彩业为主体的单一的刚性经济结构，将为多元的富有弹性的经济结构所取代。

——澳门将成为一个区域性国际文化中心城市，在国际区域文化经济中发挥重要作用。在完成经济适度多元发展所需要的产业结构调整之后，澳门经济对博彩业的依存度下降，由文化旅游业、会展业、表演娱乐业和休闲度假为主要内容的文化产业比重大幅上升，澳门社会与经济发展呈现出良好的柔性结构。

——人口与市场压力将得到有效解决。市场空间的有效拓展与人口增长极限的有效缓解，使得澳门进入一个新的发展阶段。人口少、市场小的发展困境将因澳门积极参与国际、国内两个产业分工体系的建构而得到解决。如何在参与两个分工体系的过程中不断推进澳门社会与经济的多元化发展，将成为澳门发展的新问题。

（四）澳门文化产业发展需要解决的重大课题

1. “一国两制”下的文化安排与澳门文化产业发展需求的关系

内地有着广阔的市场纵深，澳门文化产业发展需要市场发展的空间。不同的社会制度安排在保障澳门高度自治和享有基本法规定的各项文化自由的同时，两种不同性质的文化制度也为相互之间的文化市场准入形成了某种程度上的准入壁垒。如何在“一国两制”的法律框架内利用好中央政府关于内地和澳门文化的“CEPA”原则，处理好“一国两制”下的文化安排与澳门文化产业发展需求的关系，将是澳门文化产业发展必须长期解决的重要课题。

2. 博彩业与澳门发展文化产业的关系

博彩业是澳门经济的支柱和象征。澳门博彩业的合法性存在和扩张，源于澳门经济的衰败和拯救之需要。澳门自16世纪起成为东西方贸易的重要口岸起，就成为东西方文化交流的桥梁和纽带。从第一批葡萄牙人踏上澳门土地的那一刻起，澳门在几个世纪内不仅是国际贸易的东方大港，而且是东西文化和艺术交流的国际中心。今天澳门老城区被确定为“世界文化遗产”，记录了澳门真实历史的过去：澳门是因东西文化和艺术的多元交流而成为所谓的“东方的梵蒂冈”的。

然而，1842年随着香港的开埠，澳门的东方贸易大港地位逐渐被取代了，这不仅是澳门的衰落，也是葡萄牙作为世界霸权大国衰落在澳门的反映。为拯救澳门的经济，维护葡萄牙在远东的殖民利益，博彩业被合法化，并自1937年开始设立专营制度。1961年葡萄牙政府颁布第18267号法令，博彩业作为一种“特殊的娱乐”产业，从此完全合法化了。2002年，特区政府实行对外资开放博彩业的政策，以振兴澳门经济、维护澳门社会稳定与发展。就此，澳门博彩业进入一个新发展时代：在短短的几年内，澳门博彩业的营业总收入超过美国的拉斯韦加斯，成为全球最大的博彩中心，同时也成为澳门的支柱产业，成为特区政府财政的主要收入来源。

博彩业每一次在澳门的扩张都伴随着拯救澳门经济的需要。博彩业在澳门的发达和繁荣确实给澳门的经济社会发展提供了不可多得的资本支持，同时，也给澳门社会和经济文化发展造成了许多不可度量的后果：城市文化形象的扭曲，造成了澳门在核心竞争力的构成中软实力的严重不足，旅游业蜕变成为博彩业的附属产业，失去了旅游业对澳门历史文化观光和观光的应有功能；澳门经济发展对博彩业的过度依赖，形成了澳门经济结构过渡刚性，造成了澳门单一经济的易碎性；当前，博彩从业人员已经超过四万人，博彩业对于人力资源的需求，在严重冲击澳门传统中、小企业经济的同时，严重扭曲了年轻人发展的价值观念，给澳门教育，尤其是高等教育和精英人才的培养造成了严重的困难和危机，“病态赌徒已经开始成为澳门新症结”，威胁到澳门未来发展的前途，“赌业繁荣”正在成为“侵蚀”澳门“社会根基的‘强酸’”①。因此，长期以来以博彩业来保证澳门经济高速增长和社会稳定是不可想象的。澳门要摆脱对博彩业的惯性依赖，实现澳门发展的经济转型是一项必须完成的任务。博彩业作为澳门的一种特色文化形态当然可以长期存在，某种意义上说，至少在可预见的将来，没有了博彩业，也就没有了澳门多元文化的特殊性，也就丧失了澳门文化不可多得的应有的魅力。

由于在澳门博彩消费的构成中，内地消费者占有很大的比重，而这一比重又得益于中央政府的“港澳自由行”政策。这个政策是中央为助推澳门经济发展而制定的，目的是为了维护澳门的长期稳定和发展，并不是要发展澳门的博彩业。因此，中央政府的这一政策内涵的任何变动和国际金融市场的

---

① 《年轻荷官滥赌不能熟视无睹》，《新报》2007年7月5日。

任何波动，都会给澳门经济和社会发展带来很大的波动。博彩业一业独大，正在给澳门国民经济和社会发展带来严重的安全危机。博彩业的过度发展给澳门发展带来严重的社会问题，已经成为立法会议员的共识。

博彩业不属于文化产业。文化产业是以生产和提供文化产品与服务满足人们的精神文化消费需求为主要特征的，人们消费文化产品和服务，目的是要满足和实现身心愉悦、性情陶冶、文明素养的提升；而博彩业则以提供和获得货币财富为主要目的。目的和手段的差异、动机和效果的差异决定了这两种产业形态在制度管理上的严格区别。文化产业除了有准入限制之外，更主要的是文化产业还有关于文化产品的内容审查制度。而恰恰在这一点上，文化产业与博彩业有根本区别。由于博彩业和文化产业在满足人们的消费需求方面表现出两种差异性很大的社会作用，因此，许多国家和地区都禁止或限制发展博彩业而鼓励和大力发展文化产业。虽然，文化产业在发展过程中也会产生和出现一些社会问题，但是，就其整体性而言，文化产业发展的繁荣性程度已经成为国际社会用以衡量一个国家“软实力”的一个核心指标。迄今为止，在国际上还没有哪一个国家把博彩业列入“软实力”衡量的指标体系之中。恰恰相反，在如何应对社会发展和经济结构的战略性调整过程中，许多国家和地区都不约而同地把大力发展文化产业作为国家战略的重要选择。日本、韩国、英国、美国等等是如此，我国的香港、台湾地区也是如此。因此，在澳门必须克服“博彩业是文化产业”的认识误区，建立起关于文化产业的科学认识，从而为澳门发展文化产业实现经济适度多元发展提供广泛的社会认同基础和决策依据。

3. 人口少、市场小是发展澳门文化产业的瓶颈障碍

澳门总面积大约30平方千米，约是香港的四十分之一、新加坡的二十三分之一。澳门现有人口约50.8万，大约是香港的十二分之一。人口少和市场小作为一种客观条件，将长期影响澳门文化产业的发展。如何克服这一瓶颈性障碍，如何处理好人口少、市场小与发展文化产业大市场的关系，将是澳门发展文化产业长期需要解决的重大问题。人口少、市场小是现阶段澳门发

展文化产业最大的“困境”和“障碍”。这一“困境”和“障碍”并不仅仅因为它确实反映了澳门发展文化产业遭遇到的客观存在的问题，而且更为重要的是它已经成为澳门主观上缺乏在澳门发展文化产业所需要的足够的信心和心理障碍，进而成为政府决策过程中的集体无意识，而正是这种集体无意识，导致了澳门文化产业发展“困境”的巨大形成。

然而，问题并不在于这一“困境”的形成和存在，而在于如何对待和破解这一“困境”。其实，仅从表面上来看，这一“困境”是一种客观存在。但在实质上，这是人为地造成的一种“错觉”和“假象”。为什么同样是人口少、市场小，而博彩业却越办越红火、越做越大，甚至超过了美国的拉斯韦加斯，成为全球第一了呢？为什么在发展博彩业的问题上，没有因为“人口少、市场小”而对开放博彩业担忧呢？这应该是问题的症结之所在。那就是在文化产业的发展问题上，也应该建立开放的思维、开放的眼光和开放的政策。以开放的战略考虑和制度安排来解决“人口少、市场小”的发展“困境”，以文化产业发展的外向型眼光和国际化思路来重新建立起澳门文化产业发展的新市场观。

4. 粤港澳文化产业合作发展与竞争关系

粤、港、澳同处珠江三角洲，同属岭南文化圈，它们地域相连，人员相亲，文化相近，市场相融，在经济和文化发展上有着很强的互补性。香港有成熟和发达的娱乐业和影视传媒业，是世界闻名的购物天堂；广东有广阔的市场腹地和发达的文化产业，澳门有世界文化遗产构成的独特的城市景观，在现阶段，澳门的博彩业在三地之间拥有不可替代的绝对优势，它对旅游业的拉动，在绝对空间范围里，是粤、港所不能比拟的。然而，作为不同的经济体，特别是香港与澳门又都是单独关税区，客观上在珠三角地区形成了三个不同的利益主体。不同的利益关系，必然形成为了利益的竞争。经济上是如此，文化产业与文化市场上的竞争也是如此。

5. 澳门文化产业的核心竞争力与综合竞争力

澳门文化产业的核心竞争力是在与国际文化产业竞争中相比较而形成的。

旅游业在澳门可预见的未来发展中，将扮演澳门经济可持续增长与发展的发动机的角色。因此，澳门文化产业核心竞争力的形成与否，在某种程度上将取决于澳门旅游业的发展结果。由于现阶段澳门的旅游业更多的是依赖于博彩业，或者说博彩消费是构成澳门旅游业最主要的旅游产品，那么，当博彩业由于某种原因遭受重创而出现全面衰落的时候，澳门的旅游业也会由于过度紧密的产业关联度而遭受同样的打击。因此，澳门要培育文化产业的核心竞争力与综合竞争力，必须要解决的一个重大课题，就是实现博彩旅游向文化旅游的战略性转型，培育以文化旅游业为产业集群的文化产业核心竞争力形态。在澳门，没有文化旅游业的充分发达和繁荣，就没有澳门发展文化产业所必不可少的巨大的文化消费市场。没有一个巨大的文化消费市场，要发展其他形态的文化产业是不可能的。发达的旅游业是澳门文化产业链的关键。因此，在这里，能否和能在多大程度上实现澳门博彩旅游业向文化旅游业的战略性转型，将直接决定未来澳门文化产业的核心竞争力与综合竞争力的形成。通过战略性发展文化旅游业，不仅可以激活澳门的世界文化遗产，而且将在这个过程中重塑澳门的世界形象，重建澳门人的生活以及世界观。生活方式的改变和观念形态的革命，将从根本上摆脱“博彩困境”对澳门发展的束缚，从而在一个新的历史进程中给澳门发展带来全新的文化创造活力。这就是澳门的文化复兴。在法国，文化旅游已经被升华为一种艺术并且取得了相应的实践成果，成为旅游者体验了解法兰西文化最主要的人生之旅，而法国文化的核心竞争力正是通过这样深入人心的文化体验表现出来的。法国文化产业的核心竞争力正是这种法兰西文化艺术的精髓。澳门历史城区虽然远没有法国大，但是，由澳门历史城区所构成的世界文化遗产，并不缺乏“伟大瑰丽文化的魅力”。因此，培育澳门文化产业的核心竞争力和综合竞争力，旅游业革命是全部问题的关键。

一个国家和地区不仅需要强大的硬实力做后盾，更需要拥有强大的软实力；同样，一个国际性大都市，在强大的硬实力的基础上也需要强大的软实力。尤其是当世界已经进入知识经济时代的时候，软实力的国际竞争，已经成为全球化背景下国际社会主要的竞争形态和竞争领域。没有软实力，就没有一个国家和地区的综合竞争能力。按照最早提出“软实力”理论的美国哈佛大学教授约瑟夫奈的观点：软实力包括价值观念、意识形态、制度和文化。由于价值观念、意识形态和制度都是在一定的文化环境中孕育出来的，因此，文化是所有软实力要素的唯一母体。而所谓文化就是包括人们的精神存在在内的生活方式和生存方式。因此，澳门要重建生存方式，必须克服对博彩业的过度依赖，建立澳门人生活的新价值观。博彩文化应当仅仅是澳门文化多样性的一个重要组成部分和特色之一，而不应当是它的代表。由于文化产业在整个人类社会发展进程中越来越引导着世界经济从物质经济向非物质经济转变的历史潮流，顺应人类历史和社会进步的发展潮流，把发展文化产业作为未来澳门国民经济和社会发展的主导方向与代表性文化，应当成为澳门的战略选择。

6. 文化产业与就业机会

博彩业在澳门发展中的巨大影响和它所提供的就业机会有着直接的关系。文化产业能够在多大的程度上提供给澳门经济发展转型后的就业需要，毫无疑问是澳门文化产业发展中必须给予回答的问题。我们现在还没有关于澳门文化产业就业人口的统计数字，也还无法对此做出总量上的估计。但是，中国内地发展文化产业和社会就业增长之间的关系却可以给我们提供一个参照：根据国家统计局2007年发布的中国内地文化产业统计结果所显示的数字，2006年文化产业从业人员1132万人，比2004年增加136万人，实现增加值5123亿元人民币。比2004年增加1684亿元。文化产业从业人员占全部从业人员的比重为1.48%，占城镇从业人员的比重为4%，分别比2004年提高0.12和0.24个百分点。其中，“核心层”“外围层”和“相关层”的从业人员分别占全部文化产业从业人员的34%、17%和49%，与2004年相比较，“核心层”占全部文化产业经济总量的比重增加了4个多百分点。在文化产业经济总量继续扩大的同时，文化产业经济效益明显提高。由于文化产业“核心层”主要包括新闻服务、出版发行和版权服务、广播影视服务和文化艺术服务等领域，因此，“核心层”文化产业从业人员的高比例增长，不仅提高和改善了整个产业从业人员的社会结构与素质以及产业从业人员结构的优化程度，而且还从另一个侧面反映了社会对于“核心层”文化产品消费的需求程度，正是这后一个程度，对改变和提高一个国家和地区的文化“软实力”是极其重要的。如果仅按此比例和增长速度来计算，那么文化产业每年可以为澳门提供近 1 万个就业机会。因此，从这个意义上来说，通过实行文化产业发展战略，不仅可以有效地实现澳门在经济适度多元发展战略转型过程中的成本转移，而且对培育和提高澳门的“软实力”，保持澳门在未来的经济社会发展和国际竞争领域里的优势，具有特别重要的战略价值。

7. 文化产业与公民文化权利

发展文化产业是否会影响澳门公民文化权利的充分享有？澳门居民在文化产业发展过程中的基本文化权利是否会受到影响？公民文化权利是在享受政府提供的公共文化产品与服务的过程中体现出来的。政府向公民提供公共文化产品和服务，主要有两种形式：一种是由政府组织生产来提供，另一种是通过政府采购来提供。前者，政府提供的公共文化产品和公共文化服务主要涉及事关公民文化权利保障的制度设计和制度建立，例如关于市场准入制度和文化产品审查制度等，目的是要为本国本地区的公民提供公共文化安全，确保和维护本国本地区所有合法居民的合法权益。后者，政府所提供的主要是满足人们的精神文化消费需求，例如图书馆、博物馆以及公共文化假日期间人们对各种文化艺术消费品消费的需求等。这一部分，有的可以是政府组织生产来提供，有的也可以是政府通过向市场采购的方式来提供。在这个过程中，市场能够在多大程度上提供政府采购的需要，完全取决于文化产品市场发育的成熟性程度。在这里，文化产业发展的成熟性程度就具有特别重要的价值和意义。发展文化产业可以为政府向公民提供更多的公共文化产品和服务，提供更为丰富的来源与渠道。

8. 文化产业与文化事业关系

文化事业相对于文化产业而言，以公益性为特征，以社会效益为主导，以政府行为为主体，以文化积累为目标，以文学艺术事业、社会文化和图书馆事业、文物博物事业、艺术教育和文化科技事业、对外文化交流事业和公共文化设施建设为对象，特别明确政府的责任和义务，突出公共文化服务体系的建设和公共文化产品的提供要求。

文化产业是相对于文化事业而言，以经营性为特征，以市场和利润为导向，以文化企业法人行为为主体，以创造经济增加值为目标，包括文艺演出业、电影电视业、图书音像业、文化娱乐业、文化旅游业、艺术品经营业和艺术教育业等，特别强调企业法人主体的权利和义务，突出市场在资源配置方面的基础性作用。

以公共财政为主推进澳门文化建设与文化发展是澳门文化发展的主要特征，澳门市民享有政府提供的丰富的公共文化产品和公共文化服务。这是澳门发展文化产业良好的文化生态环境。但是，也存在着把发展文化产业与继续发展文化事业人为地对立起来的倾向。发展文化产业不是为了削弱澳门文化事业的发展，而是能够更好地增加政府文化采购能力，丰富和提高文化消费品的来源，激发市民更好地参与文化和创造文化的激情，更好地推动澳门文化事业的发展，从而使政府能够更好地用好纳税人的钱，为澳门市民办更多、更好的文化事业。实现澳门经济的适度多元发展是澳门市民更加根本的公共事业和公共利益。大力发展文化产业的目的，是为了要保持澳门经济平稳发展，是为了保证澳门文化事业持续繁荣。当不发展文化产业，澳门经济适度多元发展的战略目标就不能实现的时候，就会影响澳门文化事业持续发展所需要的文化产品的丰富提供，大力发展文化产业就成为澳门文化事业发展所不可缺少的市场动力。

三、澳门文化产业发展的基本战略理念、战略定位和战略目标

澳门文化产业发展战略应该是澳门国民经济和社会发展中长期发展战略目标的文化体现，是澳门总体发展战略的一个重要组成部分。澳门文化产业

发展战略的精神，就是实现经济适度多元战略的精神。

（一）基本战略理念

依据对中国和澳门特区发展文化产业基本情况的分析和国际环境的分析，以及对未来经济社会发展趋势的全面判断，澳门文化产业发展的基本战略理念是：

——以“一国两制度”为指导，围绕建设现代化文化新澳门的总目标和建设区域性国际文化中心城市的总任务，全面实施澳门文化产业发展战略，建构具有鲜明澳门文化特点、区域文化优势明显的、以“构筑国际文化经贸合作平台”为理念的澳门文化产业创新体系。

——确立“有所为，有所不为，方能为之”“有所争，有所不争，方能争之”“远交近融”的建设文化新澳门的战略思想，发展澳门的优势文化产业，重铸澳门文化的辉煌，在实现中华民族伟大复兴的同时，实现澳门文化的伟大复兴。

——以创新为灵魂，以推进经济适度多元发展为总要求，全面推进与澳门经济和社会发展相协调的文化产业的变革，实现澳门文化发展的制度创新、管理创新、观念创新和政策创新。

——实施“引进来”和“走出去”相结合的文化战略，扩大文化领域里的“内联外引”，积极参与国内外文化市场竞争，充分发挥澳门善于在市场竞争中不断创新的文化优势。

澳门发展文化产业的关键是：聚焦、错位、合作。

聚焦，就是要发挥澳门的文化优势，聚焦重点领域，发展重点产业。依托旅游业，进一步深化和拓展文化产业发展空间与内容，做大做强文化旅游业，做宽做深文化产业；依托世界文化遗产，重点发展文化内容产业和创意文化产业。

错位，就是要注意和其他地区形成合理的文化产业分工，避免过度竞争，力求形成澳门发展文化产业的比较竞争优势与核心竞争力。

合作，就是要加强与内地，特别是与珠三角、泛珠三角和长三角地区的文化产业合作，加强与葡语国家和欧盟的文化产业沟通，积极参与中国—东盟国家文化产业合作和泛北部湾文化产业合作，进一步拓展在文化产业领域里的国际发展空间，创建国际文化经贸合作平台。

（二）澳门文化产业发展的战略定位

1. 确定澳门文化产业战略目标与定位的战略视角

——要把澳门文化产业发展问题放到澳门经济发展所面临的巨大的国际挑战的背景下来思考，尤其要把它放到中美两个大国战略博弈的大格局下来思考，而不能仅仅从澳门自身的经济和社会发展这一个角度来考虑。这是因为，在客观上，澳门作为一个国际自由港和特殊的关税区，由于其身份和区位优势的特殊性，已经日渐成为国际竞争，尤其是中美战略竞争的一个重要组成部分。拉斯韦加斯进军澳门，不能仅看到它对整个澳门博彩业扩张的拉动，同时也应该看到，在这资本与市场深刻的变动背后所隐藏的更为深刻的战略动机，那就是，应该把拉斯韦加斯对澳门博彩业的投资，看作是美国对华战略的一个重要的战略布局：通过对澳门经济和社会发展的深度介入，更加深刻地参与影响澳门的社会发展进程，通过强化所谓澳门的博彩业已经超过拉斯韦加斯而成为“全球第一”经济“图腾”，将澳门更深地引入“博彩文化”的心理误区，通过强化澳门的博彩业来强化澳门经济单元发展的刚性程度，从而最大程度地制造澳门社会的经济危机。与此同时，通过对珠海横琴会展业的战略投资，实行对澳门发展会展业的整体性战略牵制，形成对澳门经济发展的战略主动，进而形成对中国整体战略利益格局的破坏性牵制。因为，澳门社会的任何不稳定因素，都会造成对中央政府乃至整个中国国民经济和社会发展的更大的不稳定。随着国际资本，特别是美国跨国资本对澳门战略投资和布局，美国资本进军并且实现对澳门文化产业发展垄断性控制，必将成为美国在完成对澳门博彩业和会展业的布局之后的又一战略布局，进而从支柱产业、形象产业和核心产业三个方面实现对澳门经济和社会文化结构的整体性颠覆。澳门汇业银行事件，绝对不是一个纯粹的金融问题。这是项庄舞剑的典型表现。威尼斯人度假村的投资开业可以认为美国战略投资主体已经完成了对澳门的整体战略设计。澳门发展的深层次危机已经到来。这是我们在思考和研究澳门文化产业发展所必须建立起来的战略思维。这应该成为我们思考和研究澳门文化产业发展的一个最基本的战略出发点。

——要从积极参与新一轮的国际文化产业分工体系建构来思考。国际文化产业分工体系是一个在发展中不断变动的体系，具有不断增值的特征。文化产业是一个复杂的系统工程，发展文化产业需要许多资源条件，并不是所有的国家和地区都适合发展任何形态的文化产业的，同样也并不是任何一种文化产业形态都参与国际文化产业分工体系建构，并且影响国际文化秩序建立的。只有那些深刻地构成了当前国际文化秩序建立的重要元素的文化产业，并且深刻地影响了当前国际政治、经济战略运动的文化产业形态才是国际文化产业分工体系建构，才是具有战略价值的。由于不同的历史发展时期文化产业的表现形态和在国际社会生活中的影响是不一样的，因此，只有那些深刻地影响了当下文化生命形态的成长走向和世界文化秩序重构的文化产业，才构成了当下国际文化产业分工的重要内容。在当今世界，最能深刻地影响世界运动行为的就是传媒产业。传媒产业拥有话语权，而话语权是当今影响国际不同力量的建构与世界利益格局变动最重要的影响力与干涉力之一。在某种意义上说，谁掌握了传媒产业，谁就掌握了世界发展主动权。美国之所以在全球事务中拥有如此巨大的影响力和霸权主义，除了它的发达的经济之外，另一个重要的力量就是它几乎拥有了全世界最强大的媒体集团以及由此而构成的传媒产业体系。国际文化产业分工体系在今天的运动，很大程度上就是由美国这个“台风眼”形成的。因此，要参与新一轮国际文化产业分工体系的建构，就不能不对国际文化产业分工体系与现状有一个清醒的了解和掌握，从而在这个基础上寻找自己的战略地位。应该寻求最适合自己的文化方式参与国际文化产业分工体系的建构。当单一的传媒产业还构不成参与新一轮国际文化产业分工体系重建所需要的力量的时候，通过建立区域文化产业合作机制，以区域文化产业的综合力量参与文化产业的国际市场竞争，那就有可能借助于国际政治或地缘政治的力量、游戏规则，演绎国际文化产业分工体系重建所需要的力量形态，获得在国际文化产业分工体系新一轮的建构过程中的话语权，从而使得新的国际文化产业分工体系和国际文化新秩序朝着有利于本国、本地区文化利益最大化的方向发展。因此，从这个意义上说，作为一个拥有特殊地位和独特优势的区域性国际文化城市，澳门的文化产业发展机制，就应当在国际文化发展和文化竞争战略的层面上，寻求积极参与新一轮国际文化产业分工体系建构的着力点，并且在这样的着力点上确立发展模式，只有这样才能实现区域文化产业合作战略的效益最大化，进而在这个基础上实现澳门的文化和谐与社会稳定。

——要把澳门文化产业发展问题，放到澳门经济发展所面临的巨大的国内机遇的背景下来思考，尤其要把它放到整个国家未来的战略发展目标的大趋势中来思考。积极参与大珠三角、泛珠三角区域合作，利用 CEPA 对澳门的优惠条件，大力发展与内地的文化经贸联系，加快与内地文化产业发展上的合作；大力开展国际文化贸易，发展文化产业中介市场，使澳门成为国际文化产品和国际文化金融资本进入内地的中转站与内地沟通国际文化市场，特别是葡语国家和欧洲文化市场桥梁与纽带，促进澳门与外国投资贸易的持续增长，改变国际资本投资澳门的结构；处理好“城市经济”与“独立经济体”的关系。20 世纪 80 年代初期，为了减低成本，澳门的制造业开始外迁到珠江三角洲。

重新建构城市发展理念。在未来的新一轮城市竞争中，文化将是取胜的一个最为关键的领域。文化是一座城市的灵魂，思考澳门文化产业发展，就应当把它放到整个城市发展的战略中去考虑。优秀文化传统经过现代化的继承与创新，正在成为一种强势文化，这种强势文化反作用于现代经济和社会生活，将是未来经济增长的强大动力。另外，从世界经济发展的前景来看，文化产业占据的份额越来越大，文化建设的号召力、扩散力、凝聚力越来越强烈，文化产业正成为经济发展的新增长点。

在价值链管理上，文化产业是创意经济，遵循的是“内容为王”的法则，必须把内容生产创作作为发展澳门文化产业的核心竞争力，作为资源配置的中心。

在经营管理上，必须把构建全球文化营销体系作为战略任务，通过与大型跨国公司文化企业集团合作，充分利用其全球网络进军国际市场。

澳门是中西文化结合的纽带，是珠三角文化产业版图构成中最重要的缔造力量。发展文化产业是未来澳门建设和谐社会，实现经济适度多元发展，建设文化澳门的新澳门发展战略。

2. 澳门文化产业发展的战略选择与定位

本报告对澳门文化产业发展战略目标定位是：新亚洲文化娱乐中心、文化会展与创意设计中心和国际文化经贸服务中心。

根据这一定位，澳门文化产业发展的总体思路是：以澳门文化旅游业为轴心，以创意设计业和文化会展业为两翼，以特色文化产业形态为支撑，构建澳门文化产业发展格局。

以文化旅游业为基础，以发展现代国际文化经贸服务业为主导，依托澳门世界文化遗产不断繁荣、发展的旅游文化市场优势和澳门独特的历史、自然和人文资源禀赋，丰富内涵，扩大外延，重点建设和发展以表演艺术、文化休闲娱乐、创意设计为核心内容，具有鲜明澳门文化特色的文化产业体系。

“1+5”的文化产业发展格局，即以发展文化旅游业集群为核心，大力发展演出娱乐业、文化会展业、创意设计业、文化经贸服务业、影视传媒业。

这与澳门所具备的资源优势密不可分。旅游业是澳门发展文化产业的能量中心。每年2000万人以上的客源是澳门发展文化产业最大的市场动力。旅客来源地的丰富多样性，构成了旅游文化消费需求的丰富多样性，它不仅为澳门发展丰富多样的文化产业形态以满足不断增长的文化消费需求提供了客观条件和市场基础，而且为澳门积极参与国际、国内两个文化市场配置和文化产业分工体系创造了发展机遇。

与世界文化遗产相结合，重点发展世界文化遗产产业；与现代会展业相结合，大力发展文化产品设计与展示产业；与旅游业相结合，大力发展演艺娱乐业；与历史人文和名人文化资源相结合，战略性发展艺术文化产业和内容文化产业；与近代澳门工业文明遗产相结合，积极发展现代艺术创意产业；与现代传媒业相结合，加快发展文化会展与传媒服务业。

本报告提出的《澳门文化产业发展战略彩虹计划》的构想是：沟通澳门的历史与现实、澳门与祖国内地和澳门与世界的联系，架构澳门文化重新走向世界与未来的桥梁，将历史文化遗产、艺术、商业和娱乐融合成澳门新的竞争优势。

在发展观念上，要克服“博彩困局”，树立新的澳门发展观；在发展模式上，要实现“适度多元”；在发展态势上，要实现“内联外引”；在发展格局上，要实现“珠三角一体化”。改变澳门文化产业主体结构单一的力量格局，建设中国文化“走出去”，沟通东西文化贸易的“文化桥梁”和“国际文化经贸服务平台”。

指导文化产业发展必然表现在战略思维和战略指导上。由于澳门文化产业发展战略规划具有鲜明的特殊性，所以，澳门文化产业发展战略也就是一个体现文化经济不同占位差异的战略体系，是一个由资源开发战略、产业发展战略和区域综合战略构成的战略体系。

为此，根据“依靠优势，克服劣势，利用机会，回避挑战”的战略选择与制定原则，本报告提出澳门文化产业发展的三大主体战略，并以此为核心构建《彩虹计划》的主要内容。

（1）构造以澳门文化新形象为核心的本土化战略

核心是：丰富内涵，扩大外延，推进澳门旅游博彩业结构的战略性调整，培育澳门文化产业的原创能力和新竞争优势；开辟“世界文化遗产之旅”，创建“世界文化遗产主题公园”新理念，为澳门文化产业的战略性发展，创造一个标志性文化符号与文化品牌；重塑以“世界文化遗产”为核心内容的“澳门文化形象”。

（2）构建以珠三角文化产业战略能极为核心内容的区域化金融战略

核心是：创建珠三角文化市场共同体，建构以澳门为战略一极的中国大珠三角文化产业新格局，实现澳门与内地文化产业的紧密联系。在“内地与澳门文化更紧密安排”的框架下，积极推进“泛珠三角共同文化市场”的建设，在旅游业、娱乐业、传媒业、设计业、会展业等领域，积极建构与内地文化产业发展共同体，积极参与长三角文化市场竞争，实现“双三角”文化产业发展战略联动。

（3）构建以创建新亚洲文化娱乐中心、建设国际文化经贸平台为主要内容的国际化远交战略

核心是：充分发挥澳门对外文化交流的比较优势，开拓中国与欧盟及葡语国家的文化经贸合作，创建世界葡语国家文化及文化产业发展与互动中心、亚欧国际文化产品交易中心和中欧国际文化产业发展论坛，确立澳门作为“国际文化经贸服务平台”的“枢纽”地位和城市文化身份。

（三）澳门文化产业发展的战略目标

澳门要着重发展知识经济、文化经济、集群经济，加快形成非物质经济为主的产业结构。与中国东部沿海省会城市比较，澳门具备后发优势，同时又有文化资源丰富、市场空间广阔、文化消费潜力巨大的优势。澳门的作用是双重的，不仅要在珠三角文化产业的发展中担当战略支点的角色，还要充分发挥独特的区位优势，在不断加强与内地各区域之间的战略联系与合作之外，还要加强与东南亚各国和葡语国家的战略联动，起到区域性国际文化中心城市的服务和辐射作用。

1. 战略目标内容

根据国家“十一五”提出的关于澳门经济适度多元发展的总目标和总要求，以及特区政府关于澳门经济适度多元发展的中长期战略安排，澳门到2020年文化产业发展总体战略目标定位是：通过发展文化产业，实现澳门经济发展方式的战略性转变，全面推进澳门经济适度多元与文化经济的可持续

增长，丰富和提升澳门的文化形象，改善澳门的财富增长结构与增长方式，开创澳门的新生活。

未来若干年目标：将文化产业的 GDP 贡献率，从 2006 年的约 3% 增加到 6%，文化产业成为澳门的支柱产业。

——结构合理、科学，具有鲜明澳门文化个性的文化产业体系基本形成：一业为主——文化旅游业，多业为辅——演出娱乐、创意设计、文化会展业和文化经贸业，适度多元——影视、传媒业，梯次发展（文化旅游业、演艺娱乐业、文化会展业、创意设计业、影视传媒业、文化经贸业）。

——形成产业分工体系合理、产业价值链优化、产业结构均衡、产业自治体系健全、发展水平先进、两个效益较好的文化产业格局。

——形成统一、开放、竞争、有序的文化市场体系，管理规范、调控有力、保障到位的文化政策法规体系，重点突出、结构合理、规划科学的文化产业创新体系和文化产业投融资创业体系。

——拥有若干个在国际上具有突出竞争实力，在国内市场具有较强实力和竞争力的文化企业（和文化企业集团）、文化品牌和文化产业人才队伍，文化产品创作和创意能力显著增长，若干文化产品占有突出的国际市场份额，文化产业的影响力和竞争力明显增强。

——文化市场繁荣，文化物流顺畅，文化产品丰富，成为东亚地区重要的文化旅游娱乐产业战略中心、独具特色的文化产业发展基地、艺术文化产业创作中心和文化创意产业基地，以及在国际上具有较高知名度的文化经贸平台和文化休闲度假中心。

2. 可行性分析

旅游市场客源趋向多元化。根据特区政府 2007 年上半年度统计，截至 2007 年 7 月，入境澳门的日本游客达 22142 人，较 2006 年同期增长 42%，东南亚游客同比增幅更高达 60%。2007 年 1 至 6 月份入境澳门的马来西亚、泰国、新加坡和菲律宾旅客，分别比上年同期增长 100%、66%、46%、46.16%。2007 年 8 月 22 日，澳门至澳大利亚的直达航线正式开通，它标志着一向以内地、香港、台湾地区为“三大客源”澳门旅游市场，正在发生深刻的变化。近两年，澳门采取各种措施，积极拓展周边旅游市场，取得了显著成效。现在，澳门不仅已与新加坡、马来西亚、泰国、菲律宾、印尼、日本、韩国、台湾有直航班次和定期包机，而且还特别筹组了一家国际航空公司——非凡航空公司，以澳门为运营基地，为旅客提供低票价的国际航线服务。与此同时，亚洲最大的集娱乐、休闲、购物、会展于一身的综合度假酒店——澳门威尼斯人度假村已经开张，标志着澳门旅游业正在进入一个新阶段，一个集文化、会展、休闲、娱乐、度假的多元化旅游格局正在形成。

旅游客源市场的多元化必然带来旅游文化消费需求的多元化，还进一步提出了旅游文化产品与服务提供多元化的要求。这就在为澳门发展文化产业的多样性提供了它所必需的文化市场基础。

四、《澳门文化产业发展战略彩虹计划》的构成

《彩虹计划》是本报告就澳门文化产业发展提出的一个核心概念，旨在为澳门文化产业发展提供一个形象化的构架，并通过这个构架建立澳门文化产业发展可实现的发展道路。本部分将就此提出澳门文化产业发展战略的总体构架。它是整个研究报告的核心部分。

（一）一个共同理念：文化开创未来

它的精神是开放、包容、创造，将艺术、商业和娱乐融合成澳门新的竞争优势。

澳门是一个多元文化共存共荣的开放体系。多元交融，是这种精神的典型形态。正是这种开放与包容，才使得澳门在东西方文化交融的过程中以不断的文化创造占据着东西方文化交汇的特殊国际文化地位。

“文化开创未来”，既包含着澳门市民义不容辞的历史责任和使命意识，同时也体现了澳门以开放、包容的精神与所有热爱澳门的人共同建设文化新

澳门的博大胸襟和谦和气度。

“文化开创未来”，既包含着对历史文脉的承续，又体现今天对历史发展的一种伟大承诺，同时还包含着澳门市民对未来生存状态的一种卓越追求，在社会发展动力、经济增长模式、文化创造和人居环境友好等几个方面都达到一种新高度的文化境界。

文化产业是当今人类社会存在的最重要的文化形态和文化发展方式。离开了文化产业不断的创造性发展，人类的新文化创造几乎成为不可能。文化产业成为“文化开创未来”的载体。借助于这个载体，“文化开创未来”才是可实现的。这是当今世界的发展趋势，也应当是澳门发展的共同理念。

（二）两大战略思想：集成发展、战略性崛起

1. 集成发展

澳门是在面临新的内外挑战的压力下发展文化产业的。新的形势要求在澳门文化产业发展的战略指导中，必须正确处理文化产业多属性的统一协调指导问题，实行战略集成和战略提升，即在一个符合时代要求和澳门根本利益需要的共同发展战略理念的基础上，进行多层次、多方位、多战略的组合与协调，建立资源开发战略、产业发展战略和区域综合战略三位一体的澳门文化产业集成发展导向系统。这就是澳门发展文化产业的集成发展思想。

——在发展观念上，要克服“博彩困局”和“人口与市场困局”，树立新的澳门发展观；突出文化产业发展在澳门国民经济和社会发展中的特殊地位和作用，以文化产业的发展实现澳门经济和社会发展方式的转变；以文化软实力的培育和建设，提升澳门的国际形象和综合竞争力，推动澳门社会发展基本动力的战略性转型，以适应全球化竞争时代新的国际分工的要求。

——在发展模式上，要实现“适度多元”和“集成创新”。文化产业是一个有着完整价值链系统，应当选择最适合于澳门文化资源禀赋和比较优势的文化资源开发战略来发展澳门的文化产业。

——在发展态势上，要实现“远交近融”“内联外引”。积极营造良好的

文化市场环境，把澳门建设和发展成亚洲地区最有影响力、最适合文化休闲度假、最适合文化创造、最适合发展文化产业的新文化集聚地。

——在发展格局上，要实现“珠三角一体化”和国际文化产业合作多元化区域合作新理念，改变澳门文化产业主体结构单一的力量格局，建设中国文化“走出去”，沟通东西文化贸易的“文化桥梁”和“国际文化经贸服务平台”。

2. 战略性崛起

改变澳门经济发展产业结构单一的力量格局，使文化产业成为实现澳门经济适度多元发展的战略支点和新财富增长点。

改变澳门在珠三角文化产业发展格局中与粤、港不平衡的现状，为实现国家关于重点建设和发展珠三角文化产业带的战略规划，创造新的“文化地缘空间”，成为珠三角和泛珠三角文化产业发展中的重要能级。

改变澳门在中、葡文化产业交流与合作和国际文化经贸大格局中非对位的现状，使澳门重新成为东西文化交流与合作的枢纽，成为国际文化经贸服务的重要平台。

澳门文化产业的战略性崛起将改变珠三角和泛珠三角文化版图的战略性构成；澳门文化产业的战略性崛起就是重建澳门的核心竞争力和澳门的国际文化形象。

战略性崛起是整体性崛起，不是某一部分的崛起。战略性崛起，就是在澳门经济结构和经济增长方式两个方面以文化产业的方式实现社会发展模式和价值取向的“战略性转移”，为在2020年实现城市创新转型奠定根本性基础。

因此，本研究报告所研究的澳门文化产业发展战略是一个战略系统，一种战略集成形态，是一个由不同内容构成的总体战略体系。探讨的是澳门未来15年文化发展模式和发展道路选择的根本价值取向。解决的是澳门文化产业“发展什么”和“为什么发展”的问题。

（三）三大主体战略：本土化、区域化、国际化

1. 构建以澳门文化新形象为核心的本土化战略

这一战略是为实现“博彩澳门”向“文化澳门”城市形象再造战略建构的，是走向文化新澳门第一座彩虹之桥。它要解决的是澳门如何破解“博彩困局”、经济适度多元发展的问题。

它的实施策略是世界文化遗产主题公园——标志性文化符号缔造战略、核心文化品牌组群战略、文化原创力构造战略、文化产业集聚战略。

（1）世界文化遗产主题公园——澳门的名片：让历史告诉世界一个真实的澳门

核心是：以澳门的“世界文化遗产”为主要内容，创建“世界文化遗产主题公园”，为澳门文化产业的战略性发展，缔造一个标志性文化符号与文化品牌；重塑以“世界文化遗产”为核心内容的“澳门文化形象”；丰富内涵，扩大外延，推进澳门旅游博彩业结构的战略性调整，培育澳门文化产业的新竞争优势。

从传统的观光旅游，转向新型的以人文体验为核心内容的休闲度假旅游，正成为世界性的旅游潮流。尽快实现旅游业与文化产业的结合，实现商、旅、文互动，应该成为未来澳门发展文化旅游业的战略选择。

博彩业旅游是现阶段澳门旅游业的主要旅游产品。“博彩旅游 + 大三巴 + 手信”，构成了澳门旅游业的基本线路和结构图。由此构成的澳门旅游业，不仅遮蔽了澳门作为一个拥有世界文化遗产的历史文化名城的真实面貌，而且向世人提供了一个虚假的澳门形象——东方赌城，一个犯罪的温床和罪恶之都，以至于更多的没有来过澳门的内地旅游者因为要躲避“赌城”可能带来的嫌疑，而放弃了来澳门旅游度假的文化选择。这样一种对澳门的文化误读和认知，严重地制约了澳门旅游业和社会的健康发展，这样一种城市文化形象严重地损害了澳门拥有中国第 31 处世界文化遗产的根本利益。而澳门经济和社会发展对博彩业的过度依赖，也导致了澳门单一经济的刚性结构所给澳

门可持续发展带来的严重隐患，甚至有很多旅游者根本不知道澳门的世界文化遗产，而路环和氹仔基本上成为被遗忘的历史存在。澳门旅游产业结构的单一性，给澳门发展造成了一大“硬伤”：除了一座“大三巴”，全部的澳门旅游就是“博彩娱乐”，而当“博彩娱乐”成为旅游者纯粹的“赌博”“一夜暴富”的“澳门之旅”的全部内容和澳门文化形象的代名词的时候，澳门旅游业的真实生命就被彻底地扭曲和异化了。旅游产品消费的单一性制约了澳门旅游业对文化产业发展的战略支点作用的发挥。因此，要实现澳门经济的适度多元发展，在实现了澳门发展观念的战略性转变之后，最重要的就是要实现澳门旅游业革命：实现从博彩旅游向文化旅游的战略性转变。而能够帮助这一战略目标实现的就是澳门所拥有的“世界文化遗产”。

以“世界文化遗产之旅”，让历史告诉人们一个真实的澳门，一个澳门的真实形象，一个几百年来中西文化所共同创造的世界奇迹，让来自中国内地以及世界各地的旅游者以最亲近的方式，感受和体验澳门曾经有过和贡献给世界的文化创造。以改变澳门旅游路线图和结构图的制度性安排，重塑澳门的旅游产业结构，以实现澳门旅游产业结构的战略性调整，为澳门发展文化产业创造和提供市场基础与创造空间。

世界文化遗产是极其伟大和丰富多样的。不同的世界文化遗产有不同的风貌神韵，不同的世界文化遗产有着不同的文化和审美价值。它们的一个共同特点，就是它们都是人类历史上最优秀的代表。世界文化遗产是各国历史文化与文明最优秀的结晶，是大自然中最具代表性人类景观。

澳门的世界文化遗产是以它的历史城区为代表的。

澳门历史城区是一片以澳门旧城区为核心的历史街区，其间以相邻的广场和街道连接而成，包括从妈阁庙前地，经由议事厅前地直到东望洋炮台共25处历史建筑。它呈东西走向，贯穿澳门本岛，是澳门的精华和灵魂所在。澳门历史城区保存了澳门四百多年中西文化交流的历史精髓，它是中国境内现存年代最远、规模最大、保存最完整和最集中，以西式建筑为主、中西式建筑互相辉映的历史城区；是西方宗教文化在中国和远东地区传播历史的重要见证；更是四百多年来中西文化交流互补、多元共存的结晶。正是在这一历史城区，开创了中国文化发展史中的许多第一：如中国第一所西式大学（圣保禄学院）、中国第一所西式医院（白马行医院）、中国第一所西式印刷厂（圣保禄学院附属印刷厂）和中国第一份外文报纸（《蜜蜂华报》）等等。作为近代中西文化交流一个最重要的国际商贸口岸，几百年来各种文化在澳门这块土地上互相碰撞、交流，形成了今天澳门独特的文化氛围。

澳门历史城区见证了西方文化与东方文化碰撞与对话，证明了中国文化永不衰败的生命力及其开放性与包容性，以及中西两种文化和平共存的可能性。特别难能可贵的是，澳门历史城区到今天依然保存着原有的面貌，延续着原有的功能，不仅是澳门文化和市民生活的重要组成部分，更是澳门为中国文化乃至世界文化留存的一份珍贵遗产。

连接着历史上东西方海上交通的主要文化、贸易线路，汇聚和保存着东西文明交融的结晶，具有突出的历史、科学和艺术价值。它的申报成功，展现了澳门丰富深厚的历史文化底蕴，使全世界重新认识了澳门。

澳门属于岭南文化和大香山文化圈，是珠江三角洲重要的文化中心之一，而且是东西文化交流最核心的所在地，有着为其他地方所没有的文化生物构造基因谱系：这里是《盛世危言》的诞生地；这里是欧亚大陆文化和艺术直接交往和交流的第一块土地；从西学东渐到多元文化并流，天文、地理、人文、艺术、宗教，无一不是开拓创新，形成了一个内容丰富、形态多样、层次清晰、结构完整，各部分之间主题集中、个性鲜明、历史进化互补和空间布局合理的中西文化生态群落：历史文化资源的多样性和人文资源的丰富性，使得澳门拥有全国独一无二的、以文化的原生态演绎华夏文明和欧洲文明交往的文化种群，一个活的、立体的、具有鲜明历史年代标志的东西方文明博物馆。

澳门文化在千年的运动过程中，形成了完整和典型的文化构造带，一直是西方文化在东亚和东南亚的集聚与辐射中心。长期以来，澳门文化生态布局呈现为自然、自发状态，呈现为历史合理性，但是缺乏战略性、整体性和功能性，缺乏一个核心与灵魂。

在东部沿海地区现代文化产业已经获得飞速扩张的情势下，澳门文化产业的发展要在一个较短的时间里迅速摆脱这种困境，必须选择差异化发展战略，充分挖掘和利用传统历史文化资源丰厚的优势与人们对回归历史和回归自然的新的文化消费诉求，树立新的“主题公园”理念，大力发展以历史文化为核心内容，以文化旅游业为战略突破口，集约化经营澳门文化资源，以澳门“世界文化遗产”为项目抓手，缔造“澳门世界文化遗产主题公园”大品牌，确立澳门文化产业发展的战略主导产业，全面营造澳门文化大市场，通过培育品牌和营造大市场的策略，带动其他文化产业形态的迅速跟进。通过集聚人气、营造市场、创造机会、调动资本、逐鹿珠三角，策划澳门、包装澳门、推广澳门和营销澳门，全方位经营澳门文化，从而通过这一系列战略和策略获得澳门文化产业发展战略的全面实现。

“世界文化遗产主题公园”是启动澳门文化产业发展总体战略的一个突破口：

①它是一个战略支点。“世界文化遗产”是澳门的精神与灵魂所在。没有“世界文化遗产”也就没有今天澳门文化的所有特色。通过这一项目撬动澳门现存的产业结构与产业板块，整合澳门历史文化和旅游资源，克服目前澳门文化产业发展缺乏整体动员力量和聚焦能量的不足，锻造澳门文化产业战略主体；为发展澳门文化产业提供一个战略性动力平台，在实现澳门文化产业战略性崛起的同时，实现澳门旅游产业结构和澳门经济结构的战略性调整，消除可能存在的核心战略能量抵消所形成的战略支点真空。

②在亚洲，特别是东亚和东南亚文化产业发展格局中，它是表明一个高地、确立一个品牌、树立一个形象、缔造一个文化符号——东西方文化汇集的艺术文化之都。

到 2005 年，中国内地有各类主题公园 2500 个，集中分布在北京、天津以及长三角、珠三角等经济发达地区。所有这些主题公园的一个共同的特点都是人造景观。迄今为止，在我国乃至在整个亚洲，还没有以世界文化遗产为核心内容组成的以一个城市为载体的主题公园。即便是深圳华侨城的“锦绣中华”，也只是通过微缩景观来展示中国由56个民族所组成的文化多样性。澳门“世界文化遗产主题公园”与现有国内外所有的主题公园的一个根本性区别就是：它是原生态的、开放的，是以东西方城市文明、演变和发展的完整的历史构造带和文化剖面图为其最主要的内容含量，是以东西方文化和艺术文明展开的历史为内容的主题公园。

它的历史创造的城市文化和文明景观，是物质与非物质文化遗产时空展开的一个完整的澳门文化编年史，具有同现代人的文化物质生存融为一体的文化生态特征。历史时间的序列性和历史空间分布的有机性和完整性在这里获得了高度的统一。历史文化遗产带给我们的是一切语言都无法表达的情感交流，正是这种情感交流，使来自世界各地的人们彼此相通，彼此认同，在一座城市的历史文化面前，建立起历史文化遗产与社会可持续发展的合理关系，社会成员个人发展和对文化遗产保护所需要的不可再生的环境资源的关系。

以城市形态为对象内容的世界文化遗产的开发、利用和保护，是一个世界性的难题。澳门历史城区是一个独具特色的世纪文化遗产，无论是它的开发利用和保护，还是中国与世界对它的了解，都还很不够。为了澳门文化产业的发展，更为了让历史向世界展示一个真实的澳门，改变“博彩澳门”的非真实形象，建议特区政府在澳门筹备举办中国或国际世界文化遗产政府间的或学术界的高峰论坛，借助于论坛的举办，在营销澳门的世界文化遗产的同时，推广澳门“世界文化主题公园”的国际知名度。（2007年6月28日，同属岭南文化圈的广东江门开平市的碉楼与村落群被正式列为世界文化遗产。开平碉楼世界文化遗产与澳门历史城区世界文化遗产有着某种相似性，同时又有着明显的差异。二者完全可以形成优势互补关系。）

通过提出和确立澳门“世界文化遗产主题公园”原创新文化发展理念，注入澳门正在努力规划和实施的一系列文化产业的开发建设项目之中，从而使所有这些原本孤立的单个项目成为一个有机的整体，成为具有核心灵魂的灵动的产业形态和品牌产品。

③它可以构成一个开放的、立体的、多时空的、多形态的文化产业集群。

其结构为：艺术表演和现代娱乐业、文物与古董流通业、艺术创意产业、图书发行流通业、网络游戏业、广播电视业和新闻出版业。

——需要调动整个澳门的历史文化和文化旅游资源，需要澳门人和各级官员与企业家的远见和智慧，引进战略投资伙伴，从澳门旅游形象的定位、旅游空间布局的调整和旅游产业结构优化三个方面入手，重新部署澳门文化旅游产业的大格局：文化旅游业的形象定位——从单一的大三巴文化遗址旅游到世界文化遗产旅游主题的提升；文化旅游业的空间布局调整。

——实现点、轴、面的整体协同发展，进行文化旅游业的产业结构调整——实现各功能要素的联动与协调，全面规划经营澳门的历史文化旅游产业。

——征集“世界文化遗产主题公园”形象识别标志。系列开发由此主题而形成的一系列文化项目和文化产品，把文化区位优势转变为文化市场优势和文化产业优势，文化资源优势转变为文化产业优势和文化资本优势。

——建立时空交叉、凝固与流动相结合、白天与晚间互动的视觉文化和艺术表演展示系统。充分利用岗顶歌剧院和渔人码头的已有资源，创造性拓展澳门精致与狂欢兼容的表演艺术和大众娱乐产业，形成包括澳门文化中心剧院以及威尼斯人度假村在内的演艺产业集群，以不同的表演样式和形态表现澳门文化和艺术的多样性，使之成为“世界文化遗产主题公园”最具观赏力和魅力的主题内容。

——拓展澳门艺术博物馆，建立以澳门历史、澳门交流史、澳门发展史为核心内容的与世界文化遗产主题公园相呼应的各类主题的博物馆产业集群。把澳门艺术博物馆建设与发展成为世界上最有影响力的博物馆之一，成为澳门“世界文化遗产主题公园”最重要的主题内容之一。

澳门是一个商贸型为主的城市。随着世界服务业发展的深刻转型，澳门正面临着一个从单一的服务业结构向经济适度多元发展的重大战略需求，必然提出一个城市文化形象转型和重新塑造城市文化形象的历史新要求。文化产业在这个历史过程中具有不可替代的重要作用。借助和通过发展文化产业来振兴城市和在实现城市发展动力结构转型过程中实现城市文化形象的再造，是世界上许多城市发展的战略选择和成功经验。如何使文化资源优势转变成文化产业与社会发展优势，是今后澳门社会建设与文化发展不可回避的重大课题。文化产业不是消耗文化资源的机器，而是文化资源再造的工作母机。创建澳门“世界文化遗产主题公园”，就是要探索一套文化资源再生性的文化产业发展道路。和谐社会与和谐文化的建立，不仅要处理好人与自然、人与社会的关系，而且还要处理好现实发展与历史传承的关系，树立现实与历史相和谐的新观念。创建澳门“世界文化遗产主题公园”不是走资源消耗型和环境破坏型的粗放型文化产业发展道路，而是要走出一条具有鲜明澳门文化特点的“文化资源再生型和历史文化风貌和文化生态保护型相统一”的“澳门文化产业发展模式”。以较小的文化投资，获得较大的文化效益，这应该成为澳门“世界文化遗产主题公园”建设与开发的新理念。

（2）文化原产地：核心文化品牌组群战略

文化原产地是文化产品的地理标志。所谓岭南文化、大香山文化就是对文化形态原产地的地理称呼。好莱坞是美国电影的代名词，百老汇是美国音乐剧的聚居地，都因为其文化产品具有鲜明的风格与个性而成为具有竞争力的文化品牌。实施文化原产地品牌战略是本土化战略的核心。没有文化产品鲜明的地理标志，就没有全球化背景下本土的文化竞争力。这就是原产地文化品牌战略。

①品牌是一种形象、一种信誉的象征和对一种文化与智慧创造的认同。

任何一个产品的品牌都是在消费过程中形成的。消费者对某一种产品的消费偏爱是形成品牌的决定性因素。然而，这种对某种产品的消费偏爱是由产品本身的品质以及附着在产品身上的某种意义和符号决定的。正是这种品质和符号意义使消费者不仅在消费某种产品，而且在享受某种尊重和尊贵。使这种尊重和尊贵赢得了消费者对产品以及产品生产者信誉的认同和赞扬，也是这一产品本身成为一种形象的象征，并因此成为在市场竞争中某种产品的价值代表。大三巴代表的就是这样一种形象。

②品牌是一种文化资本。

文化品牌是一种无形资产，是一个国家和地区文化软实力的集中体现，一个国家和地区要拥有国际影响力和软实力。文化资源的丰俭是一个地区和国家文化产业发展所必不可少的文化资本形态。文化资源只有发展转化成为文化资本，它才是可持续发展的，才是可以不断实现资源积累和资本扩张的。美国是文化资源小国，但却是文化产业大国。好莱坞的一项最成功的经验，就是善于把人类文化资源转化成本国文化产业发展的资本形态，进而再通过资本形态转换成文化产品形态而占领世界文化市场。而正是在这个过程中，好莱坞本身也成为一个品牌，成为美国文化产业发展的一种重要的资本形态，并且用这种资本形态去占领世界各国的文化市场。而好莱坞本身也获得了数百亿美元的无形资产。

③品牌是拥有竞争力的标志。

谁拥有强有力的品牌，谁就拥有消费者和市场。品牌是在市场过程中形成的。品牌既是消费者选择的结果，同时也是产品竞争的结果。品牌创造最大的价值就是它的竞争力。在市场经济环境中，一个企业的兴衰成败，取决于是否具有竞争对手无可模仿的核心竞争力；而企业的任何竞争力优势，最终都要通过转化成为品牌的核心竞争力。品牌核心竞争力，是企业核心竞争力在市场的物化和商品化的外在表现。一个企业是如此，一个国家和地方文化产业的发展也是如此。没有文化品牌和文化品牌的核心竞争力，就没有这个地方文化产业发展的生命力和影响力，也就无所谓软实力。美国文化产业之所以在整个世界文化市场拥有无可争议的竞争力，就是因为美国拥有像好莱坞、迪斯尼、时代华纳、《米老鼠和唐老鸭》《猫》等迄今为止全球文化产业发展最响亮的文化品牌。

④品牌是产业发展规模的显现。

制定和实施核心文化品牌战略，就是要挑战现有的文化产品的市场秩序以及由这种秩序所形成的文化产业的力量格局。不同的地区由于市场环境、资源禀赋和文化消费主体的差异，文化品牌竞争力构成是不一样的。因此，制定和实施核心文化品牌战略就是要重建文化产品的市场格局和利益格局。

澳门有着非常丰富的文化品牌资源。然而，品牌资源开发的单一性和由于单一的品牌承担了过渡的澳门文化营销责任，单一的文化品牌竞争最终将导致在市场竞争过程中的迅速折旧而使得澳门的文化品牌资源迅速消亡。尽管像大三巴这样的文化品牌开发还具有广阔的市场空间，但是一个拥有丰富历史文化资源和世界文化遗产的文化之都，不能只有这一个文化品牌，而是应该拥有一群这样的核心文化品牌。

所谓文化核心品牌组群战略，就是要突破澳门文化产业发展品牌单一性的局限，培育一群像大三巴这样的享有世界美誉度的知名核心文化品牌。形成以世界文化遗产为核心的，由文化企业品牌、文化产品品牌、会展节庆品牌和知名文化名人共同构成的澳门文化品牌群。

由于澳门所处的特殊历史文化地位，以及由此而形成的特殊和深远影响力，澳门文化产业核心品牌战略的实施和核心文化品牌的形成，必然牵动着整个珠三角地区乃至中国和东亚地区文化产业发展的敏感神经。由于文化品牌的塑造将改变文化产品市场进而文化产业力量对比的格局，因此，品牌打压是与品牌塑造同时存在的文化竞争形态和竞争手段。

核心文化品牌组群战略，不只是要塑造文化产业发展本身所需要的产品品牌，而且还包括为其他产业提供文化附加值。规划中的澳门将是珠三角乃至我国有一个重要的国际会展中心，在这里，文化的创意和文化的品牌塑造具有决定性的意义。

——通过大力发展文学艺术创作打造文化产品品牌。

优秀的文学艺术作品是打造标志性文化产品品牌的前提。是电影《西非谍影》使摩洛哥的卡萨布兰卡远播四海，是金庸先生的系列武侠小说，一句“天下武学出少林”而使少林寺名扬天下。许多具有市场竞争力的标志性文化产品相当大的一个多数都是来源于对原创产品的开发。文学艺术创作对于培育核心文化品牌具有无法替代的作用。澳门有着我国人均诗人最多的资源优势，这就为澳门创造具有鲜明本地风情特色的文化艺术产品品牌奠定了重要的文化资源基础。设立“澳门文学奖”，以表彰对澳门文学艺术创作做出特殊贡献的文学家和艺术家。

——通过培育市场主体建设文化企业品牌。

文化企业品牌是文化品牌组群的核心，所有文化品牌的创造都是来自于文化企业的作为。而正是由于有了企业的创新与作为，才可能有文化产品品牌的创造。尤其是对于一个城市来说，一个城市的影响力和美誉度在某种程度上来说就是由若干个知名企业奠定的。澳门要实现在文化产业领域里的跨越式发展，就必须培育自己的文化企业品牌，通过大力培育文化市场主体来创造澳门的文化企业品牌。

——通过大力发展标志性会展和节庆塑造会展节庆品牌。

标志性文化会展节庆是文化产业发展的一个巨大的引力场。巨大的引力作用，不仅会带来四方宾客，更重要的是它会带来一个地区和国家国民经济和社会发展所需要的巨大的资金流和产品流，带动一个国家和地区经济发展和社会进步，促进产业结构的升级换代。世界大多数国家之所以要竞争举办奥运会和世博会，其中一个最重要的原因就是借助于这“两会”来发展自己，营销自己，使自己也成为世界的一个品牌。德国的法兰克福是德国的一个边远城市，这个城市因举办世界图书博览会而享誉世界，并且也因为它是世界图书博览会的永久举办地，而成为全球图书博览最有影响力和权威的图书博览业品牌。“澳门艺术节”和“澳门国际音乐节”已经举办多年，已经具备了创立成为澳门标志性文化会展品牌的条件。通过机制创新，把“澳门艺术节”和“澳门国际音乐节”办成同时具有节目展示、节目交易、节目竞赛的国际知名艺术节和音乐节，成为国际艺术和音乐界每年必不可少的盛事。

——通过衍生产品开发打造以品牌为核心的产业链。

衍生产品开发的丰富性程度一方面反映了一个文化品牌的价值丰富性，同时还表现了一个文化企业在开发核心文化品牌方面的能力，以及一个城市在文化品牌资源创造中的整体性文化生态环境。一个具有竞争力的文化品牌，同时一定是一个内涵丰富、发展空间巨大的文化资源。在这里，国际上许多文化品牌衍生产品的开发已经为我们提供了许多成功的案例。文化澳门不能只有一个品牌。澳门文化产业的战略性崛起需要一个完整的文化品牌系列，一个组群。例如：报纸和电视要有栏目品牌，图书要有品牌出版物，创意策划要有国际知名公司，等等。因此，打造以品牌为核心的文化产业链，并且在文化产业链的形成过程中形成新的品牌，在文化品牌的叠加效应中实现“文化澳门”的文化品牌的扩张，在扩张过程中实现“文化新澳门”的战略意图。要通过核心文化品牌组群战略的实施，使“文化新澳门”获得具体、生动的市场体现。没有核心文化品牌组群，就没有“文化新澳门”的战略实现和城市形象再造。

（3）文化原创力构造战略：培育和缔造“澳门文化产业”的现代之核

在经济全球化的背景下，世界文化经济和文化产业正在发生深刻的变化：在发展路径上，从跟踪模仿为主向加强自主创新转变；在创新方式上，从注重单项产业发展向加强以重大文化产品和新兴产业为中心的集成创新转变；在创新体制上，从以文化体制改革为突破口向整体推进国家文化创新体系转变；在发展部署上，从以研究开发为主向文化科技创新与科学艺术并重转变；在国际文化合作上，从一般性文化交流向全方位、主动利用全球文化资源和文化市场，发展国际文化贸易转变。文化创新成为所有这一切转变的根本动力。

创新是我们这个时代的主旋律。到2020年把中国建设成一个创新型国家是国家的整体战略目标。建设创新型国家的核心是实现文化创新，是实行一个国家的灵魂创新。成为现代国际化文化大都市所必需的因素为高度的文化自主创新能力以及利用这种能力的创新产业。

澳门是东西方文化的交汇地，生生不息的创新是它得以发展到今天的强大动力。澳门要在文化产业发展领域获得明显的竞争优势，重新崛起成为东西方文化交汇的重要原产地，必须把增强文化创新能力作为澳门文化产业发展的战略基点和调整文化产业结构、转变增长方式的中心环节。通过全面提高自主创新能力，逐步使澳门文化发展实现从要素驱动型向创新驱动型增长转变。在澳门文化体系形成的历史过程中，原始创新一直都是澳门社会和文化发展最重要的动力。走创新型文化发展道路，推动文化产业增长方式从要素驱动型向创新驱动型的根本转变，使得文化创新成为澳门文化产业创新体系建设的内在动力和全社会的普遍行为，最终依靠制度创新和科技创新实现文化经济的可持续发展。

增强文化发展的自主创新能力是一项系统工程，必须把文化原始创新、文化产业创新和文化制度创新结合起来。充分发挥澳门在文学、艺术创作领域里的比较优势，实施文化产业发展的“上游战略”，占领文化产业发展的战略制高点，以形成巨大的版权优势；充分挖掘澳门文化圈极其深厚的民俗文化资源、历史文化资源和博彩文化资源，积极调动各种文化社团和艺术团体，集中优势力量，整合文化资源，在文化信息、特色文化产品、新型文化产业等关键领域，实现文化资源优势向文化产业优势和文化资本优势的战略性突破，实现文化产业核心形态的集成创新与突破，以文化企业为主体、市场为导向、产学研相结合的文化产业创新体系，带动澳门文化产业的战略性调整和跨越式发展。

（4）文化产业集聚战略

文化产业的集中聚集，一是有助于形成文化产业的综合竞争力与核心竞争力，实现对各种文化资源的优化配置与有效利用；二是有利于利用市场信息，形成对各种文化资源的吸纳能力和辐射能力，提高创意能力，节约文化资源的流通成本；三是有利于文化能力向社会能力转化，在消化吸收现代高新技术的同时，也以产业集群实现的方式改造社会扩大再生产的方式和途径，进而达到为社会发展提供智力支持和文化生态环境的目的。从文化能力运动的历史轨迹来看，所谓“城市”往往都是文化生产能力、文化扩散能力和社会建构能力最强的空间存在。现在世界上的所谓“国际大都市”也往往是文化产业最为集中和文化影响力最为强劲的地方。因此，为了实现文化产业布局空间集聚的文化效益和经济效益，从政策主体来说，就必须首先选择历史文化条件优越和经济发达地区作为文化产业布局的集聚区，形成新的增长能级，在这里原有的历史文化条件具有特别重要的意义；其次，根据不同集聚点不同核心文化产业的产业性质，确定并培育不同文化产业集聚区的产业经济功能和文化传输功能，以利于不同功能区之间的分工和协作，从而形成各种文化资源合理配置的最佳产业结构；再次，构建大中小规模不等的产业集中体系，实现不同规模文化产业和企业之间的优势互补，形成良性的文化产业发展的生态群落。

澳门有着通过产业集聚的方式发展博彩业的经验。澳门空间形态高集中度的存在性特征，客观上为文化产业集群提供了空间基础，即可以把澳门的空间分布形态看作是三个不同功能的文化产业集群形态和集聚区。推进和实施现代文化产业集聚区发展战略。一定要与澳门城市建设和发展的功能定位相结合，与各不同产业集聚区建设结合起来，与澳门岛、氹仔和路环的功能定位结合起来，结合区域特点和优势，形成特色和品牌，错位发展。

建设现代文化产业集聚区，要形成资源集合、产业集群、服务集成，让各种文化产业业态的优势集聚、信息集聚、功能集聚，使现代文化产业集聚区既有形态又有内涵。结合澳门现有的各种自由优势与未来发展的各种条件，可以通过建设四大基地来实现文化产业集聚战略的构想：

——澳门文化会展产业基地（威尼斯人度假村—金光大道）。

路环新区是未来澳门的城市形象。金光大道和威尼斯人度假村的崛起，以及由此造成的能量集聚效应，将在未来15年内造成澳门现代服务业和现代金融资本的巨大流动，尤其是以威尼斯人度假村国际会展中心为代表的建筑群给周边环境带来的巨大变化，会使路环新区成为澳门最吸引人的街区，由此而带来的巨大文化消费需求和文化产品的创造将在很大程度上改变现在澳门缺乏标志性文化娱乐和文化展示中心的不足。

会展产业是文化产业的形象展示产业和文化交易产业平台，也是现代文化产业最富活力和创造性的组成部分之一，是文化产业的现代之花。文化会展业在城市的发展中担当着非同寻常的公共义务。发展和繁荣文化会展业，强化其资源配置功能，对于提高城市对人流、物流、信息流和资金流的集聚辐射能力具有其他产业所不能替代的作用。从这个意义上说，抓住了文化会展业，也就抓住了澳门发展文化产业、推进经济适度多元的锁钥。

一个城市的影响力取决于它对全球资源优化配置的能力。文化会展业正是全球化背景下实现文化资源优化配置所必需的文化信息服务和文化创意服务的基本战略形式之一。抓住全球经济结构战略性调整和新一轮国际分工的机会，充分利用澳门得天独厚的优势，大力发展文化会展业，应当成为澳门提高资源配置能力、增强集聚辐射能力、实现经济适度多元发展的战略选择。①

目前，从澳门地区会展产业的空间布局形势来看，还没有拥有像威尼斯人度假村这样极富现代性的会议展览中心和环境。因此，充分利用会展产业在文化产业发展过程中的特殊作用和它本身作为文化产业重要组成部分所能创造的巨大价值，利用澳门作为“中国特区”的有利条件和“交易会”的平台，固定举办以实质性文化产品交易为核心内容的“中国澳门文化产品国际交易会”，并且和现在中国内地以“文化产业博览会”命名的文化产业展示活动相区别，从而在文化会展产业领域里独树一帜，形成鲜明的具有澳门原创风格的文化会展产业，在培育文化产业的现代之花的过程中，把澳门建设成珠三角地区与广州、香港鼎足成三的现代文化会展产业基地。

——澳门创意设计产业基地。

澳门历史城区是文化澳门的一个缩影和符号。作为一个历史发展的缩影和东西方文明的文化符号，澳门历史城区是澳门文化产业战略布局中不可多得的一块艺术天地。城市的扩大与升级，意味着城市人口的激增，空间更加

① 仅以中国内地西安市为例，西安是一个内陆城市，它既是陕西省会，同时又是西部地区文化中心城市之一。大力发展会展经济，打造区域性国际会展中心已经成为西安市文化产业发展战略的基点目标。西安会展业正在以每年20%的速度递增，每年举办会展上百个。仅2004年、2005年两年，就举办展会229个，成交额710亿元。会展经济助推了旅游业，“十五”期间西安累计接待国内游客9639万人次、国外游客315万人次，分别比“九五”期间增长了70%和20%，实现旅游总收入683.32亿元。2005年，西安相继成功举办了国际古迹遗址理事会第15届大会和首届欧亚经济论坛，有力地推动了西安的国际化进程。

紧张，资源分配矛盾加剧，要应对与解决这些问题，仅靠物质文明与制度文明是不够的。因此，城市发展水平越高，就越需要艺术和审美。只有提出更高的可以与“文化澳门”城市文明发展相适应的审美理想，以及创造出丰富的可以从根本上满足都市人艺术与审美需要的新型都市艺术，才可能使澳门这个城市发展的最高空间形态成为适合当代人生存与发展以及诗意地生存与发展的新家园。而澳门雄厚的物质财富与相对较高的制度文明，是它可以率先进行艺术城市建设的基础。澳门正是可以成为我们通过艺术创造实现诗意的生存的这样的基础。

威尼斯人度假村拥有10万平方米的会议展览场地，繁忙的大型国际展览，将成为最主要的业务，由此带来的巨大的设计市场需求，毫无疑问，将为澳门创意设计产业提供极好的发展机会和发展前景，并且通过这一平台推进澳门创意设计产业积极参与中国内地和国际创意设计业的竞争。

大力发展创意设计产业，通过创意设计产业带动澳门整个艺术设计和艺术创造，通过发展艺术设计产业为服装、食品等行业提供文化附加值，创造新的文化品牌，来营造整个澳门的文化艺术氛围，从而使之成为亚洲地区最具吸引力和最适合艺术天才发展的首善之地，把澳门建设成为亚洲的“艺术之都”——新亚洲艺术设计产业基地。而澳门丰富的文化艺术遗产和与中国内地深厚的文化渊源则为澳门发展艺术设计产业提供了无限的艺术养料和想象与创造空间。利用创意设计产业推动经济增长方式的转变，促进人们的自主创造精神和创造能力，为文化积累提供新的资源涵养方式，从而在为澳门市民提供新的就业岗位的同时，艺术地重构澳门的城市氛围和城市气质。可以通过与威尼斯人度假村联合建立战略协作体的方式，共同打造这一基地。

——文化产品交易与物流基地。

加快文化产品物流基地建设，已经被列为国家“十一五”文化发展战略。文化会展业和文化产业的迅速发展必然导致文化商品快速流动。澳门是我国联系台湾地区和东南亚及以葡语国家的重要贸易口岸，长期以来一直是我国最大和最重要的商品物流基地之一。充分利用澳门作为国际自由港特殊地位和区位优势，在已有的服务贸易的基础上，进一步扩大文化产品的经营和服务范围，树立“国际文化经贸平台”的新概念，全面和大力推进文化产品汇流枢纽建设，把澳门建设成为亚洲地区最大的文化产品物流基地，建立完善的文化产品代理配送制度，成为我国最大的文化产品集散中心之一，使之成为澳门重要的文化支柱产业之一。同时，把澳门建设成为全国最大的流散文物集散中心之一。

澳门有着非常宽松的市场环境，享有出版自由。大力发展图书出版发行业和物流文化企业是中央政府坚定不移的文化产业政策。仅以中国山东为例，目前山东民营书刊发行企业已经占到全省图书发行企业的50%，销售收入超过亿元的民营发行企业有8家，山东世纪天鸿书业有限公司是国内首家同时拥有图书、报刊、电子出版物国内总发行权和全国连锁经营权的民营文化企业，2005年销售收入3.3亿元，成为全国最大的民营书业集团。山东爱书人音像图书有限公司是全国最大的音像连锁经营企业之一，实现销售收入2亿元。澳门有着良好的区位优势和做成全国图书与音像制品交易中心的环境和条件，完全有条件与内地文化企业或文化产业集团合作，在发展文化产业企业集团方面大有作为。

——数字技术与现代艺术创造基地。

文化产业数字化是文化产业发展不可逆转的发展趋势，同时对于文化产业内容的生命关注，同样也成为影响和决定文化产业数字化成功与否的重要指标。向现代数字技术寻求文化产业发展的现代手段和向传统文化艺术寻求文化产业内容创新的灵感，正在同时成为现代文化产业发展的鲜明特征。澳门文化产业战略不能以忽视现代文化产业发展的根本趋势和特征为指归，而是必须追寻现代文化产业发展的脚步，寻求发展具有自身特点和优势的现代文化产业。澳门有许多著名的高等学校和研究机构，同时又有着丰富的历史文化资源，尤其是澳门与葡语国家有着广泛的国际联系和文化交往，以及蕴藏在广大民间的多元文化所形成的艺术资源，更是澳门发展数字艺术产业不可多得的艺术资源和文化灵感。丰富的艺术文化资源和现代数字技术的结合完全可以创作出具有澳门风格和澳门气派的数字艺术产品，形成独具特色的数字艺术产业。在这方面，台湾的“霹雳国际多媒体艺术公司”对于中国传统艺术形式“布袋戏”的数字化开发和创造积累的成功的经验可以作为澳门建设数字艺术产业基地的借鉴。

2. 构建以珠三角文化产业战略能极为核心内容的区域化近融战略

这一战略是实现“特区澳门”向“区域澳门”发展的跨越式战略，建构的是走向和参与国家建设重点文化产业带的文化新澳门第二座彩虹之桥。它要解决的是澳门文化产业发展“人口少、市场小”的发展困境。

核心是：创建珠三角文化市场共同体，建构以澳门为战略一极的珠三角文化产业金三角格局；实现澳门与内地文化产业的紧密联系。在“CEPA”的框架下，积极推进“泛珠三角共同文化市场”和“双三角文化产业合作发展”的建设，在旅游业、娱乐业、传媒业、设计业、会展业等领域，积极构建澳门文化产业发展的战略平台。

澳门要发展文化产业就必须建立新的文化发展观，就应当跳出澳门思考澳门的文化产业发展。澳门文化产业发展需要的是深层次的文化要素交流与融合，需要深度参与国内文化要素市场的资源配置，需要建立新的市场空间观。

（1）金三角战略——粤港澳文化市场发展一体化

珠三角地区城市，数量居全国第四位，但发展水平却与数量不相符。城市化滞后，造成了珠三角城市工业集聚和辐射功能弱，工业化和城乡经济一体化进程缓慢。文化资源丰俭不均和文化市场割裂，各自为战，缺乏整体竞争力，彼此间的互相竞争和产业结构同质化，是这些城市文化产业发展普遍存在的问题。珠江三角洲城市群区域发展战略构想的提出和实施，不同城市间功能定位的确定，为实现珠三角文化产业重点发展所需要的战略合力创造了可能和条件，奠定了基础。

但是，珠三角城市群带来的巨大同城效应所可能给各个城市文化产业发展带来的巨大发展机遇，也使得各城市之间文化产业的竞争出现新的局面。

澳门虽然作为特别行政区具有中心城市的优势，但是，只要现行的“一国两制”文化产业管理的制度性存在不变，那么，澳门在实际上就与珠三角城市群的其他城市处在同一条竞争跑道上。由于珠三角文化产业发展的战略构想并不是以粤、港、澳为三个战略支点设计的，因此，在粤、港、澳三地文化产业发展中，不仅香港已经建有比较完备的文化产业体系，拥有比澳门明显的比较优势，而且广州市、深圳市都拥有自己在文化产业领域里坐大一方的战略可能。而正是这种竞争趋势的客观存在，珠三角文化产业前所未有之大变局将不可避免地给澳门发展文化产业的未来走向带来最深刻的影响。在所有这些三足鼎立的格局中，粤港文化产业发展现实地构成对澳门发展文化产业的挑战。这是未来澳门文化产业发展必须认识到的形势。虽然，按照国家重点发展珠三角文化产业带的要求，澳门还不在其中，但是，随着我国市场经济体系的深度完善，资本的自由流动总是朝着最能产生最大效益的地方运动。在发展文化产业的战略过程中，如何能使得资本产生效益最大化，并且朝着有利于澳门文化产业发展的方向流动，将始终是澳门文化产业发展必须面对的问题。因此，澳门文化产业发展要在珠三角文化产业战略格局中扮演重要角色，就必须在本土化战略的基础上，融入国家关于重点建设文化产业带的战略构架，制定以区域合作提升综合竞争力，通过区域合作，以战略集成的方式迅速构建澳门文化产业发展所需要的文化能量形态。

文化市场是文化产业发展的空间形态。没有文化市场，也就无所谓文化产业。粤、港、澳三位一体是一个完整的文化生态系统，在历史文化的运动中历来具有很强的互补性。香港虽然在近百年来在许多方面取得了比较优势，广东在近 20 多年来的改革开放风气之先得到了长足的发展，但是，相比较于粤、港两地，无论在文化市场的空间规模还是在文化产业体系发展的成熟性程度上，澳门都存在着明显的“人口少、市场小”的客观局限。澳门要在未来 15 年内担当起作为国际性区域文化中心城市的责任，就必须积极参与珠三角文化产业的发展，以珠三角为战略依托，在积极参与珠三角文化产业竞争的同时，在已有的“粤港澳艺文合作联席会议”的基础上，积极推进粤港澳文化市场一体化的建设，把符合区域文化经济发展规律的合作经验上升为制度，形成稳定发展的长效机制。推动三地文化合作交流机制向全方位、深层次发展，放大“粤港澳艺文合作联席会议”效应，推动珠三角乃至更大范围的文化经济合作发展，从而在发展中为澳门文化产业发展创造和提供巨大的资源需求和市场空间。积极主动地搭建推进澳门文化产业发展所需要的各种文化市场服务平台，以筹办“粤港澳文化艺术节”为契机，与粤港两地共同开发旅游资源和演艺娱乐市场。建立起优势互补、互为战略依托、有互相独立的文化市场共同体。通过实施粤、港、澳文化市场发展一体化发展战略，打通澳门文化产业战略性崛起的市场大动脉。

区域经济合作强调利用各种制度安排，规范市场秩序，实现信息共享，推动贸易投资自由化和便利化，促进商品和要素的自由流动，降低交易成本，实现单一市场和扩大市场规模，国际经验表明，这将有利于整体经济增长。欧盟就是一个最典型的案例。粤、港、澳是中国东部发达地区的一个重要战略支点，历来是中国连接世界和海外华人的重要枢纽。没有这一点，就没有中国改革开放的前沿阵地，没有粤、港、澳的三位一体，就没有珠三角的现实存在。离开了澳门文化产业的战略性崛起，国家重点建设珠三角文化产业带就会遭遇到不可避免的战略困境。同样，不能离开珠三角来认识、思考和规划澳门文化产业的战略发展。澳门是珠三角文化产业发展的战略支点，澳门只有在文化产业发展战略上融入珠三角“特别安排”，克服在文化发展体制和模式上的“二元结构”，澳门才能为自己的文化产业发展和社会发展赢得广阔的市场空间与机遇，真正承担起它在国家文化产业重点建设中的历史责任。在这里，发展粤港澳共同文化市场具有影响中国文化产业战略全局的作用。

建设粤港澳共同文化市场，实现文化要素的合理流转和优化组合，应包括以下几个方面的内容：

——建立文化产业发展的战略伙伴关系，加强文化发展战略合作，联动提升区域文化创新能力；加强体制机制创新，联动推进文化市场改革开放。

——建立共同的文化生产要素市场，消除三地间文化生产要素、市场水平差异以及制度障碍，使文化劳务、文化资本以及各种文化要素在区域之间自由流动，达到优化配置的目的；广州、香港、澳门成为各种文化资源要素流动的枢纽和创新的孵化器。

——加强文化产业分工与协作，联动推进文化产业结构的战略性调整；根据比较优势形成产业分工，实现区域文化产业结构合理化，提升文化产业整体竞争力。

——文化基础设施和信息一体化。实行区域之间文化资源共享，公共文化产品共建，文化信息公开、透明，强化文化信息资源互通，以提高文化资源使用效率和投资效率。

——从区域整体文化利益出发，根据中央政府关于内地与香港和澳门两个“CEPA”的文件精神，疏理各自现有的政策和规章，减少三地在税收等特殊优惠政策方面的差异，对各种文化经济主体根据国家有关规定，实行无差别国民待遇。

——加强文化生态环境建设领域里的合作，联动营造文化发展的良好环境，包括硬环境和软环境两个方面的一体化。区域文化发展一体化是一个动态发展过程，在前期发展只有某一方面的合作和联合，如产业联合，或投资联合等。

——着力推进区域文化创新体系建设，提升文化创新能力和核心竞争力，共同构建文化产品和服务流通网络系统，打造珠三角文化旅游中心、文化会展联合体，合作发展文化旅游和会展服务业，促进共同发展。

——完善区域创新体系，建立区域文化产业创业投资引导基金，探索多层次、多渠道的风险投资推出机制，加快创新投融资体制；积极探索政府保护性文化采购、政策性融资担保机制。

——加快完善知识产权促进、服务和保护体系，强化创新引导机制；探索以自主创新为导向的人力资源开发机制和人才分配激励机制，推进珠三角文化人才高地建设，构建以文化经济为主的珠三角文化经济新体系。

——建立粤港澳城市公共文化艺术互动机制，搭建跨地域的合作交流平台，构建粤港澳文化发展一体化的公共美学。

作为中国南方最大的城市群和文化产业集聚中心、文化市场和文化创新中心，粤港澳共同文化市场建设，不仅要在新的全国文化市场体系和全国文化产业分工体系中发挥举足轻重的作用，而且应当逐步融入全球文化经济市场体系和文化产业分工体系，从而在产业分工、技术开发和转移、文化市场开放与重组等几个方面对我国乃至亚太地区的文化产业格局产生深远影响，对增强澳门参与国际文化市场竞争中发挥重大的支撑作用，进一步提升澳门在中国乃至国际文化经济体系中的地位和作用。

粤、港、澳在珠三角文化原生态的历史构成过程中是一个完整的生态群落，不同的文化个性特征使之形成了一个有机协调的整体。然而，历史也人为地切断了三地文化空间资源的历史整体性，弱化了文化空间潜在的功能定位。三地的各自为政，区域发展目标相似，产业结构类同，文化产业发展所需要的文化市场环境缺乏引导控制，结果导致整个区域文化资源使用浪费和发展水平落后。与此同时，由于相互间内在的文化市场联系不强，优势互补的辐射能力的带动作用也很难得到发挥。文化产业是典型的复合型产业，但是单一的市场无法支撑其自身的文化产业体系发展的需求。

2004年11月，粤、澳在广州举行的“粤澳合作联席会议”上，双方同意将毗邻澳门的横琴岛设立为“泛珠三角横琴经济合作区”。根据这一精神，澳门可以考虑率先在发展文化产业方面落实这一认同，与广东省或珠海市在横琴共同开发建设“文化产品贸易保税区”。

建议：在“一国两制”的法律框架下，根据中央政府关于内地和香港、澳门的“CEPA”精神和原则，创立“一国两制”的新型文化关系，把粤港澳文化产业发展纳入珠三角总体文化产业发展的战略规划之中，充分发挥粤港澳的集聚和辐射作用，最大限度地发挥珠三角文化产业发展和文化市场建设在推进粤港澳共同发展的文化功能。建立由粤港澳主要官员共同主持的珠三角文化产业发展统筹战略机制，统一协调解决原有的结构性矛盾与体制性障碍。

为能有效地推进粤港澳文化市场发展一体化构想，建议：可以考虑率先与珠海建立“澳珠共同文化市场试验区”，参照内地经济特区开发模式，根据CEPA确立的原则，建立文化产品生产、加工和交易的“保税区”和“类自由贸易区”，从深度和广度两个方面拓展澳门文化产业发展所需要的战略空间。把澳门的文化产业发展和整个澳门未来的发展紧密地联系起来，从而使澳门文化产业发展成为澳门新一轮发展的体现和实践。①

（2）“大三角战略”——泛珠三角文化产业发展与文化市场共同体

未来的10～15年将是中国重要的制度创新期，建设创新型国家的战略目标，必然同时带动一系列创新的战略举措。随着市场经济的发展以及文化体制改革的进一步深化，中国文化产业发展已经到了迫切需要打破行政区划分割，消除部门垄断和地区壁垒，建立一个文化商品和要素市场自由流动的统一大市场的时候。区域经济的成长以及由此而来的大区域文化产业发展，将为中国文化产业提供一种新的制度成长的基础与空间。克服与消除区域行政分割壁垒，建设更为灵活的区域合作经济共同体，将是未来中国的发展趋势。

根据这样一个趋势，澳门文化产业发展战略就不能只有“粤港澳一体化”这一个战略选择，在寻求“粤港澳一体化”战略格局的同时，也要防止“粤港澳一体化”的战略模式束缚自己的战略思维和发展眼界。以大区域进行谋划澳门文化产业发展的战略构想，寻求建立跨区域的新的共同文化市场形态，应该成为澳门文化产业发展的又一战略选择。“泛珠三角区域经济合作”的提出，为澳门文化产业发展战略提供了一个新的思维空间：要从泛珠三角的发展需求来思考澳门文化产业发展的大格局。树立一个“大三角”文化产业发展战略的新概念和新思维，并以此来建立澳门文化产业发展的新市

① 2007年8月9日，香港智经研究中心发表了《建构“港深都会”》研究报告，正式提出与深圳合建大都会的战略构想，这一构想引起了深港两地和国际社会的普遍关注，2007年8月13日香港特区政府特别举行港深合作论坛，邀请包括深圳市长在内的两地高层及专家出席，专门讨论把香港与深圳两地打造成国际大都会的可行性报告。这预示着，粤港澳市场共同体有可能率先在城市合作间获得突破。

场观。

泛珠三角区域经济合作的提出是中国国家战略的一个重要组成部分，涵盖了广东、广西、福建、江西、湖南、海南、四川、云南、贵州9个省区，以及香港、澳门2个特别行政区。整个泛珠三角区域面积占全国五分之一，人口占全国的三分之一（四亿多人口），经济产值也占全国三分之一。三分之一的市场空间和市场能量无论如何都是一个巨大的市场。它不仅为澳门发展文化产业提供了一个广阔的市场腹地，而且还为泛珠三角地区的文化产业“走出去”提供了良好、便利的国际通道。加强泛珠三角区域的合作，除了产生区内市场一体化带来共同的发展机会外，一个非常重要的效应是贸易和投资市场开放半径和开放成果分享面的扩大。

大区域文化产业集群是未来中国文化产业发展的大趋势。未来文化产业的竞争是区域对区域的竞争、集群对集群的竞争。单一的竞争主体将很难在未来中国文化产业发展进程中赢得战略主动。因此，如何和在多大程度上赢得未来文化产业发展的主动和参与中国文化产业以及国际文化产业分工体系深刻变动所带来的巨大发展机遇，将取决于各类市场主体能够在多大程度上结成战略利益共同体。

中国已经出现了三个粗具规模的战略经济发展区。它们分别是长江三角洲、珠江三角洲和京津冀地区，由此形成的区域文化现状和趋势以及它们在文化产业发展方面的竞争优势，正在出现的跨地区合作的趋势，标志着中国当代文化开始出现新的发展形态，即以传统、区域、群落认同为基础的多样性区域文化发展形态，它的发展形态和发展趋势将深刻影响我国文化建设和文化发展形态，文化产业发展格局将在这个过程中被重构。

泛珠三角是在实现国家区域发展战略基础上提出来的。它的一个重要战略出发点就是，充分利用“9”和“2”的战略比较优势，推动区域联动发展。泛珠三角与其他两个区域一个最为显著的特点，集中体现在经济存在和经济发展在空间形态与制度形态上的“一国两制”和文化形态上的丰富多样性，具有文化资源形态的原生型、文化经济构造形态的丰富性、文化产业空间布局多元性的典型特征，无论是从垂直的文化资源分工还是从横向的文化市场形态的分工，形成了一个相互互补的区域文化群体。它的文化娱乐业、新闻出版业、会展与广告业、广播电影电视业、文化旅游业和文化遗产产业，形成了一个均衡依托的结构。然而这样结构的形成有待于多个能量中心形成，只有这样的网状中心，才能使泛珠三角区域文化产业发展和运动出现“牵一发动全身”的传播效应，从而使得泛珠三角区域文化资源在统一的文化大市场的作用下实现自由的优化配置。

澳门文化产业的发展必须而且应当对规划中的泛珠三角区域文化市场和文化产业的发展产生明显的引力作用，进而带动整个泛珠三角文化市场共同体在建设与形成的同时，能够对中国文化产业发展格局和发展形态分布及其动力格局产生巨大的影响和积极的作用，进而实现澳门作为一个经贸平台的文化作用。正如，何厚铧先生在第一届泛珠三角区域合作与发展论坛上的演讲所说的那样：澳门作为一个平台的“其中一个重要的功能”，就是“为内地，首先是泛珠三角地区”的“外拓内引，扮演好称职的服务角色”，“为泛珠三角地区与葡语国系国家的合作提供有力的配合与优质服务”。而正是在这个过程中，为澳门发展文化产业不仅赢得了合作伙伴，而且赢得了广阔的市场机会。泛珠区域是我国经济最活跃、开放程度最高的区域之一，要促进区域文化市场又好又快发展，客观上要求开展区域文化产品市场准入制度创新的合作，建立相关机制，加强文化市场联合执法，应对文化产品的贸易壁垒，加强对敏感性文化产品进出口监管等方面的合作。

建议：根据《泛珠三角区域经济合作框架协议》，由澳门发起建立多元的战略合作伙伴关系和文化产业发展战略共同体，以泛珠三角巨大的市场换取澳门文化产业战略性崛起的广阔空间，建立“泛珠三角共同文化市场”发展理念和战略思路，以区域为利益主体，建立“一国两制”框架下的新文化市场关系，主动邀请泛珠三角地区的知名大型文化产业集团进驻澳门，通过建立澳门文化产业发展的“区域发展总部经济”的战略选择，克服澳门文化产业发展缺乏有影响的战略投资主体的不足，在中国加入世贸组织的原则框架内和 CEPA 精神下，充分利用国家关于澳门文化发展的一系列文化政策，大胆和积极引进泛珠三角经济合作区音像制品和图书分销大企业集团，重建澳门作为我国重要的区域性文化产品外贸口岸的战略地位，多层次、多领域、多构造地实现澳门文化产业的战略性崛起，通过改变中国图书及音像制品分销市场格局，推进文化产业战略版图的根本性变动。避免低水平重复建设，加快形成分工合理、重点突出、比较优势得以发挥的区域文化产业格局，同时进一步推动文化生产要素在区域间自由流动与优化配置。建议在澳门举办"泛珠三角区域文化合作与文化产品交易博览会"，积极探索澳门文化产业发展模式与发展渠道的多样性，把澳门发展成一个"泛珠三角区域文化产业合作"的能量中心，以繁荣的文化市场发展澳门的文化产业。

（3）双三角战略——挺进中原、实施珠三角与长三角文化产业合作发展战略

以上海为中心的长三角地区，是中国经济增长和文化产业发展最繁荣的地区。这一地区不仅是中国近代以来中国文化产业的策源地，而且也是中国文化产业发展的战略引擎。发达的文化产业、繁荣的文化市场和巨大的文化消费能力，使得这一地区成为国际文化产业竞争中国的主战场。为进一步方便香港企业到内地发展，2007 年，根据国家商务部与香港特区政府签署的《CEPA 补充条款（四）》，上海与广东率先获得会展和文化娱乐英语的跨境服务试点。会展方面将允许香港公司以跨境交付的方式在上海、广东两地提供跨境服务，在上海、广东设立的港资会展公司可以组织出国展会。文化娱乐领域，允许香港企业在内地设立独资演出经纪机构，香港演出机构和团体可以在上海、广东举办营业性演出活动。这两项重大政策举措，对于香港文化产业在内地的市场拓展和提升，有着非常直接的作用，对于香港文化产业的发展将产生极为深刻的影响。从广东对香港电影的开放，到上海、广东两地对香港会展产业和文化娱乐业的开放，标志着中国内地对港澳地区文化市场的进一步开放和放宽市场准入进入一个新的开放时期。香港的先行，对于澳门文化产业的发展有着非常重大的战略意义。也就是说，在珠三角和泛珠三

角区域战略合作之外，澳门还应该在更大的空间范围规划自己文化产业的发展空间。制定和实施文化产业领域里的“双三角战略”应当成为《澳门文化产业发展彩虹计划》的又一重大战略选择。

所谓“双三角战略”就是同步参与珠三角区域发展和长三角区域发展。充分利用这两大战略区域的综合优势，通过互利互惠的方式，在中央政府统一的法律框架下，实现制约澳门文化产业发展的人口与市场的两大突破。长三角一体化是未来中国区域发展的最重要的战略部署，这一战略部署的完成和区域发展战略意图的实现，将从根本上改变中国的国民经济和社会发展模式。

澳门已经参与了由河南省人民政府组织的“中原文化之旅”。澳门应该自此基础上进一步拓展与河南及其中部地区的更为深入的战略合作，并且把这种合作引入到发展澳门文化产业的战略中来，以互动推进双赢，从而形成澳门积极参与内地文化产业分工体系重建的战略态势，成为澳门发展文化产业的重要的动力机制和战略格局。

建议：澳门在以往的历史上已经建立起来的与上海和长三角在文化领域里良好的合作关系，探索建立“沪、澳”文化产业发展领域里的战略合作伙伴关系，在文化产业领域里的各个方面开展全方位的战略合作关系，可以首先在会展、文化娱乐、影视、创意设计等领域进行。在“一国两制”不变的前提下，港澳地区与中国内地在文化产业领域里的市场一体化程度，将随着这种合作的深化而不断提高。澳门应当在这一历史进程中早做战略预案。

3. 构建以创建新亚洲文化娱乐中心，建设国际文化经贸平台为主要内容的国际化远交战略

这一战略是实现“中国澳门”向“世界澳门”发展的跨越式战略，建构的是国际文化经贸服务平台的文化新澳门第三座彩虹之桥。它要解决的是澳门文化产业长期发展的全球战略空间问题。

核心是：充分发挥澳门对外文化交流和文化经贸合作的比较优势，开拓中国与欧盟及葡语国家的文化经贸合作和国际文化市场的联系，重建澳门作为亚洲娱乐中心的国际地位，开辟澳门文化产业更大的发展空间，确立澳门作为“国际文化经贸服务平台”的“枢纽”地位和城市文化身份。

（1）东南亚和泛北部湾合作战略：新亚洲文化娱乐中心

娱乐是澳门最重要的城市内容。如果说，香港是由“购物天堂”来定义的话，那么，澳门在某种程度上也是由“娱乐之都”来定义的。然而，“特殊的娱乐业”消解了“娱乐”应有的本质内涵，从而使澳门作为亚洲“娱乐之都”失去了它应有的辉煌身份与光彩形象。

澳门是亚洲地区最大的娱乐中心。每年来澳门旅游度假和博彩娱乐消费的除了来自中国内地、香港和台湾之外，东南亚是最主要的客源地。自中国—东盟自由贸易区正式启动之后，2006 年在中国广西的动议之下，中国与越南、马来西亚、新加坡、印度尼西亚、菲律宾和文莱等国家又开始了泛北部湾区域经济合作。泛北部湾经济合作是在中国—东盟自由贸易区实施之后，中国和东盟地区国家在开辟新的合作机制方面建立的又一合作模式。这些国家不仅在文化上和澳门同属于儒家文化圈，而且长期以来一直在文化和经贸领域有着广泛而深入、全面的合作关系。泛北部湾经济合作框架的建立，进一步加强了中国和东盟各国的经贸合作，同时也为澳门发展成为国际性亚洲文化娱乐中心城市提供和创造了新的条件。在泛北部湾区域经济合作当中，旅游业将成为泛北合作的先导产业之一。充分利用澳门的旅游资源，大力开发和发展以表演娱乐业为主的旅游演艺业，以产业合作为纽带，建立旅游演艺业合作联盟，共同发展和泛北部地区国家和城市的文化产业合作。

东亚地区是整个亚洲文化产业最发达的地区，而且也是整个亚洲文化娱乐业竞争最为激烈的地区。迄今为止，在整个东亚地区的文化娱乐的发展中，还没有哪一个亚洲城市被公认为是亚洲最具竞争力文化娱乐中心城市。2006 年，澳门博彩业的收入首次超过美国的拉斯韦加斯，成为全球第一，而澳门入境游的游客总量也首次突破 2000 万人。巨大的旅游和娱乐消费的能量，为把澳门发展成为亚洲最大的文化娱乐中心提供了独一无二的条件。充分利用即将于 2008 年投入使用的威尼斯人所拥有的两万座位的剧场资源，大力引进世界上最有实力的表演艺术团体和娱乐业集团来澳门发展娱乐业，并以此推动泛北部湾区域成为太平洋西岸新的经济增长点，扩大澳门与东盟和泛北部湾区域文化经济双边贸易。推动建立泛北部湾文化经济合作及东南亚文化经济合作专家工作小组合作机制，确定战略合作框架；与此同时在北部湾地区城市建立战略伙伴关系，促进澳门—东盟文化产业自由贸易区的建立与发展。

（2）葡语国家战略及欧盟与华人世界战略：国际文化经贸平台

——中—葡文化经贸平台。

澳门与葡语国家的关系是澳门最重要的对外文化经贸关系，发展与葡语国家的关系，无疑是澳门国民经济和社会发展最重要的任务之一。澳门有1万多葡萄牙后裔居民，还有10万名华人持有葡萄牙旅行证件，不少人会中、葡双语，也不乏了解欧洲和拉丁语系国家文化、法律、行政制度、商贸条例的人才，这无疑为拓展与葡语国家的文化经贸关系，建设中—葡国际文化经贸平台创造和提供了良好的资源准备和条件。

创建中—葡国际文化经贸平台，利用这一平台，帮助葡语国家开拓中国内地文化市场；帮助中国内地文化企业开拓葡语国家市场；开展文化项目投资、文化资源开发、文化技术合作，创建世界葡语国家文化及文化产业发展与互动中心、亚欧国际文化产品交易中心，举办中欧国际文化产业发展论坛；组织翻译引进葡语国家优秀文学艺术作品进入中国内地市场，同时把中国当代优秀作家作品翻译介绍给葡语国家，促进中葡图书贸易和版权贸易的发展，积极发展中葡多边国际文化贸易。

举办中国（澳门）—葡语国家国际电影节（举办葡语国家电影周），让电影成为文化交流和扩大文化经贸合作平台的纽带，最终办成国际上有影响力的国际电影节。通过电影节在增进人文交流的同时为澳门发展文化产业营造良好的国际市场环境。

——中国（澳门）—欧盟文化经贸平台。

欧盟是当今世界最重要的区域共同市场。它不仅有着巨大的文化消费能力，而且也是世界文化产业发展的重要引擎之一。德国的法兰克福世界图书博览会、法国的戛纳电影节等直接影响了世界文化产业的发展格局和发展走向。2007年5月10日，欧盟委员会通过了题为“世界全球化中的欧洲文化战略”。为了实现欧洲文化战略的主要目标，欧盟提出在文化领域建立开放式的合作方式，支持和促进非洲、加勒比和太平洋国家与地区文化产品进入欧洲市场，并且把重视与第三国的文化交流和积极支持跨国或跨地区的文化活动，列为欧洲文化战略三大目标的重要内容，这对澳门建构“中国（澳门）—欧盟文化经贸平台”是一个难得的战略机遇。澳门与欧盟有着长期的友好合作关系，并签有《澳门与欧盟贸易和合作协议》。充分利用和发挥澳门与欧盟这一特殊关系，积极参与“欧洲文化战略”进程，应该成为实现澳门文化产业国际化战略的重要内容。根据《欧洲文化战略》关于“定期组织利益攸关者举行‘文化论坛’”的安排，可以考虑与欧盟联合发起并举办“亚欧文化产业与文化发展论坛”，并且把澳门作为这一论坛的永久举办地（简称澳门论坛），参照达沃斯论坛的模式和经验，在澳门创建第一个自主论坛品牌，论坛旨在推动中欧文化产业合作与发展，促进中欧文化合作与交流，是一个永久化、国际性、高层次的国际文化论坛，从而最大限度地提升澳门在整个国际社会的文化影响力和作为国际文化经贸平台的应有地位与积极作用。

（3）中国面向世界的窗口，“走出去”的重要战略平台

“走出去”是中央政府制定的一项重要的国家文化产业发展战略。它包括文化产业的广大领域，仅在图书领域就涵盖了图书、报纸、期刊、电子音像等各类出版物，包含版权贸易、实物出口、印刷品加工等多个层面。自实施“走出去”战略以来，内地出版界正以前所未有的速度走向海外。① 中国每年要参加38个国际书展，如德国法兰克福国际图书博览会、英国伦敦书展、美国书展等。香港很早就成为内地出版业与世界出版业联系的重要桥梁。“香港书展”一直以来就是内地出版业实施“走出去”战略的一个重要平台，

---

① 据国家新闻出版署统计，2006年内地图书、报纸、期刊累计出口148.8万种次、1007.78万册（份）、3631.44万美元，与2005年相比，种次增长24.59%，数量增长37.6%，金额增长10.47%。

通过这个平台不仅扩大了内地出版业在海外华文图书市场的影响力和辐射力，而且也加强了香港在这一领域的优势。澳门有着为香港所没有的比较优势，那就是与葡语国家的广泛联系。建设国际文化经贸平台的另一个重要内容就是，发挥澳门的比较优势，把澳门建设成为内地出版业走向世界，特别是葡语国家的重要基地和内地出版业与世界出版业联系的一座桥梁，通过建设这样一种平台和机制，加强澳门在整个中国文化产业“走出去”战略中的地位与作用，同时提升澳门文化产业在世界上的影响力和竞争力。

五、澳门文化产业发展的战略重点和战略阶段

文化产业发展战略是一个大战略，是一项系统的战略工程，处在现代服务业战略的核心部位。《澳门文化产业发展战略彩虹计划》是一个由核心产业、主导产业、支柱产业、外围产业和相关产业构成的、梯次合理、结构优化、产业管理度高、边际效应明显的文化产业战略创新体系。

（一）把握经济增长中的战略替代关系，发展重点文化产业

经济增长和经济发展的动力替代，是未来澳门国民经济和社会发展的关键。要着力解决好从博彩澳门向文化澳门转型的战略替代关系。确定重点发展的文化产业门类，推动以重塑澳门形象为核心内容的一批具有战略性、引导性和带动性的重大文化产业项目，在文化产业领域率先实现跨越式发展。

1. 重点发展支柱产业（文化旅游业）

支柱产业是指在国民经济中占有较高比重的产业，在澳门主要是文化旅游产业。这是可以迅速扩张澳门文化产业发展市场空间、盘活澳门文化资源、加快建设文化大市场的文化产业。要创新澳门旅游业的管理模式，通过制度设计与安排，重建旅游线路图和重构澳门旅游产业结构图。虽然，澳门是一个高度自由的民主社会，但政府出于澳门的整体利益和发展大局，可以而且应该在旅游行业管理体制和机制进行制度性创新。以文化旅游业为主要动力，

促进澳门文化产业结构的集群创新。

开发与发展澳门以超级体验和身心愉悦为内容的新旅游产业——“内容旅游”。澳门是一个半岛型城市，三面临海使澳门有着发展水上娱乐业、体育旅游业和体育休闲业的良好条件。体育健身休闲，是现代人的重要生活方式之一。发展体育旅游休闲产业是一项世界性的文化旅游业。体育培养的是胆识，旅游培养的是见识。这些都是精神层面上的需求。让游客与观众在经历了世界文化遗产之旅之后，得到一种前所未有的、超乎想象的体验，这种现代感所带给人们的是一种全新的精神文化体验。毫无疑问，这应该成为澳门发展文化产业、培育旅游业的新的增长点，丰富澳门文化旅游业的关键。与此同时，体育旅游休闲产业还是一个产业链丰富的产业，它不仅可以营造澳门新的娱乐休闲度假形象，而且还可以引进一流的电视转播权和广告的相关产业，以及其他体育休闲产品。通过一些体验式的项目，把体育场馆变成一个结合体育和旅游的体验中心。这是未来体育旅游业的发展方向，应该而且可以创造出澳门文化旅游新“景气”。在确保安全和环保的前提下，可以就在路环的海面上设定若干以水上运动为主要内容的体育休闲和水上娱乐项目进行可行性研究，有些项目可以考虑与珠海市联合开发，形成新的文化产业价值链。同时制定相关法律，依法开发。

创建旅游业与演艺业联动发展的新模式。通过演出艺术业提高与丰富旅游业的文化内涵，通过旅游业拓展演艺业的市场空间，形成二者良性互动、优势互补的共生共赢机制，从而全面激发澳门文化产业发展所需要的市场活力和激情。

2. 优先发展演艺娱乐业

澳门有发达的旅游业，丰富和充沛的客流为澳门发展表演艺术和大众娱乐业提供了优良的文化生态环境和丰富的消费能量。同时，澳门又是一个国际性休闲城市。“澳门艺术节”和“澳门国际音乐节”已经成为澳门文化艺术发展的标志性文化品牌，成为澳门表演艺术业的象征。澳门应在继续办好“澳门艺术节”和“澳门国际音乐节”，为澳门民众提供丰富的公共文化产品和公共文化服务的同时，积极探索两大标志性演艺活动的产业化、市场化运作的可行性。建立“澳门音乐与艺术节理事会”，将“澳门艺术节”和“澳门国际音乐节”转变成为展示中国内地和国际艺术家的最重要的国际性视听艺术活动，作为对澳门优先发展演艺娱乐业战略推动。积极探索“澳门艺术节”和“澳门国际音乐节”资金运转模式从官办向官商合办的社会化、市场化运作转移的发展方向。把“澳门艺术节”和“澳门音乐节”办成一个政府主办和主导下的、具有广泛社会参与度的、投资多元化的高水平的艺术盛典。

娱乐是澳门文化的重要特征之一。没有大众娱乐就没有澳门的文化产业发展。澳门的文化娱乐应当超越对于博彩娱乐的局限性。创新对博彩业牌照制度的管理，以新的法律形式，规定博彩业主在娱乐节目质量选择上的“一流性”：即表演的艺术团体和节目内容都必须是世界一流的。以世界一流的演出吸引来自世界各地游客的注意力，在重塑澳门文化形象的同时，培养澳门全新的文化品位，使之通过澳门人的不断努力，在不长的时间内把澳门建设成“东方的维也纳”，一个音乐和艺术之城。以演艺娱乐业为突破口，培育和塑造新亚洲娱乐中心。

3. 重点发展主导产业：文化会展业

主导产业是指在整个澳门文化产业结构的系统运动中能够起到引导和带头作用，并决定澳门文化产业未来发展方向和发展模式的产业。这个产业在实现自身持续发展的同时，还能够对辅助增长部门和派生增长部门产生影响，并且最终带动整个经济的发展。文化主导产业相比较于其他产业形态的主导产业而言，它的一个最大的特点就是产业的高关联度和高附加值。高关联度构成了它对其他产业形态的创新与拉动，在产业升值的同时扩展了产业生长的空间，不断满足产业增值的要求。高附加值使之能够迅速地提升产业的能级。从澳门文化产业发展的实际与可能来看，文化会展产业无论就其在澳门发展的基础和业界认同度，还是文化会展产业对于重构澳门文化产业的价值链，培育澳门新的文化产业增长点，推动澳门文化产业创新和创新体系的建设，都应当成为澳门文化产业发展的重点。

文化会展产业主要包括文化会议、文化产品展示与交易和文化节庆。

创设中国（澳门）国际文化投资贸易洽谈会，搭建推动中国与世界各国文化产业共同发展的桥梁——澳门国际艺术节、澳门音乐节。将娱乐旅游与会议展览高度整合，优势互补，互为引擎，从而形成表演艺术展演、国际图书博览交易、国际文化投资贸易洽谈、中国—葡语国家文化经贸论坛、中国—葡语国家电影节等澳门文化会展产业结构图。

创新“澳门书展”模式。举办澳门书展可以赋予这座美丽的城市永远鲜活的灵魂。独特的文化内涵已经成为大都市美丽不可或缺的重要组成部分。像澳门这样的国际性大都市，不仅需要有发达的商业、完善的城市基础设施，也要有它的核心文化。而出版记录历史、传承文明、传播知识、普及科学，不管传播工具如何发生变化，文化的根本是不变的。澳门作为一个国际性的大都市办书展，就是要体现出文化大都市的追求。建设现代文化大都市，核心文化发展非常重要。创新“澳门书展”，在制度设计上可以借鉴德国法兰克福书展的“主宾国”营销模式，并且每年都设立一个更鲜明、对市民对社会更有吸引力的主题。“澳门书展”可以从泛珠三角经济合作做起，逐步发展成一个有广泛国际影响的文化产业品牌。不仅要吸引国内的出版社、出版商，而且要吸引国际的出版社、出版商来参与；可以邀请更多有影响力的专家、学者来参加论坛，开设讲座，营造一个更为活跃的城市文化氛围；把一个专业性较强的出版界的专题展会，办成一个全澳门市民广泛参与的文化盛会；从单纯的图书贸易和销售活动，变为推动市民读书的重大活动。书展应当成为澳门的一个文化盛会、澳门市民真正的文化节日。建立珠三角文化阅读圈。通过书展推动澳门出版发行业的发展，推动澳门传统出版业和现代出版业的互动发展，在打造国际文化经贸服务平台的过程中，把澳门建设成为我国重要的国际文化贸易和版权服务中心。

设立并举办永久性的“澳门国际诗歌节”。波兰有“华沙之秋国际诗歌节”，马其顿有“斯特鲁家国际诗歌节”，荷兰有“阿姆斯特丹国际诗歌节”，德国有柏林诗歌节，哥伦比亚有麦德林国际诗歌节，意大利有圣玛利诺国际诗歌节。诗意地栖居，使人有一种高尚的生活境界与生活状态，让一个城市具有诗的情怀、诗的风格、诗的气质。荟萃世界杰出诗歌和诗人的盛会，致力于达成文化的沟通与理解，致力于创建语言的纯洁与崇高，致力于构建人与自然、人与社会、人与文化、人与人之间的诗意和谐，以诗的名义缔造人类文化的多样化与世界和平，以诗的圣洁之光照亮澳门的文化天空。中国是一个具有悠久诗歌传统的国度，澳门是一个充满着诗意的城市，澳门拥有本岛诗人600多名，平均每两万个市民中就有一个诗人，是世界上人均拥有诗人最多的城市。在我们民族全面振兴的时刻，文化正引领澳门走向未来的时候，作为一个拥有世界文化遗产的城市、一个拥有人均诗人最多的城市，澳门应该创设一个诗歌节，打造诗歌的国际性品牌，以诗的形象向世界展现澳门的风采和精神气度，以诗的方式激发与弘扬澳门文化产业发展所需要的想象力、激情和创造力。

承办国际会议的数量多少已被作为衡量国际化大都市的标准之一。根据世界权威国际会议组织——国际会议协会（ICCA）2007年最新排名，整个亚洲只有新加坡、香港和汉城进入前十名。① 欧洲城市包揽了其余七个名次。会议产业是会展产业的重要组成部分。ICCA数据表明，全球每年有350万人次参加各种国际会议，会议开销高达2800亿美元，已经成为旅游业中最高端、利润最丰厚的重要来源。据新加坡的统计，观光客在新加坡一般只逗留3.7天，消费710新元，而会议客人则逗留7.7天，消费达1700新元。承办和举办大型国际会议已经发展成为亚洲各大城市的大产业。目前，承办和举办国际会议已经发展成为世界各国、各城市竞争最为激烈的争夺，也是内地发展文化产业最重要的领域之一。1997年前，上海每年的国际会展不到100个，2006年已经有近500个国际会议在上海举行，年均增长20%。澳门有着发展国际会议产业的良好条件。威尼斯人度假村的开业不仅解决了澳门举办大型国际会议缺乏足够的硬件设施的问题，而且为澳门发展文化会展产业创

① 截至2005年，我国香港地区排名第五名，北京和上海分别排名为第14名和第37名。

造了极为有利的条件。因此，澳门应该主动设置议题，主动承办大型国际会议，努力把澳门建成亚太地区最重要的大型国际会议举办地之一。在商务展览业已经开始起步的同时，高起点规划澳门的文化会展业，应当成为澳门发展文化产业的重点战略选择。

4. 重点发展核心产业（影视传媒业）

文化核心产业是包括新闻服务，出版和版权服务，广播、电视、电影服务和文化艺术服务在内的文化内容产业。这是影响和决定文化产业扩张能力和影响能力的产业系统，也是文化产业发展中覆盖面最大的产业群。这是在较长时间内影响和决定澳门文化产业综合竞争力的部门，与文化主导产业之间存在着很强的产业关联。

电影在整个澳门文化产业发展格局中还是一个空白，是一块有待开垦的文化处女地，蕴含着重大的战略机遇。澳门应当把大力推进电影产业的战略性崛起和发展，作为澳门文化产业战略性崛起的战略突破口和战略支点，以期撬动澳门文化产业战略性崛起的整体板块。

电影和电视是现代城市的重要文化符号和媒介。电影和电视作为最易被他国接受的文化交流语言，在向世界宣传自己的过程中，具有为其他产业形态所无法替代的作用。

开拓和发展影视文化产业，确立打造亚洲“影视之城”的文化发展定位。丰富的历史人文资源和文化积淀，保存完好的历史城区与现代体现博彩文化理念的现代建筑交相辉映，使得澳门成为一个现成的天然摄影棚和外景基地。

澳门不仅拥有世界文化遗产这一难得的城市影视拍摄资源，而且还拥有阳光、海洋、沙滩、岛屿等众多优质资源要素，可以说是一个天然的外景基地。强劲的经济实力，得天独厚的旅游文化、人文资源，迅猛发展的高等教育和文化产业发展规划等，为澳门发展电影产业提供了扎实的基础。澳门有着极为丰富的历史文化资源和极好的电影素材。借助影视文化独特的视觉语言反映与表现澳门特有的人文景象和审美韵味培育与发展澳门的影视产业，应该成为澳门文化产业发展战略中的一个重要组成部分。

澳门有着许多独特的资源优势。丰富的世界文化遗产和独特的城市风貌，使得澳门天然成为一个融会东西方文化的影视外景基地，澳门悠久与丰富的历史人文资源，使得澳门发展影视产业拥有不可多得的题材和内容优势。不仅如此，澳门还拥有一批致力于从事文学创作的作家和诗人，这是澳门发展影视文化产业必不可少的人力资源准备，这就为澳门发展影视文化产业提供了一个多元发展的结构选择与机遇；以发展澳门的影视外景基地为基础，以澳门的题材和内容为主导，以多元合作为产业发展框架和制度选择，以政府建立澳门电影发展基金为政策支撑，应该可以成为澳门开拓与发展影视文化产业的战略安排。通过综合利用澳门大学媒体学院、举办电影论坛等与电影产业有关的项目，加强影视艺术教育培训业、影视生产制作业、演艺业和文化中介服务业等产业链条的有序衔接，积极、稳妥、有序、坚定地发展澳门的电影产业，把澳门发展成亚洲地区最主要的影视拍摄城市之一。

澳门电影产业的发展之初，可以积极借鉴近几年来香港电影发展的经验和模式：与内地电影建立更紧密的“文化经贸关系”，借助于内地文化产业发展的强劲力量和市场腹地，全力助推澳门电影产业的起步与发展。[①] 内地和香港在电影产业领域里的合作，已经进入一个全方位、一体化、整体性战略合作的新阶段，它标志着中国电影产业正处在一个历史上从未有过的大繁荣和大发展的历史时期。澳门应该果断地抓住这一战略机遇期，利用澳门得天独厚的历史和人文资源条件，积极参与到这一难得的发展机遇当中，大力开拓和积极发展澳门的影视文化产业，借助于中国电影产业的整体性振兴，

① 回归十年来，内地和香港的电影界根据《内地与香港关于建立更紧密经贸关系的安排》以及关于“更紧密文化关系的安排”，十年来，内地与香港影片合拍数量从1997年的7部，迅速猛增到2006年的近30部，《霍元甲》《夜宴》《墨攻》《疯狂的石头》《云水谣》《无间道之终极无间》《如果爱》等一系列优秀合拍影片，不仅成为两地电影市场的热点，而且为香港电影的振兴提供了强大的“救市”力量。对此，香港演艺人协会会长曾志伟指出：“在将来，香港电影与内地电影将融合为一，只有‘中国电影’这一说法。这是一个必然的趋势。以后的电影，除了粤语、国语不同以外，将没有内地和香港的区别。”香港电影把较为成熟的工业化拍摄模式带入内地，内地的资本和人力为香港电影振兴与发展带来了新的生机。

推进澳门电影产业的崛起。澳门电影作为中国电影的一个重要组成部分，应该、而且完全可能担当起中国电影走向世界的历史使命。

经国家广电总局批准，自2007年起，广东可主动推荐、选择引进港产粤语片在省内播放，数量上不再受进口影片配额限制。这意味着广东地区的观众不仅可以观看全国统一引进、播映的港产电影，而且还能看到通过专门为他们开辟的“绿色通道”引进的港产片。这样，一些最新出产的香港影片就可以在内地同步上映。这是中央政府关于文化市场准入政策领域的一大突破，这一突破，不仅对香港电影产业的发展是一个巨大的促进，而且也为澳门发展电影产业提供了一个难得的战略机遇。2008年1月1日起，大陆与台湾合拍的电视剧在经过相关审查部门核准后，可视为大陆生产的电视剧进行播出和发行。由两岸四地共同构成的影视产业发展共同体，将成为未来中国影视产业发展的新格局。

加强媒体合作，参与媒体竞争，传递澳门声音。澳门是一个国际性文化城市，应当具有广阔的国际传播视角，积极参与亚洲传媒业的合作、竞争与发展，并且在这个过程中传递澳门传媒界的文化声音，应当成为澳门文化产业发展的一个重要内容。东盟10国以及中、日、韩3国已经建立起“10+3”媒体合作机制，首届“10+3”媒体合作论坛已于2008年8月在中国天津市成功举行。在这样一个东亚媒体合作框架领域，澳门应当积极参与其中。《澳门日报》、澳门电视台和澳门广播电台应当成为澳门传媒产业的发展领袖。澳门电视台可以通过与战略投资者的合作，积极开发娱乐资讯产品。立足珠三角，辐射港澳台，通过卫星传输方式，开拓葡语国家收视市场。

由于互联网的出现，人类社会的生活发生了工业革命以来最为剧烈的深刻变化。随着网络视频技术的发明和“iPod时代”的到来，网络电视和网络电影正在发展成为全球性的新媒体革命，电视产业将发生根本性的改变。这将是一个前途无量的战略机遇。互联网电视时代的到来，将会给整个世界带来颠覆性的文化传媒产业革命。这个革命正在深入的发展之中，澳门完全有条件和有可能通过与国际、国内两个战略资本和技术的合作，率先获得战略性突破，从而在未来的互联网电视产业占领一席之地。

（二）优化文化产业空间布局，完善文化产业主体功能区建设

本澳—氹仔—路环是澳门最主要的地理存在形态。迄今为止，已在客观上形成了城市功能和产业布局的分工：本澳是全澳门的政治、经济、文化中心，拥有世界文化遗产，同时也是澳门博彩业的集聚区，构成了本澳产业的主体；由于威尼斯人度假村的建成和投入运营，氹仔将成为澳门娱乐会展业的集聚区，威尼斯人度假村的主体建筑将成为澳门新产业分工结构的标志；路环拥有与澳门历史城区一样让人流连忘返的历史街区，不仅如此，路环还建有水上乐园、高尔夫乡村俱乐部、石牌湾公园以及竹湾海滩和黑沙海滩等水上娱乐项目。三个空间主体之间，实际上形成了特色鲜明的功能性产业分工：本澳以传统的文化产业为主，氹仔以现代会展业为核心，路环则以休闲度假为主要内容。然而，当威尼斯人度假村开始吸引世人的注意力的时候，出于对生态环境保护的考虑和安排，路环在澳门发展文化产业进程中重要的战略地位也同时被忽视了。澳门人对路环这样一块对澳门来说极其重要的生态绿地的关爱怎样地投入都不为过。但是，本报告同时还看到，随着路氹填海区的项目开发，澳门未来发展空间将显得更为紧张，保护澳门有限的土地资源的决策是正确的。但是同样重要的是，不能为了保护土地而牺牲澳门长远发展的战略机遇。无论是从澳门的经济发展，还是从澳门的文化产业发展，本报告认为，澳门都应当建立更长远的空间布局与发展战略。

1. 重点规划建设路环高等级文化产业能级

澳门的文化资源在空间布局上，不仅局限于澳门本岛，而且还包括氹仔和路环。威尼斯人度假村在路氹填海区的项目开发，在显示投资者的战略远见的同时，也显示了开发和利用澳门离岛文化资源对于整合澳门文化资源、重构澳门文化产业空间布局的战略价值。当外资还没有把他们的战略投资项目扩张到路环的时候，政府应当从未来澳门文化产业发展的长远战略出发，考虑选择在路环建设以艺术表演为主要内容的大型文化设施项目——澳门大

歌剧院，不仅与路环已有的以高档休闲度假为主要内容的健康文化项目和文化设施相呼应，而且还可以建设澳门新的文化地标，同时带动路环市区文化资源的开发，盘活路环的历史文化遗产，促进路环休闲度假业的发展，从而在空间上形成与本岛的世界文化遗产和博彩中心、路氹的威尼斯人度假村、金光大道的会展中心相呼应，并且在战略上构成错位发展、战略延伸的文化产业新格局。把路环定位为以表演艺术业与高档休闲健身为主要产业形态的文化旅游度假区。政府可以通过制定和颁布相关文化经济政策，在保证路环历史风貌不变的前提下，鼓励发展以创意和艺术休闲为主要特色的文化产业，政府提供相应的财政补贴和免税。通过开发和建立新的文化消费品，战略性推进澳门文化产业结构的战略性调整，在克服澳门经济和社会发展结构性矛盾的同时，培育和建立澳门新的战略产业架构。

本报告认为资本开发路环只是时间问题，是澳门发展的必然性趋势，问题是由谁来开发？特区政府应当采取战略主动，高标准规划路环文化产业形态开发，从而在本报告所规划的时间内，实现澳门文化产业三大主体功能区的建设。

2. 战略性推动文化资源的整合、利用

悠久而特殊的历史造成了澳门文化资源的丰富多样性。澳门文化资源的构成包括物质文化资源和非物质文化资源两大部分，世界文化遗产是这两种文化资源的融合与统一。岭南文化和大香山文化作为中华文化的重要组成部分，是它全部文化资源构成的历史之根。欧洲文化，特别是葡萄牙文化所留下来的文化是澳门文化资源构成中独具特色的组成部分。东西文化的交流与融合，养成了澳门文化资源的独特性。正是这两种文化资源的有机交融，形成了澳门文化资源不同的表现方式和构成方式，形成了不同的文化资源属性。认真地分析澳门文化资源构成的不同方式和不同属性，对于整合、开发、利用澳门的文化资源，并且把这种文化资源优势转变成文化产业优势，具有特别重要的机制和意义。在澳门文化资源的构成中，“一国两制”不仅是澳门特殊的政治身份，而且也是澳门拥有的特殊的文化资源。澳门文化资源形成与构成的特殊性，决定了澳门文化资源整合与利用的特殊方式，而博彩文化更是澳门所独有的文化资源。

根据“一国两制”和澳门基本法以及中央政府关于内地和澳门在文化领域里的特殊安排所确定的原则，可以采取不同的制度安排和策略选择。既可以与内地，特别是珠三角地区在文化资源开发利用方面的合作，也可以与国际资本开展面向国际市场的文化资源的开发与利用。现阶段澳门在文化资源的开发利用上所面临的首要目标，就是要克服对于博彩文化资源的过度利用所造成的对澳门整体性文化资源属性的破坏。因此，控制对博彩文化资源的过度开发，通过立法重新建立澳门博彩业的市场准入条件，增加对从事博彩业所造成的对文化资源消耗的涵养条件，建立博彩业开发商对于澳门文化资源积累的义务制度，应当成为澳门文化资源整合与利用、科学和多元发展文化产业的政策与战略选择。

大力倡导和积极发展能够充分整合澳门文化资源优势的文化旅游业、艺术表演业、大型文化娱乐业、商务会展业和休闲度假业。大力设计和开发具有鲜明澳门文化资源特色的旅游纪念品；联合内地文化创作主体和文化投资主体，积极创作与开发以澳门历史人文资源为题材，同时又具有广泛的市场前景的文化产品，在开发利用澳门历史文化资源的同时，宣传澳门，培育澳门的新人文形象；世界文化遗产是澳门不可多得的文化资源优势，在整个珠三角独一无二。可以考虑，在确保世界文化遗产安全的前提下，培育和发展以历史文化题材开发为内容，以澳门老城区为外景基地的影视文化产业，把澳门历史文化资源的开发和对澳门世界文化遗产的利用有机地整合起来，从而使之成为能够形成多梯次产业形态的文化产业价值链和文化资本，在整合、开发与利用澳门文化资源的过程中，形成澳门文化资源新的战略积累。

（三）大力发展创意型文化产业，培育循环文化经济

创意型文化产业是近几年来在我国沿海大城市率先发展起来的新型文化产业形态。创意型文化产业以充分发挥和调动人的艺术创造性为原动力，通

过文化的创意设计与改造重新赋予产品以新的价值，改变原有对象存在的价值用途，对于促进产业升级和转变经济增长方式作用巨大。由于新的创意会衍生无穷的新产品、新市场和财富创造的新机会，因此，当大多数城市在实现工业化后，都把发展创意产业作为催化经济转型的重要战略举措。通过发展文化创意型产业，促进创意型产业成果转化为文化资本和经营资源，进而通过向传统产业的渗透和产业链的延伸与整合，锻造新的产业形态和发展形态。这就决定了发展文化创意型产业的核心是要构筑文化产业的创新体系，通过打制创意型产业链，培育出一批具有竞争力的以文化创意、文化博览、数字娱乐和数字传输为主体的新兴文化产业集群，提高文化产业的综合竞争力和核心竞争力。

所谓创意是指“创造具有意义价值的新形式和新内容的能力”。创意是多维度的，它有多种不同的表现形态：技术创意（或发明）、经济创意（产品革新或企业家精神）和艺术文化创意。创意型文化产业涉及许多领域，在本报告中，主要包括视觉文化和艺术、摄影、工艺、广告、建筑设计、工艺产品设计、时尚设计、室内设计与环境设计、数字传媒设计、动画设计等等。

创意型文化产业既是文化与经济的融合，又是先进制造业与现代服务业的融合。跨越行业的创意型文化产业是提升城市功能，催化经济转型的重要角色。通过大力培育和发展创意型文化产业来带动文化产业对其他产业的文化辐射和产业结构调整，走文化产业发展的循环经济发展道路已经成为上海、北京、杭州、深圳等东部沿海城市文化产业新一轮发展的战略选择。① 澳门要实现在文化产业领域的跨越式发展，应当超越传统文化产业发展的旧模式，开创一条文化与科技含量高、经济效益好、有助于产业结构调整、有助于经

① 仅以上海为例，上海已经提出到2010年要把上海建成国内外有影响的文化创新产业中心之一。在产业规模上，到2010年上海文化创新产业增加到占全市GDP的8%左右。年均保持10%以上的增长速度；培育若干家具有自主知识产权、年收入超10亿元的文化创新产业的龙头企业；形成10~15万人的就业规模；吸引5000家以上各种文化创新产业相关企业集聚，吸引一批世界级创意设计大师在上海建立工作室；形成10个左右在国内外有影响的创新产业集聚区；培育10~20名有国际影响力的知名设计师和设计大师；2~3个在国内外有影响大型主题活动，以及3~5个在国内外有影响的文化中介机构和公共服务平台。

济增长方式转变而又使澳门的人力资源优势、文化资源优势、商贸优势能够得到充分发挥的崭新的文化产业化发展道路。

克服澳门发展文化产业“人口少、市场小”的局限性，不仅要通过走“外向型”的增量发展道路，而且还要走“内生型”的提升存量的发展道路。大力发展包括广告设计、艺术设计、环境设计、建筑设计、包装装潢设计、会展设计、形象设计和创意策划等创意产业，应该成为澳门发展内生型文化产业发展战略的重要选择。以文化会展产业为制高点，培育和缔造新亚洲创意设计中心。文化会展具有很强的视觉文化特征，因此，可以通过大量视觉形象，向世界传达自己的价值、文化，或者重塑自己的形象。

发展创意型文化产业，是全球文化产业发展的趋势。在过去的十年间，澳门集中大量精力加强经济基础。引进外资，对外开放博彩业，投资导向的经济发展战略使澳门成为充满活力和繁荣的地区。然而，全球化进程正在迅速地改变着全球环境，创新导向型发展战略，正在取代投资导向型成为新的战略选择而深刻地影响新一轮全球化的路径选择。创意型文化产业是能够形成版权的产业形态。它的核心是艺术的发现和智慧的创造，能够给社会带来有形和无形两种资本和财富形态。它是澳门发展核心文化产业竞争力的战略基础，是大力发展澳门会展业的前提。大力发展创意型文化产业，使每个澳门人都成为澳门未来的文化和艺术设计与创作的创意人。

澳门发展文化产业要有意识地实施“补链”战略，也就是说，要通过补充澳门文化产业发展所需要的“产业生态链”，来构建澳门文化产业可持续发展的产业链。走循环文化经济的新文化产业发展道路。实现从文化产业经济向循环文化经济的文化产业发展的高级形态升级，构建以形成多产品、多链条的澳门文化产业的网状结构。

1. *构建澳门创意能力*

实施创意型文化产业战略，关键在人才。目前我国不仅缺少高端创意人才和策划人才，导致原创作品少、创新模式少，而且也缺少擅长将创意作品“产业化和市场化”的经营人才和营销人才，即所谓“新媒介人”阶层（包括艺术品经纪人、传媒中介人、制作人和文化公司经理等)①。充分挖掘和利用澳门历史文化资源丰厚、民间文艺多样的特点，走以传统文化资源开发为特色的跨越式创意产业发展之路。大力开发符合现代人需要的新题材，构筑新的创意产业链，拓展延伸，形成规模；吸引全省乃至全国的民间手工艺大师来澳门发展创意产业，集聚大批优秀的民俗民间的创意产业人才，特别是将创意作品“产业化”和“市场化”的经营人才和营销人才，把澳门建设成为全国最大的传统文化创意产业中心，以和上海、北京等大城市以现代文化符号和艺术元素为特征的文化创意产业成鼎足之势。

建议：在各个教育阶段加入艺术、设计和传媒课程，以培养澳门年青一代的艺术修养和创意意识与创意所需要的美学趣味；创建一所融合艺术、设计和传媒的新型大学，通过对跨越视觉艺术、人文、技术和商业交流等综合能力人才的培养，为澳门发展创意产业准备战略后备资源和促进澳门创意产业发展的创意专家。

2. 刺激新文化和新艺术消费需求

设立“艺术百分比”计划，拓宽市民在日常生活中接触和欣赏艺术及其相关事物，提高公共文化艺术习惯，发展澳门公共艺术；为公共提供创意与融合空间；实施“创意街区”计划；开发虚拟文化资源网络；建立现代及当代艺术博物馆。

3. 推动创意产业集群发展

创意产业集群的形成与发展既是创意产业发展的重要形态，也是创意产业发展的重要动力。提升艺术文化企业家精神，根据创意产业的特点，政府要做好服务，为市场提供信息和做出分析，为创意产业提供发展空间和政策环境，吸引更多的人来投资。可以考虑充分利用澳门历史城区——十六铺等老建筑所拥有的历史人文元素，通过制定积极的扶持政策，鼓励本澳艺术设

① 以动漫为例，国内市场上90%为欧美和日韩的作品，国内市场对国产游戏产品的需求远远大于供给。在纽约，文化创意产业的从业人员占到城市全部人口总数的12%，伦敦是14%，东京是15%。我国上海的创意产业从业人员占到1%左右。

计人士和内地创意风险投资基金和企业，或者与内地相关方面合作，以跨区域业态联动的战略合作模式，积极参与澳门创意性文化产业集聚区的创建，通过政府引导和培育，推动澳门创意集群的形成与发展。

4. 培育澳门新竞争优势——设计

新的竞争优势在于能够开拓市场，以及通过业务、技术和艺术的融合来创造新的市场。设计就是要产生这种功能。设计是创意产业的核心与灵魂。它是关于文化、艺术元素与理念的创新，是会展产业的重要组成部分。它通过艺术、文化、核技术的融合来实现，表达和体现人们的美感、价值和内涵。设计不仅包括审美，也包括市场研究、安全、生物工程学、环境可持续性、新技术、物流和消费者体验。设计作为一个城市的灵魂表达和心灵展示，它是通过人的视觉、感觉和图像，以产品的形态，使得知识产权和文化资本嵌入到整个文化产业的价值链之中。

建立澳门创意产业公共服务平台，即文化创新产业“孵化器”，帮助传统产业向文化创新产业转化。这是英国曼彻斯特、利物浦等老工业基地用 7 年时间，通过公共服务平台，帮助 12 万多家企业完成了从传统产业向文化创新产业的转化经验。这样一个公共服务平台，包括网络信息平台、投资咨询平台、知识产权平台、人才培训平台、展示交易平台、研发设计平台和国际交流平台等。建立与联合国教科文组织、联合国会议发展署、联合国南南合作局以及其他国家和国际组织、与中国内地和港台地区创意产业界的合作交流，澳门完全可以借鉴国内外的一些成功做法实现文化产业转移和传统产业向文化创新转移。

（四）澳门文化产业发展的战略阶段

1. 第一阶段（2008—2010 年）

（1）目　标

到 2010 年的目标是，基本完成澳门发展文化产业的制度安排和文化产业的总体布局，在经济适度多元发展的总体战略格局中，文化产业发展的作用开始明显显现。文化产业增加值在澳门国民经济和社会发展中的增加值比重明显增加。发展文化产业获得澳门社会的普遍认同和支持。

（2）重点和对策

为了实现这一阶段的战略目标，必须把发展文化产业放在调整澳门经济结构，推进澳门经济适度多元发展的总体战略上来，以制度设计与制度创新为动力，促进文化观念和经济发展方式的转变，从根本上改变澳门的微观经济结构、运行机制和市场条件，为下一步全面推进建设新亚洲文化娱乐中心奠定坚实的基础。

重在观念转变和制度设计。为此，要在保持澳门社会平稳发展的同时，进行充分的文化产业发展的社会动员，通过社会舆论的有效引导，形成澳门市民的广泛共识和投资人的新投资理念，把政策扶持重点放在文化经济和文化产业方面。

第一，加强文化产业发展，推进以文化产业为主导的产业结构战略性转变。

第二，加强制度建设与新型文化产业建设，为第二阶段发展奠定坚实基础。

第三，全面规划和实施文化产业人才培养工程，创办和创设“澳门文化产业与创意设计大学”及其相关专业，培养文化产业发展各类专门人才。

2. 第二阶段（2011—2015 年）

（1）目　标

到 2015 年的目标是：文化产业发展已经成为澳门实现经济适度多元发展的重要标志，区域文化产业发展获得战略性突破，在国家文化产业发展总体战略格局中，澳门效应开始明显显现。作为新亚洲娱乐中心的地位开始形成，文化新澳门的国际形象获得国际社会的广泛认同和支持。

（2）重点和对策

战略性调整澳门的文化产业结构，重点发展能够融入国际文化市场，积极参与新的国际文化产业分工体系重建和竞争的新型文化产业；大力推进能够深度融入澳门市民生活的创意型文化产业发展，多领域、多层次、多形式参与内地文化产业竞争，重点发展以澳门为总部的文化产业战略投资主体，全面推进区域合作与国际文化经贸平台建设。

第一，继续完善文化产业发展制度设计及其相关法律，建立相关的文化产业发展“危机处理机制”，为澳门文化产业发展提供长期的保障措施。

第二，加强和完善澳门文化产业高级专门人才培养制度和培养机制，把“澳门文化产业与创意设计大学”办成一所高水平国际性大学，为澳门文化产业发展涵养战略后备资源。

第三，全面推进和大力加强与内地文化产业的战略合作关系，为澳门文化产业发展赢得长期发展的市场腹地。

第四，全面推进和大力发展广泛的国际文化经贸合作，为澳门文化产业发展创造广阔的战略空间。

3. 第三阶段（2016—2020 年）

（1）目　标

到 2020 年，《彩虹计划》主要战略目标全面实现。文化产业作为澳门国民经济和社会发展的支柱产业地位全面确立，与博彩业一道成为澳门经济发展的战略引擎；深度融入国内和国际两个市场，文化产业成为衡量澳门综合竞争力与核心竞争力的新指标。文化产业真正成为澳门沟通内地与世界、走向未来的彩虹之桥。

（2）重点和对策

继续完善澳门的文化产业结构和文化产业发展危机处理机制，重点建设与发展国际文化经贸服务平台，积极建构澳门未来文化产业新发展格局；继续大力推进能够深度融入澳门市民生活的创意型文化产业发展和国际文化产业人才培养，以战略性人才优势培育澳门文化产业发展的新战略优势。

第一，特别关注澳门文化产业发展所可能引发的“战略困境”，主动、适时调整战略部署，最大限度地把可能出现的文化产业发展危机，降低到一个可控的范围之内，确保澳门发展的整体战略利益。

第二，重点关注国内和国际关于文化产业发展的新制度设计与核心产业形态创新，着力培养澳门作为国际文化产业发展能量中心和战略研究、人才培养和创意设计中心之一的新功能。

第三，研究和部署澳门下一个发展时期的文化产业发展战略。

六、《彩虹计划》战略目标的组织与实施

文化产业是一种文化与经济相交叉、传统与现代互补、艺术与商业交融的知识经济部门，属于非物质经济领域，与多种经济和社会文化部门相交叉，是一种新型的产业形态，需要法律制度设计、政策协调和多元投资。

（一）澳门文化产业发展战略实施行动计划

对原有产业板块和力量格局的改变与撬动，必须建有必要的战略支点。通过构造新的战略支点，为澳门文化产业战略的完成提供力量形态。

1. 以制度的全面创新促进文化生产力的全面创新计划

文化产业是一种制度形态。它是对文化和经济发展格局与发展政策的制度性安排和设计。由于文化产业具有制度安排性质，因此，这种制度安排与设计能否成为推动文化和经济发展的力量，取决于制度对它的设计与安排。因此，从这个意义上说，制度设计决定文化产业发展。

澳门文化产业战略是一次全面的文化生产力创新。文化生产力的全面创新能否得到充分的实现，有赖于文化产业发展所需要的全面的制度创新。没有制度的全面创新，就没有文化产业发展战略的全面实现。这是一个包括文化体制、经济体制和政治体制在内的完整的制度创新。重点是实现按照市场经济条件下文化产业发展的规律实现文化管理制度的全面创新。克服现阶段一切不利于澳门文化产业发展的制度性因素，整合制度资源，降低制度成本，最大限度地消除制度对澳门文化产业发展的制约，真正解放澳门文化产业发展所需要的文化生产力。建议成立直接隶属于行政长官、各政府相关职能部

门首长参加的澳门文化产业发展委员会，统筹安排和决策澳门文化产业发展一系列战略问题，这是因为澳门文化产业发展是一项系统工程，它的组织和实施涉及澳门国民经济和社会发展的各个领域，没有各个相关政府部门的协同合作，澳门文化产业发展战略将很难实现它的既定目标。

在文化产业发展模式和发展道路选择上，澳门可以考虑探索一条综合发展的道路。这条文化产业综合发展道路，将突破政府与企业之间传统的二元范式，实现政府与企业、政府与社会、政府与非政府组织、公共部门与社会机构共同推动澳门文化产业发展与管理的模式。在这一模式下，政府不仅要调整传统的社会职能范围，适应澳门发展的新形势和新需要，承担起新的职能，还要在行为过程中不断改进履行职能的方式和手段。伴随着澳门经济与社会结构的转型（经济适度多元发展战略的提出和实施，必然带动和造成澳门经济和社会结构的同步转型），如何建构一个新的社会文化秩序，以及如何将正在兴起的社会力量整合到新的经济文化秩序中，成了当前和今后一个时期澳门社会发展面临的一个巨大挑战。合理界分政府与社会（企业）的职能边界，建构一个由政府、市场和公民共同参与的澳门文化产业发展体系，通过政府的文化产业制度建设和策略来提供澳门发展的软实力，重构澳门经济和重塑澳门文化形象，这应该成为澳门文化产业制度创新的发展方向。

2. 以文化自主创新带动文化产业发展方式创新计划

文化产业要改变原有的力量格局包括对自身生产力构成内容的战略性改变。澳门文化产业发展战略的核心是要实现全面的文化创新，建设一个文化新澳门。文化新澳门的一个重要标志，是要创造一大批原产地属于澳门的文化产品和文化品牌，在推动经济增长方式转变的同时，也带动和实现文化产业自身增长方式的全面创新。没有文化的自主创新就没有澳门文化产业的战略性崛起，就谈不上改变澳门的文化形象。因此，以文化的自主创新带动文化产业增长方式的全面创新，走内容产业—版权产业—文化资本—扩大文化产业再生产的发展道路和发展模式，应当成为澳门文化产业发展战略的基本点。

3. 国际文化经贸平台行动计划

澳门已经有了很好的“澳门国际艺术节”和“澳门国际音乐节”。这两项固定性的文化节庆活动，对于塑造澳门形象、构建澳门国际文化经贸平台正在发挥着积极的作用。构建国际文化经贸平台，澳门完全有条件创设新的永久性的国际节庆，把澳门作为若干国际性文化会议的永久举办地。

建议：设立中—葡文化经贸合作与发展论坛；亚欧文化产业发展论坛；举办文化产品交易博览会；设立“澳门国际专业文化会展促进会”，由特区政府、澳门贸促会等机构牵头，成员由组展商会、参展商会和专业场馆商会组成，借助于澳门广泛的国际联系网络和在澳门的各文化机构与商会等，建设国际文化经贸平台。

4. 高层次文化产业人才培养计划

人是最后起决定作用的战略力量。澳门文化产业发展的战略性崛起，需要一大批文化产业经营家、管理家和战略家。杰出的文化产业人才的多寡，直接决定了澳门文化产业核心竞争力的能量系数和在参与国际文化产业竞争过程中的胜算。文化产业的战略竞争本质上就是人才竞争。澳门文化产业要获得在国际文化产业竞争过程中所需要的文化优势，必须制定和实施明确的文化产业人才行动计划，以文化人才高地的构筑来提升澳门文化产业的核心竞争力。

实施澳门文化产业高层次人才培养工程。高层次文化产业人才是发展澳门文化产业的根本。研究表明，高层次人才对 GDP 的拉动作用要远远大于一般的专业技术人才，增加一名高层次人才所能带动的 GDP 增长份额是增加一名专业技术人才的 4. 29 倍。增加高层次人才的产出效能对经济发展的促进作用，比增加高层次人才的科技经费投入更为明显。增加一亿元的技术合同额所能带动 GDP 增长份额是增加同额科技经费支出的 14. 2 倍。实施“澳门高层次文化产业人才培养工程”要达到“三个显著增强”的目的：即通过实施澳门文化产业高层次人才培养工程，能够使澳门文化产业发展所需要的原创能力显著增强、文化产业促进澳门经济社会和文化发展多元化的能力显著增强、文化产业与文化研究的基础科学与技术应用于管理科学研究的综合实力显著增强。其核心是增强澳门文化自主创新能力，培养一批能代表澳门乃至整个中华民族利益、具有国际前沿一流水平、能够带动澳门文化产业人才队伍发展的具有广泛国际影响的顶级文化产业战略家、科学家、艺术家和文化企业家。

为此，本报告建议坚持以下几项原则：

（1）促进发展原则

要把促进澳门文化产业发展作为澳门高层次文化产业人才培养工程的根本出发点，围绕发展这一战略需求来确定这一工程的目标和任务，根据澳门国民经济和社会发展多元化的总体战略目标，科学、系统地培养高层次文化产业人才，不断调整高层次文化产业人才结构，创造最好的人才效益。

（2）提高文化创新能力原则

坚持以培养文化创新能力为主题，把增强文化原始创新能力作为培养高层次文化产业人才的战略基点和调整高层次文化产业人才结构、转变高层次文化产业人才增长方式的中心环节，大力提高澳门高层次文化产业人才的原始创新能力、集成创新能力和引进消化吸收再创新的能力。

（3）多元化引进原则

坚持自我培养和人才引进相结合，大力引进澳门文化产业发展急需的战略性人才，克服人才培养周期对澳门文化产业发展人才困境的矛盾；要从澳门作为一个国际化的区域文化中心城市的高度，以世界眼光和战略思维来实施高层次文化产业人才培养工程，以与国内知名大学或国际知名大学进行战略合作的模式，创建澳门文化产业人才培养机制。要在参与国际文化产业学术合作与交流、在国际文化产业发展的实践中培养高层次文化产业人才，提升高层次人才的国际知名度和竞争优势。

（4）国民教育原则

高层次文化产业人才培养是一项系统工程。文化创意能力的培养需要从小抓起。要把澳门文化产业高级专门人才的培养，纳入澳门国民教育体系；创新现行澳门国民教育培养结构，加大艺术创造、灵感培养和审美素质的基础训练，增加中小学艺术类课程设置，提高中小学艺术类教师的社会地位，从而形成一个从基础教育到高等教育完整的澳门文化产业人才培养体系。

5. 大力发展文化市场微观主体，培育澳门文化产业战略投资家

文化市场微观主体发育成熟的程度是衡量一个国家和地区文化产业综合竞争力的一个重要指标。没有一个富于创造力和竞争力的成熟的文化市场微观主体群，不可能有一个国家和地区的文化产业的竞争力。澳门有着比较成熟的商品交易和流通市场，这是澳门成为重要的国际商贸中心城市的重要条件。澳门要建设成为重要的区域性文化中心城市和实现文化产业的战略性崛起，就必须把大力发展文化市场微观主体，缔造澳门文化产业战略投资家，建立以跨国大型文化企业为中心的市场主导型区域文化产业创新体系作为实现澳门文化产业战略性崛起的战略重点来建设。

大型跨国、跨地区文化企业是衡量一个国家和地区文化产业核心竞争力的重要标准之一。文化产业领域里的任何创新，如果不经过文化企业运作，是不可能转化成规模产业的，不可能从知识、技术在转变成物质财富的同时转变成文化财富的，更不可能完成从投入转变成新的文化资源形态，再从新的文化资源形态转变为更大的物质文化财富这一价值循环。文化企业内部没有建立起有效的创新动力机制；文化企业外部没有建立起活跃的资本融资机制，缺乏为中小文化企业提供信贷融资机制和工具，造成了文化创业投资体系的不完善；没有创新知识产权的保护机制，是现阶段澳门文化产业发展动力和创新机制不完善的主要原因。澳门要在2020年获得文化产业的全面、跨越式发展，赢得文化产业的战略崛起和文化新澳门的全面建成，就必须在整个经济适度多元发展战略的实施过程中有一次深刻的文化市场微观主体再造革命。

缺乏大型跨国、跨地区文化企业集团公司和缺乏发展战略文化产业、参与国际文化市场竞争的经验，是澳门发展文化产业的一大障碍。积极培育与发展跨国、跨地区文化产业集团，扩大参与国际文化市场竞争和开拓国际国内两种市场、两种资源的能力，提升澳门综合文化产业竞争力，应当成为澳门发展文化产业的长期战略规划。

（二）《彩虹计划》战略目标实施的文化环境与生态系统

1. 政府是第一推动力

文化产业既是一个高附加值的产业，同时也是一个高风险的产业。它需要市场机制的发展规律，同时更需要政府的第一推动力。综合世界上一些文化产业比较发达的国家和地区，尤其是东亚的一些国家和地区，例如日本、韩国和中国台湾，当文化产业或文化创意产业遭遇发展瓶颈的时候，通过设立政府基金或采取专项资助的产业政策来发展本国本地区的文化产业或文化创意产业，是这些国家和地区文化产业获得快速发展的一条重要经验。这是由于文化产业和一般产业不一样，作为文化产业主要内容的文化产品的生产和服务具有公共产品的性质。因此，当澳门的文化产业发展需要战略性发动的时候，这一工作不能完全由市场来实现。市场以营利为目的，当资本还不能在第一时间获得价值实现的时候，超越资本，政府必须承担起第一推动力的责任：成立直接隶属于行政长官的“澳门文化产业发展委员会”，指导、规划澳门文化产业的发展；设立“澳门文化产业发展政府专项基金”，支持澳门文化产业的重大项目建设，扶持澳门中、小文化企业的发展；成立“澳门文化产业发展专家咨询委员会”，建立文化产业发展决策咨询机制；制定和颁布《澳门文化产业促进法》，通过立法明确政府在推进澳门文化产业发展的责任，把大力发展澳门文化产业作为改善澳门民生、推进澳门文化建设和社会繁荣发展的重要施政内容。通过政府去培育市场，通过市场去发展和繁荣市场。这应该成为澳门文化产业发展战略的一项重要选择。

政府应当建立起为澳门市民提供公共文化服务和公共文化产品的新观念：发展文化产业也是为公民服务，而且是更好地服务，提供更多更好的文化产品。

2. 需要普遍的社会共识和行动

以文化复兴的战略选择和文化产业的发展之路，解决澳门博彩业所产生的社会问题，实现澳门经济的适度多元发展，仅靠政府工作是不够的，还必须形成广泛的社会共识和普遍的社会行动。

要丰富和发展为澳门市民提供文化服务的政府文化工作理念。不能把发展澳门文化产业同为澳门市民提供文化服务对立起来。文化产业是文化产品和文化服务内容提供的市场方式和市场渠道，同时也是政府为市民提供公共文化产品和服务的主要来源。发展文化产业不是为了减少政府责任和削弱政府文化能力，而是为了给澳门居民提供更多和更加丰富的文化消费产品与发展机会，更大提高政府文化采购能力和供给能力。应当在新澳门文化发展观的指导下，培育市民的新文化权利观和新文化消费观，把发展澳门文化产业作为实现澳门市民新文化权利的重要内容来落实。在文化产业的发展中推进澳门文化事业的更加发展和公民文化权利的多元化实现，在文化产业的发展中促进文化事业更好发展。

3. 各专业文化社团和其他非政府组织是一支重要力量

澳门是一个高度民主的社会。众多的各专业文化社团和其他非政府组织是澳门发展文化产业不可多得的社会资源优势，它们不仅有着深厚的专业知识和市场经验，而且还有广泛的社会资源网络及其组织动员力量。澳门文化产业的发展需要大力培育和发展文化中介机构，需要有效地动员和发动，需要普遍的社会宣传和社会参与，在这个过程中，各专业文化社团和其他非政府组织无论是作为积极的实践者，还是文化新澳门崛起的中坚力量，它们的作用都是不可替代的。应当积极发挥澳门文化产业促进会等社团组织和民间机构的作用，充分体现在澳门文化产业发展过程中的公民文化权利。

（三）澳门文化产业发展战略的制度安排与措施

制度设计决定文化产业发展。必须积极和稳步推进澳门文化产业发展的制度创新与制度设计，为实现澳门文化产业发展的伟大目的选择科学的发展路径和提供有效的制度保障。

1. 政府的新责任

特区政府应该接受新的职责，鼓励文化产业的创造和相关专业人士的培养，应该对这些新的职责范围和性质给予明确的规定。履行这些职责是为了使政府资金更好地发挥效力，以便使这种资金不会挤掉政府用于公共文化事业的其他资金。澳门经济适度多元发展的战略目标需要使政府在推动澳门文化产业发展问题上，必须冒这样的风险。

为有效地履行这些新的职责，特区政府需要某个专门致力于这个目标的全面性机构的全部注意力。在现行的政府架构内，设立一个机构来执行一项援助政府以外进行的文化产业投资的协调计划（诸如韩国的文化产业振兴院）。这个机构应该提供资助中、小文化产业企业投资文化产业所需要的启动资金。

2. 澳门的机制

为了这个目的，特区立法会应该设立一个新机构。这个机构应该是专门研究讨论政府文化产业发展计划的独立专业机构。文化产业是一个涉及许多领域和部门的综合性很强的文化经济部门，但是，它基本上又是一个具有自身完整性的领域。如果不止一个机构卷入，就会将文化产业各门类分隔在不同的彼此封闭的部门中，这就会阻碍而不是促进文化产业发展。

3. 基本原则

为切实保证政府对文化产业项目资助的有效性，并且避免有损澳门文化产业发展的事情发生，那么，以下一些基本原则应当成为政府资助计划的基础：

一是无论资助的对象范围可能是什么样的，在若干年时间内必须保持资金的稳定性，以便可以承担澳门文化产业发展长期的战略需求。

二是管理这类资金的机构应该由经过挑选的、具有代表性的各界专业人士组成，它们应该是对文化产业的特性及其在当今世界的发展趋势、对澳门发展文化产业有着广泛的知识和深刻理解的人。

三是这个机构应该通过与特区政府以外的组织签订合同或向他们提供资助的方式来促进文化产业创新性项目的研究与开发，而它自己不应该经管任何文化产业机构。

四是对公立或私立大学、文化产业研究机构关于文化产业基础理论研究和项目试验，必须让这些机构本身保留各项权利不受干预。这是极其重要的。

五是在保证接受政府资金进行文化产业研究与开发的同时，以及保留在这些机构中分配资金的处理权的同时，这里建议设立的基金会必须对特区行政长官和立法会负责，以确保文化产业发展与民主体制其他方面的适当关系。

4. 澳门文化产业发展基金会

创建一个澳门文化产业发展所需要的“澳门文化产业发展基金会”可以更好地激励私人企业和外资在澳门发展文化产业的兴趣。它应该是澳门发展文化产业一项重要而基本的政策。它的目的，应该是给那些确有市场前景的文化产业创新项目提供资助，以鼓励社会积极参与文化产业发展的创造潜力，特别培育有发展潜力的中小文化企业和文化产品的创意设计。

澳门文化产业发展基金会，可以根据需要设立各类专项基金和相应的专业委员会。此项内容必须做出专门的研究报告。

5. 立法会的行动

《澳门文化产业发展战略彩虹计划》涉及澳门市民根本战略利益，需要动员澳门的多种战略资源和普遍社会的参与。因此，立法是必要的。应当研究制定《澳门特别行政区文化产业发展促进法》，以法律的形式完成澳门文化产业发展的制度安排，从而使澳门的文化产业发展在法制的框架下依法运行。澳门在未来的发展中能够在多大程度上科学地解决即将到来的“彩虹时代”中的问题所需要的智慧，取决于澳门在整体上能够在多大程度上形成“澳门意志”和集体措施。

6. 建　议

促进澳门文化产业发展应该同文化产业的制度设计同步安排。一个好的文化产业发展战略计划，只有在一个完善的制度条件下，才能得到有效的监督与实现。这是发展文化产业重要的保障机制。

——制定和实施“彩虹计划政策扶持战略”。对涉及国家重大文化利益和文化产业发展适时财政补贴政策，是国际社会的惯例。法国等欧盟国家对电影业的补贴，韩国和加拿大等国对图书出版业的补贴，对推动和促进本国文化产业的迅速崛起和积极参与国际市场竞争发挥了不可替代的作用。《彩虹计划》是澳门文化产业走向未来、开创未来的发展战略，没有一个与之相配套的政策扶持战略，它的战略目标是难以实现的。因此，制定和实施“彩虹计划政策扶持战略”，是决定澳门文化产业发展战略能否实现的关键，必须做出专门的研究和规划。①

——成立直接隶属于行政长官的“澳门文化产业发展工作委员会”，全面统筹澳门文化产业的发展。下设文化产业 CEPA 工作组、中—葡文化产业平台工作组、东盟工作组和欧盟工作组，分别负责澳门文化产业在各个不同方向战略合作的规划研究和政策制定。

——成立直接对行政长官负责的“澳门文化产业发展决策咨询委员会”。委员会成员负责对澳门文化产业发展重大项目投资进行决策咨询评估。委员会成员由特区政府聘请。委员会成员构成可以邀请包括内地和香港以及台湾地区的文化产业界知名专家学者和文化企业家组成，实行任期制。

——建立从小学到大学的文化创意设计教学与教育体系，组建成立“澳门文化产业与创意设计学院（大学）”和“社区创意设计培训中心”等文化产业高级专门人才培养机构，培养市民的“创意引领澳门”的新澳门生活理念，实施澳门文化产业发展人才战略储备工程，以满足和适应澳门文化产业发展对文化产业专门人才的需求。

——成立“澳门文化产业发展战略研究中心”，从学术的角度，对澳门文化产业发展的中长期问题进行战略研究，在推进澳门文化产业研究的学术进程的同时，为政府文化产业决策提供咨询意见。

---

① 2005 年，韩国政府提出了图书零售价维护系统的修正案，以此恢复了韩国出版市场的正常秩序；同年，韩国政府又向国会提出了建立韩国出版促进委员会议案，出版业享受政策倾斜。加拿大和美国同属北美自由贸易区，但是，加拿大政府为维护其独特的多元文化，其采取的一项重要政策就是以财政支持的方式直接补贴文化产业。仅出版业政策就由联邦政府“出版援助计划”和“图书出版业发展计划”，对邮发给全加拿大的杂志订阅者和零售者给予邮寄成本补贴，着重帮助加拿大的出版业在国内和国际上更多地出版加拿大作者撰写的作品。

——设立澳门文化艺术创作基金和杰出文艺家评选制度（澳门文学奖、澳门最高艺术奖、桂冠诗人等等），对澳门文学艺术创作中做出重大贡献者，授予终身荣誉。通过制度安排促进澳门文化产业发展所必需的文化原创作品的创作，不断培育和提高澳门文化产业发展的上游产业，涵养澳门文化产业发展所必不可少的文化战略资源，从根本上解决澳门文化产业发展原创能力不足的问题。